Guttentagsche Sammlung
Nr. 64. Deutscher Reichsgesetze. Nr. 64.
Textausgaben mit Anmerkungen.

Die reichsrechtlichen Bestimmungen,

betreffend den

Handel mit Drogen und Giften.

Erläutert
von

Justizrat Hugo Sonnenfeld,
Rechtsanwalt und Notar.

Dritte, veränderte Auflage.

Berlin und Leipzig 1926.
Walter de Gruyter & Co.
vormals G. J. Göschen'sche Verlagshandlung — J. Guttentag, Verlagsbuchhandlung — Georg Reimer — Karl J. Trübner — Veit & Comp.

Meinem Vetter

Dr. med. Julius Sonnenfeld,

vereidetem Sachverständigen für das Kammergericht
und die Berliner Landgerichte,

in Freundschaft und wissenschaftlicher
Wertschätzung zugeeignet.

Inhaltsverzeichnis.

Seite

I. Kaiserliche Verordnung, betreffend den Verkehr mit Arzneimitteln, vom 22. Oktober 1901. Mit 10 Ergänzungsverordnungen . . . . . 19—212

II. Bekanntmachung vom 22. Juni 1896, betreffend die Abgabe stark wirkender Arzneimittel sowie die Beschaffenheit der Arzneigläser und Standgefäße in den Apotheken . . . . 213—234

III. Die den gewerbsmäßigen Handel mit Giften regelnden Vorschriften . . . . 235—314

1. Vorbemerkungen mit Zeit- und Quellenangabe der bundesstaatlichen Gesetze und Verordnungen über den Gifthandel . . . 235—242
2. Polizeiverordnung über den Handel mit Giften . . . . 243—314

IV. Bestimmungen des Reichsstrafgesetzbuchs . . 315—343

A. § 367 über Verstöße gegen die Kaiserliche Verordnung und die den Gifthandel regelnden Vorschriften . . . . 315—339

B. § 360 über das Recht auf Titel . . . . 339—343

V. Die Bestimmungen der Reichsgewerbeordnung über den Handel mit Arzneien und Giften 344—417

einschließlich:

a) Preußische Gewerbeordnung § 49, Oberpräsidialverordnung für Hannover, für Hessen-Nassau und Schleswig-Holstein 354—357

b) Dienstanweisung für Kreisärzte § 56 . . 357—359

c) Geheimmittelverordnung . . . . 392—404

Sachregister . . . . 418—435

Vorwort.

Der nach seiner Schaffenslust und -kraft viel zu früh dahingeschiedene Redakteur und Apotheker Herr G. Zschiesing hatte sich dem geehrten Verlage gegenüber verpflichtet, bei diesem die dritte Auflage seiner „Gesetzsammlung für Drogisten" erscheinen zu lassen, sobald die lang erwartete neue Kaiserliche Verordnung, betreffend den Verkehr mit Arzneimitteln außerhalb der Apotheken, veröffentlicht würde. Als endlich am 22. Oktober 1901 die Publikation erfolgte, weilte der verdienstvolle Mann nicht mehr unter den Lebenden. Gern übernahm ich es, sein Versprechen einzulösen, zumal ich es in meiner fast zehnjährigen Tätigkeit als Syndikus der hiesigen Drogisteninnung wiederholt als eine Lücke der rechtswissenschaftlichen Literatur empfand, daß die den Arznei- und Giftverkehr regelnden Gesetze zwar mannigfach von Drogisten, Apothekern, Ärzten, nicht aber von einem Juristen kommentiert sind. Alsbald stellte es sich aber für mich heraus, daß ich die Wege der alten Auflage nicht zu gehen vermochte. Herr Zschiesing hatte bei unverkennbarem Streben nach Objektivität doch alle Fragen vom Standpunkt des um Recht und Existenz kämpfenden

Drogisten zu lösen versucht, während mir der Versuch der wissenschaftlichen Begründung jeder Ansicht unentbehrlich schien, damit die Richtigkeit derselben leichter nachgeprüft werden könne.

So mußte ich denn den ursprünglichen Plan der Umarbeitung aufgeben und eine neue, selbständige Arbeit liefern, welche bestrebt ist, ebenso dem Juristen wie dem Drogisten ein zuverlässiger Leitfaden zu sein. Ich darf auch wünschen, daß dieses Werkchen den Revisoren der Drogen- und Gifthandlungen gute Dienste leisten, und daß es allenthalben die Anerkennung finden möge, daß es neben meiner persönlichen Auffassung einen getreuen Überblick über den Stand der Rechtsprechung und Wissenschaft gibt.

Berlin, im April 1902.

Der Verfasser.

Vorwort zur zweiten Auflage.

Eine zehnjährige Rechtsprechung seit dem Erscheinen der ersten Auflage hat im allgemeinen meine damalige Stellungnahme zu einer großen Reihe von Auslegungsfragen als zutreffend bestätigt; fast alle Oberlandesgerichte haben in verschiedenen Urteilen ausdrücklich das Werkchen billigend zitiert. Andererseits hat sich aber das Bedürfnis nach einer weiteren Vertiefung in Einzelheiten der Kaiserlichen Verordnung, der Giftverordnungen und der auf den Arznei- und Gifthandel bezüglichen Paragraphen des Reichsstrafgesetzbuches und der Reichsgewerbeordnung herausgestellt. Es ist auch geboten, einen Überblick über die Auffassungen der verschiedenen Oberlandesgerichte zu geben, insbesondere soweit dieselben untereinander abweichen. Deshalb ist eine Neubearbeitung des Kommentars notwendig geworden. Sollten einerseits die bezeichneten Gebiete mit hinreichender Gründlichkeit behandelt werden, sollten andererseits Umfang und Preis nicht gar zu sehr anschwellen, so mußten zahlreiche Gesetze und Verordnungen ganz ausgeschaltet werden. Auch trotz dieser sehr erheblichen Beschränkung ist das Buch an Umfang gewachsen. Mag das auch von seinem wissenschaftlichen Werte, von seiner Brauchbarkeit für Drogisten, deren Revisoren und nicht zum wenigsten für Juristen gelten. Ein sehr ausführliches, alphabetisch nach Schlagworten geordnetes Sachregister wird die Benutzung erleichtern.

Berlin, im Dezember 1911.

Der Verfasser.

Vorwort zur dritten Auflage.

Bedeutungsvolle Änderungen auf dem Gebiete der Gesetzgebung in Verbindung mit der nicht rastenden Entwicklung der Rechtsprechung hätten, auch wenn die zweite Auflage nicht vergriffen wäre, eine neue Bearbeitung des Werkchens erfordert. Hatte schon zur letzten Auflage der inzwischen heimgegangene Herr Justizrat Mosse-Berlin geschrieben, daß es sich eigentlich nicht mehr um eine „Textausgabe mit Erläuterungen", sondern um einen Kommentar handle, so gilt dies erst recht von der dritten Auflage. Nach Möglichkeit habe ich lehrbuchmäßige Darlegungen zurückgedrängt, dafür aber eine reiche Fülle von Urteilen, insbesondere höherer Instanzen, in der Überzeugung dargeboten, daß die Verstärkung von Rechtserwägungen durch das Ansehen ihrer Vertreter in besonderem Maße geeignet ist, auf die Rechtsprechung Einfluß zu nehmen. Ohne darauf zu verzichten, die diesseitige Einstellung zu den Einzelfragen erkennen zu lassen, strebte ich doch ohne Ausnahme danach, auch abweichende Auffassungen zu ihrem Recht gelangen zu lassen. Es ist mir eine Genugtuung, gerade aus den Kreisen der Richter und Staatsanwälte an unseren Obergerichten an die hiermit abgeschlossene Auflage gemahnt zu sein. Mit dem Wunsche verbindet sich die Hoffnung, daß sie Drogisten und Juristen Dienste leisten werde.

Berlin, im November 1925.

Der Verfasser.

Abkürzungen und Literaturverzeichnis.

ALR. = Allgemeines Landrecht für die preußischen Staaten.

Ärztl. Rechtsk. = Ärztliche Rechts- und Gesetzeskunde. Herausgegeben von Geh. Med.-Rat Prof. Dr. O. Raymund und Geh. Ob.-Med.-Rat Prof. Dr. E. Dietrich. Zweite Auflage. Leipzig 1913, Verlag Georg Thieme.

Bartel = Bartel, Die Revision der Drogenhandlungen. Berlin 1925, Verlag Ad. L. Herrmann, G. m. b. H.

Baumann = Der Gift- und Farbenhandel. Von Baumann. Berlin 1901.

Berger-Wilhelmi = Reichsgewerbeordnung nebst Ausführungsbestimmungen. Von Berger und Wilhelmi. Achtzehnte Auflage von Stadtrat Dr. Karl Flesch in Verbindung mit Dr. Friedr. Hiller und Dr. Herm. Luppe. Berlin 1910.

Böttger = Die reichsgesetzlichen Bestimmungen über den Verkehr mit Arzneimitteln. Erläutert von Dr. H. Böttger Vierte Auflage. Berlin 1902.

Dr. Böttger, Vorschriften über den Handel mit Giften im Deutschen Reiche. Dritte Auflage. Berlin 1906.

Böttger-Urban = Die preußischen Apothekengesetze usw. Herausgegeben und erläutert von Dr. H. Böttger und Ernst Urban, Redakteure der Pharmazeutischen Zeitung. Berlin 1913, Verlag Julius Springer.

Cracau, Joh., Kommentar zur Kaiserlichen Verordnung vom 22. Oktober 1901. Dresden 1902.

Cracau, Joh., Apotheker und Chemiker, Der Drogist. Bd. 1 und 2. Zweite Auflage. Leipzig 1905, Verlag J. J. Arndt.

Dambitsch, Die Verfassung des Deutschen Reichs. Mit Erlassen. Berlin 1910.

Deutsches Arzneibuch V = Fünfte Ausgabe, 1910. R. v. Deckers Verlag, G. Schenck.

DDZ. = Deutsche Drogisten-Zeitung, Charlottenburg.

Deutscher Juristentag, Verhandlungen und Gutachten. Berlin.

DJZ. = Deutsche Juristen-Zeitung, Berlin.

Deutsches Nahrungsmittelbuch. Herausgegeben vom Bunde Deutscher Nahrungsmittelfabrikanten und Händler e. V. Zweite Auflage. Heidelberg 1909.

Dietrich = Neues pharmazeutisches Manual. Von Dr. Karl Dietrich. Vierte Auflage. Berlin 1913, Verlag Julius Springer.

Drogenhändler, Der. Offizielles Organ des Deutschen Drogisten-Verbandes e. V. und der Drogisten-Innung zu Berlin Verlag Ad. L. Herrmann, G. m. b. H., Berlin.

Drog.Jahrb. = Drogisten-Jahrbuch, Taschenkalender. Herausgegeben von der Redaktion der Drogisten-Zeitung, Leipzig.

Drogisten-Zeitung. Verlag Drogisten-Zeitung, Meißner & Co., Leipzig.

Ebermayer = Das Reichsstrafgesetzbuch. Erläutert von Dr. Ebermayer, Julius Eichelbaum, Dr. Adolf Lobe, Werner Rosenberg. Berlin und Leipzig 1920, Vereinigung wissenschaftlicher Verleger Walter de Gruyter & Co.

Dr. Feige, Kreisarzt, Vorschriften über den Handel mit Giften und Arzneimitteln außerhalb der Apotheken im Königreich Preußen. Leipzig 1903.

Feisenberger = Höchstrichterliche Rechtsprechung auf dem Gebiete des Strafrechts. (Zitierweise: HöchstR.R.) Redaktioneller Leiter: Reichsanwalt Dr. A. Feisenberger, Leipzig. Verlag Walter de Gruyter & Co., Berlin und Leipzig.

Dr. Frank, Prof., Das Strafgesetzbuch für das Deutsche Reich. Sechzehnte Auflage. Tübingen 1925.

Gesundheitsbüchlein. Herausgegeben vom Kaiserlichen Reichs-Gesundheitsamt. Berlin 1910.

Giese = Die Reichsverfassung vom 11. August 1919. Taschenausgabe von Prof. Dr. F. Giese. Sechste Auflage. Berlin 1925, Carl Heymanns Verlag.

Goltdammer = Archiv für Strafrecht. Begründet durch Kurt Goltdammer.

Grotefend = Das gesamte preußisch-deutsche Gesetzgebungsmaterial. Von G. A. Grotefend.

Handwörterbuch der Staatswissenschaften. Herausgegeben von Dr. J. Konrad, Dr. Elster, Dr. Lexis, Dr. Löning. Jena 1898 bis 1901 und vierte Auflage 1924 bis 1926.

HöchstR.R. siehe Feisenberger.

Hofstetter, Deutsche Drogisten-Gesetzgebung. Zweite Auflage. Straßburg i. E. 1910.

Jacobson = Leitfaden für die Revisionen der Drogen-, Gift- und Farbenhandlungen. Von Dr. G. Jacobson. Berlin 1902.

Johow = Jahrbuch der Entscheidungen des Kammergerichts. Von Johow.

Gesundh.Samml. = Sammlung gerichtlicher Entscheidungen auf dem Gebiete der öffentlichen Gesundheitspflege (ausschließlich Nahrungs- und Genußmittel). Beilage zu den „Veröffentlichungen des Gesundheitsamtes“. Berlin.

Ges.Amt.Ausz. = Auszüge aus gerichtlichen Entscheidungen, betr. den Verkehr mit Nahrungsmitteln, Genußmitteln und Gebrauchsgegenständen. Beilage zu den „Veröffentlichungen des Gesundheitsamtes“. Berlin.

Gneist = Die Apothekergesetze des Deutschen Reiches und Preußens. Im Auftrage des Deutschen Apotheker-Vereins zusammengestellt und erläutert von K. von Gneist, Geh. Reg.-Rat, Oberregierungsrat am Oberpräsidium in Charlottenburg a. D. Berlin 1925, Verlag des Deutschen Apotheker-Vereins.

Hoffmann, RGO. = Die Reichsgewerbeordnung. Erläutert von Dr. Fr. Hoffmann, Wirkl. Geh. Oberregierungsrat. Berlin 1925, Carl Heymanns Verlag.

Hoffchildt-Drechsler, Der junge Drogist. Vierte Auflage, vollständig umgearbeitet von Georg Schneider, Fachlehrer der Drogisten-Fachschule von Breslau. Berlin 1926, Verlag Julius Springer.

KGUrt. oder -Entsch. = Kammergerichtsurteil oder -entscheidung.

K. u. K. = Rechtsgrundsätze des Kgl. Preuß. Oberverwaltungsgerichts. Herausgegeben von Kunze und Kautz. Berlin 1897 bis 1916.

LVG. = Gesetz über die allgemeine Landesverwaltung vom 30. Juli 1883.

Landmann = Die Gewerbeordnung. Von Dr. Robert von Landmann. München 1897.

Lasch = Berufs- und Fachgesetzkunde des Drogisten. Lehrbuch usw. Von Erich Lasch, fachwissenschaftlicher Lehrer an der Fachschule der Drogisten-Innung zu Berlin. Berlin 1920, Verlag Ad. L. Herrmann, G. m. b. H.

Laux = Preußische Apotheker-Verordnung. Von Dr. W. Laux. Vierte Auflage. Berlin 1908.

Lebbin = Verkehr mit Heilmitteln und Giften. Von Dr. G. Lebbin. 1900.

Lebbin, Nahrungsmittelgesetz = Die Reichsgesetzgebung über den Verkehr mit Nahrungsmitteln, Genußmitteln und Gebrauchsgegenständen. Von Dr. Georg Lebbin. Berlin 1900.

Lebbin, Getränkegesetze und Getränkesteuergesetze (Wein, Bier, Branntwein, Mineralwasser). Von Dr. Georg Lebbin. Unter Mitarbeit von Kniebe. Berlin 1926.

Lebbin = Die Giftigkeit der Farbwaren im Sinne der Ministerialverordnung vom 24. August 1895. Im amtlichen Auftrage bearbeitet von Dr. Georg Lebbin. Berlin 1898.

Lebbin u. Baum = Handbuch des Nahrungsmittelrechts. Von Dr. Georg Lebbin und Dr. Georg Baum. Berlin 1907.

Lebbin = Allgemeine Nahrungsmittelkunde. Von Dr. Georg Lebbin. Berlin 1911.

Liebreich = Enzyklopädie der Therapie. Herausgegeben von Geh. Med.-Rat Prof. Dr. Liebreich und anderen. Berlin 1896.

von Liszt = Lehrbuch des deutschen Strafrechts. Von Prof. Dr. Franz von Liszt. Elfte Auflage. Berlin 1902.

Löwe StPO. = Die Strafprozeßordnung usw. Mit Kommentar. Von Dr. Löwe. Berlin 1900.

Marcinowski = Die deutsche Gewerbeordnung. Mit Kommentar. Von F. Marcinowski. Sechste Auflage. 1898.

Medizinal-Archiv für das Deutsche Reich usw. Herausgegeben von Geh. Reg.-Rat Kurt von Rohrscheidt, Merseburg. Verlag Franz Vahlen, Berlin.

Meißner = Kommentar zur Kaiserlichen Verordnung vom 22. Oktober 1901. Von Otto Meißner. Leipzig 1902.

MBl. = Ministerialblatt für Medizinal- usw. Angelegenheiten. Berlin.

Nesemann = Der Verkehr mit Arzneimitteln und Giften außerhalb der Apotheken. Von Dr. Nesemann. Berlin 1897.

Neukamp = Die Gewerbeordnung für das Deutsche Reich. Erläutert von Dr. Ernst Neukamp, Reichsgerichtsrat. Neunte Auflage. Tübingen 1910.

OVG. = Preußisches Oberverwaltungsgericht.

Olshausen = Kommentar zum Strafgesetzbuch. Von Olshausen. Dritte Auflage. Berlin.

Petzold = Chemie und Chemikalienkunde für den Drogisten. Von Artur Petzold und Prof. Dr. Sachse. 1925.

Pharmazeutischer Kalender 1925 und 1926. Von Ernst Urban. Verlag Julius Springer, Berlin.

Pharmazeutische Zeitung. Verlag Julius Springer, Berlin.

Pietsch, 1919 = Wörterbuch der Warenkunde. Von Prof. Pietsch. Verlag B. G. Teubner, Leipzig und Berlin.

Räuber = Zusammenstellung der gesetzlichen Bestimmungen, Erlasse und Verfügungen für das Medizinalwesen in Preußen. Von D. H. Räuber, Regierungs- und Medizinalrat in Köslin. Zweite Auflage. Leipzig 1910.

RG. = Entscheidungen des Reichsgerichts in Strafsachen. Herausgegeben von den Mitgliedern des Reichsgerichts.

RGes.Bl. = Reichsgesundheitsblatt. Herausgegeben vom Reichsgesundheitsamt.

RGO. = Reichsgewerbeordnung.

Rohrscheidt = Die Gewerbeordnung für das Deutsche Reich. Erläutert von K. von Rohrscheidt. Leipzig 1901.

Rosin, Polizeistrafrecht = Das Allgemeine Polizeistrafrecht. In seinen Grundzügen dargestellt von Prof. Rosin. Freiburg 1890.

Rosin, Polizeiverordnungsrecht. Berlin 1895.

Dr. med. et phil. Ad. Schuftan, Leitfaden für Botanik. Dritte Auflage. Berlin und Leipzig 1915, Verlag Max Günther.

Springfeld V = Die Handhabung der Gesundheitsgesetze. Band V: Die Rechte und Pflichten der Drogisten und Geheimmittelhändler. Bearbeitet von Dr. Springfeld. Berlin 1900.

Springfeld VI = Die Handhabung der Gesundheitspflege. Band VI: Die Rechte und Pflichten der Gift- und Farbenhändler. Bearbeitet von Dr. Springfeld. Berlin 1900.

Stenglein Neben = M. Stengleins Kommentar zu den strafrechtlichen Nebengesetzen des Deutschen Reiches. Berlin 1911 bis 1913, Verlag Otto Liebmann.

Syllwaschy = Die Giftprüfung und die Konzession zum Handel mit Giften. Von Ernst Syllwaschy, Redakteur am Drogenhändler. Dreizehnte Auflage. Berlin 1925, Verlag Ad. L. Herrmann.

Thoms = Handbuch der praktischen und wissenschaftlichen Pharmazie. Unter Mitwirkung zahlreicher Fachgenossen herausgegeben von Geh. Reg.-Rat Prof. Thoms, Direktor des Pharmazeutischen Instituts der Universität in Berlin. Verlag Urban & Schwarzenberg, Berlin und Wien. Bd. 1: 1924, Bd. 2 und 3: 1925, Bd. 4: 1926.

Urban = Die gesamten Bestimmungen über die Ankündigung von Geheimmitteln, Arzneimitteln und Heilmethoden im Deutschen Reiche. Von E. Urban, Redakteur an der Pharmazeutischen Zeitung. Berlin 1904. Nachtrag 1908.

Urban Betriebs = Betriebsvorschriften für Drogen- und Gifthandlungen in Preußen usw. Von Ernst Urban. Berlin 1913, Julius Springer.

Verhältnisse, Die, im Drogen-Kleinhandel am Beginn des XX. Jahrhunderts. Von G. A. Buchheister, Hamburg. Leipzig 1900, Deutscher Drogistenverband e. V.

Wehmer, Medizinalgesetze. Berlin 1901.

Zeitschrift für die gesamte Strafrechtswissenschaft. Von v. Liszt, Lilienthal usw. Berlin.

Zeitschrift für Medizinalbeamte usw. Herausgegeben von Geh. Med.-Rat Prof. Dr. Otto Rapmund. Verlag Fischers medizinische Buchhandlung, H. Kornfeld, Berlin.

Zschiesing = Gesetzsammlung für Drogisten. Von G. Zschiesing. Berlin 1897.

Zust.Ges. = Gesetz über die Zuständigkeit der Verwaltungsgerichtsbehörden vom 1. August 1883.

I.

Verordnung

betreffend den

Verkehr mit Arzneimitteln[1]

vom 22. Oktober 1901[2][3]

(RGBl. 1901 Nr. 43 S. 380 ff.) nebst Ergänzungen vom 31. März 1911 (RGBl. S. 181), vom 18. Februar 1920 (RGBl. S. 253), vom 21. April 1921 (RGBl. S. 490), vom 31. Juli 1922 (RGBl. S. 710), vom 13. Januar 1923 (RGBl. S. 68), vom 21. Juni 1923 (RGBl. S. 511), vom 9. Dezember 1924 (RGBl. S. 772 ff.),[4] vom 24. Dezember 1924 (RGBl. I S. 966), vom 27. März 1925 (RGBl. S. 40).

Wir Wilhelm, von Gottes Gnaden Deutscher Kaiser, König von Preußen usw.

verordnen im Namen des Reichs auf Grund der Bestimmungen im § 6 Abs. 2 der Gewerbeordnung (Reichsgesetzbl. 1900 S. 871), was folgt:

1. Das Wort Arzneimittel ist nicht gleichbedeutend mit Apothekerwaren. Das ergibt der § 6 der RGO., inhaltsdessen durch Kaiserliche Verordnung bestimmt werden soll, welche „Apothekerwaren" dem freien Verkehr zu überlassen sind. Arzneimittel, welche sich nicht als Apothekerwaren darstellen, sind sehr wohl denkbar, unterstehen aber nicht dem Kaiserlichen Verordnungsrecht. Kronecker erklärt im Med.Arch. 1914 S. 7: „Arzneimittel (§§ 6 Abs. 1, 56 Nr. 9 RGO.), Arzneien (§ 367 Nr. 3

und 5 StGB.) und Apothekerwaren (§ 6 Abs. 2 RGO.) sind dasselbe." Das ist nur im wesentlichen richtig. Mittel, die z. B. lediglich diagnostischen Zwecken dienen (Färben von Bakterien außerhalb des tierischen Körpers; chemische Zusätze zwecks Urinuntersuchungen), können Apothekerwaren sein, sind aber nicht Arzneien, weil diese auf den lebenden Körper Einfluß nehmen müssen. Wie Kronecker durch die in Klammern eingefügten Gesetzeszitate mit Recht zum Ausdruck bringt, beziehen sich alle Begriffsabgrenzungen stets nur auf das jeweils zu behandelnde Gesetz. Zwar ist rechtsgrundsätzlich zu unterstellen, daß die Gesetzessprache dem allgemeinen Sprachgebrauch oder, wo es sich um von der Wissenschaft behandelte Sondergebiete handelt, dem wissenschaftlichen Sprachgebrauch folgt; indessen hat jeder Gesetzgeber das Recht, für jedes seiner Erzeugnisse sprachliche Abweichungen zu schaffen, d. h. Inhalt und Umfang des mit einem bestimmten Wort bis dahin bezeichneten Begriffs zu verändern. Das muß aber zwingend aus dem Gesetz erkennbar werden, — niemals darf ohne aus dem Gesetz selbst abzuleitenden zwingenden Grund der allgemeine oder wissenschaftliche Sprachgebrauch unbeachtet bleiben. Der Arzneimittel- und der Heilmittelbegriff sind in den verschiedenen Gesetzen von durchaus verschiedenem Inhalt. So gelten Verbandstoff, Brillen, Bruchbänder als „Arzneimittel" im Sinne der RVO. v. 19. Juli 1911 § 376 (RG. 3. Ziv.Sen. v. 25. März 1919 — III 494/18 —, Süddeutsche Ap.Z. v. 5. März 1920; RGZ. Bd. 95 S. 204 ff.; RVA. v. 8. Nov. 1923, Ph. Z. 1924 S. 506) und Radium als Heilmittel im Sinne der Bekanntmachung über den Handel mit Arzneimitteln v. 22. März 1917 (RG. Bd. 57 S. 114 und v. 14. April 1924 — 2 D. 576/23, IX 125/24 —, insbesondere KG. I S. 493/22 mit überzeugender Darlegung, daß die in Wissenschaft und Rechtsprechung gegebenen Begriffserklärungen — z. B. KGJ. 44 S. 147 — sich auf die bezüglichen Gesetze bezogen, nicht aber auf § 2 der Bek. v. 22. März 1917 passen. Auch OLG. München v. 26. Febr. 1923 — Rev.Reg. II Nr. 34/24 (Bayer. OLG. Str. 24, 28 und Reger Bd. 45 S. 161) — hebt hervor, daß Radium zwar Arzneimittel im Sinne der Bek. v. 22. März 1917 ist, daß aber hierbei außer Betracht bleiben müsse, ob es auch im Sinne der Kais. Ver. v. 22. Okt. 1901 Arzneimittel sei). Daß Radium in Substanz nicht unter die Kais. Ver. fällt, ergibt sich daraus, daß es nicht im Verz. B aufgeführt ist. Als Zubereitungsform des Verz. A kämen für Radium die Kapsel (Ziffer 6) und die Pastillen usw. (Ziffer 9) in Frage. Ziffer 9 scheidet aber deshalb aus, weil die Herstellungsweise pharmazeutischer Pastillen, Pillen und dergl. — vgl. die Anmerkungen zu Ziffer 9 des Verz. A — eine völlig andere ist. Würde als Umhüllung des ärztlich zu verwendenden Radiums eine Leim- oder Stärkemehlkapsel gewählt werden, so würde zwar eine „Einverleibung", wie sie den zur Zeit des Erlasses der Kais. Ver. bekannten pharmazeutischen Kapseln bestimmungsgemäß zuteil wird, hier nicht zur Anwendung kommen, wohl aber eine aus der stofflichen Natur des Radiums fließende Einwirkung auf den tierischen Körper. Das Wesen des arzneilichen Heilmittels im Unterschied von dem Heilapparat besteht begrifflich nicht darin, daß sich sein Stoff dem Lebewesen mitteilt, sondern daß es durch seine selbsttätigen, nicht erst künstlich erregten Eigenschaften (Elektrizität) Einfluß auf den Organismus ausübt. Daß diese Wirkungsweise so mancher seit Jahrhunderten benutzten Heilmittel (radiumhaltige Quellen) 1901 noch nicht erkannt war, kann für das Wesen eines Arzneimittels nicht von ausschlaggebender Bedeutung sein. Der Arzneimittelbegriff ist keineswegs gleichbedeutend mit dem des Heilmittels. Denn es gibt Heilmittel, welche nicht in Arzneiform erscheinen (RGUrt. v. 12. Febr. 1891 bei Johow 11, 331), z. B. Heilapparate; diese werden nicht von der Kais. Ver. getroffen. Andererseits gibt es eine Fülle von Apothekerwaren, welche nicht bestimmt, zum Teil auch gar nicht geeignet sind, Heilwirkung auszuüben, wie z. B. die Vorbeugungsmittel, die kosmetischen und Desinfektionsmittel und die Chemikalien, welche dem Arzt zu diagnostischen Zwecken dienen. Das ist für die Auslegung des § 2 der Verordnung von Wichtigkeit. Es irrte das OLG. Breslau, wenn es am 24. April 1891 (Springfeld V S. 19 und Leipz. D.-Z. Jahrg. 1905 S. 11) dahin entschied, daß die Stoffe des Verz. B im Verkauf als Nichtarzneimittel unbeschränkt seien. Alle im Verz. B aufgeführten Stoffe sind Apothekerwaren, auch wenn sie nicht zu Heilzwecken abgegeben werden. Andererseits läßt das KG. im Urt. v. 19. Aug. 1912 (R.Gesundh.Samml. Bd. VII S. 1093) polizeiliche Aufbewahrungsvorschriften für Arzneimittel außerhalb der Apotheken sich nicht auf Arzneistoffe erstrecken, welche ausschließlich zu technischen Zwecken bestimmt sind. Das OLG. München erklärte im Urt. v. 7. Nov. 1905 (10. Spr.-S. d. DJZ. 1908 S. 60) Arzneimittel seien „jene Substanzen, Präparate, Zubereitungen, welche in der medizinischen Wissenschaft und Praxis als Heilstoffe oder Heilmittel gelten und in Anwendung kommen". Auch diese Erklärung faßt den Begriff des Arzneimittels insofern zu eng, als sie vorbeugende, desinfizierende und kosmetische Mittel unbeachtet läßt. Andererseits ist die Definition auch zu weit, weil mit Recht das KG. im Urt. v. 11. Mai 1908 w/r T. in Düsseldorf hervorhebt: „Nicht jedes Mittel, welches zur Zubereitung von Arzneimitteln verwendet wird, gehört zu den Arzneimitteln." Man denke an Wasser, Schmalz und dergl., welche von der Definition des OLG. München v. 7. Nov. 1905 mit umfaßt werden und doch keine Arzneimittel, keine Apothekerwaren sind. Wenn das KG. am 27. März 1913 (Johow Bd. 44 S. C. 447 und Med.-Arch. 1913 S. 539 ff.) zu den Arzneimitteln auch Vorbeugungs- und Desinfektionsmittel zählt, so setzt es zu Unrecht Apothekerwaren und Arzneimittel völlig gleich. Man wird Arzneimittel als diejenigen Stoffe, Zubereitungen und chemischen Präparate bezeichnen können, welche einerseits bestimmt sind, durch ihre selbsttätigen, nicht erst durch Menschen zu erregenden Eigenschaften auf organische Gebilde gesundheitsfördernden Einfluß zu nehmen, andererseits hergebrachtermaßen in Apotheken zubereitet oder doch gehandelt zu werden pflegen. So steht das Arzneimittel im Gegensatz zum Industrieerzeugnis, mit welchem es oft genug den Zweck, z. B. auch den der Heilwirkung, teilt. Gesundheitsbier, Grahambrot, Pfefferkuchen und dergleichen Industrieerzeugnisse werden, auch wenn sie wegen angeblicher Heilwirkungen angepriesen werden, niemals zur Apothekerware im Sinne des § 6 RGO., also auch nie zum Arzneimittel im Sinne der Kais. Ver. Mit Recht erklärt das RG. am 21. Sept. 1914 — I S. 577/14 — (MBl. v. 24. März 1915 S. 113 ff.): „Ein Verkauf eines solchen Branntweins z. B. „gegen Magenverstimmung" ist ebensowenig der eines Arzneimittels wie die Abgabe von Wein „zur Stärkung", von Fleischbrühe „zur Belebung", von Limonade „gegen Mattigkeit"; es handelt sich hier vielmehr um die Abgabe von Genußmitteln, wobei der Zweck der Abgabe und des Genusses innerhalb der regelmäßigen Bestimmung des betreffenden Mittels liegt." Zu Unrecht fügt das Urteil folgende Sätze unmittelbar an: „Von einer Arzneiabgabe kann hier nur dann die Rede sein, wenn ein besonderer, außerhalb der regelmäßigen Bestimmung des Branntweins liegender arzneilicher Zweck, etwa die Mischung mit einem besonderen Arzneimittel oder die Belebung gesunkener Herztätigkeit, erreicht werden soll." Alkohol ist niemals ein Arzneimittel im Sinne der Kais. Ver., wohl aber in erheblichem Umfange, ebenso wie z. B. Wasser, Schmalz, ein Rohstoff für Arzneien. Daran ändert auch nichts der Umstand, daß Alkohol z. B. als Kognak ganz hervorragende Heilwirkung, z. B. gegenüber giftigem Schlangenbiß oder bei Kindbettfieber, zeigt; Alkohol bleibt ein industrielles, nicht aber pharmazeutisches Erzeugnis. Eine ganz andere Frage ist die, ob Branntwein gegenüber den gesetzlichen Bestimmungen über Sonntagsruhe oder in der Steuergesetzgebung (Betriebssteuer, Gewerbesteuer) oder gegenüber der Konzessionspflicht eine bevorzugte Stellung einnimmt. Diese Frage muß hier außer Betracht bleiben, doch sei insbesondere mit Rücksicht auf die zum Teil verschiedenartige Behandlung der Apotheken und Drogerien auf folgende Entscheidungen verwiesen: RG. v. 15. Dez. 1910 — I S. 995/10 — (Med.Arch. 1911 S. 213), v. 2. Jan. 1913 — I C. 1 c, v. 22. Okt. 1915 — S.360. 15 — (Min.Bl. 1916 S. 344/45), die in der Ph. Z. v. 19. April 1913 S. 313 inhaltlich mitgeteilt sind. Siehe auch § 33 GO. und Min.Erl. v. 20. Dez. 1923.

2. In Gemäßheit des § 4 der Kais. Ver. v. 22. Okt. 1901 sind unterm 1. Okt. 1903, 29. Juli 1907, 17. Dez. 1907 und 11. April 1908 Bekanntmachungen des Reichskanzlers zur Ergänzung der Kais. Ver. ergangen. Diese sind durch § 1 der Kais. Ver. v. 31. März 1911 aufgehoben, welche gewisse Zubereitungen dem § 2 und dem Verz. B unterstellte. Dieser § 2 ist durch § 2 der im RGBl. S. 772 ff. veröffentlichten Reichspräsidentenverordnung v. 9. Dez. 1924 aufgehoben. Die Ver. v. 31. März 1911 ist unter Weglassung des § 2 unter § 4 der Kais. Ver. abgedruckt.

3. Die genannte Präsidialverordnung v. 9. Dez. 1924 hat der Kais. Ver. einen § 2a und ein Verz. C angefügt, welches aus drei Abteilungen A, B und C besteht, so daß die Buchstaben A, B und C einmal ein Verzeichnis und einmal eine Abteilung bezeichnen. Die Präsidialverordnung wird im Anhang unter Weglassung des Verz. C abgedruckt. Dieses gelangt unmittelbar hinter dem Verzeichnis, der § 2a außerdem zwischen §§ 2 und 3 zum Abdruck.

4. Landesgesetze, welche die von der Kais. Ver. dem freien Verkehr überlassenen Apothekerwaren dem Apothekenmonopol unterstellen oder überhaupt Verkehrsbeschränkungen unterwerfen, entbehren der Rechtsgültigkeit. RG. v. 13. Febr. 1893 Bd. 23 S. 428 und KG. v. 25. Sept. 1905 — 1 S. 633/05 —, Johow 30 C. 33. Das schließt nicht das Recht aus, den freien Verkehr im Wege landesgesetzlicher Verordnung zu regeln, z. B. in betreff der Art der Aufbewahrung, der Verpackung der Ware und dergl. Solche Verordnungen dürfen aber nicht „eine derartige Einengung der Ausübung eines erlaubten Gewerbebetriebes in sich schließen, daß dieser im Erfolge gänzlich vereitelt wird". So OLG. Dresden v. 11. Okt. 1906, Sächs.Arch. 2, 282 und 11. Spr.-S. d. DJZ. 1908 S. 111. 1. St.Sen. des KG. erklärt im Urt. v. 6./13. Okt. 1913 — 1 S. 740/13 — (MBl. S. 343, Johow Bd. 45 S. 452 ff., Med.Arch. 1913 S. 529 ff.) eine Polizeiverordnung soweit für rechtsungültig, als sie die Ankündigung der nicht rezepturpflichtigen, wenn auch im Verkehr beschränkten harmlosen Mittel verbietet. Es setzt sich in bewußten

Gegensatz zu seiner früheren Entsch. v. 19. Okt. 1911 — 1 S. 834/11 — (Med.Arch. 2 S. 539). Ebenso KG. v. 25. Sept. 1925 — I S. 825/25 — (Ph. Z. 1925 Nr. 78 u. 84). Im Urt. v. 26. Jan. 1914 — 1 S. 1021/13 — (Med.Arch. 1914 S. 226 ff.) erklärt das KG. eine Polizeiverordnung, welche vorschreibt, daß nur Waren vorhanden sein dürfen, die feilgehalten werden, in Preußen für ungültig, weil sie lediglich bezwecke, der Polizei die Kontrolle zu erleichtern. (Vgl. KG. Johow 21 C. 62, 24 C. 79, 26 C. 5, 30 C. 47, 40 S. 398 und die übrige bei Lindemann, Polizeiverordnungsrecht, 2. Auflage, S. 55, aufgeführte Rechtsprechung.)

Das OLG. Breslau — 7 S. 332/14 — führt am 13. Okt. 1914 aus: „Eine ausdehnende Auslegung der sich als Ausnahmegesetz darstellenden Kais. Ver. v. 22. Okt. 1901 ist unzulässig."

§ 1.

Die in dem angeschlossenen Verzeichnisse A aufgeführten Zubereitungen[1]) dürfen, ohne Unterschied, ob sie heilkräftige Stoffe enthalten oder nicht, als Heilmittel[2]) (Mittel zur Beseitigung oder Linderung von Krankheiten[3]) bei Menschen oder Tieren) außerhalb der Apotheken nicht feilgehalten[4]) oder verkauft[5]) werden.

Dieser Bestimmung unterliegen von den bezeichneten Zubereitungen, soweit[6]) sie als Heilmittel feilgehalten oder verkauft werden,

a) kosmetische Mittel[7]) (Mittel zur Reinigung, Pflege oder Färbung der Haut, des Haares oder der Mundhöhle), Desinfektionsmittel[8]) und Hühneraugenmittel[9]) nur dann, wenn[10]) sie Stoffe enthalten, welche in den Apotheken ohne Anweisung eines Arztes, Zahnarztes oder Tierarztes nicht abgegeben werden dürfen, kosmetische

Mittel außerdem auch dann, wenn sie Kreosot, Phenylsalizylat oder Resorzin enthalten;

b) künstliche Mineralwässer[12]) nur dann, wenn sie in ihrer Zusammensetzung natürlichen Mineralwässern nicht entsprechen und zugleich Antimon, Arsen, Baryum, Chrom, Kupfer, freie Salpetersäure, freie Salzsäure oder freie Schwefelsäure enthalten.

Auf Verbandstoffe[13]) (Binden, Gazen, Watten und dergleichen), auf Zubereitungen zur Herstellung von Bädern[14]) sowie auf Seifen[15]) zum äußerlichen Gebrauche findet die Bestimmung im Abs. 1 nicht Anwendung.

1. Die Zubereitungen des § 1 stehen insofern in einem Gegensatz zu den Stoffen des § 2, als die im Verz. A aufgeführten Zubereitungen durchgängig sogenannte pharmazeutische Zubereitungen sind, während das Verz. B als „Stoffe" sowohl Drogen wie chemische Präparate, wie auch pharmazeutische Zubereitungen aufführt. Pharmazeutische Zubereitung bezweckt die Schaffung von Arzneiformen, und zwar auf physikalischem Wege. Das letztere wird vom OLG. Breslau in einer Entsch. v. 24. Juni 1902 (Ph. Z. 63) bestritten, weil der § 1 allgemein von Zubereitungen spreche und keine Unterscheidung in bezug auf Herstellung und Art des Gebrauchs mache; ebenso OLG. Frankfurt a. M. in einer Entsch. v. 22. April 1907 S. 10/07. Zu Unrecht bezieht sich das OLG. auf Springfeld S. 71, woselbst im Gegenteil — insbesondere S. 310 — physikalische Herstellungsweise für die Zubereitungen des Verz. A gefordert wird. Auf dem diesseitigen Standpunkt steht das RG. in wiederholten Entsch., z. B. v. 21. April 1902 — 15 S. 227/02 —, v. 30. Mai 1907 (R.Gesundh.Samml. Bd. VI 1911 S. 422; Med. Arch. 1911 S. 54) und v. 7. Okt. 1912 — 1 S. 672/12 —. Es ergibt sich das auch zwingend aus dem Umstande, daß für die sämtlichen im Verz. A auf-

geführten Zubereitungen das Deutsche Arzneibuch von der Ausgabe I bis zur heutigen Ausgabe V physikalische Herstellung vorschreibt. Wegen der Destillate im Deutschen Arzneibuch V siehe Anm. 3 zu Ziffer 3 des Verz. A. Unter Zubereitung ist nicht nur das Ergebnis eines bestimmten Herstellungsverfahrens zu verstehen, sondern auch dieses selbst, und zwar die letzte, wenn mehrere Zubereitungsweisen erforderlich werden, um zu einem bestimmten Ergebnis zu gelangen. Wird z. B. zunächst ein trockenes Gemenge oder ein flüssiges Gemisch hergestellt, wird das Endergebnis aber eine Salbe oder eine gefüllte Kapsel, so liegt nicht eine Mischung oder ein trockenes Gemenge, sondern eben eine Salbe oder eine Kapsel vor. Wird ein Destillat hinterher gemischt, so liegt eine Mischung vor (RGUrt. v. 7. Jan. 1909 — I S. 1034/08 —), wird eine Mischung destilliert, so erhält man ein Destillat. Vgl. Anm. 3 zu Ziffer 3 des Verz. A. Daß auf Form und Herstellungsverfahren zu achten ist, führt zu bedeutsamen Folgen: Wird z. B. ein Körper in die Form einer Pastille oder eines Plätzchens im Wege des Backens gebracht, so liegt keine Pastille oder Plätzchen im Sinne einer Zubereitung des Verz. A Ziffer 9 vor, weil zwar die Form, aber nicht das pharmazeutisch-physikalische Herstellungsverfahren gewahrt ist. (Vgl. Anm. 47 zu Ziffer 9 des Verz. A.) Wird eine fertige Mischung oder Lösung dergestalt überdestilliert, daß die Destillation für das Erzeugnis völlig unwesentlich ist, so liegt kein Destillat vor, sondern eine Mischung oder Lösung, weil zwar die Destillation die letzte, aber durchaus bedeutungslose Behandlung war, die an der Zubereitung nichts mehr änderte. (Vgl. Anm. 3 zu Ziffer 3 des Verz. A.) Der diesseitige Standpunkt wird geteilt vom OLG. Dresden v. 9. Aug. 1911 (Beil. z. Zeitschr. f. Med.B. 25. Jahrg. S. 4 und Med.Arch. 1912 S. 69/70), OLG. Karlsruhe v. 15. Febr. 1897 w/r B. in H., OLG. Hamburg v. 30. Mai 1901 (Nr. 22 der Berichte des D. Drog.-Verb. 1902 S. 79 und Räuber, Medizinalwesen 1910 S. 133) und v. 11. März 1910 (Hans.Entsch.Str. 3 S. 281; Jahrb. des Str.R. u. Proz. 1911 S. 295), OLG. Hamm v. 12. Juli 1907 w/r H. in R., RG. v. 7. Jan. 1909 — I S.

1034/08 —, OLG. Köln v. 7. Okt. 1910 — 11 N. 58/10 —, OLG. München v. 3. Dez. 1910 (Samml. d. Entsch. i. Str. Bd. 10 S. 388 ff.) und v. 21. Okt. 1913 (Rev.Reg. Nr. 357/1913), woselbst übertreibend von einem echten Destillat verlangt wird, daß die Destillation „ganz unentbehrlich" sei, OLG. Naumburg v. 15. Aug. 1911 ·/. Gr. — 3 S. 119/11 —, OLG. Cassel v. 2. Aug. 1909 (Bl. 89 d. A.) w/r Sch. zu H. Bemerkt wird, daß das OLG. Köln in einer Entsch. v. 29. Juni 1904 — S. 97/04 — eine gegenteilige Auffassung vertrat, diese aber nunmehr aufgegeben hat. Das KG. verlangt (Johow Bd. 36 C. S. 77) mit Recht vom echten Destillat, daß die Destillation eine Veränderung herbeiführe. Unter Berufung auf diesen Kommentar, 2. Auflage führt es in 1 S. 478/22 aus: „Nicht freigegeben sind Destillate, die sich in ihrer Zusammensetzung und Wirkung von der undestillierten Zubereitung nicht wesentlich unterscheiden und eine neue Zubereitung nur vortäuschen sollen. Der Vorderrichter wird daher in der neuen Verhandlung festzustellen haben, ob die Mittel durch die Destillation eine derartige Veränderung in Geschmack, Geruch, Aussehen „und" in ihrer medizinischen Wirkung erfahren, daß man das Ergebnis als eine pharmazeutisch gerechtfertigte Zubereitung erachten kann." Daß das diesseits in Gänsefüßchen gesetzte „und" die Stelle von „oder" vertritt, kann nicht zweifelhaft sein. Im allgemeinen gilt das Destillieren von Mischungen als eine Veredelung, z. B. wenn diese von harzigen Bestandteilen befreit werden sollen, die nicht von allen, aber doch von empfindsamen Kranken unangenehm (z. T. mit Reizfolgen) empfunden werden. Daß zur Herstellung einer Zubereitung etwa eine Mehrheit von Stoffen erforderlich sei, ist keineswegs der Fall. Die Umwandlung einer Höllensteinstange in einen Höllensteinstift durch einfaches Anspitzen stellt bereits eine pharmazeutische Zubereitung dar und macht eine frei verkäufliche Handelsform zu einer im Verkehr beschränkten Apothekerware, nämlich zum Ätzstift im Sinne der Ziffer 2 des Verz. A. Vgl. Anm. 2 zu Ziffer 2 des Verz. A. Für die Zubereitungen des Verz. A sind die Vorschriften des D. Arzneibuches nicht bindend. Die Aufnahme einer

Bestimmung dahin, daß die dem freien Verkehr unterstellten Zubereitungen des Verz. A den Vorschriften des Arzneibuches entsprechen sollten, wurde von der Kommission, welche den Entwurf der Kais. Ver. fertigte, ausdrücklich abgelehnt. (Gutachten des RGesA., mitgeteilt Ph. Z. Nr. 94 und 95 d. J. 1902: „Zur Auslegung der Kaiserlichen Verordnung vom 22. Oktober 1901.") Zu weit geht allerdings das OLG. Posen am 14. Aug. 1899 (Ph. Z. 1902 Nr. 3), wenn es die Heranziehung des Arzneibuches zur Auslegung der Kais. Ver. für unzulässig erklärt; man wird im Gegenteil für die technischen Ausdrücke der Kais. Ver. mannigfach die Erklärung im D. Arzneibuch finden können; nur sind die Vorschriften des letzteren nicht bindend für die Zubereitungen der Kais. Ver. KG. v. 14. Mai 1899 bei Springfeld V S. 193. Ebenso F. Hafner-Elberfeld in Nr. 22 v. 20. Nov. 1912 d. Zeitschr. f. Med.B.: „Über das Verhältnis der Kais. Ver. usw. zum Deutschen Arzneibuch." Daraus ergibt sich, daß die Zubereitungen des Verz. A Kollektivbegriffe sind, so KGUrt. v. 7. April 1898, so Nesemann S. 29/30 und Springfeld V 8, 33 ff. Auf diesem Boden steht auch das Urt. des KG. v. 21. April 1913 — I S. 243/13 — (Med.Arch. 1913 S. 385): „Nach den Anschauungen der pharmakologischen Wissenschaft und des reellen Verkehrs außerhalb der Apotheken", nicht nach dem Arzneibuch sei zu prüfen, was unter die einzelnen Bezeichnungen der Kais. Ver. fällt. Das gilt aber nicht etwa, wenn die Bestandteile einer freigegebenen Ausnahme in eine andere Monopolform gebracht werden. Aus der Freigabe des Pechpflasters folgt nicht die der Pechsalbe. So KG. v. 16. Nov. 1911 — I S. 219/11 — (Med.Arch. 1912 S. 66). Irrtum in der Einreihung einer Ware unter den Gattungsbegriff freigegebener Ausnahmen ist Tatsachenirrtum, nicht Rechtsirrtum.

2. Während die Stoffe und Zubereitungen der Verz. B und C auf Grund der Bestimmung der §§ 2 und 2a dem Kleinhandel ohne Rücksicht auf ihren Zweck entzogen sind, gibt der § 1 die Zubereitungen des Verz. A grundsätzlich frei, verbietet nur, sie als Heilmittel abzugeben. § 1 erkennt hiernach an, daß die Zu-

bereitungen des Verz. A verschiedenen Zwecken dienen können, z. B. technischen oder Vorbeugungszwecken. Während die Stoffe und Zubereitungen der Verz. B und C als absolute Apothekerwaren gekennzeichnet werden, die es auch dann bleiben, wenn sie zu technischen Zwecken Verwendung finden sollen, macht § 1 die freie Veräußerlichkeit gewisser Apothekerwaren nicht davon abhängig, ob sie objektiv heilkräftig sind, vielmehr davon, ob ihre Abgabe subjektiv bestimmt wird, Heilzwecken zu dienen. Ein unzweifelhaft heilkräftiges Mittel darf sonach auch im Kleinhandel außerhalb der Apotheke abgegeben werden, wenn es der Händler nicht wegen der Heilkraft zu einem Heilzweck, sondern wegen anderer Eigenschaften für irgendwelche andere Zwecke abgibt; andererseits darf der Kleinhändler eine Apothekerware, welcher gar keine Heilkraft innewohnt, auch nicht zu einem Heilzwecke abgeben. Es kommt also nicht auf die Beschaffenheit des Mittels, sondern auf die Willensrichtung des Verkäufers an. Es ist auch gleichgültig, welche geheimen Absichten der Käufer mit der Erwerbung des Mittels verbindet Verwendet er eine ihm zu technischen Zwecken abgegebene Zubereitung zu einem Heilzwecke, so wird damit nicht der Tatbestand des Absatzes 1 des § 1 erfüllt. Denn nicht die Verwendung einer Apothekerware als Heilmittel, sondern das Feilhalten und der Verkauf einer Zubereitung „als Heilmittel" wird a. a. O. verboten. Diese Auffassung ist allenthalben in Wissenschaft und Rechtsprechung vertreten, so KG. v. 7. Juni 1894 bei Johow Bd. 15 S. 338, OLG. Breslau v. 26. Mai 1908 — 7. 3 S. 134/08 —, OLG. Köln v. 20. Dez. 1895 bei Bellin S. 22. Folgende: KG. v. 31. Jan. 1905 — 2 S. 256/04 — (Goltd. Arch. 52 S. 99), KG. v. 27. Mai 1907 — 1 S. 428/07 — (Gew.-Arch. 7 S. 20), LG. Bayreuth v. 17. Sept. 1904 (GS. Bd. 5 S. 510/11, RG. v. 3. Nov. 1901 (Bd. 22 S. 197), KG. v. 11. Dez. 1924 — 3 S. 61/24 (Ph. Z. 1924 S. 1312/13.

a) Unter Berufung auf das letztzitierte RGUrt. vertritt das KG. den Standpunkt, daß nicht der direkte dolus des Händlers erforderlich sei, sondern daß der dolus eventualis hinreiche, um den zur Bestrafung zu führen, welcher eine Zubereitung des

Verz. A „als Heilmittel" feilhält oder verkauft. Am 3. Jan. 1907 führte das KG. (MBl. Nr. 19 Jahrg. 1907 S. 383) aus: „Es genügt aber, wenn der Verkäufer ... doch mit der Möglichkeit gerechnet hat, daß die Käufer es zu Heilzwecken verwenden würden." Dieser Standpunkt ist nie ausdrücklich aufgegeben worden. (Vgl. aber Abs. i.) Aber eine erhebliche Einschränkung zeigt bereits sein Urt. v. 30. Juni 1913 — 1 S. 508/13, 4 N. 8/13 — in der Ausführung: „Als Heilmittel ist eine Zubereitung feilgehalten, wenn der Händler damit rechnet oder bei gehöriger Sorgfalt damit rechnen mußte, daß sie zu Heilzwecken verwendet werden würde." Schon im Urt. v. 15. Dez. 1910 — I S. 995/10 — (Med.Arch. 1911 S. 213) hatte das KG. es zwar für ausreichend zur Bestrafung erklärt, wenn der Angeklagte mit der Möglichkeit rechnete, daß der von ihm verkaufte Weingeist zu anderen als zu Heilzwecken Verwendung finden würde, aber hinzugefügt, daß die Feststellung der Unmöglichkeit einer Kontrolle nicht ausreiche, „denn zu einer solchen Kontrolle war der Angeklagte nicht verpflichtet". Am 6. Dez. 1909 — 1 S. 931/09 — führt es aus: „Es kommt darauf an, ob der Angeklagte ... das Mittel ... als Heilmittel feilhielt ... oder doch mit dessen Gebrauch als Heilmittel rechnete oder rechnen mußte." In den Entscheidungsgründen seines Urt. v. 19. Sept. 1910 — 1 S. 557/10 — heißt es, es sei „nicht notwendig, daß die Absicht des Verkäufers auf Verwendung zu Heilzwecken gerichtet war; vielmehr genügt es, daß der Angeklagte mit der Möglichkeit einer Verwendung der Pille als Heilmittel rechnete oder rechnen mußte". (Vgl. RG. v. 3. Nov. 1891, Entsch. Bd. 22 S. 197 ff.) Diese Rechtsauffassung ist im wesentlichen auch vom OLG. Breslau angenommen worden, untersteht aber doch erheblichen Bedenken. Zunächst erscheint die Berufung auf das RGUrt. v. 3. Nov. 1891 nicht geeignet, diese Theorie vom Eventualdolus zu stützen. In diesem RGUrt. v. 3. Nov. 1891 heißt es: „Aus der Zweckbestimmung des Käufers folgt aber noch nicht, daß auch der Verkäufer, der Angeklagte, die Salbe als Heilmittel verkauft habe." Es wird dann weiter ausgeführt, daß der § 367 Nr. 3 ein Verschulden (dolus oder culpa) zur Voraussetzung hat. Vom Eventualdolus spricht das RG. nicht. Daß derselbe etwa gleichbedeutend mit culpa sei, wird in der Wissenschaft scharf verneint (v. Liszt, Lehrb. Anm. 5 zu § 39 S. 151).

b) Die Beantwortung der Frage, ob § 367 Ziffer 3 StGB. in Verbindung mit § 1 der Kais. Ver. überhaupt die Anwendung des Eventualdolus zuläßt, hängt davon ab, ob zur Erfüllung des Tatbestandes des § 1 Kais. Ver. Absicht erforderlich ist, oder ob Vorsatz genügt. Absicht kann durch einen eventuellen Vorsatz nicht ersetzt werden. Wörtlich sagt v. Liszt (Gutachten f. d. 24. Deutsch. Jur.-Tag 1898): „Soweit einzelne Verbrechen zu ihrem Tatbestande eine bestimmte Absicht fordern, genügt zu ihrem Vorliegen der eventuelle Vorsatz nicht." Fordert § 1 Kais. Ver. „Absicht", so bleibt für die Anwendung des Eventualdolus kein Raum (RGEntsch. Bd. 30 S. 270). Daß die Absicht, eine Zubereitung als Heilmittel abzugeben, Voraussetzung für die Strafbarkeit sei, war bis 1907 die herrschende Auffassung in der Rechtsprechung. Noch im Urt. v. 26. Mai 1908 — 7. 3 S. 134/08 — hebt das OLG. Breslau wörtlich hervor: „In Wirklichkeit ist gerade jene Absicht des Händlers das Entscheidende gemäß § 1 Abs. 1", und es beruft sich hierfür auf sein eigenes Urt. v. 29. Aug. 1906 — 3 S. 255/06 —, auf das Urt. des KG. (Jahrb. Bd. XV S. 339) und auf das des OLG. Köln v. 20. Dez. 1895.

c) „Absicht" wird von Frank (StGB. 1908 S. 127) als die „schwerste Form" des Vorsatzes bezeichnet. Er führt in dieser Beziehung aus: „Der Vorsatz wird also dadurch charakterisiert, daß der Täter gewisse Vorstellungen nicht zu ausschlaggebenden kontrastierenden Motiven erhebt"; und ferner: der Täter „läßt sich umgekehrt durch jene Kenntnis zu der Handlung bestimmen. Diese psychische Situation bezeichnet man als Absicht." Dieser Auffassung der Begriffe Vorsatz und Absicht ist beizutreten. Nimmt man auf die in den praktischen Folgen nicht wesentlich voneinander abweichenden theoretischen Unterschiede zwischen der Willens- und der Vorstellungstheorie hier keine Rücksicht, so führen die Franckschen Erklärungen von Vorsatz und Absicht zu folgender Nutzanwendung: Weiß der Drogist, daß die seitens eines Kunden gewünschte Zubereitung einem Heilzwecke dienen soll, und läßt er sich durch diese Kenntnis (Vorstellung) nicht abhalten, die Ware zu verkaufen, so hat er vorsätzlich gehandelt, aber noch nicht absichtlich. Hat den Drogisten gerade der Umstand, daß die Ware zu einem Heilzweck Verwendung finden sollte, zum Verkaufe veranlaßt, so hat er mit Absicht gehandelt. Der Regel nach wird es aber dem Verkäufer gleich sein, was später aus seiner Ware wird; der Regel nach wird der Drogist eine Zubereitung nicht gerade deshalb verkaufen, weil sie zu Heilzwecken verlangt wird, sondern trotz dieses Umstandes. Es ist anzunehmen, daß das Gesetz dieser Erfahrung des täglichen Lebens Rechnung tragen wollte, und daß deshalb § 1 der Kais. Ver. nicht Absicht forderte, sondern nur Vorsatz. Deshalb wird hier der Wandlung in der kammergerichtlichen Rechtsprechung insoweit zugestimmt. Entfällt das Erfordernis der Absicht, genügt Vorsatz, so ist aber auch Eventualvorsatz hinreichend. Dieser liegt aber keineswegs schon dann vor, wenn der Drogist mit der Möglichkeit rechnete oder rechnen mußte, daß die Ware zu einem Heilzwecke Verwendung finden würde; vielmehr handelte der Drogist nur dann dolos, wenn er auch bei sicherer Kenntnis des Heilzweckes die Ware abgegeben hätte. Unter Berufung auf RG. Bd. 21 S. 420 führt Franck (S. 132) wörtlich aus: „Gibt sich der Täter der Erwartung hin, daß der als möglich vorgestellte Umstand tatsächlich nicht vorliege, und handelt er in dieser Erwartung, so fehlt es an jedem Vorsatze." Vergl. die von Franck a. a. O. zitierten Entsch. des RG. Bd. 22 S. 55, Bd. 33 S. 4; des Reichs-Militärgerichts Bd. 3 S. 296; die Gutachten von Stenglein und v. Liszt in den Verh. des 24. Jur.-Tages 1. Bd.; Hamm DJZ. 3, 356 ff.; Beschl. des 24. Jur.-Tages (Verh. 4, 285); v. Bar, ZStW. 18, 534; ders. GerS. 56, 101 ff.

d) In seinem Gutachten für den 24. D. Jur.-Tag führte v. Liszt aus, daß, falls der Täter den Eintritt des Erfolgs nur für möglich gehalten hat, ein Eventualdolus zur Voraussetzung habe, „daß die Überzeugung von dem sicheren Eintritt des Erfolgs den Täter von der Begehung der Handlung nicht abgehalten hätte". Er legt weiter dar, daß es auch nicht genüge, daß der Täter den Erfolg voraussehen konnte und sollte, wenn er ihn nicht wirklich vorausgesehen hat. In beiden Richtungen sind in der Rechtsprechung des KG. die Lisztschen Forderungen nicht erfüllt; denn einerseits verlangt das KG. nicht die Feststellung, daß der Verkäufer mit der mißbräuchlichen Verwendung einverstanden war, andererseits begnügt es sich damit, daß der Täter den Erfolg voraussehen m u ß t e. Das OLG. Breslau hat sich noch im Urt. v. 26. Mai 1908 — 7. 3 S. 134/08 — gegen die Theorie des KG. ablehnend verhalten, wenngleich es auch den Eventualdolus als hinreichend betrachtete. Es hob ein verurteilendes Erkenntnis mit der Begründung auf, daß zur Feststellung des Eventualdolus nicht der Satz der Strafkammer genüge: „Er — d. i. der Verkäufer — muß damit rechnen, daß die Käufer des Tees den Tee als Heilmittel verwenden." „Vielmehr bedarf es hierzu einer weiteren tatsächlichen Erörterung darüber, ob sich der Angeklagte wirklich bewußt gewesen ist, daß einzelne Käufer trotz der Aufschrift auf der Verpackung den Tee in der Tat als Heilmittel kauften, nicht bloß als Vorbeugungsmittel gegen Krankheiten, und ihn dieser Umstand gleichwohl nicht vom Verkauf abgehalten hat."

e) Es genügt durchaus nicht zur Anwendung des Eventualdolus der Umstand, daß die erkennbare und erkannte M ö g l i c h k e i t einer Verwendung der Zubereitung für Heilzwecke vorliegt; es muß vielmehr hinzutreten, daß der Drogist auch für den Fall des E i n t r i t t s der Möglichkeit die Ware abgeben wollte; und es ist die Anwendung des Eventualdolus ausgeschlossen, wenn der Drogist in der Erwartung die Ware verkaufte, daß der als m ö g l i c h erkannte Fall n i c h t eintreten werde. Da eine mißbräuchliche Verwendung einer Ware regelmäßig möglich ist, muß jeder verständige Verkäufer auch mit solcher rechnen. Würde dies hinreichen, um dieserhalb zu strafen, so würde der gesetzgeberische Wille, welcher die verschiedenartige Behandlung der

Waren, je nachdem sie unter Verz. A oder B fallen, anordnet, in der Rechtsprechung völlig beseitigt sein. Die Kais. Ver. will Stoffe des Verz. B dem Detailverkehr außerhalb der Apotheken stets, Zubereitungen des Verz. A nur als Heilmittel entziehen. Da aber die meisten Zubereitungen des Verz. A der Möglichkeit einer mißbräuchlichen Verwendung zu Heilzwecken zugänglich sind, so wären sie ja auch schlechthin ebenso wie die Stoffe des Verz. B den Drogisten entzogen, wenn das RG. mit seiner Auslegung des Begriffes Eventualdolus recht hätte.

f) Das RG. steht denn auch auf einem anderen Standpunkte und hat diesem in seinem Urt. v. 3. Nov. 1891 (abgedruckt bei Feige S. 61, 62) mit folgenden Ausführungen Ausdruck gegeben: „Im Urteil ist ferner dargelegt, daß beim Abschluß des Kaufgeschäftes nicht davon die Rede gewesen sei, zu welchem Zwecke die Salbe gebraucht werden soll; dagegen ist nicht erwähnt, daß Verkäufer den Verbrauch gegen Filzläuse als selbstverständlich vorausgesetzt habe, oder daß der Verkäufer bei Anwendung der schuldigen Sorgfalt habe annehmen müssen, Käufer wolle dieselbe als Heilmittel gebrauchen." Das RG. begnügt sich also keineswegs damit, daß der Drogist mit der Möglichkeit eines Mißbrauchs rechnen mußte. Zu vergleichen ist auch das Urt. des RG. v. 28. Juni 1906 (abgedruckt im Deutschen Nahrungsmittelbuch, herausgegeben vom Bunde Deutscher Nahrungsmittelfabrikanten und Händler, e. V., 2. Aufl., Heidelberg 1909, Karl Winters Universitätsbuchhandlung, S. 396 bis 398). Dort wird über die Haftbarkeit des Verkäufers aus § 10 des Ges., betr. den Verkehr mit Nahrungsmitteln usw., v. 14. Mai 1879 für die Deklarationserfüllung des Wiederverkäufers wörtlich ausgeführt: „Die bloße Vorstellung der Möglichkeit, daß die Ware einmal als Täuschungsmittel verwendet werde, genügt nicht, vielmehr wird mit jenem Merkmal ein bewußtes Handeln zu dem bestimmten Zwecke der Täuschung erfordert."

g) Das RG. lehnt in einer Entsch. v. 13. April 1891 (Bd. XXI S. 420) ausdrücklich ab, daß das Rechnen mit der Möglichkeit eines Erfolges etwas anderes als Fahrlässigkeit bedeuten könne.

Es führt in dieser Beziehung wörtlich aus: „In gleicher Weise würde z. B. derjenige, welcher einen ihm entbehrlichen schweren Gegenstand, um sich desselben zu entledigen, nachts durch das Fenster wirft und hierbei zwar der Möglichkeit sich bewußt ist, daß ein Vorübergehender getroffen und getötet werden könnte, diese Folge aber, welche nicht notwendig eintreten mußte, durchaus von seinem Willen ausschließt und sich vielmehr der leichtfertigen Erwartung hingibt, es werde in dem betreffenden Zeitpunkte auf der Straße niemand vorübergehen, nicht wegen Mordes, sondern nur wegen fahrlässiger Tötung bestraft werden können, wenn in der Tat ein Vorübergehender durch jenen Gegenstand getroffen und getötet worden ist." Wendet man diesen Grundsatz auf den Verkauf einer Zubereitung als Heilmittel an, so ergibt sich, daß von einem vorsätzlichen oder evtl. vorsätzlichen Delikt nicht die Rede sein kann, wenn der Verkäufer nur mit der Möglichkeit der Verwendung zu einem Heilzweck gerechnet hat, daß vielmehr höchstens dann, wenn der mögliche Erfolg eingetreten ist, eine strafbare Fahrlässigkeit vorliegt. Zu prüfen bleibt also noch, ob nicht auch Fahrlässigkeit den Tatbestand des § 1 Kais. Ver. in Verbindung mit dem § 367 StGB. erfüllt. Würde „Absicht" erfordert werden, so wäre ein fahrlässiges Handeln begrifflich unmöglich. Da aber Vorsatz genügt, so kann auch Fahrlässigkeit zur Bestrafung führen. Fahrlässig handelt der Drogist, welcher voraussehen konnte, aber aus Mangel an pflichtmäßiger Prüfung nicht vorausgesehen hat, daß eine von ihm zu verkaufende Zubereitung als Heilmittel, d. h. wegen ihrer angeblichen Heilkraft zwecks Beseitigung oder Linderung einer Krankheit vom Kunden erworben wird. Ist letzteres nicht der Fall, so liegt überhaupt keine strafbare Verfehlung vor. Insofern ist der Drogist besser gestellt, wenn man nicht Absicht, sondern Vorsatz als Tatbestandsmerkmal fordert. Die zu Denunziationszwecken erfolgenden Aufkäufe unter der Vorspiegelung eines Heilzweckes können deshalb nicht zur Bestrafung führen, da sie nur ein Putativdelikt auslösen, das nach herrschender Rechtsauffassung straflos bleibt. (Franck IV, 3 zu § 59 StGB. S. 136.) Hält der Drogist eine Ware erst feil, so ist das Tatbestandsmerkmal „als Heilmittel“ dann erfüllt, wenn die Ware gleichzeitig schriftlich oder mündlich zur Beseitigung oder Linderung einer Krankheit angepriesen wird. Hier erfordern die Etiketten und Gebrauchsanweisungen besondere Beachtung. Dient die Zubereitung nur Heilzwecken, so kann verständigerweise nur ihr Feilhalten „als Heilmittel“ in Frage kommen, doch bleibt dem Händler der Gegenbeweis unbenommen. Sofern die Zubereitung aber zu verschiedenen Zwecken Verwendung findet, muß es als unerheblich betrachtet werden, ob sie dem einen Zwecke mehr als dem anderen dient; es ist auch unerheblich, für welchen Zweck sie mehr geeignet ist: die verschiedene Verwendbarkeit kann für sich allein nie die Feststellung rechtfertigen, daß sie für alle Zwecke, also auch als Heilmittel feilgehalten werde. Selbst wenn auf der Packung eine Ware z. B. zu Nähr- und Heilzwecken angepriesen wird, folgt noch nicht, daß der Drogist die Ware zu Heilzwecken feilhält. Es ist sehr wohl denkbar, daß der Detailhändler mit größter Sorgfalt darauf achtet, daß in seinem Geschäft die Ware nur als Nährmittel abgegeben wird. So LG. Liegnitz — 2. O. 2 87/06 — Urt. v. 15. Nov. 1906. Hängt er aber Plakate aus, auf welchen die betreffende Ware als Heilmittel ausgeboten wird, so liegt ein Feilhalten „als Heilmittel“ vor. Bei der Abgabe von Waren, welche verschiedenen Zwecken zu dienen geeignet sind, ist der Drogist grundsätzlich nicht verpflichtet, den Käufer nach dem Verwendungszweck zu befragen; so ausdrücklich RG. v. 28. Juni 1883 (DrogJahrb. 1911 S. 80). Den gleichen Standpunkt vertritt das LG. Dessau am 7. Aug. 1905 (RGesA.-Samml. V S. 488) mit den Worten: „Daß er den Y. nicht ausdrücklich gefragt hat, wozu er die Salbe gebrauchen wolle, kann ihm nicht zum Verschulden angerechnet werden, denn es kann einem Drogisten nicht zugemutet werden, daß er den von einem Arzt zum Ankauf von Waren zu ihm Geschickten erst noch befragen soll, wozu er die betreffende Ware verwenden wolle.“

Für die Entscheidung der Frage ist der Umstand von Wichtigkeit, daß ja nicht der Angeklagte zu beweisen hat, daß ihm Vorsatz oder bezw. Absicht fehlte, sondern daß ihm das Vorhandensein nachgewiesen werden muß. Das ist auch schlechthin der Standpunkt der Rechtsprechung, der besonders kennzeichnend in nachstehenden Entscheidungen zum Ausdruck kommt. Das LG. I Berlin hatte am 13. April 1904 — V A D 51/04 — einen Drogisten freigesprochen, welcher einer Polizeiagentin auf deren Ansuchen einen Tee abgab, obwohl sie noch vor Übergabe der Ware, aber nach der Bereitschaftserklärung des Verkäufers die von diesem bejahend beantwortete Frage gestellt hatte, ob auch der Tee gegen Verstopfung gut sei. Das Landgericht begründet den Freispruch damit, daß der Heilzweck „nicht in die Bedingungen des Kaufgeschäftes einbezogen" worden sei. Und das KG. hielt den Freispruch am 10. Jan. 1905 — 2 S. 209/04 — aufrecht, weil die Heilwirkung nur als Nebenwirkung zur Sprache gebracht sei! Die Strafkammer in Eisenach sprach am 8. Sept. 1905 K. und acht Genossen frei, obwohl die verkauften Waren (Hämatogen, Eisentropon und Eisensomatose) zwar mit dem Etikett „Wird nur als Nähr- und Kräftigungsmittel, nicht als Heilmittel verkauft", aber auch mit anderen Druckschriften versehen waren, in welchen auf die Heilwirkung der Ware gegen Blutarmut usw. hingewiesen war. Das Urteil ist dahin begründet, daß die angeklagten Drogisten ebenso von der Wirksamkeit der Substanzen als Nährmittel überzeugt waren, wie ein Apotheker von der medizinischen Brauchbarkeit der betreffenden Zubereitungen überzeugt sei. Das LG. Wiesbaden entschied am 27. Sept. 1907 — 4 N. 59/07 —, es sei für die Frage, ob ein Drogist Zubereitungen als Nährmittel oder als Heilmittel abgebe, gleichgültig, ob diese Mittel in überwiegendem Maße als Nahrungs- und Kräftigungs- oder aber als Heilmittel gebraucht werden; zudem gäbe es keine statistische Unterlage hierfür; es sprach deshalb den Drogisten frei, welcher Hämatogen, Lebertran usw. nach seiner Behauptung nur als Nähr- und Kräftigungsmittel abgegeben hatte. Das LG. Karlsruhe erklärte am 21. Nov. 1906 (RGesA.Samml. V 518), daß die Abgabe eines Nährmittels auf ärztliches Rezept kein Beweis dafür sei, daß es der Verfertiger als Heilmittel habe abgeben wollen. LG. I Berlin v. 8. Nov.

1906 — 170 406/06: „Dient ein Mittel verschiedenen Zwecken, so muß dem Angeklagten nachgewiesen werden, daß er es zu verbotenen Zwecken feilgehalten hat.“ Ebenso LG. II 5. StK. v. 3. Okt. 1911 — 1c N. 127/11 —.

h) Liegen Umstände vor, welche die Annahme nahelegen, daß die Zubereitung Heilzwecken dienen soll, so würde der Drogist fahrlässig handeln, wenn er nicht den Käufer ernsthaft belehrt, daß er die Ware zu einem Heilzwecke abzugeben nicht gewillt sei. Als solche Umstände können in Betracht kommen die dosierte kleine Menge, die Benutzung einer Arzneiflasche mit noch aufgeklebtem Rezept, ein sichtbares oder hörbares Leiden des Abholenden und dergl. Wird der Drogist von dem Kunden angelogen, so trifft ihn nur dann ein Verschulden, wenn ganz besondere Umstände die Unwahrheit der erhaltenen Auskunft bloßlegen. In diesem Sinne führt das RG. im angegebenen Urt. v. 28. Juni 1883 wörtlich aus: „Da er nicht weiter haftet, als sein Wissen reicht, so bleibt er von jeder Verantwortlichkeit frei, wenn ihm der Abnehmer unwahre Angaben macht.“ Oft werden Leidenden zwar wegen ihres Leidens, aber nicht gegen ihr Leiden Waren verkauft, z. B. konzentrierte Nährmittel, wenn der Magen die normalen größeren Mengen von Nahrungsmitteln nicht verträgt, oder wenn wegen eines Herzleidens das „Vollessen“ vermieden werden soll, oder milde Tees als Genußmittel, wenn der russische Tee erkrankte Schleimhäute reizt und dergl. In solchen Fällen steht dem Verkauf ein Bedenken nicht entgegen. So sprach das LG. I Straffen. 8 Berlin am 20. Febr. 1911 — 6 N. 2/11 w. r D. — eine Angeklagte frei, weil ihr zwar die Käuferin physiologischen Salzes von ihrem Herz- und Magenleiden erzählt, das Salzgemenge aber doch lediglich zur Hebung ihres Kräftezustandes gefordert und erhalten hatte.

i) Seit langen Jahren ist der Eventualdolus vom RG. in bezug auf die Kais. Ver. nicht mehr zum Gegenstand einer Urteilsbegründung gemacht worden. In einem Urt. v. 25. Jan. 1924 — 1 S. 885/23/24 — hatte das RG. hierzu eine naheliegende Veranlassung. Es verwarf die von der Staatsanwaltschaft eingelegte Revision gegen ein Urteil der Strafkammer Guben v. 11. Okt. 1923 — 5 N. 147. 23/20 —, in dessen Gründen sich folgender Satz befindet: „Bei den übrigen Mitteln hot vielleicht das kaufende Publikum in einem oder dem andern Falle die Mittel als Heilmittel erwerben wollen; daraus aber auf einen entsprechenden Willen beim Angeklagten zu schließen, der ihn bestreitet, ist mangels sonstiger Anhaltspunkte nicht angängig." Das RG. verlangt in seinen Urteilsgründen nicht Prüfung, ob Eventualdolus vorliege, sondern führt zutreffend aus: „Daß der Angeklagte die Mittel als Heilmittel nicht feilgehalten oder verkauft hat, ist festgestellte Tatsache; ein Rechtsirrtum ist dabei nicht ersichtlich."

k) Die Frage, was Heilmittel sind, war unter der Herrschaft der früheren Kais. Ver. streitig. Diesen Streit versucht die vorliegende Kais. Ver. dadurch zur Erledigung zu bringen, daß sie durch einen Klammerzusatz eine Legaldefinition dahingehend bringt, daß Heilmittel Mittel zur Beseitigung oder Linderung von Krankheiten bei Menschen oder Tieren seien. Daraus folgt, daß Pflanzenheilmittel als Heilmittel im Sinne der Kais. Ver. nicht anzusprechen sind, was früher sehr erheblich bestritten war. Es folgt aber nicht etwa daraus, daß Pflanzenheilmittel nicht Apothekerwaren sein könnten; sofern sie unter das Verz. B fallen, sind sie gemäß § 2 der Verordnung dem Kleinhandel außerhalb der Apotheken entzogen. Für Pflanzenschutzmittel sind vom Reichsrat entworfene Bestimmungen in den Ländern als Polizeiverordnungen eingeführt. Es folgt aus der gesetzlichen Begriffserklärung ferner, daß Mittel zur Erhaltung und Kräftigung der Gesundheit sowie Mittel zur Verhütung von Krankheiten nicht als Heilmittel anzusprechen sind. Dies erklärt ausdrücklich das RG. am 5. Okt. 1908 — S. 902/03 — unter Berufung auf ein Gutachten des RGesA., welches dem 1899 veröffentlichten Entwurf der Kais. Ver. beigegeben war, und in welchem es wörtlich heißt: „In diesem Entwurf sind im § 1 Abs. 1 die Mittel zur Verhütung von Krankheiten zu den Heilmitteln nicht gerechnet." Der Erhaltung und

Kräftigung der Gesundheit dienen die sogenannten Nährmittel (vgl. Anm. 3), welche also frei verkäuflich sind, und zwar auch dann, wenn sie arzneiliche Stoffe enthalten, da sich ja die Verordnung mit Nahrungsmitteln, wie Fleisch, Milch, Brot usw., überhaupt nicht beschäftigt. Ein Nähr- und Kräftigungsmittel kann ebenso den Zweck haben, Fett- und Muskelansatz zu fördern, wie auch Blut-, Knochen-, Milch- und Haarbildung zu unterstützen; Mittel, welche den Appetit des Menschen, die Freßlust der Tiere anregen sollen, sind auch als Mittel zur Erhaltung und Kräftigung der Gesundheit anzusprechen, insbesondere dann, wenn eine Erhöhung des Appetits bezw. der Freßlust über den normalen Zustand hinaus angestrebt wird. (So OLG. Breslau v. 13. Juni 1911, Drogenhändler 1911 Nr. 56 und Jahrb. des D. Drog.Verb. 1873, Jahrg. 1912 S. 92.) Das geschieht beim Vieh beispielsweise, wenn Mästung erzielt werden soll, und beim Menschen, wenn derselbe verhältnismäßig großen körperlichen oder geistigen Anstrengungen ausgesetzt ist, so daß ein besonders hohes Maß von Widerstandskraft erforderlich ist, um der Gefahr einer Überarbeitung zu entgehen. In allen solchen Fällen kann von einem Heilmittel keine Rede sein, weil keine Krankheit vorliegt, sondern einer solchen vorgebeugt werden soll, und zwar auf dem Wege der Schaffung von Kraftreserven, der Stählung des gesunden Körpers. Ein Nähr- und Kräftigungsmittel kann aber auch bei vorhandener Krankheit und sogar gerade wegen dieser vom Arzt verordnet werden, ohne daß es zum Heilmittel wird. Die Wissenschaftliche Deputation für das Medizinalwesen (Preußen) erstattete am 11. Dez. 1912 — J.-Nr. 51 C — ein Gutachten über Hämatogen (Beil. z. Zeitschr. f. Med.B., 26. Jahrg., S. 130 und Med.Arch. 1913 S. 222 bis 225), in welchem sie als das unterscheidende Kennzeichen des Nährmittels vom Heilmittel anspricht, daß nur letzterem „eine eigenartige heilende Wirkung auf bestimmte Organe zukommt“, und daß ersteres „nur mittelbar Heilzwecken dient“. In einem späteren Gutachten v. 8. Juli 1914 (MBl. S. 289 und Med.Arch. 1914 S. 528 ff.) ergänzt sie diese Begriffserklärung dahin, daß ein Nährmittel „nur mittelbar auf dem Wege der Ernährung heilend bei Krankheiten wirken" könne und daß „im Gegensatz hierzu die eigentlichen Heilmittel" stehen, „die auf pharmakologischem Wege entweder durch Beeinflussung gewisser Körperzellen im Sinne einer Anregung oder Herabsetzung ihrer Funktionen, also durch Milderung oder Beseitigung der Krankheitserscheinungen, eine heilende Wirkung erzielen. Ist ein Präparat der pharmazeutisch-chemischen Industrie derart hergestellt, daß es zugleich ernährende und pharmakologische Wirkungen besitzt, so ist zu prüfen, welchen Bestandteilen die hauptsächliche Wirkungsweise zukommt, und hierdurch wird die Beurteilung der Zubereitung im Sinne der Kais. Ver. bestimmt werden."

Appetitlosigkeit kann die Äußerung eines Magenübels sein; aber selbst dann wird ein appetitanregendes Mittel nicht zum Heilmittel, sofern es nur auf das Magenübel selbst, die Quelle der Appetitlosigkeit, keinen Einfluß nehmen soll. Aus der großen Fülle von gerichtlichen Entscheidungen, welche den diesseitigen Standpunkt vertreten, sei nur eine kleinere Auswahl hier vorgetragen. Das OLG. Frankfurt a./O. begründete sein Urteil, daß blutreinigende und blutverbessernde Teesorten keine Heilmittel seien, am 7. Nov. 1902 w/r M. (GesA. Samml. IV S. 628) wörtlich dahin: „Daß das Blut der Reinigung und Besserung fähig ist, kann vielleicht die Ursache zukünftiger Erkrankungen bilden, ist aber für sich allein noch keine Krankheit." Auf die Frage, was eine Krankheit sei, wird in Anm. 3 eingegangen werden. Das OLG. Celle erklärte am 6. April 1903 — 3 S. 18/03 — (Goltd. 52, 113) Nährpatronen, welche zur guten Knochen- und Zahnbildung empfohlen waren, als frei verkäuflich. Die StK. in Eisenach erklärte — w/r K. und acht Genossen am 8. Sept. 1905 — Hämatogen, Eisentropon, Eisensomatose als Nährmittel für frei verkäuflich, auch wenn gleichzeitig in beigefügten Drucksachen auf die Heilwirkung hingewiesen sei.

Das OLG. Köln gab am 28. April 1906 — S 99/06; — (RGesA. Samml. V, 500) Lebertranemulsion und am 8. Juni 1907 — S. 70/07 w/r W. — Hämatogen als Nähr- und Kräftigungsmittel,

„wenn auch für Kranke", frei. Am 24. Juli 1907 erklärte dasselbe Gericht, daß Hämatogen, Hämaticum, Glausch Freß- und Mastpulver als Nährmittel frei seien, und am 8. Juni 1907 (Med.Arch. 1911 S. 54): „Ein Nähr- und Kräftigungsmittel ist kein Heilmittel, sondern dient bei Kranken nur zur Unterstützung der Heilung." Das LG. Karlsruhe gab am 21. Nov. 1906 (RGesA. Samml. V, 518) Eisenmanganessenz, auch vom Arzt auf Rezept verschrieben, als Nähr- und Kräftigungsmittel frei. Das gleiche erfolgte durch Urt. des LG. Wiesbaden v. 27./29. Sept. 1907 — 4 N. 59/07 —, betr. Bioferrin, Hämatogen, Lebertranemulsion und Scotts Emulsion. Das OLG. Dresden erklärte am 23. Jan. 1908 (Annal. 29, 504 und 15. Spr.S. d. DJZ. 1909 S. 189) Mittel gegen Magerkeit als frei verkäuflich, allerdings mit der bedenklichen Begründung, daß solche Mittel Schönheitsmittel seien. Das OLG. Breslau erkannte am 26. Mai 1908 — 7. 3. S. 134/08 — die Freiverkäuflichkeit von Hämatogen als Nährmittel an, und am 4. Juli 1908 erklärte das OLG. Düsseldorf (Ph. Z. Nr. 68; Z. f. M. 171; Dr. Räuber 136) physiologische Nährsalze zu Vorbeugungszwecken als frei verkäuflich. Das LG. I Berlin StK. 8 erklärte im Urt. 6 N. 2/11 am 20. Febr. 1911 physiologisches Salz zur Hebung des Kräftezustandes als frei verkäuflich und am 8. Okt. 1914 — 29 N. 38/13 — : „Ein Nervenstärkungsmittel, als welches die Kola-Dultz-Tabletten auf dem Etikett bezeichnet sind, ist kein Heilmittel . . . Zweck des Nervenstärkungsmittels ist lediglich, die Widerstandsfähigkeit der Nerven gegen äußere Einflüsse zu erhöhen." Auch das OLG. Hamm erklärte am 1. Okt. 1912 w/r K. Kola-Dultz-Tabletten als frei verkäuflich. Ebenso OLG. Breslau am 14. Mai 1912 — 7 S. 172/12 —, weil „Mittel, die den Zweck haben, natürliche körperliche oder geistige Ermattungszustände zu verhindern oder zu beseitigen, keine Heilmittel" sind. Als frei verkäufliches „Nährmittel zur Vorbeugung" von Krankheiten wird Hermanns flüssige Nervenkraftnahrung vom LG. Breslau am 2. Juli 1912 — 14. 8 M. 84/12 — anerkannt. Das LG. in Hirschberg erklärte am 23. Jan. 1909 (Ph. Z. Nr. 22) Eisentropon, das OLG. Düsseldorf am

17. April 1909 (Drog.Jahrb. 1911 S. 77) Jodeisen und Lebertran zu Nährzwecken als dem freien Verkehr überlassen. Und das LG. Liegnitz entschied am 30. April 1910 (Ph. Z. Nr. 37), daß Milch- und Nutzpulver für Kühe kein Heilmittel und deshalb im Verkehr nicht beschränkt sei. Am 8. April 1911 — 3 N. 13/11 — erklärte es Pferdefreßpulver trotz abführender Bestandteile als frei verkäuflich. Die Frage, ob Erfrischungsmittel dem Apothekenmonopol unterstehen, läßt sich nicht einheitlich beantworten. Sollen die Erfrischungsmittel einem Kranken als Linderungsmittel verabfolgt werden, so gelten sie als Heilmittel, sind also, sofern sie eine der Zubereitungsformen des Verz. A haben, im Verkehr beschränkt, da ja Heilmittel nach der gesetzlichen Definition nicht gerade auf Heilung von Krankheiten abzielen müssen, da vielmehr auch Linderungszwecke den Begriff des Heilmittels erfüllen. Es kann also sehr wohl ein und dieselbe Zubereitung als Erfrischungsmittel für einen Gesunden frei verkäuflich, als Linderungsmittel für einen Kranken dem Kleinhandel außerhalb der Apotheken entzogen sein. Daß aber Erfrischungsmittel für Gesunde nicht als Heilmittel zu betrachten sind, kann einem begründeten Bedenken nicht unterliegen, wenngleich die Rechtsprechung mannigfach schwankte. Erfrischungen richten sich gegen Ermüdungszustände, mögen diese den gesamten Organismus oder auch nur einzelne Organe ergreifen. Solche Ermüdungszustände können zwar auch durch Krankheiten geschaffen werden, der Regel nach aber handelt es sich nicht um pathologische, sondern um physiologische Zustände. Der Sänger oder Redner, dessen an der Stimmbildung mitwirkende Organe durch längere Inanspruchnahme ermüdet sind, ist ebensowenig krank wie der Wanderer, welcher nach einem weiten Wege müde ist. Auch von einer Erkrankung der Augen kann nicht gesprochen werden, wenn diese nach langem oder bei ungünstiger Beleuchtung vorgenommenem Lesen den weiteren Dienst versagen. Alle Mittel, welche sich gegen solche Ermüdungszustände wenden, sind Erfrischungsmittel und in dieser Anwendung keine Heilmittel. So Meißner S. 119, woselbst er ein LGUrt. auszugsweise im Wortlaut wieder-

gibt, welches im Anschluß an ein Sachverständigengutachten Zubereitungen, welche „nur belebend und anregend wie andere Genußmittel, z. B. Kaffee und Tee“, wirken, als frei verkäuflich erklärt. Das LG. I Berlin hat am 13. Jan. 1900 — O. II D. 94/99, VIII 236/00 — und das LG. Magdeburg am 10. Okt. 1912 — 2 N. 34/12 — Rosmershausensches Augenwasser als frei verkäuflich erklärt, weil es als Stärkungs- bezw. als Erfrischungsmittel benutzt werde. Das OLG. Breslau hat am 26. Mai 1908 — 7. 3 S. 134/08 — Mentholin als „erfrischendes Schnupf- (nicht etwa Schnupfen-) Mittel“ für frei erklärt. Ebenso hat das LG. Hirschberg i. Schl. am 23. Jan. 1909 — 3 N. 240/08 — Mentholtabletten als Erfrischungsmittel freigegeben. Mag man Einreibungen für Rennpferde oder Sportsleute vor oder nach der sportlichen Leistung als Erfrischungs- oder Stärkungsmittel betrachten, in jedem Falle sind sie richtiger Ansicht nach frei verkäuflich, da sie sich nicht gegen pathologische, sondern physiologische Zustände richten. Daß immunisierende Mittel niemals Heilmittel sind (so Springfeld V S. 52), folgt aus ihrer Natur als Vorbeugungsmittel; sofern sie nicht dem Verz. B einverleibt sind, unterliegt ihr Handel nicht dem Apothekenmonopol.

3. Was die Kais. Ver. unter den Begriff „K r a n k h e i t e n“ rechnet, ist sehr erheblich Gegenstand der Erörterung in der Rechtsprechung geworden. Daß A n l a g e n (D i s p o s i t i o n) zu einer Krankheit nicht Krankheit selbst sind, nimmt das KG. mit Recht an im Urt. v. 19. Sept. 1910 — 1 S. 577/10 — (Gew.Arch. 10, 208 und Jahrb. d. Str.R. u. Pr. 1911 S. 295), ferner am 27. März 1913 — 1 S. 175/13 — (Johow Bd. 44 C, S. 447 und Med.Arch. 1913 S. 539 ff.). Gerade dies wird aber zu Unrecht von Sachverständigen mannigfach bestritten. Es findet oft irrigerweise eine Gleichstellung der Anlage zu einer Krankheit mit einer krankhaften Anlage statt; es wird eine Anlage zu einer Krankheit mitunter als ein chronischer Krankheitszustand mit der Behauptung angesprochen, daß, wenn sich auch krankhafte Veränderungen mit den jetzigen Mitteln der Wissenschaft noch nicht nachweisen ließen, doch solche vorhanden sein müßten, um das leichte Aus-

brechen der erkennbaren Krankheit zu erklären. Dem widersprechen ziemlich alle medizinisch-wissenschaftlichen Lehrbücher und Enzyklopädien. In diesen wird darauf hingewiesen, daß Anlagen zu Krankheiten verschiedenen Lebensaltern anhaften; z. B. bestände eine Anlage zu sogenannten Kinderkrankheiten eben nur im Kindesalter, nicht aber im Greisenalter; Dispositionen für Genickstarre bestehen im Kindes- und Jünglingsalter, Dispositionen für Krebsleiden im Alter von über vierzig Lebensjahren und dergleichen mehr. Aus dem Umstande, daß die verschiedenen Altersklassen verschiedene Krankheitsanlagen haben, folgt zwingend, daß die Anlage kein krankhafter Zustand selbst sein kann, etwa in dem Sinne, wie wenn die Anlage gleichbedeutend mit einer latenten Krankheit wäre. Auch innerhalb derselben Altersstufe wechselt die Anlage nach der Jahreszeit, nach dem Aufenthaltsort, nach der Ernährungsweise (Alkoholgenuß und dergl.) dergestalt, daß dieselben Krankheitserreger in dem einen Fall Krankheit erregen, in dem andern Fall unschädlich bleiben. Die vielumstrittene „Disposition zur Verstopfung" ist also durchaus keine Krankheit, und der, welcher in Kenntnis seiner Disposition ein die Verdauung beförderndes Abführmittel benutzt, z. B. wenn er sich auf die Reise begibt oder eine schwere Mahlzeit vor sich oder nach sich hat, wendet damit kein Heilmittel, sondern ein Vorbeugungsmittel an. Daß jemand ein Vorbeugungsmittel gegen Verstopfung nehmen wird, der von sich genau weiß, daß er zu Verstopfungen gar nicht neigt, wird sich doch kaum annehmen lassen; diejenigen, welche derartige Zubereitungen regelmäßig oder ausnahmsweise zu sich nehmen, haben eine Anlage zur Verstopfung, und die Bekämpfung dieser Anlage erstrebt nicht Heilung, sondern Vorbeugung. Vgl. auch Urt. des LG. III Berlin v. 28. Febr. 1908 w/r R. — 16 B. 3 N. 69/07 — und OLG. Breslau v. 13. Okt. 1914 — 7 S. 332/14 —, ebenso KG. v. 27. März 1913 — 1 S. 175/13 — (Johow Bd. 44 S. 451).

Schwieriger gestaltet sich die Frage, ob Mittel gegen die Folgen einer Krankheit als Heilmittel zu betrachten sind. Auch hier wird ähnlich wie bei den Erfrischungsmitteln zu unterscheiden sein zwischen solchen Folgen, welche den befallenen Organismus derart belästigen, daß ihre Beseitigung als eine Linderung der Krankheit selbst zu betrachten ist, und andererseits zwischen solchen Folgen, welche sich als ein Körperschaden darstellen, welcher etwa beispielsweise als Schönheitsfehler anzusprechen ist. Äußert sich eine Krankheit in Schmerzen, so sind diese nicht die Krankheit selbst, sondern deren Folgen. Werden die Schmerzen bekämpft, so ist dies ganz gewiß kein Heilverfahren gegen die Krankheit, wohl aber ein Linderungsverfahren, und deshalb würden die angewandten Mittel auch als Heilmittel zu gelten haben. Hat andererseits eine Erkrankung des Haarbodens Kahlköpfigkeit zur Folge, so kann ein Mittel gegen Kahlköpfigkeit als Linderungsmittel nicht in Frage kommen. War die Erkrankung des Haarbodens noch nicht abgeschlossen, so würde ein Mittel, gegen Kahlköpfigkeit angepriesen, sich sehr wohl als ein Heilmittel gegen die noch vorhandene Erkrankung des Haarbodens darstellen können. Es ist aber auch sehr wohl möglich, daß der Krankheitsprozeß erloschen ist und daß ein Mittel gegen Kahlköpfigkeit die in dem bereits gesundeten Haarboden noch vorhandenen gesunden Haarwurzeln zu neuer Lebenstätigkeit anregen will. In solchem Falle würde das Mittel gegen Kahlköpfigkeit sich nicht gegen eine Krankheit, sondern gegen deren Folgen richten, so daß es als Heilmittel nicht angesprochen werden kann. So erklären sich die nur scheinbar sich widersprechenden Entsch. des KG. v. 12. Jan. 1899 (Johow Bd. 19 S. 341) und v. 2. Okt. 1902 (Nr. 26 der Berichte des D. Drog.-Verb. 1908/09 S. 117), woselbst Mittel gegen Kahlköpfigkeit als frei verkäuflich erklärt sind, während die Entsch. desselben Gerichtshofes v. 16. Okt. 1906 (Ph. Z. Nr. 84) und v. 10. Dez. 1907 (Nr. 26 der Berichte des D. Drog.-Verb. 1908/09 S. 117) Mittel gegen Kahlköpfigkeit als Heilmittel bezeichnen und dem Apothekenmonopol überweisen. Wegen der Frage, ob nicht auch ein Mittel gegen Kahlköpfigkeit, welches bestimmt ist, eine Krankheit des Haarbodens oder der Haarwurzeln zu beseitigen, als kosmetisches Mittel anzusprechen und **deshalb** freizugeben sei, vgl. Anm. 7. Mittel, die Haarwuchs durch Zufuhr von Aufbaumitteln für das Haar (Hornsubstanz) fördern wollen, sind Nährmittel (z. B. Humagsolan).

Daß eine schwächliche Konstitution sehr wohl gesund sein kann, daß Schwächlichkeit keine Krankheit ist, kann einem begründeten Bedenken nicht unterliegen. Dies wird vom OLG. Breslau am 26. Mai 1908 (Nr. 26 der Berichte des D. Drog.-Verb. 1908/09 S. 92) mit den Worten: „Schwächlichkeit ist noch keine Krankheit" anerkannt; ebenso vom KG. am 18. Jan. 1912 — 143 C. 1507/11 — mit den Worten: „Deshalb sind schwächliche, insbesondere durch Krankheit geschwächte und deshalb einer Kräftigung bedürftige Personen nicht schon deshalb als krank anzusehen." Die Schwächlichkeit eines Kindes, aber auch die des Erwachsenen, welcher eine schwere Krankheit eben überstanden hat, also bereits genesen ist, muß als physiologischer Zustand gerade so wie die Ermattung und daraus fließende vorübergehende Schwäche nach einer großen Anstrengung angesprochen werden. Mittel hiergegen können deshalb nicht als Heilmittel gelten. Es gibt sehr erhebliche Beschwerden, denen jeder pathologische Grund fehlt. Man denke an die Beschwerden des Greisenalters, aber auch an die der Menstruation, Schwangerschaft, Niederkunft, Zustände, welche keineswegs krankhaft, sondern durchaus physiologisch sind, wenngleich sich selbstverständlich auch Krankheiten anschließen können. Mittel, welche die Beschwerden solcher Zustände beseitigen oder lindern wollen, sind deshalb auch nicht als Heilmittel anzusprechen. So auch Springfeld V S. 371/74 und das dort abgedruckte Erkenntnis des KG. v. 12. Jan. 1898. Kronecker beschränkt im Med.Arch. 1914 S. 12 die Verneinung der Krankheitsnatur auf die „regelmäßig" mit den physiologischen Vorgängen verbundenen Schmerzen und Leiden. OLG. Köln erklärt am 10. Aug. 1923 — S. 129/23 —, es können mit natürlichen Vorgängen (Schwangerschaft, Entbindung) „den Körper, die Gesundheit oder das Wohlbefinden schädigende oder beeinträchtigende Vorgänge verbunden sein, die als krankhaft anzusehen sind und welche bei stärkerem Auftreten als Krankheiten bezeichnet werden müssen". Ebenso hatte das OLG. Breslau am 31. März 1922 — 7 S. 103/22 — (Min.Bl. f. Volkswohlf. S. 456) „Mittel zur Beseitigung der im Anschluß an die Schwangerschaft und Entbindung eintretenden, häufig den Charakter von Krankheiten annehmenden Störungen“ als Heilmittel erklärt. Richtig ist, daß selbstverständlich an jeden physiologischen Zustand, also auch an die Schwangerschaft, sich Krankheiten anschließen können. Das ist aber nicht die Frage, sondern darüber ist zu entscheiden, ob physiologische Begleiterscheinungen, z. B. das Erbrechen der Schwangeren, die Schmerzen des Zahnenden als Krankheiten anzusehen sind. Dies ist ohne Rücksicht darauf zu verneinen, ob das Übel schwach oder stark, ob es regelmäßig oder nur ausnahmsweise auftritt. Wenn ein besonders hoher Grad natürlicher Beschwerden pathologische Zustände zur Folge hat, z. B. Fieber oder Herzschwäche, so sind diese Folgeerscheinungen durchaus als „Krankheit“ anzusprechen, wenn sie die Leistungsfähigkeit nennenswert herabsetzen. Richtig OLG. Kiel v. 26. Juni 1924 (Ph. Z. v. 3. Dez. 1924 S. 1255): Rad-Jo dem freien Verkehr überlassen, weil Schwangerschaft und Geburt keine Krankheiten sind. Ebenso das ausgezeichnet begründete Urteil des AG. Hamburg v. 4. Aug. 1925 (Ph. Z. 1926 S. 35/36).

Es gibt auch physiologische, also nicht krankhafte Abnormitäten, z. B. eine unnormal erhöhte Schweißabsonderung. Geh. Med.-Rat Prof. Dr. Liebreich hatte in einem gerichtlichen Gutachten dem Schweißfuß aus doppelten Gesichtspunkten den Charakter einer Krankheit abgesprochen: einmal, weil Schweißabsonderungen nicht krankhafte, sondern physiologische Erscheinungen seien, sodann aber weil die Beseitigung einer Krankheit den Organismus fördern muß, während die Beseitigung des Schweißfußes gerade umgekehrt erhebliche pathologische Störungen im Organismus hervorrufe. Auf Grund dieses Gutachtens hatten LG. I und KG. dem Schweißfuß den Charakter einer Krankheit bestritten und deshalb Mittel hiergegen als frei verkäuflich bezeichnet. Urt. v. 5. Mai 1902 w/r R. — 15 S. 297/02 —. Zu beachten ist hierbei, daß eine physiologische Abnormität sehr wohl pathologische Folgen zeitigen kann, das gilt ebenso wie von der Schwangerschaft usw. auch vom Schweißfuß, weshalb Mittel, die gegen die krankhaften Folgen physiologischer Abnormitäten empfohlen werden, als Heilmittel in Frage kommen. So das angezogene Urt. des KG. v. 5. Mai 1902. Es ist nicht möglich, den Begriff der Krankheit streng abzugrenzen; Springfeld drückt das in Bd. V S. 244 mit den Worten aus: „Zwischen den Störungen, welche noch in die Breite des Gesunden fallen, und den krankhaften gibt es eine scharfe Grenze nicht; natura non facit saltum." Aber selbst wenn man den pathologischen Zustand einer Störung feststellen kann, so folgt daraus immer noch nicht, daß eine Krankheit im Sinne der Kais. Ver. vorliegt. Man würde zu sehr mit dem Sprachgebrauch und den Anschauungen des Lebens in Widerspruch geraten, wollte man jede krankhafte Störung, z. B. einen Pickel oder eine Rauheit des Rachens, die nur wenige Stunden anhält, gar nicht weiter beachtet, jedenfalls nicht behandelt wird, als Krankheit ansprechen. Eine hypochondrische Lebensauffassung kann man nicht zur Grundlage der Bestimmung des Begriffs Krankheit machen. Anerkannt aber muß werden, daß der Wortlaut der Kais. Ver. keinen Anhaltspunkt für eine einengende Auslegung des Begriffs Krankheit gibt, daß sogar der Text der Kais. Ver. mannigfach Anlaß zu der Auffassung schafft, daß jede krankhafte Störung als Krankheit anzusprechen sei; wenigstens wird man aus der Freigabe z. B. der Lippenpomade unter Ziffer 10 des Verz. A doch den Schluß ziehen wollen, daß die krankhaften Störungen der Lippen, welche man mit Lippenpomade bekämpft, als Krankheiten von der Kais. Ver. angesprochen werden. Aber andererseits ist dieser Schluß nicht zwingend, denn es wäre wohl möglich, daß Lippenverletzungen infolge von Erkältungen, Schnupfen und dergl. einen solchen Grad erreichen, daß er schwere Störungen und Belästigungen hervorrufen kann. Man wird auf den Zweck der Kais. Ver. und auf die Geschichte des Apothekenmonopols zurückgehen müssen, wenn man zu einer Erklärung des Krankheitsbegriffs gelangen soll. Würde man annehmen, daß die Kais. Ver. in Verbindung mit § 367 Ziffer 3 und 5 StGB. den Schutz des Apothekenmonopols erstrebt, dann würde man wohl den Begriff der Krankheit sehr umfassend zu erklären haben, denn es ist klar, daß die Apotheken in ihren Umsätzen desto mehr gefördert werden, je mehr Zubereitungen als Heilmittel aufgefaßt und deshalb dem Apothekenmonopol unterstellt werden. Es ist aber gar nicht daran zu denken, daß die Kais. Ver. den Schutz der Apotheken bezweckt. Das gerade Gegenteil ist der Fall, vielleicht nicht dem Zwecke, aber der Folge nach. Die Kais. Ver. dient der Beschränkung des Apothekenmonopols in Gemäßheit des § 6 der RGO., durch welche der Kais. Ver. die Bestimmung überlassen wird, welche Mittel dem Apothekenmonopol entzogen und dem freien Verkehr überlassen werden sollen. So der 6. Ziv.Sen. des Hanseat. OLG. in S.— H. w/r R.— V Bf. VI 65/10 am 19. Mai 1910 unter Berufung auf Olshausen a. und Oppenhof a 20 und OLG. Naumburg v. 15. Aug. 1911 w/r Gr. — 3 S. 119/11 —. Kronecker im Med.-Arch. 1914 S. 325: „Bei den Reichstagsverhandlungen 1893 hat nämlich sowohl in der Kommission (Drucks. Nr. 28) als im Plenum (Sten.Ber. 185) der Reg.-Komm. Weymann ausgeführt, die Kais. Ver. (von 1872) bezwecke nicht den Schutz der Apotheker, sondern den Schutz des Publikums gegen den Geheimmittelschwindel." Das RG. 6. Ziv.Sen. v. 28. Nov. 1911 (Med.Arch. 1912 S. 58 ff.) hat die Frage, ob § 367 Nr. 3 StGB. ein Schutzgesetz im Sinne des § 823 BGB. für die Apotheker sei, verneint, bezüglich der Kais. Ver. aber ausdrücklich unentschieden gelassen. Der Zweck der Kais. Ver. geht auf den Schutz des Publikums, und zwar in doppelter Richtung: einmal dahin, daß dem Publikum leichte Zugänglichkeit und Billigkeit der Heilmittel verschafft wird, deren Anwendung eines ärztlichen Beirats nicht bedarf und deren Herstellung teils fabrikmäßig erfolgt, teils so wenig wissenschaftlich chemische Kenntnisse erfordert, daß die Einschaltung einer Apotheke nicht erforderlich erscheint; auf der andern Seite soll das Publikum geschützt werden vor unsachgemäß oder unzuverlässig hergestellten Arzneien, ein Übel, das wiederum in doppelter Richtung Schaden verursachen könnte, einmal dadurch, daß die falsch hergestellten Arzneien direkt schädlich wirken können, sodann derart, daß die benutzte Arznei infolge ihrer mangelhaften Zusammensetzung zwar nicht unmittelbar schadet, aber doch dadurch, daß dem Körper die wirklich heilsame und notwendige Arznei ganz oder für längere Zeit vorenthalten bleibt. Die Kais. Ver. wird in dieser Richtung von demselben Gedanken geleitet, welcher zum Erlaß der Geheimmittelverordnungen führte: Tiere und Menschen sollen weder schädlichen Kuren unterzogen werden, noch im Falle behandlungsbedürftiger Leiden ohne sachgemäße Hilfe bleiben. Diese Erwägungen führen zu dem Ergebnis, daß als „Krankheit“ im Sinne der Kais. Ver. nur solche krankhaften Störungen anzusprechen sind, die einerseits den Menschen e r h e b l i c h belästigen und für deren Heilung andererseits ärztliche Behandlung und die Verwendung von A r z n e i e n zweckmäßig ist, deren unsachgemäße Anwendung erhebliche Schädigungen hervorrufen kann, und deren sachgemaße Herstellung fachwissenschaftliche Vorbildung voraussetzt. Dabei ist auch zu beachten, daß eine Krankheit ein Prozeß, nicht etwa ein Dauerzustand ist. Eine Zahnlücke, der Verlust eines Beines, Einäugigkeit sind keine „Krankheiten“ im wissenschaftlichen Sinne, sobald die Wunden verheilt sind. Das Bayrische Landesversicherungsamt führte am 24. Sept. 1917 (Arb.Versg. S. 510) aus: „Plattfuß ist ein fehlerhafter Zustand des Körpers, eine Krankheitsanlage. In Krankheit geht der Zustand über, wenn sich infolge der Plattfüße insbesondere schmerzhafte Entzündungserscheinungen zeigen, die eine Heilbehandlung erfordern oder Arbeitsunfähigkeit verursachen.“ Diese für Versicherungsgesetze gegebene Erklärung gilt im wesentlichen auch für den Krankheitsbegriff der Kais. Ver., wenngleich dieser sich keineswegs mit dem des Krankenkassengesetzes deckt. Der BayVGH. hat am 17. Mai 1909 den Begriff der Krankheit im Sinne des Krank.Vers.G. wörtlich dahin erklärt: „Als Krankheit im Sinne des Krankenversicherungsgesetzes ist, wie in Rechtslehre und Rechtsprechung anerkannt, ein in die äußere Erscheinung tretender regelwidriger Zustand zu verstehen, der ärztliche Hilfeleistung bedingt oder doch die Erwerbsfähigkeit wesentlich beeinträchtigt." (Drog.Jahrb. 1911 S. 75.) Dem sozialen Charakter des Versicherungsgesetzes entsprechend wird in diesem Krankheit überall dort angenommen, wo ärztliche Hilfe notwendig ist oder Beschränkung der Erwerbsfähigkeit vorliegt. Dem Krank.Vers.G. kommt es nicht auf die pathologische, auch nicht auf die Prozeßnatur der Regelwidrigkeit an. Eine ausgesprochen krankhafte Störung gilt dem Versicherungsgesetz alsdann nicht als Krankheit, wenn zu ihrer Beseitigung ärztliche Hilfe nicht erforderlich ist, und wenn sie Erwerbsbeeinträchtigungen nicht zeitigt. Notwendiges Merkmal des Krankheitsbegriffes nach der Kais. Ver. ist Beschränkung der Erwerbsfähigkeit nicht, wohl aber das Erfordernis ärztlicher Hilfe oder wenigstens ihre übliche Inanspruchnahme. Freilich wird man in dieser Beziehung nicht allzu strenge Ansprüche stellen dürfen, aber gerade hier leistet die durch die sozialen Versicherungsgesetze geschaffene Entwicklung einen Anhaltspunkt für die Begrenzung des Krankheitsbegriffes. Solange ein Krank.Vers.G. nicht bestand, haben sich die weitesten Volkskreise von der Notwendigkeit ärztlicher Hilfe nur in besonders schwierigen Fällen überzeugt halten wollen. Seitdem aber der Kassenzwang eingeführt ist, begegnen wir umgekehrt, insbesondere bei den Krankenkassen, mannigfach der Klage, daß die Ärzte von dem kassenpflichtigen Publikum wegen recht geringfügiger Leiden — ohne zwingenden Anlaß — in Anspruch genommen werden. Diese im Interesse der öffentlichen Gesundheitspflege liegende erhöhte Inanspruchnahme ärztlicher Kunst ist nicht ungeeignet, einen Schutz der wirtschaftlichen Interessen der Apotheker abzugeben. Andererseits wird die fortschreitende Volksbildung und das damit wachsende Verständnis für Anwendungsweise von Drogen und von den chemischen Präparaten der Großindustrie dazu führen müssen, den Umfang des Begriffes „Apothekerwaren" zu verkleinern. Ob dies letztere erfreulich ist, kann dahingestellt bleiben; indessen muß damit gerechnet werden, daß derjenige, welcher diese Tendenz bedauerlich findet, die Neigung haben wird, auch der der Wandlung der Lebensbedürfnisse und -anschauung folgenden Rechtsprechung entgegenzutreten. Deshalb seien aus dem Vorwort zu dem vom Kaiserlichen Gesundheitsamt herausgegebenen „Gesundheitsbüchlein" (Berlin 1910, Verlag Springer) folgende Ausführungen mitgeteilt: „Je höher die Ziele für die allgemeine Bildung gestellt werden . . ., um so mehr werden auch einzelne Gebiete, die früher dem Fachmann vorbehalten waren, dem jedermann zugänglichen Wissensschatze einverleibt werden. . . . Die geschilderte Entwicklung vollzieht sich ganz besonders bei der Gesundheitspflege, und zwar sowohl bei der öffentlichen wie bei der privaten." Die Grenzen des Krankheitsbegriffes sind also flüssig und die Versuche ihrer Absteckung sind von gegeneinander wirkenden Tendenzen beherrscht. Die diesseitige, von der Wissenschaftlichen Deputation des Med.Wes. am 8. Juli 1914 (MBl. S. 289 und Med.Arch. S. 528 ff.) gebilligte Erklärung, daß als Krankheit nur die pathologischen Störungen zu betrachten seien, zu deren Beseitigung Arzt und Apotheke zugezogen zu werden pflegen, im Gegensatz zur eigenen Behandlung unter Anwendung von sogenannten Hausmitteln oder Arzneien der chemischen Großindustrie, dieser Gedanke beherrscht das Urt. des OLG. Hamburg v. 28. Mai 1889 — R. II 10/89 —, woselbst die Freigabe eines Mundwassers wörtlich dahin begründet wird, dieses sei „ebensowenig unter den § 367 StGB. zu stellen, wie jemals daran gedacht ist, darunter die große Zahl anderer bekannter Konsumartikel zur Gesundheitspflege . . . zu stellen." Leiden, gegen welche „eine große Zahl bekannter Konsumartikel" angewandt wird, gelten nach Sprachgebrauch und Volkssitte nicht als Krankheit. Das RG. hat am 5. Mai 1902 — 15 S. 297/02 — eine Krankheit bezeichnet als eine „Abweichung einzelner Organe von derjenigen Beschaffenheit oder demjenigen Verhalten, wie es zur Erhaltung des Organismus und seiner vollkommenen Leistungsfähigkeit erforderlich ist", bezw. als „eine wesentliche Störung des normalen Zustandes der Gewebszellen und deren Wechselwirkung untereinander". Ebenso Entsch. v. 4. Jan. 1891 bei Johow Bd. 12 S. 266. Im Urt. v. 29. Sept. 1910 gibt das RG. eine im übrigen gleichwertige Erklärung für die Krankheit, verlangt aber nicht mehr eine wesentliche Störung, sondern nur überhaupt eine Störung; der Wortlaut geht dahin, es sei „Krankheit derjenige Zustand eines Körperorgans, welcher von der zur Erhaltung des Körpers und seiner völligen Leistungsfähigkeit erforderlichen Beschaffenheit abweicht und auf einer Störung des normalen Zustandes der Gewebszellen und ihrer Wechselwirkung zueinander beruht". Im Urt. v. 18. Jan. 1912 — 143 C. 1507/11 — erklärt das KG.: „Insbesondere ist es unrichtig, daß jeder anormale Körperzustand als Krankheit anzusehen ist; vielmehr sind Krankheiten nur solche anormale Zustände, die auf einer Störung des normalen Zustandes der Gewebszellen und ihrer Wechselwirkung zueinander beruhen." Die Entsch. des KG. v. 14. Febr. 1910 — 1 S. 21/10 — ist in folgender Richtung von grundlegender Bedeutung. Sie berücksichtigt den Umstand, daß krankhafte Störungen in verschiedenartiger Stärke auftreten und deshalb in leichten Fällen nicht unter den üblichen Krankheitsbegriff der Kais. Ver. fallen, während sie in besonders schweren Fällen als Krankheiten anzusprechen sein würden. Das KG. stellt bezüglich solcher Störungen den Grundsatz auf, daß von den normalen Fällen ausgegangen werden müsse. Die Entsch. lautet in dem interessierenden Teile wörtlich wie folgt: „. . ., denn jedenfalls ist die Annahme des LG., daß die Warzen nicht zu den Krankheiten zu rechnen sind, bedenkenfrei (vgl. KGJ. 23 C. 59 N 2), da sie regelmäßig die Leistungsfähigkeit des Organismus nicht beeinträchtigen und nicht einmal mit Schmerzen verbunden sind. Es braucht nicht erörtert zu werden, ob wirklich, wie die Revision meint, Warzen vorkommen, welche durch Größe und unglückliche Lage verhängnisvoll werden können, denn bei der Beurteilung derartiger Fragen kann nur von den normalen Fällen ausgegangen werden." Daraus ergibt sich die praktische Nutzanwendung, daß ein Mittel, welches gegen krankhafte Störungen empfohlen wird, dann nicht als Heilmittel anzusprechen ist, wenn die krankhafte Störung in den normalen Fällen sich nicht als Krankheit im Sinne der Kais. Ver. darstellt. Ein Haarausfall, welcher ein Jahrzehnt und längere Zeit in Anspruch nimmt, um zur Kahlköpfigkeit zu führen, ist zwar eine krankhafte Störung — sofern er nicht eine reine Alterserscheinung sein sollte —, wird aber als Krankheit nach Sprachgebrauch und Volksauffassung nicht zu betrachten sein. Daneben kennen wir eine Reihe von Erkrankungen des Haarbodens, welche akut verlaufen, die auch regelmäßig zur Inanspruchnahme ärztlicher Hilfe zu führen pflegen. Solche akute Erkrankungen werden im Gegensatz zu jenen chronisch verlaufenden Fällen als Krankheit anzusprechen sein. Die vom KG. gewählte Umschreibung des Krankheitsbegriffes ist einerseits zu eng, andererseits aber auch zu weit gefaßt. Ihr Inhalt ist insofern zu eng, als sie jede Minderung der völligen Leistungsfähigkeit und jede Störung des normalen Zustandes der Gewebszellen als Begriffsmerkmal aufstellt, während nur eine wesentliche Minderung der Leistungsfähigkeit und eine wesentliche Störung des Zustandes der Gewebszellen den Rechtsbegriff Krankheit erfüllt. Andernfalls würden im Gegensatz zur eigenen Rechtsprechung des KG. Warzen — auch die harmlosesten —, ein Nadelstich, die durch sogenanntes Ausspringen des Barthaares beim Rasieren entstehenden, mit Blutaustritt verbundenen äußerst geringfügigen Wunden als Krankheiten anzusprechen sein. OLG. Dresden v. 30. Mai 1908 (Sächs. Annalen Bd. 30 S. 203): „Wer sich an einem spitzen Gegenstande die Hand ritzt, daß Blut fließt, wer sich durch Anstoßen an eine rauhe Fläche die Haut an der Hand abschürft, ist nicht krank im gewöhnlichen Sinne.“ Inhaltlich zuviel Erfordernisse stellt die kammergerichtliche Begriffsumschreibung insofern auf, als sie Krankheiten in ihren Umfang nicht mit einbezieht, durch welche die Leistungsfähigkeit gar nicht, jedenfalls nicht nachweisbar beeinträchtigt wird, wie z. B. Haarausfall, nervöse oder rheumatische Schmerzen und Zuckungen an Körperstellen, welche zu Leistungen nicht herangezogen werden und deren Leistung dem Gesamtorganismus gegenüber auch nicht beeinträchtigt erscheint. Das OLG. München erklärte am 3. Mai 1913 (Samml. Ger.Entsch. Bd. VII S. 840 ff., Med.Arch. 1913

S. 411 ff. und Ph. Z. S. 608 und 856): „Unter Krankheit wird die Abweichung aller oder einzelner Organe des Körpers vom normalen physiologischen Verhalten, wie es zur Erhaltung des gesamten Organismus und seiner vollkommenen Leistungsfähigkeit notwendig ist, verstanden. Kleinere Störungen des normalen Verhaltens eines Organs, die auch bei den anscheinend Gesündesten sich zeigen, geringfügige äußere Verletzungen werden nach dem allgemeinen Sprachgebrauche nicht als „Krankheit" bezeichnet." Dieses Urt. beruft sich auf Sanders deutsches Wörterbuch S. 1014, Meyers Konv.Lex. Bd. 10 S. 158, OLG. Dresden v. 30. Mai 1908 in den Sächs. Annalen Bd. 30 S. 203, aufs Gew.Arch. Bd. 8 S. 297; Rohrscheidt, Gew.O. § 56a Anm. 4 Abs. 7.

Die vom KG. und vom OLG. München gegebenen Begriffserklärungen führen in Wissenschaft und Rechtsprechung zu dem Ergebnis, daß es Leiden gibt, die je nach ihrer Stärke bald den Krankheitsbegriff erfüllen, bald auch nicht. Das gilt insbesondere z. B. von Verstopfung, von Kopfschmerzen, Magenverstimmung und dergl. So LG. Halle v. 31. März 1911 (Med.Arch. 1911 S. 369): „Sodann ist nicht jede schnell vorübergehende Verstopfung, durch welche noch keinerlei Veränderung der gesunden Gewebsbeschaffenheit des Darmes herbeigeführt ist, als Krankheit zu bezeichnen. Da aber die bezeichneten Fälle die Regelfälle sind und bei chronischer Verstopfung der Arzt ein Rezept zu verschreiben pflegt, durfte der Angeklagte der Ansicht sein, daß die bei ihm verlangten Abführmittel nur dem Regelfalle, d. h. nicht als „Heilmittel" dienen sollen." OLG. Breslau v. 14. Mai 1912 — 7 S. 172/12 —: „Es kann dahingestellt bleiben, ob Magen- oder Kopfschmerzen in allen Fällen schon unter den Begriff der „Krankheit" fallen, oder ob sie nicht vielmehr, z. B. wenn sie in übermäßigem Alkoholgenuß oder in Diätfehlern ihren Grund haben, nicht nur ein bloßes Unwohlsein ohne eigentliche krankhafte Ursache darstellen. . . . Das Urteil läßt die Feststellung vermissen, aus welchen Gründen Blutarmut, Bleichsucht und Kopfschmerzen als Krankheiten anzusehen sind, und diese

Feststellung erscheint um so notwendiger, als die gedachten Zustände im gewöhnlichen Leben nicht allgemein als Krankheiten angesehen zu werden pflegen. Geringe Abweichungen von der vollkommenen Gesundheit wird man nicht immer schon mit Krankheit bezeichnen können." Mit der gleichen Begründung sind vom KG. v. 9. Juni 1913 — 1 S. 440/13 — gelinde Abführmittel freigegeben. Die Feststellung, ob Krankheit vorliegt, ist teils rechtlicher, teils tatsächlicher Natur. Die Begriffsumschreibung des KG. gibt an, welcher Tatbestand rechtsgrundsätzlich zur Erfüllung des Krankheitsbegriffes erforderlich ist; die Frage, ob dieser Tatbestand vorliegt, ist tatsächlicher Natur. Wenn mannigfach ein und dasselbe OLG. sowohl ein Urteil, das eine bestimmte Zubereitung als frei verkäuflich erklärt, wie auch ein anderes Urteil, das dieselbe Zubereitung als dem Apothekenmonopol unterstehend erklärt, bestätigt, so erscheint dies dem juristischen Laien widerspruchsvoll, braucht es aber keineswegs zu sein. Es hat das seinen Grund eben darin, daß die eine Strafkammer aus tatsächlichen Erwägungen heraus festgestellt hat, daß das in Frage kommende Mittel eine Krankheit heilen oder lindern sollte, während das andere Urteil wiederum aus tatsächlichen Erwägungen heraus eine solche Feststellung nicht oder gar gegensätzlich zu treffen sich in der Lage sah. Die tatsächlichen Feststellungen sind aber mit der Revision nicht angreifbar, und das Revisionsgericht muß sie bestehen lassen, auch wenn es als falsch erachtet.

Der § 266 StPO. schreibt vor, daß in den schriftlichen Urteilsgründen die Tatsachen anzugeben sind, in welchen die gesetzlichen Merkmale der strafbaren Handlung gefunden werden. Das gibt dem Revisionsgericht die Möglichkeit, nachzuprüfen, ob die für erwiesen erachteten Tatsachen den Rechtsbegriff der Krankheit erfüllen. Wenn aber ein Strafgericht sich damit begnügt, den Namen des Leidens zu nennen und dies dann schlechthin als Krankheit zu bezeichnen, so ist das Revisionsgericht außerstande, festzustellen, ob die Rechtsgrundsätze des Krankheitsbegriffes vom Vorbergericht verkannt sind. Es wird dann in eine selbständige

Prüfung der Frage eintreten, ob das vom Vorbergericht bezeichnete Leiden die Merkmale des Rechtsbegriffes Krankheit erfüllt. Kommt es zu Zweifeln, ob, oder gar zu der Überzeugung, daß jenes Leiden den Begriff der Krankheit nicht erfülle, so wird Freispruch oder Zurückverweisung der Sache an die Vorinstanz mit der Weisung erfolgen, in eine Prüfung darüber einzutreten, ob und inwieweit die näher anzugebenden Merkmale des Rechtsbegriffes Krankheit in tatsächlicher Beziehung erfüllt sind. An drei Beispielen mag dies erläutert werden: Warzen wird vom KG. Krankheitscharakter abgesprochen. Man setze den Fall, daß in bewußtem Gegensatz zu dieser Auffassung das Gericht tatsächlich feststellen würde: „Warzen hemmen die ordnungsmäßige Tätigkeit der Haut, üben auch einen schädlichen Druck auf Blutgefäße und Nerven aus und versetzen so dasjenige Organ, welches mit Warzen behaftet ist, in einen Zustand, welcher von der zur Erhaltung des Körpers und seiner völligen Leistungsfähigkeit erforderlichen Beschaffenheit abweicht; Warzenbildung beruht auch auf einer Störung des normalen Zustandes der Gewebszellen und stört deren Wechselwirkung zueinander." Wenn auch das KG. in tatsächlicher Beziehung über die Entstehung, Bedeutung und Wirkung der Warzen ganz anders denkt, so müßte es dieses Urteil bestehen lassen, weil es nur unrichtige tatsächliche Feststellungen, nicht aber Rechtsirrtümer aufweist. Ein entgegengesetztes Beispiel: Der Vorderrichter führt aus: „Der Angeklagte hat das Mittel gegen latente Tuberkulose abgegeben. Der Käufer versichert, daß er sich stets gesund und voll leistungsfähig gefühlt habe, daß er nur durch eine ganz zufällig an ihm vorgenommene Tuberkulinimpfung davon erfahren habe, daß bei ihm Tuberkelverdacht bestände. Auch Dr. Schulze, der den Käufer seit zwei Jahrzehnten kennt, bestätigt, daß dieser niemals krank im landläufigen Sinne war, daß er in der Schule und im gewerblichen Leben seine Pflichten wie jeder andere erfüllte. Gerade der vorliegende Fall zeigt, daß Tuberkulose keineswegs regelmäßig die Kraft habe, zerstörend zu wirken, daß ja auch bei Sektionen oft genug in den Lungen verkapselte Tuberkelherde gefunden würden, welche zu keiner Zeit den davon Behafteten hätten krank erscheinen lassen oder seine Arbeitskraft beeinträchtigt. Demgemäß hält das Gericht für erwiesen, daß die latente Tuberkulose des Käufers nicht einen solchen Zustand des ergriffenen Organs herbeiführte, welcher von der zur Erhaltung des Körpers und seiner völligen Leistungsfähigkeit erforderlichen Beschaffenheit abweicht und auf einer Störung des normalen Zustandes der Gewebszellen und ihrer Wechselwirkung zueinander beruht. Demgemäß konnte nicht festgestellt werden, daß der Angeklagte die Zubereitung als Heilmittel gegen eine Krankheit verkauft hat." Das Revisionsgericht müßte dieses Urteil bestehen lassen, denn es hat in keiner Richtung den Rechtsbegriff der Krankheit verkannt. Es hat nur die Erfüllung dieses Rechtsbegriffes aus rein tatsächlichen Erwägungen verneint, und das Resivionsgericht ist außerstande, unrichtige tatsächliche Erwägungen zum Anlaß für die Aufhebung des Urteils zu nehmen. Letztes Beispiel: Das angefochtene Urteil lautete in dem interessierenden Teile: „Der Angeklagte hat in zwei selbständigen Handlungen erstens eine Zubereitung als Linderungsmittel gegen Schweißfuß, also gegen eine Krankheit, zweitens eine Zubereitung gegen Schnupfen, also gegen ein Leiden, das keine Krankheit darstellt, verkauft. Er mußte deshalb im ersten Falle verurteilt, im zweiten Falle freigesprochen werden." Diesem Urteil gegenüber werden sich dem Revisionsgericht in beiden Fällen Bedenken regen, ob nicht eine Verkennung des Rechtsbegriffes Krankheit vorliegt; das Revisionsgericht darf sich nicht damit begnügen, daß das Vordergericht in tatsächlicher Beziehung feststellte, daß Fußschweiß, nicht aber Schnupfen eine Krankheit sei; denn es ist aus den Urteilsgründen nicht erkennbar, ob Erwägungen rechtlicher oder tatsächlicher Natur zu der Feststellung führten. Es müßte solches Urteil zur Aufhebung gebracht werden, weil Bedenken sich dahin aufdrängen, ob sich der Vorderrichter frei von Rechtsirrtum gehalten hat. Das Urteil kann nicht aus der Erwägung heraus aufrechterhalten werden, daß ein Rechtsirrtum nicht erkennbar vorliege, denn das käme ja auf eine Prämie für die

Dürftigkeit in der Urteilsbegründung hinaus. Zur Aufhebung muß geschritten werden, sofern nicht ein Rechtsirrtum erkennbar ausgeschlossen war; wo auch nur ein geringer Verdacht gegen die Richtigkeit der das Vorderurteil tragenden Rechtsansicht besteht, ist Grund zur Anfechtung im Wege der Revision gegeben.

Im folgenden seien Beispiele dafür angeführt, welchen Leiden Krankheitsnatur in gerichtlichen Urteilen zugesprochen, welchen abgesprochen wurde: Warzen sind keine Krankheit, wenngleich in ungewöhnlichen Fällen eine Warze auch an unglücklicher Stelle gefährlich werden könne. So KGUrt. v. 16. Dez. 1901 (Johow 23 C. 57 Nr. 17) und Urt. v. 14. Febr. 1910 — 1 S. 21/10 w/r H. —. Es müsse grundsätzlich von den normalen Fällen ausgegangen werden. OLG. München v. 3. Mai 1913 (ABl. S. 603; Med.Arch. 1913 S. 408 ff.: Behandlung von Warzen und Hühneraugen fällt auch dann nicht unter §§ 6, 9 RGO., wenn die Beseitigung mit Schmerzen, leichter Entzündung und geringer Verletzung der Haut verbunden ist, weil Warzen und Hühneraugen nicht Krankheiten sind. Ebenso OLG. Dresden v. 30. Mai 1908 (Sächs. Annalen Bd. 30 S. 203) mit Bezug auf Schwielen, Hornhaut, Warzen, Hühneraugen, „sofern die Abweichungen von der normalen Beschaffenheit der Haut nicht auf eine tieferliegende Ursache, eine Erkrankung des Organismus überhaupt zurückzuführen sind (vgl. Meißner S. 92)". Trunksucht ist vom KG. am 17. Okt. 1901 (Bd. 8. Nr. 85) als Krankheit erklärt. Dagegen wird man eine vorübergehende Trunkenheit an sich als Krankheit nicht ansprechen können. Nach der die Kais. Ver. ergänzenden Ver. des Reichspräsidenten v. 9. Dez. 1924 (RGBl. I S. 772 ff.) sind alle Mittel gegen Trunksucht dem freien Verkehr im Kleinhandel außerhalb der Apotheken entzogen (§ 2 a). Mittel zur Verhütung vorübergehender Trunkenheit werden hiervon nicht betroffen, auch nicht Mittel zu ihrer Linderung oder Beseitigung, sofern es sich nicht um ganz besonders schwere Fälle handelt. Bezüglich des Haarausfalls ist vom KG. am 10. März 1902 (Ph. Z. Nr. 22) ausgeführt worden, daß dieser eine Krankheit sein könne, aber nicht zu sein brauche, und dementsprechend erklärte es im Urt. v. 10. Dez. 1907 (Ph. Z. 1908 Nr. 4), Kahlköpfigkeit könne eine Krankheit sein, brauche es aber nicht zu sein. Am 2. Okt. 1902 (Ph. Z. Nr. 81) hatte es die Krankheitsnatur der Kahlköpfigkeit verneint, weil solche nur die Folge einer Krankheit und als solche zwar ein Schönheitsmangel, nicht aber Krankheit selbst sei. Eine Flechte wird in dem Urt. des KG. v. 20. Febr. 1902 (Ph. Z. Nr. 177) und v. 14. Febr. 1910 — 1 S. 21/10 — als Krankheit angesprochen, es sei die äußere Erscheinungsform innerer Krankheiten. Wenn es richtig ist, daß die meisten Flechten ebenso harmlos wie die meisten Warzen sind, so wird man ihnen, da man ja nur vom Regelfall ausgehen darf, Krankheitscharakter absprechen müssen. Wenn es umgekehrt der Fall wäre, so würden Flechten schlechthin Krankheiten sein. Stellt es sich so, daß ohne Rücksicht auf bestimmte Zahlenverhältnisse jedenfalls jede der beiden Arten beträchtlich oft vorkommt, so würde man zu dem Ergebnis gelangen, daß in dem einen Falle eine Krankheit, im andern Falle nur eine krankhafte Störung vorliegt, so daß die dagegen empfohlenen Mittel bald dem Apothekenmonopol unterstehen, bald dem freien Verkehr überlassen wären. Es sei beachtet, daß die Flechte nicht als eine Folge einer inneren Krankheit bezeichnet wird, denn dann wäre sie ebensowenig Krankheit selbst, wie dies die Folgen mancher Flechte, nämlich die Narben, sind; die Flechte wird vielmehr als die äußere Erscheinungsform einer Krankheit bezeichnet und ist als solche tatsächlich Krankheit selbst, ebenso wie Fieber als Äußerung innerer Krankheiten. Daß dem Schweißfuß vom KG. Krankheitsnatur abgesprochen wird, führt sein Urt. v. 5. Mai 1902 — 15 S. 297/02 — aus. Ob das Behaftetsein mit Ungeziefer Krankheit ist, wird verschieden beantwortet. Richtiger Ansicht nach ist Ungeziefer nichts anderes als eine Verunreinigung der Haut, denn das Behaftetsein mit Läusen stellt an sich keine Veränderung des Körperorgans, keine Minderung der Leistungsfähigkeit, keine Störung der Gewebszellen dar, wenngleich die Folgen dauernder Verunreinigung mit Ungeziefer Krankheiten im Sinne der KG.-Definition sein können. Die Krankheitsnatur des Behaftetseins mit Ungeziefer ist verneint vom LG. Aachen am 24. April 1913 — 3 M. 12/13, 11 Strk. I 365 — (Jahrb. des D. Drog.-Verb. von 1873 für 1914 S. 62); ebenso am 4. Sept. 1913 — 3 N. 12/13, 20 I 365/13 —; OLG. Celle v. 14. Sept. 1905; OLG. Köln v. 27. Juni 1913 — S. 95/13 — (RGesA. Bd. 7 S. 951); KG. v. 31. März 1910 (RGesA. Bd. 7 S. 876); LG. Altona v. 14. März 1910 (Samml. VII 939); Schöffengericht Wittstock v. 11. April 1913 — C. 64. 12/17 — (Jahrb. des D. Drog.-Verb. 1914 S. 44). Ein Mückenstich ist und schafft keine Krankheit, ein Wespen- oder Bienenstich kann dies sehr wohl. Eine beim Rasieren entstehende Verletzung ist trotz der Blutung keine Krankheit, ein oberflächlicher Nadelstich ebensowenig, schwerere Zerreißungen der Gewebe stellen aber Krankheiten dar.

Mit dem Mangel der Blutbeschaffenheit beschäftigen sich zahlreiche Entsch. Das OLG. Frankfurt a. M. hat am 7. Nov. 1902 (GesA.Samml. Bd. IV S. 628) der Reinigungs- und Besserungsfähigkeit des Blutes die Natur einer Krankheit abgesprochen. Das wird zu billigen sein. Dagegen wird man Reinigungs- und Besserungsbedürftigkeit des Blutes als Krankheit anzusprechen haben, sofern es sich nicht um so geringe Grade handelt, daß die Leistungsfähigkeit des Organismus nicht wesentlich beeinträchtigt wird. Vgl. OLG. Köln Urt. v. 10. Febr. 1906 (Nr. 25 der Berichte des D. Drog.-Verb. S. 89), v. 20. Febr. 1906 und v. 12. Mai 1906 (Ph. Z. 1910 Nr. 69/70/71). Verstopfung ist nicht immer eine Krankheit, kann sie aber sein, wie übereinstimmend das KG. am 10. März 1905 (Ph. Z. 1910 Nr. 69/70/71), am 8. Febr. 1907 — 2 S. 696/06 —, am 9. Juni 1913 — 1 S. 440/13 —, das BayObLG. am 3. Mai 1913 (RGesundh.Samml. Bd. VII S. 840 ff., Ph. Z. 1913 S. 608 und Med.Arch. 1913 S. 411), OLG. Dresden am 30. Mai 1908 (Sächs.Ann. Bd. 30 S. 203) und am 28. Okt.

1908 (Ph. Z. Nr. 90), OLG. Breslau am 14. Mai 1912 — 7 S. 172/12 — entschieden haben. Hier aber wird die Grenze, wo die krankhafte Störung in Krankheit übergeht, sehr schwer zu ziehen sein. Deshalb wird die Anpreisung eines Mittels gegen Verstopfung schlechthin auch als solches gegen eine Krankheit gelten müssen. Mit Recht hat das KG. ausgeführt, daß auch diejenige Verstopfung, welche keine Arbeitsunfähigkeit zur Folge hat, eine Krankheit sein kann. Aber irgend welche nennenswerte Störung des Allgemeinbefindens muß vorhanden sein, wenn die in der Verstopfung liegende krankhafte Störung eine Krankheit im Sinne der Kais. Ver. sein soll. Appetitmangel ist vom KG. am 4. und 29. Sept. 1902 (Ph. Z. Nr. 75 und 81) als Krankheit angesprochen worden. Eine Krankheit ist Appetitmangel an sich nicht, wohl aber kann er die Äußerung einer Krankheit sein. Es kommt deshalb ausschlaggebend auf seine Ursache an. Appetitmangel nach ausreichender Sättigung oder während eines Ermüdungszustandes kommt als Krankheitsäußerung nicht in Frage. Appetitmangel als Folge eines Diätfehlers oder übermäßigen Alkoholgenusses spricht das OLG. Breslau v. 14. Mai 1912 — 7 S. 172/12 — nur „als ein bloßes Unwohlsein ohne eigentliche krankhafte Ursache" an. Die Richtigkeit dieser Auffassung hängt von dem Grade der Magenverstimmung ab. Ein fester Maßstab fehlt. Die Anschauungen im täglichen Leben bieten einen Anhaltspunkt. So OLG. Breslau v. 14. Mai 1912 — 7 S. 172/12 —, vor allem BayObLG. v. 3. Mai 1913 (Med.Arch. 1913 S. 409 ff.), das sich auch auf Sanders Deutsches Wörterbuch S. 1014 und Meyers Konv.Lex. Bd. 10 S. 158 für den Begriff „Krankheit" beruft, den „allgemeinen Sprachgebrauch" und „namentlich auch die Erfahrungen des täglichen Lebens und die allgemeine Auffassung" berücksichtigt wissen will. Es darf nicht übersehen werden, daß sich appetitanregende Mittel keineswegs stets gegen einen krankhaften Appetitmangel richten, sondern vielfach den normalen Appetit steigern sollen, sei es wie beim Vieh zum Zwecke der Mästung, sei es beim Menschen zur Erhöhung des Genusses oder der Leistungs- bezw. Widerstandsfähigkeit (so Springfeld V S. 245) oder aus Schönheitsgründen. Während Abmagerung der Regel nach eine Krankheit sein wird, gilt keineswegs das gleiche von der Magerkeit. Mit Bezug auf diese führt Springfeld a. a. O. S. 245 aus: „Ernährungsstörungen", welche „ihren sichtbaren Ausdruck in einer Verminderung oder Vermehrung der Fettleibigkeit, Knochen- oder Muskelansätze finden, sind auch nicht immer krankhaft in obigem Sinne; teils sind sie physiologisch, teils lediglich abnorm." Springfeld folgert daraus, daß Mittel zur Schaffung einer „vollen Büste" ebensowenig wie Mittel, welche die „Jugend der Taille" schaffen sollen, gegen Krankheiten angepriesen würden. In diesem Sinne bewegt sich auch die Rechtsprechung. So hat das OLG. Dresden am 23. Jan. 1908 (Annal. 29, 504; Goltd. 56, 116; Spr.S. d. DJZ. 1909 S. 189) ein Kraftpulver gegen Magerkeit für frei erklärt, weil es sich nicht gegen eine Krankheit wende, sondern Schönheitszwecke verfolge. Ebenso erklärten LG. Liegnitz am 8. April 1911 — 3 N. 18/11 — und OLG. Breslau am 13. Juni 1911 ein Pferde-Freßpulver für frei verkäuflich (Drogenhändler 1911 Nr. 56 und Jahrb. des D. Drog.-Verb. 1912 S. 92). Übermäßige Fettleibigkeit ist im Urt. des RG. v. 3. Okt. 1907 (Ph. Z. Nr. 81) als Krankheit angesprochen. Dagegen stehen die Urt. des RG. v. 12. Jan. 1903 — 15 S. 1190/02 —, v. 16. Febr. und 6. Juli 1903 (Ph. Z. Nr. 15 und 56) und v. 14. Mai 1908 — 1 S. 355/08 — auf dem berechtigten Standpunkt, daß Fettleibigkeit je nach ihrem Grade bald eine Krankheit ist, bald nicht. Mit gutem Grunde weist das RG. darauf hin, daß sich aus der näheren Zweckbestimmung des Mittels mitunter erkennen lasse, ob es gegen eine krankhafte Fettleibigkeit oder gegen einen nur einen Schönheitsmangel darstellenden Fettansatz zu wirken bestimmt sei. RG. 25. Sept. 1925 — I S. 825/25 — spricht Korpulenz als Krankheit an, weil die Anzeige darauf fett hinweise, daß Korpulenz oft die Lebensdauer mindere. OLG. München 21. Febr. 1914 (Rev.Reg. Nr. 9/1914) erklärt nur die Fettleibigkeit als Krankheit, „die mit erheblichen Störungen des körperlichen Wohlbefindens", mit „Verdauungs- und Herzbeschwerden verbunden ist". Ist die Behandlung einer wegen ihres geringen Einflusses auf die allgemeine Leistungsfähigkeit den Begriff der Krankheit nicht erfüllenden Abnormalität mit erheblicheren Störungen verbunden, so bleibt das für die Beurteilung des zu behandelnden Zustandes bedeutungslos. Eine Warze wird nicht deshalb zur „Krankheit", weil ihre „Beseitigung und Behandlung mit Schmerzen und leichter Entzündung und geringen Verletzungen der Haut verbunden sind". So das mehrfach angezogene Urteil des OLG. München v. 3. Mai 1913 (Med.Arch. 1913 S. 408 ff.).

Sind alle Mittel zur Beseitigung oder Linderung von Krankheiten Heilmittel im Sinne der Verordnung? Nach § 1 Abs. 1 sind dem Apothekenmonopol nur die Heilmittel unterstellt, welche sich als „Zubereitungen" im Sinne des Verz. A geben. Es ist schon oben — Anm. 1 zur Überschrift der Verordnung S. 21 — dargelegt, daß Apparate nicht als Heilmittel zu betrachten sind, weil sie nicht den Charakter von Arzneimitteln tragen, nicht zu den Apothekerwaren gehören. Letzteres gilt aber auch bezüglich der Ernährungsmittel. Zubereitungen der Küche können zwar wohl geeignet sein, Krankheiten zu heilen oder zu lindern, sie sind aber keine Apothekerwaren, keine Arzneimittel und deshalb auch nicht Heilmittel im Sinne des § 1. Mehr Schwierigkeit bereitet die Frage, ob auch diejenigen Nahrungsmittel außerhalb des Rahmens der Kais. Ver. fallen, welche nicht in der Küche, sondern von der chemischen Industrie hergestellt und als diätetische Nährmittel bezeichnet werden. Der Grund, daß sie nicht Apothekerwaren wären, trifft, wenngleich sie der Regel nach nicht in Apotheken, sondern in Fabrikbetrieben entstehen, doch nicht recht zu. Zudem scheint das Verz. A der Kais. Ver. insofern für ihre Einreihung unter die Arzneimittel zu sprechen, als beispielsweise in Ziffer 3 Fleischextrakt, in Ziffer 4 Hafermehlkakao freigegeben sind. Die ausdrückliche Freigabe wäre nicht erforderlich, wenn die Kais. Ver. auf dem Standpunkt stände, daß Nährmittel keine Arzneimittel seien. Das verkennt auch Springfeld V S. 286 nicht, lehnt aber gleichwohl mit der Begründung: „indessen kann man unmöglich so weit gehen“ die Unterstellung diätetischer Nährmittel unter die Kais. Ver. ab. Das ist nun freilich keine wissenschaftliche Begründung, indessen ist sein Ausspruch im Ergebnis zutreffend. Aus der ausdrücklichen Freigabe von Fleischextrakt, Hafermehlkakao und dergl. folgt nur, daß die Verfasser der Kais. Ver. die Frage, ob diätetische Nährmittel unter die Verordnung fallen, nicht haben generell entscheiden wollen; bei der Zweifelhaftigkeit der Frage sollten aber einzelne der Nährmittel einem Streit über ihre Verkehrsfreiheit entzogen werden. Daß diätetische Nährmittel ebenso wie Nahrungsmittel sehr wohl geeignet sind, zur Heilung und Linderung von Krankheiten beizutragen, ist zutreffend; aber diese Wirkung wird nicht unmittelbar, sondern nur mittelbar erzielt. Das diätetische Nährmittel macht auf dem Wege der Ernährung den Organismus widerstandsfähiger (vgl. KG. v. 5. Okt. 1903 ·/. L. u. C., StS. S. 902/03: „Mittel zur Erhaltung und Kräftigung der Gesundheit sind vom Apothekenmonopol ausgeschlossen“) und überläßt es dann der Selbsthilfe des Organismus, den Kampf mit der Krankheit allein zu bestehen. Würde man solch mittelbare Ziele als für den Charakter einer Zubereitung ausschlaggebend betrachten, so käme man zu eigenartigen Folgerungen. Wenn lediglich zwecks Beseitigung von Hautunreinigkeiten eine schlechte Blutmischung oder eine träge Verdauung durch Abführmittel bekämpft wird, so müßte man diese Mittel als kosmetische im Sinne des § 1 Abs. 2a betrachten, sofern es auf das letzte Ziel, auf die mittelbare Wirkung ankäme. Ein eitles Mädchen, welches nicht zur Bekämpfung der Bleichsucht, sondern um Wangenröte zu erzielen, in vom Arzt vorgeschriebener Dosis Arsenpräparate einnimmt, würde diese als Schönheitsmittel in Anspruch nehmen. Das wird sich aber kaum ernstlich vertreten lassen. Ein Nahrungsmittel hat die unmittelbare Aufgabe, zu ernähren, und verliert diesen Charakter nicht dadurch, daß es den Körper zur Selbstheilung befähigt. Nährmittel sind deshalb keine eigentlichen

Heilmittel, und uneigentliche Heilmittel kann man nicht unter den gesetzlichen Begriff der Heilmittel schlechthin einordnen. Mit Recht verlangt deshalb Springfeld V S. 223, daß ein Heilmittel auf chemischem, physikalischem, elektrischem, therm.-mechan., bakteriellem Wege, aber nicht auf dem Wege der Ernährung wirke. Thoms schreibt Bd. III S. 285/86: „Nährpräparate und diätetische Mittel sind fabrikationsmäßig hergestellte Produkte, die eine Zwischenstellung zwischen den Nahrungsmitteln und den Arzneimitteln einnehmen. Mit den Nährpräparaten führt man ebenso wie mit den Nahrungsmitteln dem Organismus Kalorien zu. Daneben enthalten die Nährpräparate ebenso wie die eigentliche Nahrung Reizstoffe, also Substanzen, die irgendwie auf die Funktionen der Organe verstärkend oder mobifizierend einwirken. Diese Reizstoffe . . . sind es nun, welche die Brücke zu dem Reich der Arzneimitteltherapie bilden. Wegen dieser ihrer Mittelstellung hat man die Daseinsberechtigung der Nährpräparate angezweifelt; aber mit Unrecht." Das RG. führt im Urt. v. 20. Sept. 1909 (RGesundh.Samml. 1911 Bd. VI S. 439) aus: „Unter Arzneimitteln im Sinne der Kais. Ver. und „Arzneien" im Sinne des § 367 Nr. 3 StGB. sind — von den hier nicht in Frage kommenden Stoffen des Verz. B abgesehen — nur solche Zubereitungen des Verz. A zu verstehen, welche arzneilichen Charakter haben, in der medizinischen Wissenschaft und im Verkehr als Arzneimittel betrachtet und als solche in den Apotheken geführt werden. . . . Zubereitungen des Verz. A, bei welchen dies nicht zutrifft, die in Wissenschaft und Verkehr wesentlich nicht als Arzneimittel, sondern als Mittel zu anderen Zwecken, insbesondere als Nahrungs-, Stärkungs- oder Genußmittel betrachtet werden, sind selbst dann nicht als Arzneimittel anzusehen, wenn sie als solche, insbesondere als Heilmittel angepriesen, feilgehalten oder verkauft werden." Wegen der Stellungnahme der Wissenschaftlichen Deputation für das Medizinalwesen (Preußen) vgl. Anm. 2 zu § 1 S. 41. Rechtspolitisch erscheint dieser Standpunkt auch völlig bedenkenfrei, da einerseits die Hebung des Ernährungszustandes für diejenigen, die danach streben, kaum einen gesundheitlichen Fehlgriff bedeuten kann, weil andererseits die diätetischen Nährmittel frei von stark wirkenden Stoffen und Giften sind, weil ihre Herstellung fabrikmäßig erfolgt, und weil sie einer sorgsamen Nahrungsmittelkontrolle unterstehen. Die sogenannten diätetischen Nährmittel haben die Vermutung für sich, daß sie nur mittelbar auf dem Wege der Ernährung die Krankheit beeinflussen sollen. Das schließt aber nicht aus, daß in jedem einzelnen Falle die Wirkungsweise des Mittels nachgeprüft werde. Dort, wo eine Zubereitung derart zusammengesetzt ist, daß sie gleichzeitig ernährend und auch unmittelbar heilend wirken soll, wird der Charakter der Zubereitung durch die wesentlichere Wirkungsweise bestimmt werden; so Gutachten der Wiss. Dep. f. d. Medizinalwesen (Preußen) v. 8. Juli 1914 (MBl. S. 289 und Med.Arch. 1914 S. 528 ff.). Hält sich beides die Wage, so untersteht das Mittel sowohl den für Nahrungsmittel wie auch den für Heilmittel geltenden Vorschriften, soweit sich diese nicht ausschließen. Ist dem Nährmittel ein Zusatz nicht erlaubt, dem Heilmittel wohl, so darf es mit diesem Zusatz nicht als Nährmittel, sondern nur unter Wahrung der Beschränkungen des Heilmittelhandels abgegeben werden. Es wird z. B. liquor ferri albuminati die Bleichsucht nur mittelbar auf dem Wege besserer Ernährung beeinflussen, und deshalb lediglich als Nährmittel zu betrachten sein. Dagegen wirkt tinctura ferri chlorati aetheria wesentlich reizend (tonisch) und nur zum geringeren Teil auch ernährend; solches Mittel den Heilmitteln unterordnen, wird deshalb keinem Bedenken begegnen können. Prof. Schmiedeberg („Arzneimittel und Genußmittel", Nr. 363 „Aus Natur und Geisteswelt". Leipzig 1912, B. G. Teubner) sieht den kennzeichnenden Unterschied zwischen Nähr- und Arzneimittel darin, daß ersteres nur in den Mengen den Körper fördert, in welchem sie diesem fehlen. „Ein größerer Eisengehalt der Gewebe, als zu ihrem Gedeihen notwendig ist, kommt diesen nicht zugute. . . . Das Nahrungsmitteleisen . . . ist demnach kein Arzneimittel, sondern ein richtiger Nähr- und Baustoff aller Organismen." Werden ausgesprochene Nährmittel Kranken oder gegen Krankheiten angeboten, wird aber gleichzeitig zum Ausdruck gebracht, daß die Hilfe nur auf dem Wege der Ernährung gebracht werden soll, so ist das Tatbestandsmerkmal des § 1 Abs. 1 der Abgabe „als Heilmittel" nicht erfüllt. So Verwaltungsgerichtshof Karlsruhe v. 20. Nov. 1912 (Bad. Verw.Zeit. Jahrg. 45 S. 104 und Med.Arch. 1913 S. 535), auch LG. 2. Strafk. Hildesheim v. 23. Nov. 1911 — 2 N. 91/11 — (Lezithin-Eisentinktur).

Ob eine Zubereitung heilkräftige Stoffe besitzt, ist, wie Abs. 1 § 1 ausdrücklich hervorhebt, rechtsunerheblich: Verboten ist die Abgabe einer Zubereitung zu einem Heilzweck auch dann, wenn sie völlig ungeeignet ist, eine Heilwirkung auszuüben; erlaubt ist die Abgabe einer Zubereitung zu allen, nur nicht zu Heilzwecken, auch wenn sie sehr geeignet ist, Heilzwecken zu dienen. So am 14. Febr. 1910 das KG. in Sachen 1 S. 21/10 mit den Worten: „Es ist auch für die Anwendung des § 1 der Kais. Ver. nicht entscheidend, ob die Arznei nach der Auffassung der Sachverständigen ein Heilmittel ist, sondern ob sie als solches feilgehalten und verkauft wird." Nicht zu verwechseln ist mit dieser Rechtsfrage die Tatfrage, ob etwa aus dem Umstande, daß eine Zubereitung ausschließlich Heilzwecken zu dienen geeignet ist, ein Schluß dahin gezogen werden darf, daß der Händler auch die Absicht hatte, seine Ware für den Zweck zu veräußern, für welchen allein sie tauglich ist. Verlangt eine Polizeiagentin zu Denunziationszwecken eine Zubereitung ausdrücklich als Heilmittel, wird aber vom Drogisten sie und ihr wirklicher Kaufzweck erkannt und wurde nur deshalb das Mittel verabfolgt, so hat es der Händler nicht zu einem Heilzweck veräußert und kann deshalb nicht bestraft werden. So KG. am 7. Juni 1894 bei Johow Bd. 15 S. 238. Ob die Abgabe an die Polizeiagentin einen Verstoß gegen § 1 enthält, wenn der Drogist an den vorgespielten Heilzweck glaubte und den wahren Denunziationszweck nicht erkannte, hängt davon ab, ob „Vorsatz" oder „Absicht" auf seiten des Drogisten verlangt wird. Vgl. oben Anm. 2 S. 29. Die Rechtsprechung gelangt fast ausnahmslos in solchem Falle zur Verurteilung. Die Feststellung der Absicht des Täters glauben die Instanzgerichte noch oft durch die der objektiven Heilmitteleigenschaft des streitigen Mittels ersetzen zu dürfen. Das KG. hob am 11. Dez. 1924 — 3 S. 6124 — (Ph. Z. 1924 S. 1312/13) ein Vorderurteil auf, weil es nicht feststellte, ob Angeklagter die Ware als Heilmittel, ob vorsätzlich, ob fahrlässig verkaufte. Das OLG. Köln hob am 27. Juni 1913 — S. 95/13 — ein Urteil auf, weil nur die objektive Natur der Ware (Sabadillessig), nicht aber der subjektive Wille des Täters festgestellt sei.

4. Die Auslegung des Begriffs „Feilhalten" hat mannigfach geschwankt. Am 9. April 1894 erklärte das RG. (Nahrungsmittelgesetz Dr. Lebbin S. 2/3), „daß nach herrschender Rechtsansicht unter Feilhalten einer Ware das Bereithalten derselben zum Verkauf an einer dem Publikum zugänglichen, zum Verkauf bestimmten Stelle erforderlich sei. Diese Auffassung hat auch das KG. in zahlreichen Urteilen als die seinige erklärt. Vgl. KG. v. 4. Juli 1898 (Johow Bd. 19 S. 236); v. 16. Dez. 1901 (Johow 23 C. 57 Nr. 17; ebenso OLG. Posen v. 22. Juli 1894 (Zeitschr. f. Med.B. Beil. 1894 S. 151). Eine abweichende Meinung wurde vertreten vom OLG. Darmstadt am 27. Juli 1898 (Springfeld V S. 125), vom OLG. Stettin am 14. Dez. 1894 (Springfeld V S. 123). Das KG. hatte noch am 4. Juli 1898 (Johow Bd. 19 S. 255) einen so großen Wert auf die Identität des Verwahrungsortes mit dem Verkaufsraum gelegt, daß es den Großhandel mit Giften, soweit die Gifte nicht von den Lagerräumen, sondern vom Kontor aus verkauft würden, als frei von der Konzessionspflicht erklärte, weil § 49 der Preuß. Gew.O. nur das Feilhalten von Giften an Konzession binde, ein solches Feilhalten aber nicht vorliege, wenn, wie dies beim Großhandel üblich sei, das Publikum gar keinen Zutritt zu denjenigen Räumen hätte, in welchen die Gifte lagern. In der Entsch. v. 8. Okt. 1907 — 2 S. 458/07 — erklärt das KG. wörtlich: „Zum Feilhalten genügt das bloße Vorrätighalten zum Verkauf nicht; es ist erforderlich, daß das Bereithalten zum Verkauf dem Publikum erkennbar gemacht wird Dies wird insbesondere dann zutreffen, wenn die Aufbewahrung

im Ladenraum stattfindet, aber auch, wenn dem Publikum durch ein Plakat oder eine Aufschrift im Laden von dem Vorhandensein der Ware in dem betreffenden Geschäft Kenntnis gegeben wird." (Entsch. des 1. StS. v. 6. Mai 1907 und 13. Sept. 1907 — 1 S. 354/07 und 683/07 —.) Das Erfordernis, daß die feilzuhaltende Ware im öffentlichen Verkaufsraum liegen müsse, wird in den Urt. des OLG. Celle v. 22. Jan. 1900 — S. 1/00 — (Goltd.Arch. 1903 Bd. 43 S. 333), vom OLG. Rostock am 25. Nov. 1905 — Meckl.Z. 24/103 — und Spr.S. d. DJZ. 1908 Nr. 49 Spalte 160 vertreten. Das OLG. München erklärt am 15. März 1910 (Samml. 10, 62 DJZ. 26. Spr.S. 1912 Spalte 44 zu § 367 StGB.): „Der Begriff „Feilhalten" erfordert, daß der Täter die Arznei dem Verkauf unterstellen will und daß sie von ihm dem Publikum als Verkaufsgegenstand zugänglich gemacht wird." Diese Entsch. will ebensowenig wie die RGEntsch. v. 8. Okt. 1907 die Deutung zulassen, daß eine Greifbarkeit der Ware am Orte der Anpreisung nicht erforderlich sei, denn dasselbe Münchner Urteil erklärt, daß ein Aufsuchen von Bestellungen durch einen Reisenden weder ein Feilhalten noch ein Verkaufen ist. Und das RG. führt im Urt. v. 19. Febr. 1912 (Johow Bd. 42 C. S. 426 und Med.Arch. 1912 S. 534 ff.) aus: „Unter Feilhalten ist ein dem Publikum erkennbares Bereithalten und Zugänglichmachen zum Verkaufen zu verstehen. Bloßes Ankündigen und Anpreisen ist kein Feilhalten." Das RG. entwickelt im Urt. v. 22. Okt. 1908 w/r H. III 513/08 den Begriff des Feilhaltens etwa mit folgenden Worten: „Es genügt zum Feilhalten, dem Publikum die Verkäuflichkeit der dazu bereit gehaltenen Ware zu erkennen und ihm damit Gelegenheit zu geben, seinerseits Kaufanträge zu stellen. Diesen Zweck erfüllten Zeitungsinserate, denen zu entnehmen war, daß der Honig beim Angeklagten zu beziehen war." Die vom RG. aufgestellten Merkmale des Rechtsbegriffs „Feilhalten" sind die folgenden:

1. Der Händler muß Ware bereit halten.
2. Er muß die Absicht haben, diese Ware zu verkaufen.
3. Er muß die Verkäuflichkeit der Ware dem Publikum zu erkennen und ihm damit Gelegenheit geben, Kaufanträge zu stellen.

Es hätte noch hinzugefügt werden sollen, daß das Publikum nicht nur Gelegenheit bekommen muß, Kaufanträge zu stellen, sondern auch die Ware sofort in Empfang zu nehmen. Ist dieses Merkmal nicht besonders vom RG. hervorgehoben, so liegt es doch in seiner Begriffserklärung, wie aus zwei Umständen hervorgeht. Die Notwendigkeit des Bereithaltens der Ware hat ja nur dann Sinn, wenn hiermit dem Käufer Gelegenheit gegeben werden soll, die Ware sofort in Empfang zu nehmen. Für einen Kaufabschluß auf Lieferzeit wäre ja ein sofortiges Bereithalten der Ware nicht erforderlich. Sodann versteht das RG. unter dem Begriff Kauf im Sinne desselben Absatzes 1 § 1 der Kais. Ver. nicht den Abschluß eines Kaufvertrags, sondern Kaufvertrag und seine s o f o r t i g e Erfüllung. So Urt. des RG. v. 16. Juni 1906 Bd. 39 S. 66 (JWSchr. 798), Urt. des RG. v. 13. Juni 1907 (JWSchr. 566) und Urt. v. 1. Febr. 1909 (von Buschka usw. 1910 S. 398). Es ist zu beachten, daß sich die Erkennbarmachung ans Publikum wenden muß, nicht nur an einzelne. Demgemäß hat das RG. im Urt. v. 1. Febr. 1909 w/r G. I. 10. 15/08 Bd. 42 S. 179 erklärt, daß zum Feilhalten nicht die Feststellung genüge, „daß der Angeklagte auf besondere Nachfrage sich verkaufsbereit zeigte und dies auch jedem gegenüber auf Angehen getan haben würde." Ebenso hatte es schon im Urt. v. 12. März 1903 — 103/03 — (JWSchr. 32 S. 324 und Goltd.Arch. 1903 Bd. 50) ausgeführt, daß ein Feilhalten nicht angenommen werden kann, „wenn die zum Verkauf bestimmten Gegenstände einer einzelnen oder mehreren bestimmten einzelnen Personen" zum Kauf angeboten würden. Daß das bloße Vorrätighalten keineswegs gleichbedeutend ist mit Feilhalten, geht aus dem Voraufgegangenen zwingend hervor. Da Verkaufsabsicht mit zu den Bestandteilen des Begriffs des Feilhaltens gehört, liegt Feilhalten nur in den Grenzen der Verkaufsabsicht vor. Treffen alle Merkmale des Feilhaltens zu, einschließlich der Absicht, zu verkaufen, geht diese Absicht aber z. B. nur dahin, daß die Zubereitung zu einem technischen oder einem Vorbeugungszweck verkauft werden soll, so ist die Ware nicht etwa als Heilmittel feilgehalten, sondern eben nur als technisches oder Vorbeugungsmittel. Die Feststellung der Verkaufsabsicht und der Richtung dieser Absicht ist reine Tatfrage. Aus dem Umstande, daß Ware in dem öffentlichen Verkaufsraum verwahrt wird, ist der Regel nach auf die Verkaufsabsicht zu schließen. Indessen ist selbstverständlich ein Gegenbeweis jederzeit von Erheblichkeit. Lagern bei einem Drogisten außerhalb des Ladenraums Waren, die er in unverarbeitetem Zustande nicht abgeben darf, die aber in Zubereitungen, z. B. als Bestandteile von Mundwässern, Haarwässern und dergl., abgegeben werden dürfen, so müssen besondere Umstände vorliegen, wenn eine Beanstandung der Rohware berechtigt sein soll. Als solche Umstände können beispielsweise in Betracht kommen, daß der Drogist gerade diese Ware bereits mehrfach in verbotswidriger Zubereitung verkauft hat, oder daß sie in mehrfachen Exemplaren für Abgabe im Kleinhandel verkaufsfertig abgefaßt ist. Liegen solche oder ähnliche Momente nicht vor, so würde ein Schluß auf die Richtung der Verkaufsabsicht willkürlich erscheinen, darf deshalb nicht die Unterlage für ein Urteil, ja nicht einmal für eine Beanstandung seitens der Revisoren abgeben. Die Schwierigkeit solcher Ermittlungen war im wesentlichen vermieden durch den früheren Standpunkt des RG. und des KG., nach welchem Waren außerhalb des öffentlichen Verkehrsraums überhaupt nicht als feilgehalten galten. In der Praxis der Instanzgerichte wird, von seltenen Ausnahmen abgesehen, hieran, wenn auch nicht aus Rechtsgründen, so doch aus Erwägungen tatsächlicher Natur, festgehalten, z. B. Strafk. Danzig v. 25. Jan. 1912 — 9 N. 1240/11 — (Bleiessig im Keller), Strafk. Stuttgart v. 29. Okt. 1913 (Ph. Z. v. 22. April 1914) (Milchsäure zur Herstellung von Hühneraugenmittel). Auch OLG. Düsseldorf v. 25. Aug. 1911 (Beil. z. Zeitschr. f. Med.B. 25. Jahrg. S. 5 und Med.Arch. 1912 S. 70/71): „Der Rückschluß, den der Vorderrichter mit dem bloßen Aufbewahren auf die Verkaufsabsicht zieht, genügt nicht.“ Bedeutungsvoll ist auch die oben angezogene Entsch. des OLG. München v. 15. März 1910: „Wer nur Bestellungen auf ein Mittel aufsucht, hält nicht feil.“ (Samml. 10, 62; DJZ. 26. Spr.S.

1912 Sp. 44 zu § 367 StGB.) Als Täter kommt nicht der Gehilfe oder Lehrling in Betracht, wie das KG. am 31. März 1922 — I S. 57/22 — (allerdings nur für den Gifthandel in einer Apotheke) darlegt. Nach RG. Bd. 49 S. 94/95 (Urt. v. 4. Mai 1910 — Ziv.Sen. II 513/19 —) geht der Wille des Gehilfen nur auf Förderung der Haupttat. Polizeiliches Verbot des Vorrätighaltens von Waren, die nicht feilgehalten werden, ist in Preußen unzulässig; so KG. v. 26. Jan. 1914 — 1 S. 1021/13 — (Med.Arch. 1914 S. 226 ff.) unter Berufung auf Rechtsprechung und Schrifttum.

Das Verhältnis des Feilhaltens zum Feilbieten wird von Landmann S. 496, vom KG. am 23. Mai 1901 S. 356 (Johow 22 Nr. 17 C. S. 51) und am 13. Febr. 1906 (DJZ. 14, 485) dahin erklärt, daß Feilbieten ein mit Verkaufsangebot verbundenes Feilhalten sei, während beim Feilhalten nicht der Verkäufer eine Verkaufsofferte macht, sondern dem Publikum Gelegenheit gibt, seinerseits Kaufangebote zu machen (RG. v. 22. Okt. 1908 w/r H. III 513/08). Allerdings hebt Neukamp (GO. 1910 S. 124 Anm. 5 zu § 55 RGO.) hervor, daß auch beim Feilbieten ein förmliches Anpreisen nicht erforderlich sei, aber irgendwie muß die Anpreisung Ausdruck finden. Wer erkennbar mit Schokoladen umherzieht, bietet nicht die verborgen gehaltenen, wenn auch mitgeführten Schnürsenkel feil. Mit dem Feilbieten hat das Feilhalten gemeinschaftlich das Erfordernis des Bereithaltens der Ware und der Erkennbarmachung an die Öffentlichkeit. Zum Kauf anbieten kann man, ohne diese Merkmale zu erfüllen, also ohne feilzuhalten und ohne feilzubieten. Vorbereitungshandlungen zum Feilhalten, z. B. Ankauf einer Ware, um mit ihr nach Lieferung Handel zu treiben, Lagerung der Ware in den eigenen Räumen zum Zwecke der Umpackung oder Verarbeitung, sind noch kein Feilhalten. Eine Ware, die in einem großen Faß in den Keller gerollt ist mit der Bestimmung, dort auf Flaschen abgefüllt zu werden, wird so lange nicht feilgehalten, als nicht der verkaufsfertige Zustand der Ware durch Umfüllung, Etikettierung und dergl. erzielt ist. Vorbereitungshandlungen werden durch die Kais. Ver. nicht getroffen.

5. Der Begriff des Verkaufens fordert eine Willensübereinstimmung zwischen zwei oder mehreren Parteien dahin, daß sich der eine Teil verpflichtet, dem andern das Eigentum an einer Sache zu verschaffen, während sich der andere Teil verpflichtet, hierfür einen bestimmten oder doch bestimmbaren Preis in Geld zu zahlen. Zum Verkaufsbegriff im Sinne der Kais. Ver. gehört aber noch ein weiteres, nämlich die Eigentumsübertragung. Hiernach ist nicht bloßer Kaufabschluß, sondern gerade erst die Übergabe „Verkauf" im Sinne dieser Verordnung. RG. v. 16. Juni 1906 Bd. 39 S. 66 (JWSchr. 798), RG. v. 13. Juni 1907 (JWSchr. 566), RG. v. 1. Febr. 1909 w/r G. I. 10, 15/08 (von Buchka 1910 S. 398). Wer also nur den Kaufvertrag abschließt und nicht gleichzeitig die Ware übergibt (Reisender, Agent, Großhandel), verkauft nicht im Sinne des § 1 der Kais. Ver. Anders im Sprengstoffges. v. 9. Juni 1884, anders in den auf Fernhaltung unzuverlässiger Personen vom Handel gerichteten Gesetzen. Daß der Verkäufer selbst Eigentümer oder auch nur Besitzer der Ware ist, wird nicht gefordert. Es genügt, daß er die tatsächliche Verfügungsgewalt hat und kraft derselben die Ware aushändigt. Es ist auch nicht notwendig, daß der Kauf vom Verkäufer im eigenen Namen oder für eigene Rechnung abgeschlossen wird; der Angestellte, der im Namen und für Rechnung seines Chefs Ware gegen Entgelt abgibt, verkauft im Sinne der Kais. Ver. So Urt. des RG. I v. 8. April 1895 Bd. 27 S. 167 und bei Stenglein Lex. I S. 135. Aus der gegebenen Bestimmung des Verkaufsbegriffs folgt, daß der, welcher eine Zubereitung bei der Behandlung eines Patienten verbraucht, z. B. durch Einreibung von Salbe, Pinselung mit Tinkturen, das Heilmittel nicht verkauft, da er dem andern keine Verfügungsgewalt, also auch kein Eigentum verschafft. So RG. v. 16. Juni 1910 Bd. 23 (Reg. 1677/00). Ein Min.Erl. v. 18. April 1922, betreffend Überwachung der Abgabe von Heilmitteln seitens der Dentaldepots an Zahnärzte und Zahntechniker — I M II 217 — (Min.Bl. f. Volkswohlf. S. 243/44), erklärt deshalb diese für „Verbraucher" zum Unterschied vom Händler (§ 3 der Kais. Ver.).

6. Soweit die kosmetischen, Desinfektions- oder Hühneraugenmittel nicht „als Heilmittel", d. h. nicht zur Heilung oder Linderung einer „Krankheit", abgegeben oder feilgehalten werden, „unterliegen sie dem § 1 der Ver. überhaupt nicht, auch wenn sie eine der im Verzeichnis 1 bis 12 gedachten Zubereitungen wegen ihrer Herstellungsform sind". So OLG. Breslau v. 14. Mai 1912 — 7 S. 172/12 —. Aus der Fassung des zweiten Absatzes, inhaltsdessen kosmetische, Desinfektions- und Hühneraugenmittel unter gewissen Voraussetzungen insoweit dem Abs. 1 unterstellt werden, als sie als Heilmittel feilgehalten oder verkauft werden, folgt, daß von der Kais. Ver. die Beschwerden, gegen welche diese Mittel angewendet werden — wenn auch nicht stets, so doch zuweilen — als Krankheiten angesprochen werden. Dies ist ein Beweis dafür, daß die Kais. Ver. keineswegs alle krankhaften Störungen als Krankheiten im Sinne des Abs. 1 des § 1 betrachtet wissen will. Je nach der Bösartigkeit des Hautleidens, der Infektion, des Hühnerauges handelt es sich nur um eine Störung oder aber um eine richtige Krankheit. Nicht klargestellt ist die Frage, wie ein Desinfektionsmittel im Zusammenhang mit seiner Desinfektionskraft Heilmittel sein kann, da es sich mit dieser nicht gegen eine Krankheit, sondern gegen deren Erreger oder Begleiter wendet. Die Lösung läßt sich wohl nur durch den Hinweis schaffen, daß die ärztliche Wissenschaft nicht scharf den Begriff einer sog. Infektionskrankheit umgrenzt. Sind die Bakterien nur eine Folge- oder Begleiterscheinung, so ließe sich ihre Bekämpfung als eine „Linderung" der Krankheit selbst allenfalls ansprechen. Sind sie aber die Erreger, so kann ihre Beseitigung um so weniger als ein unmittelbar auf die jeweils vorhandene Krankheit einwirkendes Mittel gelten, als die Bakterien selbst nicht unmittelbar, sondern nur mittelbar durch ihre giftigen Ausscheidungen die Krankheiten verursachen. Man darf vielleicht das Kreisen des bakteriellen Gifts im Blute als wesentlichen Bestandteil des Krankheitsbildes ansprechen, nicht aber die das Gift ausscheidende Bakterie dem durch das Gift erzielten Krankheitsprozeß gleichstellen. Wohl ließe sich das antitoxinische Serum als Heilmittel

ansprechen, weil es eine unmittelbare Wirkung auf die Vergiftung erstrebt. Die Mittel zur Beseitigung des das Gift erst erzeugenden Kleinlebewesens können um so weniger als Heilmittel gelten, als viele Menschen Träger schädlicher Bakterien sind, ohne auch nur im geringsten „krank" zu sein. Wer die Quellen einer möglichen Erkrankung verstopft, heilt nicht, sondern beugt vor. Ungeziefer, Würmer einschließlich des Bandwurms sind Krankheitserreger, Fliegen (Schlafkrankheit) und andere Insekten Krankheitsüberträger, aber nie und nimmer selbst Krankheit.

7. Als Kosmetika werden hier ebenso wie in § 3 des Gesetzes, betreffend Verwendung gesundheitsschädlicher Farben, v. 5. Juli 1887 Mittel zur Reinigung, Pflege oder Färbung der Haut, des Haares oder der Mundhöhle bezeichnet. Daß es sich um Haut, Haar und Mundhöhle des lebenden Individuums handelt, ist kaum streitig geworden. Farbmittel für totes Haar sind keine kosmetischen im Sinne dieser Verordnung und des angezogenen Gesetzes v. 5. Juli 1887. Soweit Kosmetika nicht einem Heilzweck dienen sollen, unterstehen sie ohnehin nicht dem Abs. 1; nach der vorliegenden Bestimmung bleiben sie aber auch, soweit sie Heilzwecke verfolgen, von der Beschränkung des Abs. 1 frei, sofern sie nicht die Stoffe enthalten, auf welche noch des näheren in Anm. 10 und 11 einzugehen sein wird. Die Frage, was nun eigentlich kosmetische Mittel seien, ist trotz der vom Gesetz selbst in Klammern angefügten Erklärung in doppelter Richtung streitig. Einmal herrscht Zweifel darüber, ob die in Klammern gegebene Zweckbestimmung dem Mittel objektiv anhaften soll, oder ob sie nur die subjektive Willensrichtung des Herstellers oder des Verkäufers bezw. Käufers bedeutet; zweitens bestehen Meinungsverschiedenheiten dahin, ob die kosmetischen Mittel grundsätzlich der Reinigung, Pflege oder Färbung der gesunden Haut, des gesunden Haares, der gesunden Mundhöhle zu dienen haben, oder ob der Gesundheitszustand der betreffenden Körperteile für den Begriff des kosmetischen Mittels gegenstandslos ist.

Zur ersten Frage: Nach diesseitiger Auffassung kann es nicht darauf ankommen, ob ein Mittel die Kraft hat, kosmetisch zu wirken; kosmetische Mittel sind nicht solche, welche sich für Reinigung, Pflege oder Färbung der Haut, des Haares oder der Mundhöhle eignen, sondern solche, welche dazu bestimmt sind, und zwar nur so lange, als diese Bestimmung vorherrscht. Wenn ein Mittel zur Beseitigung von Sommersprossen oder zur Erhaltung einer geschmeidigen Haut verkauft bezw. verwandt wird, dann ist es ein kosmetisches Mittel im Sinne unserer Gesetzesstelle, auch wenn ihm die zugeschriebene Wirkung nicht innewohnt. Andererseits wird ein ausgesprochenes Kosmetikum nicht mehr Anspruch auf die Verkehrserleichterung des § 1 Abs. 2 haben, wenn mit ihm ganz andere Zwecke verfolgt werden. Warzen wird vom KG. Krankheitscharakter abgesprochen, weshalb auch Mittel gegen Warzen als kosmetische Mittel und nicht als Heilmittel gelten. Das wirksamste Mittel gegen Warzen ist rauchende Salpetersäure. Für diesen Zweck angewandt, stellt die Säure ein kosmetisches Mittel dar. Wird sie aber gegen verdächtige Bißwunden zur Anwendung gebracht, so kann von einem Kosmetikum wahrlich nicht geredet werden. Man denke an graue Salbe, die gegen Ungeziefer angewandt als Kosmetikum, gegen Drüsenanschwellungen, gegen Syphilis in gleicher Art angewandt, selbstverständlich ein Heilmittel und kein kosmetisches ist. So auch OLG. München v. 13. April 1907 (Rev.Reg. Nr. 118/1907): „Den Charakter eines kosmetischen Mittels verliert eine Zubereitung nur dann, wenn sie als Mittel gegen Krankheiten dienen soll, die mit den Zwecken eines kosmetischen Mittels nicht im Zusammenhang stehen. Nur sehr vereinzelt wird in der Rechtsprechung mehr Wert auf die objektive Eignung als auf die subjektive Bestimmung gelegt. So das OLG. Celle am 15. Jan. 1906 — 3 S. 130/05 — (Goltd. 56, 104) mit folgender Ausführung: „Maßgebend ist vielmehr, ob die Salbe objektive Eigenschaften besitzt, welche nach den Erfahrungen der Wissenschaft oder des täglichen Lebens sie als ein kosmetisches Mittel im Sinne der Kais. Ver. v. 22. Okt. 1901, als ein Mittel zur Reinigung, Pflege der Haut, des Haares oder der Mundhöhle erscheinen lassen." Das OLG. Breslau nimmt im Urt. v. 29. Aug. 1906 — 8a 3 S. 255/06 — zur Frage dahin Stellung, daß Freiverkäuflichkeit gegeben sei, wenn die Zubereitung entweder „objektiv" ein Kosmetikum oder subjektiv zu einem kosmetischen Zweck feilgehalten sei. Das OLG. München fordert am 3. Mai 1913 (Ph. Z. 1913 S. 608) Verwendbarkeit und Verwendung. Es muß übrigens auch zwischen dem Willen des Herstellers und dem des Verkäufers unterschieden werden. Ein vom Hersteller für Schönheitspflege bestimmtes Mittel hat nur die Vermutung für sich, daß es auch vom Händler bestimmungsgemäß feilgehalten werde. Rechtlich steht dem nichts entgegen, daß es im Einzelfall sei es zu einem technischen, sei es zu einem Heilzweck abgegeben wird, der nicht das mindeste mit Pflege der Haut, des Haares, der Mundhöhle zu tun hat, so daß der Einzelhändler sich nicht auf die kosmetische Eigenschaft berufen darf. Andererseits darf der Drogist § 1 Abs. 2 für sich in Anspruch nehmen, wenn er eine vom Hersteller für andere Zwecke bestimmte Zubereitung im Einzelfall zu einem rein kosmetischen Zwecke abgibt. Dies gilt auch dann, wenn die Eignung hierfür fehlt. So auch Kronecker im Med.Arch. 1914 S. 15. Das LG. I Berlin erkannte am 2. Jan. 1913 — 16 N. 111/12 —, daß es nicht auf Eignung, sondern auf die Bestimmung des Mittels im Einzelfall ankomme, aber es verlangte darüber hinaus, daß es „vorherrschend" zur Haut- usw. Pflege bestimmt sei. Das KG. betont dagegen mit Recht im Urt. v. 7. Okt. 1912 — 1 S. 672/12 — (Med.Arch. 1912 S. 528 ff.): „Daß es diesem Zweck überwiegend diene, verlangt das Gesetz nicht." Richtig ist die Erklärung des KG. im Urt. v. 14. Febr. 1910 — 1 S. 21/10 —, soweit es kosmetische Mittel als solche bezeichnet, die bestimmungsgemäß zur Reinigung usw. feilgehalten werden. So wenig es für den Abs. 1 darauf ankommt, ob ein Mittel Heilkraft besitzt, sondern nur ob es zu einem Heilzweck abgegeben wird, ebensowenig kommt es für den Abs. 2 in Frage, ob eine Zubereitung kosmetische Kraft besitzt, sondern nur ob sie zur Ausübung kosmetischer Wirkung feilgehalten wird.

Die zweite bezeichnete Streitfrage wird vom KG. in dem eben angezogenen Urt. v. 14. Febr. 1910 dahin beantwortet, daß ein kosmetisches Mittel die Bestimmung haben müsse, der Reinigung oder Pflege oder Färbung der gesunden Haut, des gesunden Haares oder der gesunden Mundhöhle zu dienen. Diese Einschränkung kann als begründet nicht anerkannt werden. Dem Wortlaut der Verordnung selbst ist eine solche Einschränkung fremd. Sie ist deshalb nur zulässig, wenn andere zwingende Gründe dafür sprechen, daß darauf der gesetzgeberische Wille gerichtet war, und wenn dieser etwaige Wille hinreichenden Ausdruck gefunden hat. Keins von beidem ist der Fall, im Gegenteil sprechen verschiedene Umstände dagegen. Ein kosmetisches Mittel ist seiner Bezeichnung nach der Schönheitspflege gewidmet, und es ist schon deshalb gar nicht einzusehen, weshalb diese Schönheitspflege sich nur den gesunden und nicht auch den krankhaften Organen zuwenden soll. Es gibt Schönheitspflege und Schönheitsmittel, deren Anwendung gesunden Organen gegenüber gar nicht denkbar ist, die vielmehr die krankhafte Veränderung von Organen zur Voraussetzung haben. Abgesehen von der Mode des Rotfärbens des Haares hat Färbung kosmetisch stets die — vielfach krankhafte — Veränderung des Haares zur Voraussetzung; das infolge von krankhaften Störungen im Haarboden vorzeitig ergraute Haar wird gefärbt. Nach der Definition des KG. wäre ein Mittel, das bestimmt ist, die ursprüngliche Haarfarbe wiederherzustellen, kein kosmetisches Mittel, weil es nicht bestimmungsgemäß das gesunde Haar färbt, sondern gerade das, welches auf Grund krankhafter Vorgänge (Mangel an Pigment) vorzeitig seine Farbe verloren hat. Auch Schminke und Puder dient, von Schauspielerzwecken abgesehen, nicht der Haut, welche in der Blüte der Gesundheit zart und rot erscheint, sondern der, welche diese Vorzüge eingebüßt hat, und zwar nicht etwa nur infolge des Alters, welches ja beschwerlich, aber trotzdem keine Krankheit ist, sondern infolge einer weniger reinen und kräftigen Blutmischung, einer geringeren Tätigkeit der Hautnerven, Talgdrüsen und dergl. mehr. Will man nicht gerade den bekanntesten kosmetischen Mitteln diesen Charakter streitig machen, so wird man aus der Begriffsumschreibung des KG. das Merkmal des „Gesunden" streichen müssen. Das Ziel der kosmetischen Mittel bleibt die Schönheit; ihren Gegenstand bilden nach der Verordnung Haut, Haar und Mundhöhle, gleichgültig, ob Gesundheit, krankhafte Störung oder Krankheit die Organe beherrscht; die Mittel selber aber ändern sich, je nachdem sie am kranken oder gesunden Organ zur Anwendung zu kommen haben. Es werden verschiedene Haarwässer benutzt, je nachdem Haar und Haarboden völlig gesund sind oder infolge Trockenheit Schuppenbildung oder Spaltung oder aber umgekehrt übermäßige Fettabsonderung aufweisen. Zur Reinigung der Mundhöhle werden scharfe Putzmittel angewandt bei Neigung zum Ansatz von Zahnstein, weiche Mittel dagegen, wenn die Glasur der Zähne empfindlich ist: stets bleibt aber der Grund für die Anwendung eines kosmetischen Mittels ein *ästhetisches* Bedürfnis, nicht aber ein Heilbedürfnis, wenngleich durch letzteres Heilprozesse zum Teil gleichzeitig angeregt werden. *Kosmetische Mittel sind hiernach solche Mittel, welche aus ästhetischem Bedürfnis Haut, Haar, Mundhöhle mechanisch oder chemisch, erhaltend oder heilend reinigen, pflegen oder färben, gleichgültig, ob diese Organe gesund oder leidend sind.* Freilich kann man aus der Schwere eines Leidens sehr wohl den Schluß ziehen, daß ein und dasselbe Hilfs- oder Linderungsmittel um des Heilerfolges wegen und nicht, oder wenigstens nicht in der Hauptsache, der Schönheitspflege zuliebe angewandt wird. Sind aber die Leiden so geringfügig, daß das Heilbedürfnis hinter das ästhetische Bedürfnis (Eitelkeit) zurücktritt, dann bleibt das angewandte Mittel ein Mittel der Schönheitspflege, also ein kosmetisches. Anderer Meinung ist allerdings das OLG. Köln im Urt. v. 29. Aug. 1906 — S. 215/06 w/r H. —. In dieser Entsch. heißt es: „Die Annahme, daß sich die Freigabe der kosmetischen Mittel als Heilmittel nur auf sogenannte kosmetische, das heißt die nur mit einer Störung des ästhetischen Wohlbefindens verbundenen Leiden beziehe, findet in der Verordnung keine Stütze. Ein Unterschied hinsichtlich des Grades der Leiden ist nicht gemacht und hinsichtlich der Art nur der engeren Auffassung zufolge insofern, als das Leiden seinen Sitz an den namhaft gemachten Körperteilen haben muß." Wenn die letzte Forderung dahin zu verstehen ist, daß Haut, Haar, Mundhöhle nicht nur von der Krankheit miterfaßt, sondern geradezu deren „Sitz" sein sollen, so darf man ihr zustimmen. Dann kommt Köln zu dem gleichen Ergebnis wie OLG. München am 3. Mai 1913 (Ph. Z. S. 608), welches fordert, daß die „Abweichungen von der normalen Beschaffenheit der Haut nicht auf eine tieferliegende Ursache, eine Erkrankung des Organismus überhaupt zurückzuführen sind". Wäre es anders, so würden ja Mittel gegen Syphilis, gegen Tuberkulose, sofern diese Krankheiten Haut, Haar oder Mundhöhle erfaßt haben, als Kosmetika gelten. Das schließt freilich nicht aus, daß sich im Einzelfall mit einer Bekämpfung der Grundkrankheit eine kosmetische Behandlung einer Krankheitsäußerung verbinden kann. Der diesseitige Standpunkt nimmt eine Mittelstellung ein, die den Bedürfnissen des täglichen Lebens Rechnung trägt. Für ihn spricht der Umstand, daß a. a. O. Mittel zur Reinigung der Haut als Heilmittel angesprochen werden. Würde es sich um die Beseitigung äußerlichen Schmutzes von der gesunden Haut handeln, dann könnte solches Reinigungsmittel doch unmöglich als Heilmittel von der Kais. Ver. behandelt werden. Es kann demnach die Kais. Ver. nur an die sogenannten „Hautunreinigkeiten" gedacht haben, deren Beseitigung als Reinigung der Haut nicht mit Unrecht bezeichnet wird. Die Hautunreinigkeiten aber sind krankhafte Störungen in der Haut, welche zum Teil durch wirkliche Krankheitszustände im Blut hervorgerufen sein können. Jedenfalls sind Mittel gegen Hautunreinigkeiten (Sommersprossen, Pickel, Leberflecke und dergl.) nicht bestimmt, gesunde Haut zu reinigen, sondern umgekehrt bestimmt, das Krankhafte aus der Haut zu entfernen. Andererseits ist darauf hinzuweisen, daß ein Mittel zur Beseitigung von neuralgischen Schmerzen, deren Sitz die Hautnerven sein können, doch nicht deshalb als Kosmetikum zu betrachten ist, weil es auf der Haut verrieben wird, und weil das Leiden in diesem Organ seinen Sitz hat. Ungefähr auf dem diesseitigen Standpunkt scheint das OLG. München zu stehen, wenn es in einer Entsch. v. 13. April 1907 — bei Reger 27, 464 — ausführt, daß kosmetische Mittel diesen Charakter nur verlieren, wenn sie als Mittel gegen Krankheiten dienen sollen, die mit den Zwecken eines kosmetischen Mittels nicht im Zusammenhang stehen. Hierin liegt, daß zum Begriff des kosmetischen Mittels objektive Eigenschaften der Zubereitung nicht ausreichen, daß vielmehr die subjektive Zweckbestimmung fortherrschend den Charakter des Mittels bestimmt, auch wenn sich dieses gegen eine schwerere Erkrankung richtet, sofern nur die Bekämpfung dieser Erkrankung auf dem Wege zum Ziele des kosmetischen Mittels, nämlich der Schönheitspflege, liegt. Mit dieser Begründung ist in dem bezeichneten Urteil Zinksalbe als Mittel gegen Ekzeme und wunde Stellen freigegeben, während das OLG. Köln in der angezogenen Entsch. v. 29. Aug. 1906 mit der wiedergegebenen Begründung Kothes Zahnwasser als Mittel gegen Zahnschmerzen freigab. Das OLG. Breslau gestattet im Urt. v. 14. Mai 1912 — 7 S. 172/12 — Verwendung nur zu solchen Krankheiten, „die mit der äußeren Hautpflege in Beziehungen stehen, wie z. B. Frostbeulen, offene oder eiternde Hautwunden und dergl.“. Als Leiden, deren Bekämpfung gelegentlich und zum Zwecke der Schönheitspflege erfolgt, kommen in Frage Sommersprossen, Leberflecke und dergl. („Zur Auslegung der Kais. Ver. v. 22. Okt. 1901“, Sonderabdruck aus der Ph. Z. 1901), aufgesprungene Haut, aufgesprungene Lippen, Pickeln, Haarausfall, Schuppen der Kopfhaut, Ungeziefer (KG. v. 31. März 1910 [Filzläuse], R.Gesundh.Samml. Bd. VII S. 876; OLG. Köln v. 27. Juni 1913, R.Gesundh.Samml. Bd. VII S. 950; OLG. Celle [Kopfläuse] v. 14. Nov. 1905; LG. Aachen v. 24. April 1913 — 3 M. 12/13 — 11. Strafk. I 365, Jahrb. des D. Drog.-Verb. 1914 S. 62), Warzen (KG. v. 14. Febr. 1910 — 1 S.

21/10 — und RG. bei Johow 23 C. 59 Nr. 2), Schweißfuß (RG. v. 5. Mai 1902 — 15 S. 297/02 —), Froströte. Dagegen würden Frostbeulen, Geschwüre, Furunkel und bösartige Hautausschläge ein so großes Heilbedürfnis im Menschen normalerweise erregen, daß die Befriedigung dieses Bedürfnisses sehr viel lebhafter als die des rein ästhetischen Bedürfnisses empfunden werden würde. Die dagegen aufgerufenen Mittel würden deshalb hauptsächlich, wenn nicht ausschließlich Heilzwecke, nicht nur Schönheitszwecke verfolgen. Gleichwohl kann den Mitteln gegen solche Hautleiden nicht die bevorrechtigte Stellung eines Kosmetikums bestritten werden, es sei denn, daß sie sich auf die Behandlung einer etwa unterliegenden Allgemeinerkrankung beschränken. Bei Flechten wird es auf deren Natur ankommen. Es gibt so wenig belästigende und so ungefährliche, die von selbst ebenso schnell vergehen, wie sie entstehen, daß Mittel zu deren Beseitigung auch im wesentlichen ästhetischen Wünschen Rechnung tragen und deshalb als kosmetische Mittel mit gleichzeitiger Heilwirkung zu betrachten sind. Würde dagegen eine Bluterkrankung als Quelle erkannt sein und diese behandelt werden, so kann den hierfür dienlichen Mitteln kosmetische Natur nicht zuerkannt werden. Nach Saalfeld bei Liebreich II 123 sind Ekzeme meistens durch äußere Schädlichkeiten, seltener durch innere Ursachen bedingt. Von den verschiedenen Zubereitungen seien einige aufgeführt, welche in der Rechtsprechung als kosmetische Mittel Anerkennung gefunden haben. So Kalichloriktumtabletten zur Mundpflege im Urt. des OLG. Frankfurt a. M. v. 28. Mai 1906 (RGesundh.Samml. Bd. V S. 494); dies erscheint besonders deshalb bedeutungsvoll, weil Kalichlorikum mannigfach gegen die Zahnerkrankung benutzt wird, welche sich als regelmäßige Begleiterscheinung einer Quecksilberkur gegen Lues zeigt. Das Mittel wendet sich aber weder gegen letzteres Leiden noch auch gegen Quecksilbervergiftung im allgemeinen, sondern nur gegen diese eine Auswirkung und ist deshalb unbedenklich als Kosmetikum anzusprechen. Als Kosmetika sind ferner anerkannt:

Rothes Zahnwasser im Urt. des OLG. Köln v. 29. Aug. 1906 — S. 215/06 —; Zinksalbe gegen Ekzeme und Wunden durch OLG. München am 13. April 1907 (Reger 27, 464; trotz Verordnung auf Rezept), am 3. Mai 1913 (Ph. Z. S. 608) und LG. Koblenz am 15. April 1912 (R.Gesundh.Samml. Bd. VII S. 952 ff.), ebenso durch LG. Dessau am 7. Aug. 1905 (R.Gesundh.Samml. Bd. V S. 488); Zinktoilettecream durch LG. Münster am 26. April 1906 (R.Gesundh.Samml. Bd. V S. 494), LG. Breslau am 2. Juli 1912 — 14. 8 M. 84/12 — und LG. Altona am 5. Mai 1913 — 2 N. 3/8. 174/13 — (Jahrb. des D. Drog.-Verb. 1914 S. 63/64); Zinkkreme durch Dresden am 22. Sept. 1908 (Gew.Arch. 10, 213; Jahrb. des St.R. u. Proz. 1911 S. 297); Zinkpaste (nach Dr. Lassar) durch LG. Magdeburg am 10. Okt. 1912 — 2 N. 34/12 —; Hazeline Cream durch OLG. Breslau am 29. Aug. 1906 (R.Gesundh.-Samml. Bd. V S. 485); Sommersprossen-Creme durch OLG. Rostock am 3. Dez. 1909 — Ha. 107/09 — (Meckl.Z. Jahn 1910 Bd. 48 S. 136); Haarpilztöter durch OLG. Düsseldorf am 4. Aug. 1908 (Nr. 26 der Berichte des D. Drog.-Verb. 1908/09 S. 118); Haarwasser auch als Heilmittel gegen Kopf- und Haarkrankheiten durch LG. Elberfeld im Febr. 1908 (Ph. Z. 1908 Nr. 20); Creme Karbol durch LG. I Berlin am 28. Febr. 1910 — 17 N. 699/09 —; Boroglyzerinlanolin durch die StK. Geestemünde am 22. Febr. 1902 w/r R. in L.; Bortoilettecreme durch LG. Breslau am 2. Juli 1912 — 14. 8 M. 84/12 —; Borvaseline durch LG. Karlsruhe am 21. Nov. 1906 (Ph. Z. 1906 Nr. 5); Präzipitatsalbe gegen Ungeziefer durch die StK. Waldenburg am 29. März 1904 (Ph. Z. 1904 Nr. 55); Borsalbe durch KG. am 19. Juli 1905 w/r H. — 1 S. 1034/08 — und am 22. Sept. 1910 (R.Gesundh.Samml. Bd. VII S. 878), auch am 16. Febr. 1911 (Ph. Z. 1911 Nr. 17), LG. Coblenz am 15. April 1912 (R.Gesundh.Samml. Bd.VII S.952 ff.), OLG. Celle am 15. Jan. 1906 (Ph. Z. 1906 Nr. 48), OLG. Celle am 11. Juni 1906 (Ph. Z. Nr. 54), LG. Hannover am

17. Febr. 1906 (Ph. Z. 1906 Nr. 48), LG. Göttingen am 27. April 1906 (Ph. Z. 1906 Nr. 36), LG. Nürnberg im Febr. 1907 (Ph. Z. 1907 Nr. 15), LG. Marburg am 25. Juni 1908 (Ph. Z. 1908 Nr. 57), KGJ. I. 1909 ·/. R. — 1 S. 1034/08 —, LG. Görlitz am 24. Juli 1912 — E. 10/12 —; Vorsyl durch OLG. Marienwerder am 29. März 1912 (R.Gesundh.Samml. 1920 Nr. 1 u. Drogenhändler v. 29. April 1920 S. 360); Vor- und Zinksalbe werden in einem Gutachten der Wissenschaftlichen Deputation für das Medizinalwesen v. 23. Nov. 1910, abgedruckt in der Vierteljahrsschrift für gerichtliche Medizin und Ph. Z. v. 28. Jan. 1911, für Heilmittel und nicht für kosmetische Mittel angesprochen. Die Begründung zeigt deutlich, daß es sich hier um Verkennung des Rechtsbegriffes handelt, denn sie enthält wörtlich folgenden Satz: „Durch ihren Fettgehalt sind sie zwar wie jede andre fetthaltige Salbe geeignet, zur Hautpflege zu dienen, und werden wohl auch ab und zu gegen rauhe und aufgesprungene Haut verwendet"; graue Salbe (Quecksilbersalbe) als Ungeziefermittel durch OLG. Breslau am 23. Juni 1903 (Ph. Z. 1903 Nr. 59), OLG. Celle am 14. Sept. 1905 (Ph. Z. 1905 Nr. 85), OLG. Dresden am 16. Juni 1908 (Ph. Z. 1908 Nr. 101), OLG. Breslau am 30. Juni 1908 (Nr. 26 der Berichte des D. Drog.-Verb. 1908/09 S. 118), KG. am 6. Sept. 1907 (Ph. Z. 1907 Nr. 80), LG. Kiel am 20. Okt. 1909 — 16 N. 28/09 —, OLG. Köln am 24. Febr. 1911 (R.Gesundh.Samml. Bd. VII S. 950), LG. Altona am 14. Okt. 1910 (R.Gesundh.Samml. Bd. VII S. 989), wo auch noch dargelegt wird, daß kein Verstoß gegen das Farbenges. v. 5. Juli 1887 vorliegt, weil die Salbe trotz des Quecksilbergehalts kein Farbstoff ist. Anders OLG. Rostock am 29. Okt. 1909 — Ha 133/09 — (Meckl.Z. Jahn 1910 Bd. 48 S. 118 ff.), weil sie nicht zum Reinigen der Haut Verwendung finde. Lanolin-, Salizyl-Streupulver, Salizylvaseline durch LG. Danzig am 13. Mai 1912 — 9 N. 1240/12 — und OLG. Marienwerder am 29. März 1912 (Veröff. des RGesA. 1920 Nr. 1 und Drogenhändler 1920 S. 360). Ebenda wird auch Vasenolpulver als frei verkäufliches Kos-

metikum erklärt. Lenicetsalbe wird vom LG. I am 2. Jan. 1913 — 16 N. 111/12 — Borsyl, Lanolin, Salicylstreupulver, Salicylvaseline v. OLG. Marienwerder (R.Gesundh.Samml. Bd. VII S. 872) als freie Kosmetika erklärt. Erwähnt sei, daß Kampfervaseline in einem Gutachten der Wissenschaftlichen Deputation des Ministerium für Unterrichts- und Medizinalangelegenheiten usw. v. 1. Okt. 1910 (Ph. Z. 1910 S. 794) als kosmetisches Mittel bezeichnet ist. Daß Mittel zur Entfernung von Haaren von Körperstellen, auf welche sie nicht hingehören, als kosmetische Mittel anzusprechen sind, obwohl krankhafte Veränderungen der Gewebszellen solchen Haarwuchs zu veranlassen pflegen, wird einem Widerspruch kaum begegnen. LG. Potsdam v. 7. Juli 1909; Drogenhändler 1909 Nr. 30. Ebenso wird sich der Nagelpflege der Charakter der Schönheispflege nicht bestreiten lassen, und es werden sich auch diejenigen Mittel, welche sich gegen Leiden richten, denen die Nägel unterworfen sind oder die durch die Nägel verursacht werden, als kosmetische Mittel im Sinne des Abs. 2 § 1 ansprechen lassen. Das kann man aber nur dann, wenn man die Nägel als Unterart der Haut anspricht. Wegen Methylalkohol vergl. Min.Erl. v. 17. Jan. 1912 (MBl. S. 42). Zu vergl. ist § 3 des Gesetzes, betr. die Verwendung gesundheitsschädlicher Farben bei der Herstellung von Nahrungsmitteln, Genußmitteln und Gebrauchsgegenständen, v. 15. Juli 1887. Dieser schränkt Herstellung und Vertrieb von kosmetischen Mitteln durch das Verbot der Verwendung von folgenden Stoffen ein: Farbstoffe und Farbzubereitungen, welche Antimon, Arsen, Baryum, Blei, Cadmium, Chrom, Kupfer, Quecksilber, Uran, Zink, Zinn, Gummigutti, Korallin und Pikrinsäure enthalten.

Es ist streitig geworden, ob dies Verbot auch dort statthat, wo diese Stoffe weder das Kosmetikum noch den mit ihm zu behandelnden Körperteil färben. Das hatte das RG. im Urt. v. 7. Okt. 1912 — 1 S. 672/12 — (Med.Arch. 1912 S. 528 ff.) bejaht. Eine wesentliche Einschränkung brachte es aber im Urt. v. 8. Juni 1915 — S. 72/15 — mit folgender Ausführung: „Dagegen steht der § 3 und der die Strafvorschrift enthaltende § 12

Nr. 1 der Herstellung solcher Heilmittel, welche einen der im § 1 des Farbengesetzes erwähnten Stoffe enthalten — wie z. B. Quecksilberpräzipitatsalbe und Bleisalbe —, und deren Abgabe in Apotheken nicht entgegen, mögen auch solche Mittel gelegentlich bestimmungswidrig zu kosmetischen Zwecken verwendet werden." Die Fiktion, daß es sich bei Präzipitatsalbe um eine bestimmungswidrige Verwendung handle, wenn sie in der Kosmetik verwendet wird, läßt sich angesichts der Tatsache, daß sie in hervorragendem Maße als Mittel gegen Sommersprossen empfohlen wird, nicht aufrechterhalten. Präzipitatsalbe ist eben wie alle Kosmetika, mit denen sich § 1 Abs. 2 beschäftigt, gleichzeitig Heil- und kosmetisches Mittel. Das Farbengesetz will aber der Heilkunde, den Heilmitteln keine Schranke ziehen und findet auf solche überhaupt keine Anwendung, gleichgültig, ob sie inneren oder äußeren (Haut, Haar, Mundhöhle) Leiden Heilung bringen, ob sie rezepturpflichtig sind oder dem Apothekenmonopol unterstehen oder nach der Kais. Ver. frei verkauft werden dürfen. Näheres hierüber siehe Sonnenfeld im Drogenhändler Nr. 50 v. 28. Juni 1924 und Gegenaufsatz in der Ph. Z. Nr. 55 v. 9. Juli 1924 S. 659. Aus letzterem sei folgendes wortgetreu mitgeteilt: „Recht hat dagegen Herr Justizrat Sonnenfeld mit seiner Schlußbemerkung, daß der § 3 des Farbengesetzes auf diejenigen Kosmetika, welche gleichzeitig wissenschaftlich anerkannte Heilmittel sind und als solche im Einzelfall in Anspruch genommen werden, nicht anwendbar ist, und daß, was der Arzt ohne Rücksicht aufs Farbengesetz verordnen darf, auch ohne ärztliche Verordnung Apotheken und Drogisten abgeben dürfen, sofern nur nicht etwa die gesetzlichen Bestimmungen über Rezepturzwang oder über den Kleinhandel mit Heilmitteln verletzt werden." Von Galli bei Stenglein, Nebengesf. 4 A Bd. I S. 645 Anm. 1 u. 2 zu § 3 ist das Recht des Heilmittels von dem des reinen Kosmetikums nicht auseinandergehalten.

8. Bei den Desinfektionsmitteln kann es ebenso wie bei den kosmetischen Mitteln (vgl. Anm. 7) zweifelhaft erscheinen, ob Desinfektionskraft oder Desinfektionsbestimmung not-

wendiges Merkmal ihres Begriffs ist, oder gar ob beide Voraussetzungen erfüllt sein müssen. Die herrschende Meinung geht dahin, daß es nicht so sehr auf die Bestimmung wie auf die Wirkungsweise ankäme. Der Aufsatz in der Ph. Z. (Sonderabdruck des Jahres 1902 Nr. 94 und 95) „Zur Auslegung der Kaiserlichen Verordnung vom 22. Oktober 1901" nimmt an, daß ein spezifisches Desinfektionsmittel auch im Sinne der Kais. Ver. Desinfektionsmittel bleibt, selbst wenn es zu einem Zwecke Verwendung findet, welcher mit Desinfektion gar nichts zu schaffen hat. So weit kann diesseits nicht gegangen werden; vielmehr kann als Desinfektionsmittel im Sinne des Abs. 2 des § 1 nur dasjenige betrachtet werden, welchem bakterientötende oder entwicklungshemmende Kraft zugesprochen wird, und welches um dieser Kraft willen Anwendung findet. Die Ausübung dieser Kraft braucht nicht das letzte Ziel zu sein, kann auch Mittel zum Zweck sein. Aber nur solange die Wirkung dieser Kraft gewünscht wird, erscheint das Mittel als Desinfektionsmittel. Für diese Auffassung spricht auch die ausdrückliche Freigabe von Seifenspiritus in Ziffer 5 des Verz. A. Da er ohne Zweifel desinfizierende Kraft besitzt und gerade dieserhalb benutzt wird, würde seine Freigabe schon aus Abs. 2 des § 1 fließen. Seine ausdrückliche Überlassung an den freien Verkehr in Ziffer 5 des Verz. A ist nur gerechtfertigt, wenn Seifenspiritus trotz seiner Desinfektionskraft auch einen andern Charakter als den des Desinfektionsmittels annimmt; und das ist der Fall, wenn er z. B. gegen Rheuma, Blutstauungen und dergl. Anwendung findet. Sofern aber um der Desinfektionskraft willen ein Mittel angewandt wird, genießt es die Vorzüge, welche Abs. 2 den Desinfektionsmitteln gewährt, und zwar auch dann, wenn es sich um eine nur schwache Desinfektionskraft handelt. Das OLG. Rostock erklärt am 29. Okt. 1909 — Ha. 133/09 — (Meckl.Z. Jahn 1910 Bd. 48 S. 118 ff.) ein desinfizierendes Mittel als „ein Mittel zur Beseitigung von Bazillen und Bakterien zwecks Verhütung von Ansteckung" und erklärt solche für frei, „sofern sie . . . einen Heilzweck erfüllen, der mit ihrer Eigenschaft als kosmetisches oder desinfizierendes Mittel im Einklang steht". Die Auffassung, daß Desinfektionsmittel nur solche sind, welche außerhalb des menschlichen Körpers ihre Wirkung üben sollen, ist aber weder begrifflich noch historisch gerechtfertigt, steht auch im Widerspruch zu dem Wortlaut und dem Geist des § 1 der Kais. Ver. Da diese alles von dem Gesichtspunkte aus betrachtet, ob und inwieweit die von ihr behandelten Waren als Heilmittel Verwendung finden können, ist die Anwendung am lebenden Organismus zwingende Voraussetzung, und dies so sehr, daß ein Mittel, welches der Schöhnheitspflege am leblosen Gegenstande dient, nicht als kosmetisches Mittel im Sinne dieser Verordnung angesprochen werden kann (vgl. Eingang zu Anm. 7). Mit Desinfektionsmitteln, welche außerhalb des menschlichen oder tierischen Körpers Verwendung finden sollen, beschäftigt sich der § 1 überhaupt nicht, woraus folgt, daß solche Desinfektionsmittel, sofern sie nicht etwa im Verz. B dem Kleinhandel entzogen sind, auch dann dem freien Verkehr unterstehen, wenn sie rezeptpflichtige Bestandteile enthalten. Eine die Beschränkung der Desinfektionsmittel auf äußerliche Anwendung ist nicht gerechtfertigt. Werden bakterientötende Substanzen dem Körper einverleibt zum Zwecke der Bakterientötung, dann sind sie Desinfektionsmittel; ihre freie Abgabe ist dann nicht durch § 1 und Verz. A beschränkt. Das bildet keine Gefahr, denn alle stark wirkenden, innerlich einnehmbaren bakterientötenden Stoffe, Präparate und Zubereitungen können durch Verz. B dem Kleinhandel entzogen werden und sind es auch. RG. 24. April 1913 — I S. 283/13 — (Med.Arch. 1913 S. 230 ff. und Gew.Arch. Bd. 12 S. 678 ff.) erklärt, daß eine Zubereitung (Chinalin) zur Vernichtung von Krankheitskeimen ihre Eigenschaft als Desinfektionsmittel dadurch nicht verliere, daß sie innerlich genommen und verdaut wird; es ist bedeutungslos, ob sie „von dem chemischen Vorgang der Verdauung mit betroffen wird". Der gleiche Standpunkt wird in den Formamint-tabletten als frei verkäufliches Desinfektionsmittel ansprechenden Entscheidungen des LG. Hamburg v. 8. Febr. 1910 — 2 St. 2058/09 —, des LG. I Berlin v. 10. Febr. 1910 — G N.

17 N. 1225/09/15 —, des LG. Stendal v. 10. Jan. 1913 — 3 N. 65/12 — vertreten. Die ebenfalls innerlich anzuwendenden Menthol-Dragees sind kraft ihrer desinfizierenden Bestandteile (Menthol und Borax) vom KG. am 21. April 1913 — I S. 243/13 — (Med.Arch. 1913 S. 384 ff.) für frei verkäuflich erklärt. Ebenso Valda-Pastillen als innerliches Desinfektionsmittel durch LG. Stuttgart am 29. Okt. 1913 (Ph. Z. v. 24. April 1914). Rechtspolitisch bestehen hiergegen keine Bedenken, weil das Verz. B und die Giftverordnungen — für die Apotheken auch noch der Rezepturzwang — den Wall gegen Gesundheitsgefährdungen bilden. Es erscheint vom Standpunkt der Volksgesundheit durchaus erwünscht, daß sich die Industrie der innerlichen Desinfektion, z. B. der des Darmes etwa durch Magnesium perhydrol, mehr als bisher annimmt. Von den „inneren Desinfizientien" sind die chemo-therapeutisch wirksamen Mittel zu unterscheiden, die, wie z. B. Salvarsan. im Reagenzglas nur eine sehr geringe Wirkung gegenüber Mikroorganismen entfalten, aber im tierischen Körper unter dessen Mitwirkung dieselben Krankheitserreger sehr erheblich beeinflussen. So mit Recht Thoms Band IV S. 260. Diese nur sogenannten innerlich anzuwendenden Desinfektionsmittel sind nicht freiverkäuflich, Von äußerlich zu Heilzwecken anzuwendenden Desinfektionsmitteln, deren Freiverkäuflichkeit anerkannt wurde, seien genannt: Frostfort durch OLG. Naumburg am 15. Aug. 1911 — 3 S. 119/11 —, Chinosolstreupulver durch StA. beim AG. Geestemünde am 14. Febr. 1903 — O. 50/02 — und schlechthin Chinosolpräparate durch LG. Verden am 14. Febr. 1903 (Zeitschr. f. Med.B. S. 283 und Räuber S. 133). Von der antiseptischen Wirkung der Desinfektionsmittel ist die aseptische Wirkung zu unterscheiden. Während die Desinfektion vorhandene Bazillen abtöten soll, will die aseptische Behandlung nur den Zutritt von Keimen insbesondere zu einer Wunde verhüten. So wirkt z. B. Kollodium nicht desinfizierend, sondern nur aseptisch, sofern es die Wunde mit einem Häutchen bedeckt und den Zu-

tritt von Keimen fernhält. Aseptische Mittel sind Vorbeugungsmittel, also frei.

9. Vgl. Anm. 6. Die durch Hühneraugen entstehenden Entzündungen sind zwar nur eine Folgeerscheinung der Hühneraugen, müssen aber doch, solange sie nicht ungewöhnlich schwer auftreten, als die Äußerungen der Hühneraugen betrachtet werden, so daß Mittel, welche auch diese Entzündung bekämpfen, als Hühneraugenmittel anzusprechen sind, und zwar nicht als solche, welche Heilung, wohl aber als solche, welche Linderung erstreben. Arten die Folgen eines Hühnerauges derart aus, daß sie einen selbständigen Krankheitscharakter annehmen, entstehen Wunden ernsterer Natur, so kann die Behandlung dieser nicht mehr als eine solche des Hühnerauges betrachtet werden, wohl aber noch unter den Begriff der Hautpflege, solange nicht der Krankheitsprozeß auch über die Grenzen einer Hautverletzung hinausschreitet, etwa schon den Knochen in Mitleidenschaft gezogen hat.

10. Wenn sie diese Stoffe nicht enthalten, sind die Kosmetika stets frei. Wenn sie aber diese Stoffe enthalten, so sind sie auch nur dann den Apotheken vorbehalten, wenn sie als Heilmittel abgegeben werden sollen. Soweit das nicht der Fall, ist, z. B. bei Schminken, Haarfärbemitteln, desinfizierenden Mundwässern, bleiben die Kosmetika auch dann frei, wenn sie die fraglichen Stoffe enthalten.

Darüber, was in Apotheken ohne Anweisung eines Arztes usw. nicht abgegeben werden darf, treffen die Landesregierungen Bestimmung. Zur Zeit des Erlasses der Kais. Ver. v. 22. Okt. 1901 ordnete den Rezepturzwang in Preußen die Bekanntmachung des Ministers der geistlichen usw. Angelegenheiten v. 22. Juni 1896 (MBl. d. i. V. S. 320). Diese Bekanntmachung wurde durch die Erlasse desselben Ministers v. 10. Jan. 1906, 29. Febr. 1908, 6. Juni 1908, 10. Mai 1910, Reichsratsbeschluß v. 12. Febr. 1920 (§ 148 d. Prot.), des Pr. Min. f. Volkswohlf. v. 18. Jan. 1922 — I M II 11 — und v. 19. Dez. 1924 — I M II N 3103 — ergänzt. Es entsteht die Frage, ob § 1 Abs. 2 litt. A der Kais. Ver. den freien Handel mit kosmetischen, Desinfektions-

und Hühneraugenmitteln nur durch die am 22. Okt. 1901 bereits ergangene Rezepturverordnung einschränken wollte, oder ob die Absicht dahin ging, auch spätere abändernde landesrechtliche Bestimmungen über die Rezepturpflicht mit der Kraft der Einwirkung auf die Kais. Ver. selbst zu versehen. Ist letzteres zu verneinen, so kann sich der Fall ergeben, daß die Landesregierungen ihren Apotheken vorschreiben, gewisse Stoffe nur gegen Rezept abzugeben, welche nach der Kais. Ver. frei verkäuflichen kosmetischen, Desinfektions- oder Hühneraugenmitteln zugesetzt werden dürften. Allerdings würde der betreffende Stoff auch in Apotheken insoweit dem Rezepturzwange nicht unterliegen, als er für die drei bezeichneten Zwecke feilgehalten wird. Dies folgt aus dem Umstande, daß Reichsrecht dem Landesrecht vorgeht; es ist das auch ausdrücklich im § 2 der Bekanntmachung des Preußischen Kultusministers v. 22. Juni 1896 hervorgehoben.

Will man dagegen annehmen, daß die Kais. Ver. die Freiverkäuflichkeit der drei Gruppen davon abhängig macht, daß sie keine nach den jeweilig geltenden landesrechtlichen Bestimmungen rezepturpflichtige Stoffe enthalten, so wäre die Landesgesetzgebung in der Lage, ein kosmetisches oder Desinfektionsmittel dadurch dem freien Verkehr zu entziehen, daß es einen seiner üblichen Bestandteile der Rezepturpflicht unterstellt. Macht die Kais. Ver. die Freiverkäuflichkeit eines Mittels von der zukünftigen Entschließung der Landesgesetzgebung abhängig, so müßte hierin eine Delegation der im § 6 der RGew.O. dem Kaiser übertragenen Befugnisse auf die Landesgesetzgebung gefunden werden, was verfassungsrechtlich nicht zulässig erscheint (vgl. Rosin, Polizeiverordnungsrecht, 1895, S. 214; Laband, Deutsches Reichsstaatsrecht, Tübingen 1907, Bd. 1 S. 121; Laband, Das Staatsrecht des Deutschen Reiches, 4. Aufl., Bd. 2 S. 92; auch Dambitsch, Die Verfassung des Deutschen Reiches, Berlin 1910, S. 230 und der dort zitierte Arndt S. 204; insbesondere Arndt, Reichsverordnungsrecht, 1884, S. 173 ff. Aus der Rechtsprechung zitiert das unten angezogene KGUrt. v. 6. Okt. 1910 die Entsch. des RG. v. 6. Okt. 1899, Str. Bd. 32 S. 291, bes. 293; des Pr. OVG. v. 12. Febr. 1884 Bd. 10 S. 203 ff., bes. 207; des KG. v. 13. März 1902 bei Johow 24 C. 5 ff., bes. C. 5). Es muß deshalb der Standpunkt vertreten werden, daß nur diejenigen Kosmetika, Desinfektionsmittel und Hühneraugenmittel dem freien Verkehr entzogen sind, welche Bestandteile enthalten, die bereits am 22. Okt. 1901 dem Rezepturzwang unterstellt waren. Das KG. hat im Urt. v. 6. Okt. 1910 (Samml. Bd. VII S. 879 bis 881) eingehend unter Berufung auf Schrifttum und Rechtsprechung dargelegt, daß eine Subdelegation vom Kaiser auf den Kanzler nicht zulässig ist, und daß deshalb die vom Reichskanzler auf Grund der im § 4 der Kais. Ver. v. 22. Okt. 1901 erteilten Ermächtigung erlassenen Bekanntmachungen über Freigabe oder Verbot rechtsunwirksam sind. Das hatte die sofortige Aufhebung des § 4 zur Folge, muß also wohl bei den Reichsinstanzen Anerkennung gefunden haben. Wird diese Rechtsauffassung auch hier vertreten, so gelangt man zu dem praktisch recht unbefriedigenden Ergebnis, daß kosmetische, Desinfektions- und Hühneraugenmittel frei verkäuflich auch dann bleiben, wenn sie Stoffe enthalten, die erst nach dem 22. Okt. 1901 rezepturpflichtig wurden. Gegen diese unerwünschte Lösung kann die Erwägung schützen, daß hier zwar materiell dem Landesrecht Einwirkung auf reichsgesetzlich zu regelnde Materien verstattet wird, daß ihm aber formal eine Subdelegation für den Erlaß von Reichsverordnungen nicht erteilt ist. Es wäre an der Zeit, die Ordnung der Rezepturpflicht dem Reichspräsidenten zu übertragen.

11. Die den Rezepturzwang in Preußen ordnenden Bekanntmachungen sind unmittelbar nach der Kais. Ver. abgedruckt.

12. Alle natürlichen Mineralwässer sind dem freien Handel überlassen, da sie weder „Zubereitungen" sind, noch unter die Drogen und chemischen Präparate des Verz. B gehören, noch auch von dem Verz. C getroffen werden.

Daß die künstlichen Mineralwässer in ihrer Zusammensetzung natürlichen n i c h t zu entsprechen brauchen, bestimmt die Verordnung ausdrücklich. Die von Nesemann (S. 25 Anm. 4 zu § 1) vertretene Annahme, daß die Abweichungen nur geringe sein dürften, findet im Gesetz keine Stütze. Vielmehr ist jede beliebige Zusammensetzung gestattet, sofern nur das Ganze den Charakter eines Mineralwassers trägt und keinen der acht namentlich genannten Stoffe enthält. Die Verwendung anderer im Verz. B aufgeführten Drogen und Präparate ist gestattet. Die Kais. Ver. v. 9. Febr. 1880 bestimmte, daß unter „künstlichen Mineralwässern" „Lösungen mineralischer Stoffe zu verstehen seien, die sich in ihrer äußeren Beschaffenheit als Mineralwässer darstellen, ohne in ihrer chemischen Zusammensetzung einem natürlichen Mineralwasser zu entsprechen". Eine solche Erklärung des Begriffes der künstlichen Mineralwässer fehlte bereits in der Kais. Ver. v. 27. Jan. 1890 und ist auch von der vorliegenden Verordnung nicht gebracht. Es entspricht indessen die in der Kais. Ver. v. 9. Febr. 1880 gegebene Erklärung so völlig dem Sprachgebrauch und der Natur der Sache, daß sie wohl nur deshalb nicht wiederholt worden ist. Hiernach sind nur zwei Anforderungen an ein künstliches Mineralwasser statthaft: das Kunstprodukt muß eine Lösung von Mineralsalzen in Wasser sein, und es muß zweitens durch Aussehen und Gebrauchsweise den Anschein eines natürlichen Mineralwassers erwecken. Daß neben Mineralsalzen noch andere Stoffe im Kunstprodukt enthalten sind, ist dann ganz unbedenklich, wenn sich solche auch in natürlichen Mineralwässern finden. Sie dürfen aber nur dergestalt verwandt werden, daß die Mineralsalze die hauptsächlich wirkenden Bestandteile bleiben. Thoms bemerkt Bd. III S. 109/110: „Künstliche Mineralwässer sind nicht nur analysengetreue Nachbildungen des Wassers der Mineralquellen, sondern auch solche, die nach bestimmten Vorschriften (Magistratsformeln) kunstgerecht hergestellt werden, also Getränke, die unter Zusatz von Salzen, Sole oder von Gasen, wie Kohlensäure, Sauerstoff, Radiumemanation, bereitet worden sind. Seit geraumer Zeit werden auch synthetisch hergestellte Arzneimittel organischer Herkunft in Form künstlicher Mineralwässer zu Heilzwecken in Verkehr gebracht." In bezug auf die „äußere Beschaffenheit" ist zu verlangen, daß das Kunstprodukt die Klarheit der natürlichen Mineralwässer zeigt, und daß es einen glasweisen Verbrauch zuläßt. Eine Lösung von Mineralsalzen, welche nur tropfenweise genossen werden darf, läßt den Charakter eines Mineral*wassers* vermissen und genießt deshalb auch nicht das Vorrecht eines solchen. Hiernach können auch die sog. konzentrierten künstlichen Mineralwässer den Schutz des § 1 Abs. 2 litt. b nicht beanspruchen; daß das einfache Zuschütten von Wasser aus dem monopolisierten einen freien Handelsartikel macht, trifft nicht nur auf konzentrierte Mineralwässer zu; derselbe Stoff kann in der einen Zubereitungsform dem Apothekenmonopol vorbehalten, in der anderen dem freien Verkehr überlassen sein. Vgl. die unter 4 des Verz. A *besonders* erfolgte Freigabe der Mineralwassersalze.

Polizeiverordnungen, welche die Verwendung von undestilliertem, nicht keimfreiem Wasser verbieten, sind vom KG. am 27. März 1905 (Z. f. M. S. 71) für rechtsgültig erklärt worden. Ebenso ist vom KG. am 4. Juni 1908 (Z. f. M. S. 117) die Rechtsgültigkeit einer Polizeiverordnung ausgesprochen worden, welche zur Herstellung von Mineralwässern die Verwendung von dem Arzneibuch entsprechenden, von *gesundheitsschädlichen* Beimengungen freien, chemisch reinen Salzen, chemischen Präparaten, Fruchtsäften und Fruchtessenzen vorschreibt.

Soweit künstliche Mineralwässer nicht als Heilmittel, sondern z. B. als *Tafelgetränk* Verwendung finden sollen, findet auf sie die Kais. Ver., also auch das Verbot von Gehalt an Antimon, Arsen usw., nicht Anwendung. Ihre Zusammensetzung hat sich dann nach den Vorschriften des Gesetzes, betr. den Verkehr mit Nahrungsmitteln, Genußmitteln und Gebrauchsgegenständen, v. 14. Mai 1879, des Gesetzes, betr. die Verwendung gesundheitsschädlicher Farben bei der Herstellung von Nahrungsmitteln, Genußmitteln und Gebrauchsgegenständen, v. 5. Juni 1887 und nach sonstigen das Gesundheitswesen betreffenden Gesetzen und Verordnungen zu richten.

13. Was als *Verbandstoff* anzusehen ist, hat das Gesetz nur beispielsweise und zwar in der Richtung der Substanz angegeben. Verbandstoffe sollen ausweislich des

Klammerinhalts im Abs. 3 Binden, Gaze, Watten und dergl. darstellen. Kirchhof gibt in der Liebreichschen Enzyklopädie der Therapie, Bd. 3 S. 895, als empfehlenswerte Verbandstoffe folgende an: Gaze, Mull, Watte, Jute, präpariertes Moos, Holzwolle, Werg, Sägespäne und Papier in Schnitzeln. Es untersteht wohl kaum einem Bedenken, alle die hier vorgeschriebenen Materialien als von der Sammelbezeichnung „und dergleichen" mitumfaßt zu betrachten. Daß der Verkehr mit diesen rein industriellen Erzeugnissen nicht von der Kais. Ver. geregelt werden sollte, ist jetzt allgemein anerkannt. Binden, Gaze, Watte und dergl. werden erst zur pharmazeutischen Zubereitung, wenn sie mit einem arzneilichen Stoffe in Verbindung gebracht sind. Wie diese Verbindung hergestellt ist, ob durch Bestreichen, Durchtrocknung oder trockene Imprägnierung, ist gleichgültig, doch muß eine Verbindung vorhanden sein. Ein bloßes Aufstreuen von Pulver auf ein Gewebe schafft nicht eine einheitliche Zubereitung, sondern läßt das Pulver als selbständige Arznei bestehen. Deshalb hat das OLG. Dresden v. 8. Nov. 1900 (Ph. Z. 1902 Nr. 11) nicht unrecht, wenn es meint, daß ein auf Mullbinden lose aufgestreutes Pulvergemisch seine Selbständigkeit nicht verliert; es irrt aber, wenn es weiter ausführt, daß dieses Pulvergemisch auch nicht durch seine Aufsaugung ein unselbständiger Bestandteil des Bindestoffes werde. Ist die Aufsaugung vorgesehen, so ist die Mullbinde in Verbindung mit dem Pulvergemisch zu einem neuen Ganzen, einer pharmazeutischen Zubereitung, nämlich einem Verbandstoff im Sinne der Kais. Ver. § 1 Abs. 3 geworden. Auch wenn eine Binde usw. mit einem Stoffe des Verz. B imprägniert wird, bleibt der hierdurch geschaffene Verbandstoff von den Beschränkungen des Abs. 1 des § 1 frei. Wird das Gewebe aber mit einem solchen Stoffe des Verz. B imprägniert, dessen Zubereitungen (praeparata) nach positiver Vorschrift des Verz. B unter dieses fallen, so würde der Verbandstoff zwar nicht der Beschränkung des § 1, wohl aber der des § 2 unterstehen; das wäre z. B. der Fall, wenn ein Verbandstoff mit Vasogen durchtränkt würde, weil dann eine Zubereitung des Vasogen vorliegen würde, Präparate des Vasogen im Verz. B aber ausdrücklich dem Verbot des § 2 unterstellt sind. Der diesseitige Standpunkt wird vertreten vom Preuß. Kultusministerium in der Verfügung v. 15. Febr. 1892 (MB. J. 1892 Beilage S. 67), Resemann S. 22, Böttger Anm. 8 zu § 1 S. 11 und 15 bis 17, OLG. Breslau v. 24. März 1908 — 7. S. 68/08 — mit folgender Begründung: „In Abs. 2 des § 1 zit. sind eine Reihe von Zubereitungen nur unter der Bedingung und Beschränkung freigegeben, daß sie gewisse Stoffe, darunter auch einige der im Verz. B aufgeführten, nicht enthalten. Wenn im Anschluß hieran aber im Abs. 3 desselben § 1 weitere Zubereitungen unbedingt freigegeben sind, so kann das nur dahin verstanden werden, daß die Abgabe sich auch auf den Fall ihrer Imprägnierung mit irgendeinem in jenem Verz. B aufgeführten Stoffe bezieht." Vom OLG. Hamburg vom 15. Febr. 1909 (Entsch. Bd. III S. 282), Spruchs. d. DJZ. 1912 S. 110 (Gichtwatte mit Kantharidin frei).

Mehr Schwierigkeiten als die Frage nach der Substanz der Verbandstoffe bildet die nach ihrer Zweckbestimmung. In dem Worte Verbandstoff ist der Zweck, dem Verbinden zu dienen, klar erkennbar. Gegenstand und Zweck des Verbindens gibt Springfeld V S. 294 dahin an, daß die Verbandstoffe die Aufgabe haben, „entweder

1. die Ränder von Zusammenhangstrennungen miteinander zu vereinigen oder zu verbinden, die Defekte im Interesse der Heilung zu verstopfen oder zu erweitern, oder
2. die Wände von natürlichen Öffnungen, Höhlen oder Kanälen einander zu nähern bezw. abnorm verengte zu erweitern, oder
3. erkrankte Teile in normale Lage zu bringen, sie darin zu halten oder richtig zu stellen, oder
4. Arzneimittel zu befestigen, oder endlich
5. Körperteile nach außen hin abzuschließen".

Damit dürften Gegenstand und Zweck der Anwendung eines Verbandstoffes erschöpfend angegeben sein. Irreführend ist aber, wenn Springfeld meint, daß die Wirkung seitens des Verbandstoffes ausgeübt werden muß, ohne in den Körper eingeführt zu werden. Das ist insofern irreführend, als nicht selten Gaze, getränkt mit einem desinfizierenden Stoffe, derart in die Wunde eingelegt wird, daß sie in ihr verbleibt und nach Heilung vom Körper resorbiert wird. Soweit der Verbandstoff unmittelbar mit einer Wunde in Verbindung tritt, soll er hydrophil sein, um die flüssigen Absonderungen der Wunde leicht aufzusaugen und auch wieder leicht verdunsten zu lassen. Das ist ein nicht unwesentliches Unterscheidungsmerkmal von demjenigen Gewebe, auf welches ein Pflaster oder eine Salbe aufgestrichen wird, so daß es in Zweifelsfällen als unterscheidendes Erkennungsmerkmal angesprochen werden kann. Da die Kais. Ver. als Verbandstoffe auch Watte bezeichnet, ist klar, daß nicht nur Verbandmaterial in wörtlichem Sinne als Verbandstoff aufzufassen ist, sondern auch solches, welches keine mechanische Bindekraft besitzt, aber doch zu Verbänden mitbenutzt wird, sei es zur Polsterung, sei es lediglich als Träger des Arzneimittels in Verbindung mit der Kraft, Sekrete aufzusaugen. Wenn das OLG. Breslau am 26. Mai 1908 — 7. 3 S. 134/08 — unter ausdrücklicher Aufrechterhaltung seines Standpunkts dem im oben angezogenen Urt. v. 24. März 1908 — 7. 3 S. 68/08 — hinzufügt, es sei „noch Erörterung darüber notwendig, ob nicht etwa das imprägnierte Arzneimittel das allein Wesentliche, die Binde selbst hingegen nur unwesentliche Form der Arzneimittelapplikation sei, denn dann würde nicht die Befreiung Platz greifen, weil es sich eben nicht mehr um einen Verbandstoff im Sinne dieser Bestimmung handeln würde“, so muß zwar dieser Theorie beigetreten werden, aber ihre praktische Anwendung kann leicht zu Fehlschlüssen führen. Wenn in tiefliegende Wunden Arzneistoffe zur fortdauernden Wirkung nicht anders eingeführt werden können, als wenn zu ihrem Träger kleine Gazestückchen gemacht werden, so ist zwar das Arzneimittel das Wesentliche, aber doch das Gewebe nicht entbehrlich. Selbst wenn das letztere eine lästige Zugabe ist, so wird es als gar nicht oder doch nur schwer entbehrlicher Bestandteil in der Wundbehandlung nicht unbeachtet bleiben können; Stoff und Arznei zusammen würden in solchem Falle die Zubereitung „Verbandstoff" darstellen. Auch bei Lösungen, Mischungen ist oft genug das Lösungsmittel oder der Geschmackszusatz für die Heilbehandlung unerheblich, verschaffen aber doch erst dem Arzneimittel den Charakter einer Zubereitung im Sinne des § 1 Verz. A. Wenn das OLG. Breslau am 5. Jan. 1909 (Ph. Z. Nr. 4) das Urteil einer StK. aufrechterhält, in welchem Bardelebens Brandbinden nicht als Verbandstoff im Sinne der Kais. Ver. angesehen wurden, so mag sich die StK.-Entscheidung vielleicht auf eine mißverständliche Anwendung der besprochenen Theorie des OLG. Breslau in seinem Urt. v. 26. Mai 1908 — 7. 3 S. 134/08 — zurückführen und eine tatsächliche Feststellung veranlaßt haben, welcher gegenüber ein Revisionsangriff nicht durchgreifen konnte, denn richtiger Ansicht nach sind Bardelebens Brandbinden Verbandstoffe im besten Sinne des Wortes. Sie werden in der Enzyklopädie der Therapie von Liebreich Bd. 3 S. 897 in Gemeinschaft mit Schleichs Vorvaselinebinden gerade wegen ihrer mechanischen Kompression gegen Brandwunden empfohlen; also gerade diejenige Wirkungsweise, welche den Verbandstoff von der Arznei unterscheidet, ist Bardelebens Brandbinden eigentümlich und wesentlich. Daß Gichtwatte nicht einen Verbandstoff darstellt, ist zutreffend. Kokainwatte aber, die gegen Zahnschmerz in einen hohlen Zahn eingeführt wird, ist nach Springfeld (V S. 294 Ziff. 5) ein Verbandstoff, denn sie schließt den hohlen Zahn nach außen ab. Beide sind aber frei verkäuflich, weil sie unter keine der Zubereitungsformen des Verz. A fallen. Gichtwatte mit Kantharidin (Verz. B) ist vom OLG. Hamburg am 15./19. Febr. 1909 (Z. f. M. S. 101, Räuber S. 133 und Spr.S. d. DJZ. 1912 Nr. 27 Sp. 110) als frei erklärt; Kokainwatte wird von Jacobsohn S. 71 dem Apothekenmonopol unterstellt, indessen irrigerweise; er beruft sich nur darauf, daß es nicht als Verbandstoff anzusehen sei, gibt aber nicht an, welcher der im Verz. A aufgeführten Zubereitungen Kokainwatte unterstellt werden könnte. Kollodium kann wegen seines flüssigen Aggregatzustandes als Verbandstoff nicht angesehen werden, wenngleich es die gleiche Aufgabe (z. B. Abschluß der Wunde, Vereinigung ihrer Ränder) wie ein Verbandstoff hat.

14. Zubereitungen zur Herstellung von Bädern sind frei, nicht also die im Verz. B aufgeführten Drogen und chemischen Präparate in Substanz. Verboten ist also z. B. die Abgabe von Kalium jodatum, frei aber die einer Mischung von Jod und Kochsalzlösung. — Baden ist die Eintauchung des ganzen Körpers oder eines Teiles in „Umgebungen, die aus leicht verschiebbaren Teilchen bestehen (Luft, Dampf, Flüssigkeit, pulverartige Gemenge)". Brockhaus' Konversationslexikon 1854. Als „Umgebung" bezeichnet diese Brockhaus-Ausgabe Gas, Luft, Dampf, Wasser, Wein, Öl, Milch, Bouillon, Sand, Erde, Blätter, Mineralsalze. Als Bäder „ganze, halbe, Sitz-, Fuß-, Hand-, Augenbäder". Als Wirkung werden neben der Reinigung angegeben „mit Wasser eine Anfeuchtung, mit Gas oder festen Stoffen eine Austrocknung, auch Wasserentziehung". Auch Kronecker zählt (Med.Arch. Jahrg. 5 S. 162) Bäder „in festen Stoffen" zu den im Sinne unserer Gesetzesstelle und gibt als Beispiele Schlamm und Moor. Das Alter der angezogenen Brockhaus-Ausgabe soll zeigen, daß der Badebegriff seit langer Zeit einen Umfang hat, der Körper festen wie gasförmigen Aggregatzustandes als Bademittel kennt. Es kann deshalb der Standpunkt der zweiten Auflage, Grund dessen Sandbäder nicht als solche anerkannt wurden, deren Zutaten in der Form von Zubereitungen frei verkäuflich sind, nicht aufrechterhalten werden. Wird als inhaltliches Merkmal des Badebegriffes eine substanzielle „Umgebung" gefordert, so wird dies von Lichtbädern nicht erfüllt. Bringt man die Flüssigkeit an die von ihr zu netzende Stelle, anstatt daß diese in die Flüssigkeit getaucht wird (z. B. bei der Ohrendusche), so liegt auch kein Bad vor. (Zu gleichen Ergebnissen, wenn auch mit anderer — anfechtbarer — Begründung gelangt Springfeld V S. 299 und 300.) Kronecker erklärt in dem angezogenen Aufsatz: „Andererseits ist

der Begriff auf bloße Waschungen, Nasenduschen, Augen- und Ohrenbäder nicht auszudehnen." Der begrifflichen Abgrenzung zwischen Bädern und Waschungen ist beizustimmen; aber Augen- und Ohrenbäder sind durchaus keine Waschungen. Ohrenbäder stellen sich der Regel nach als Dampfbäder dar, die durchaus alle Merkmale eines Dampfbades erfüllen. Es werden auch richtige Augenbäder verordnet, die nichts mit Waschungen, Einträufelungen, Duschen zu tun haben; begrifflich sind auch Nasenbäder möglich, wenn auch weniger gebräuchlich. Für das Verhältnis zu § 2a in Verbindung mit Verz. C Abt. C ist ausschlaggebend, daß die Freigabe von Zubereitungen zur Herstellung von Bädern sich als Ausnahme zu den Zubereitungen des Verz. A, nicht aber als Ausnahme von Verz. C Abt. C darstellt. Das Verbot zum Verz. C Abt. C wird hiernach nicht durch § 1 letzten Absatz durchbrochen.

15. Seifen werden von der Wissenschaft die chemischen Verbindungen von Fettsäuren mit den Alkalien Natron und Kali, aber auch Verbindungen von Fettsäuren mit den alkalischen Erden, Kalk usw. genannt. (Liebreich III S. 548.) Diese letztgedachten chemischen Verbindungen führen aber im allgemeinen Sprachgebrauch nicht die Bezeichnung als Seifen. Im Deutschen Arzneibuch erscheinen sie zum Teil als Linimente. Während sich die Natron- und Kaliseifen im Wasser lösen, sind Kalkseifen im Wasser unlöslich. In Übereinstimmung mit dem allgemeinen Sprachgebrauch ist anzunehmen, daß die Kais. Ver. nur die eigentlichen Seifen (Fettsäuren mit Natron und Kali) treffen will. Verz. Betzold und Sachse, II. Teil: Organische Chemie, und Drogenhändler v. 25. Mai 1925 S. 974 ff.

Reine Seifen sind chemische Präparate und würden deshalb nicht in den § 1 hineingehören, der sich ja nur mit pharmazeutischen Zubereitungen beschäftigt. Reine Seifen sind aber auch nicht als Arzneimittel zu betrachten und unterstehen deshalb nicht der Regelung durch die Kais. Ver. Wenn sich diese mit Seifen beschäftigt, und zwar im § 1, so muß sie an pharmazeutische Zubereitungen denken, also an Seifen, welche arzneiliche Zusätze erhalten haben und als Heilmittel Verwendung finden. Daß für den Begriff der Seife im Sinne der Kais. Ver. auch Verwendungsart und Verwendungszweck von Bedeutung sei, nahm fortgesetzt das KG. an; so wird im Urt. v. 9. Okt. 1908 — 1 S. 1034/08 — wie auch v. 14. Febr. 1910 — 1 S. 21/10 — Zubereitungen der Seifencharakter bestritten, wenn sie nicht „unter Anwendung von Wasser zum Reinigen der Haut gebraucht" werden. Den gleichen Standpunkt vertritt das OLG. Hamm am 13. Juni 1904 (Ph. Z. 1905 Nr. 35). Dieser Standpunkt ist irrig, wie die folgenden Erwägungen ausweisen: Die Kais. Ver. v. 18. Jan. 1890 hatte Kresolseifenlösung ausdrücklich freigegeben, und zwar nur zum Gebrauche für Tiere; die vorliegende Kais. Ver. bringt die ausdrückliche Freigabe nicht mehr, wohl aber wird im Verz. A unter Ziffer 5 noch Seifenspiritus ausdrücklich freigegeben. Man hat daraus entnehmen wollen, daß nicht jedes Seifengebilde, ohne Rücksicht auf Erscheinungsform, frei sei, und daß die Zubereitungen, welche ohne Schaumbildung und Anwendung von Wasser zur Anwendung kommen, nicht durch Abs. 3 des § 1 dem freien Verkehr überlassen seien. Nachdem Kresolseifenlösung in der Kais. Ver. v. 22. Okt. 1901 nicht mehr namentlich aufgeführt ist, fällt jeder Schluß in Anknüpfung an diese ausdrückliche frühere Freigabe fort. Die besondere Freigabe von Seifenspiritus beweist aber auch nichts, weil Seifenspiritus, wie die Wortbildung und die Zusammensetzung dieser Zubereitung ausweisen, gar nicht eine Seife, sondern nur ein seifenhaltiger Spiritus ist. Dagegen wäre im Abs. 3 der Zusatz „zum äußerlichen Gebrauche" ganz überflüssig und nicht zu erklären, wenn die Anwendung der Seife unter Schaumbildung im Wasser zum Begriff der Seife im Sinne der Kais. Ver. gehören würde; denn soweit Seife innerlich gebraucht wird, kommt eine Schaumbildung überhaupt nicht in Frage, ist jedenfalls sicherlich nicht das Erstrebte. Eine Seife, etwa als Brechmittel oder als Bindemittel für Pillen innerlich gebraucht, hört eben nicht auf, Seife zu sein. Nach Liebreich III S. 651 sollen bei Schwefelsäurevergiftungen ganze

Stücke von Seife heruntergeschluckt werden. Dieser Verwendungszweck und diese Verwendungsart der Seife entkleidet sie doch nicht ihres Charakters als Seife. Weder begrifflich, noch nach dem Wortlaut der Kais. Ver., insbesondere in Anbetracht des Zusatzes „zum äußerlichen Gebrauche", ist es deshalb gerechtfertigt, als Merkmal des Begriffs Seife im Sinne der Kais. Ver. aufzustellen, daß sie „unter Anwendung von Wasser zum Reinigen der Haut gebraucht wird". Es haben auch die OLG. Dresden am 30. Sept. 1908 (Berichte des D. Drog.-Verb. 1908/09 S. 101) und Naumburg am 8. April 1911 (Med.Arch. 2 S. 395) Art und Form der Seifenanwendung für unerheblich erklärt. Auch das LG. Königsberg hatte am 12. Juli 1905 (R.Gesundh.Samml. V S. 574/75) in den Urteilsgründen wörtlich ausgeführt: Es ist „für den Charakter der Seife unerheblich, ob der Stoff von fester oder teigiger Beschaffenheit sei, oder ob er eine Anwendung von Wasser zur Benutzung voraussetzt"; demgemäß wird es auch für unerheblich von der StK. erklärt, ob die Seife nur kurze Zeit oder nach Salbenart 24 Stunden lang auf der Haut bleiben soll. Kronecker führt im Med.Arch., 2. Jahrg., Berlin 1911 (Seifen und Salben) aus, es sei anzunehmen, daß der StS. des KG. bei erneuter Prüfung seine frühere Rechtsprechung abändern werde, weil das Gesetz jede Seife ohne Rücksicht auf Anwendungsart freigebe, sofern es sich nur um äußerliche Anwendung handle. Daraus folgt nicht etwa, daß jede medizinische Zubereitung, welche unter dem Namen Seife in den Handel gebracht wird, als solche anzusprechen ist. Man wird von ihr vielmehr fordern müssen, daß sie im wesentlichen eine chemische Verbindung von Fettsäure mit Natron und Kali ist. Das Arzneibuch V erklärt: „Arzneiliche Seifen sind Arzneizubereitungen, deren Grundmasse aus Seife besteht. Sie können von fester, salbenartiger, halbflüssiger oder flüssiger Beschaffenheit sein." Dietrich, Pharm. Manuale) ergänzt diese Formen durch Hinweis auf die Eichhoffschen Pulverseifen. Wenn die Erfüllung dieser Voraussetzungen dem Arzneibuch genügt, so kann das gleiche für die Kais. Ver. gelten; stets ist aber darauf zu achten, daß wirklich Seife die Grundmasse bildet und nicht etwa nur einen unwesentlichen Zusatz. So jetzt auch RG. am 6. März 1925 — I S. 70/25/14 —; in diesem Urteil wird hervorgehoben, daß Seife die Grundmasse sein müsse, daß es aber nicht auf Art und Menge der medizinischen Bestandteile (Arzneistoffe) ankomme. Den Anspruch, daß Seife unter Verdünnung mit Wasser zur Anwendung kommen müsse, gibt das RG. ausdrücklich preis. Wesentlich ist der Zusatz von Seife dann, wenn ihre Wirkung die medizinischen Zwecke fördert. Seife wirkt nach Liebreich III S. 650 vor allem emulgierend. Sie bringt „alles Fremdartige sowohl als die Sekrete der Talg- und Schweißdrüsen zur Emulsion"; man kann ihre „alkalische Wirkung zur Lösung benutzen, um Schorf und dergl. zu entfernen", und man kann auf die von allem Fremdartigen und von den Sekreten der Talg- und Schweißdrüsen, von dem Schorf und dergl. befreite Haut gleichzeitig Arzneien einwirken lassen. So kann zwar bei der Anwendung von medizinischer Seife auch ein Reinigungszweck verfolgt werden, aber nur als Mittel zu dem eigentlichen Ziel, der arzneilichen Einwirkung, und nicht aus ästhetischen, sondern aus medizinischen Gründen. Auf die Form, in welcher medizinische Seifen in Verkehr gebracht werden, kann es nicht ankommen; es ist einerlei, ob die Seife als Pille oder Pastille, flüssig oder fest, in Stücken oder bis zur Pulverform zerkleinert erscheint. Kresolseifenlösungen und Kresolseife sind Gifte der dritten Abteilung, unterstehen deshalb den in der Giftverordnung enthaltenen Beschränkungen. Hierauf weisen die Rundschreiben des Min. f. geistl. Ang. usw. v. 11. Febr. 1911 — A. J. 284 — und v. 10. Dez. 1913 (MBl. S. 375; Med.Arch. 1914 S. 61) hin. Die in der Bekanntm. v. 1. Mai 1916 (RGBl. S. 345) begründete Rezepturpflicht der Kresolseifenlösung ist durch Bekanntm. v. 20. Jan. 1920 (RGBl. S. 71) wieder aufgehoben.

Ob Seife auch in der Form und zu den Zwecken von Suppositorien (Ziffer 11 des Verz. A) frei verkäuflich ist, hängt von der Beantwortung der Frage ab, was unter äußerlichem Gebrauch zu verstehen ist Die Ministerialbekanntm. v.

22. Juni 1896, betr. die Abgabe stark wirkender Arzneimittel sowie die Beschaffenheit der Arzneigläser usw. (siehe S. 213), kennt ebenfalls Mittel zum inneren und Mittel zum äußeren Gebrauch. In ihrem § 11 stellt sie Augenwässer, Einatmungen, Einspritzungen unter die Haut, Klystiere und Suppositorien hinsichtlich der Zulässigkeit der wiederholten Abgabe den Arzneien für den inneren Gebrauch, hinsichtlich der Beschaffenheit und Bezeichnung der Abgabegefäße den Arzneien für den äußeren Gebrauch gleich. Für die Frage aber, ob Augenwässer usw. als innerlich anzuwendende Mittel zu betrachten seien, wenn festgestellt werden soll, ob sie bei ihrer ersten Abgabe dem Rezepturzwang unterstehen, gibt diese Bekanntmachung keine Auskunft, obwohl hierzu aller Anlaß vorlag, weil bei einer Reihe der in der Bekanntmachung aufgeführten Mittel die Bemerkung angefügt ist, daß Rezepturzwang nicht bei äußerem Gebrauch vorliege. Wenn z. B. ein Augenwasser mit Zinksulfat oder Silbernitrat hergestellt werden soll, so bedarf dies der Rezeptur nur dann, wenn ein Augenwasser schlechthin als inneres Mittel zu gelten hat, und nicht nur für den Fall seiner Wiederholung. Hier versagt aber die Bekanntmachung. Dem Apotheker gibt aber das Deutsche Arzneibuch V Auskunft. Dieses bringt in Anlage V Tabelle A ausdrücklich als Erklärung für den Begriff einer Arznei zum inneren Gebrauch den Klammerzusatz: „zum Einnehmen". Ein Augenwasser usw. wird nicht „eingenommen", ist also ein Mittel zum äußeren Gebrauch. Ob man dies von allen dem Augenwasser im § 11 der Bekanntmachung gleichgestellten Arzneien sagen darf, z. B. von den zu „Einatmungen" zu verwendenden, kann hier dahingestellt bleiben; daß Suppositorien nicht zum Einnehmen bestimmt sind, daß sie also dem äußerlichen Gebrauche dienen, kann auf der Grundlage des Deutschen Arzneibuches nicht zweifelhaft sein. Demgemäß besteht auch kein Bedenken, medizinische Seifen als Suppositorien zu verwenden, — freilich vorausgesetzt, daß der Zusatz von Seife nach dem Mengenverhältnis oder in Anbetracht der Wirkungskraft so wesentlich erscheint, daß die geschaffene Zubereitung immer noch eine Seife ist.

§ 2.

Die in dem angeschlossenen Verzeichnisse B aufgeführten Stoffe[1]) dürfen außerhalb der Apotheken nicht feilgehalten oder verkauft werden.

1. In der Kais. Ver. v. 27. Jan. 1890 waren die Stoffe des Verz. B als „Drogen und chemische Präparate" bezeichnet. Das war insofern nicht genau, als einige wenige der dort aufgeführten als Zubereitungen anzusprechen waren, so z. B. acidum benzoicum e resina sublimatum, resina Jalapae, Lactucarium sowie die verschiedenen destillierten ätherischen Öle. Unter den von der vorliegenden Kais. Ver. in das Verz. B aufgenommenen Stoffen befinden sich weitere Zubereitungen, nämlich tuberculinum, tuberculocidinum, vasogenum und vor allem die zahlreiche Gruppe der Zubereitungen aus Heilserum und aus Vasogen. Durch die Zusatzverordnungen v. 3. März 1911 (RGBl. S. 181), v. 18. Febr. 1920 (RGBl. S. 253), v. 21. April 1921 (RGBl. S. 490), v. 31. Juli 1922 (RGBl. I S. 710), v. 13. Jan. 1923 (RGBl. I S. 68), v. 21. Juni 1923 (RGBl. I S. 511), v. 9. Dez. 1924 (§ 2) (RGBl. I S. 772/775, v. 24. Dez. 1924 (RGBl. I S. 966) ist die Unterscheidung von „Zubereitungen" im Sinne des Verz. A völlig verwischt worden. Diese Systemlosigkeit ist durch das mit Verordnung v. 9. Dez. 1924 (RGBl. S. 772) eingefügte Verz. C gekrönt worden. In Verbindung mit der Ergänzung v. 27. März 1925 (RGBl. I S. 40) bietet die gesamte Verordnung das Bild übelsten Flickwerks, so daß die in jedem Gesetzeswerk möglichen Unklarheiten durch Schlüsse aus dem System, aus der Technik des Gesetzes hier kaum noch gelöst werden können.

Die vorliegende Verordnung ersetzt die Bezeichnung „Drogen und chemische Präparate" durch den weiteren Begriff der „Stoffe", der diese beiden und auch die „Zubereitungen" umfaßt. Thoms zählt Bd. I S. 86 neben 221 chemischen Präparaten 7 galenische, 70 Drogen und 3 physiologische. Unter der Herrschaft der älteren Kais. Ver. war es streitig, ob die im Verz. B aufgeführten Waren nur in Substanz oder auch als Bestandteil einer pharmazeutischen, d. h. auf physikalischem Wege hergestellten Zubereitung verboten sein sollten. Die Mehrheit der Gerichte neigte nach anfänglichem Schwanken der Erkenntnis zu, daß die Stoffe des Verz. B nur in Substanz dem Apothekenmonopol unterstellt waren; so die bei Springfeld V S. 94 bis 102 abgedruckten Urt. der OLG. Celle v. 6. Juni 1896, Frankfurt a. M. v. 16. Juni 1897, Stettin v. 24. Nov. 1897. In der Lehre vertreten den gleichen Standpunkt Meißner S. 27, Resemann S. 26 und 27, Böttger S. 16/17, das Medizinalkollegium der Provinz Brandenburg (Gutachten über Eau de Quinine in den Berichten des D. Drog.-Verb. Nr. 2 S. 36/37 von 1894 und DJZ. Nr. 46 von 1894). Das RG. stellte sich erst im Urt. v. 16. Dez. 1901 — S. 1041/01 — (Johow 23 C. 57 N. 17) auf den gleichen Standpunkt. A. M. aber Springfeld V S. 102 bis 104. Die vorliegende Kais. Ver. hat den Streit dadurch entschieden, daß sie in zwei Fällen, nämlich bei der Gruppe der sera therapeutica liquida et sicca und bei vasogenum, besonders hinzufügt „et eorum" bezw. „ejus praeparata". (Andere Bedeutung hat die aus der Kais. Ver. v. 27. Jan. 1890 übernommene Bezeichnung der Gruppe aethyleni praeparata.)

Schon die Kais. Ver. v. 27. Jan. 1890 hatte bei einzelnen Stoffen hinzugefügt, daß auch deren „Abkömmlinge, derivata" oder auch deren „Salze, salia" mit verboten seien. Die vorliegende Verordnung macht von dieser Ausdehnung auf Abkömmlinge und Salze einen größeren Gebrauch, und zwar dergestalt, daß, wo sie die Abkömmlinge verbietet, gleichzeitig die Salze der Stoffe selbst und der Abkömmlinge stets mit verboten sind. Hiernach bietet das Verz. B folgendes Bild: Es werden als verboten aufgeführt:

a) Stoffe und deren Präparate,
b) Stoffe und deren Abkömmlinge und beider Salze,
c) Stoffe.

Am weitesten reicht das Verbot zu a. Unter Präparaten sind sowohl die chemischen als auch die pharmazeutischen (Zubereitungen) verstanden. Wo dem Stoffe die Worte „et ejus praeparata" nicht zugefügt sind, darf dieser als **Bestandteil** einer Zubereitung außerhalb der Apotheke verkauft werden, soweit nicht andere Bestimmungen, z. B. § 1 oder das Giftgesetz, entgegenstehen.

Enger begrenzt ist das Verbot im Falle b, wo neben dem Stoffe selbst nur dessen Abkömmlinge und die Salze des Stoffes und die Salze der Abkömmlinge getroffen werden. Abkömmlinge und Salze sind eine bestimmte Art von chemischen Präparaten aus dem betreffenden Grundstoff. Stoffe der Gruppe b dürfen als Bestandteile von pharmazeutischen Präparaten (galenischen Präparaten, auf physikalischem Wege hergestellte Zubereitungen) wie auch als Urstoffe eines chemischen Präparates, das sich weder als Abkömmling noch als Salz des Urstoffs oder des Abkömmlings darstellt, verkauft werden, selbstverständlich wiederum nur, soweit nicht andere Bestimmungen entgegenstehen. Geht ein Stoff eine chemische Verbindung ein, so ist deren Ergebnis ein neuer selbständiger Stoff.

Im Falle c beschränkt sich das Verbot ganz ausschließlich auf den benannten Stoff. Seine chemischen Verbindungen unterstehen der Verkehrsbeschränkung des § 2 auch dann nicht, wenn sie so geringe Veränderungen wie die derivata aufweisen (vgl. Springfeld V S. 92/93, zustimmend). Das gleiche gilt von den pharmazeutischen Zubereitungen, denn wo diese mitgetroffen werden sollen, spricht dies ja die Kais. Ver. ausdrücklich aus. Daß Zubereitungen eines Stoffes aus dem Verz. B an sich freigegeben sind, ergibt auch der Umstand, daß als Ausnahme von Ziffer 9 des Verz. A „Tabletten" aus Sacharin, Natriumbikarbonat oder Brausepulver, „auch mit Geschmackzusätzen, welche nicht zu den Stoffen des Verz. B gehören", freigegeben sind. Wenn das Gesetz hier den Ausschluß der Stoffe des Verz. B besonders auszusprechen für erforderlich hält, so folgt daraus, daß es sie ohne besonderen Ausschluß für zugelassen erachtet wissen will. Dieser Standpunkt wird jetzt allgemein vertreten, so vom KG. am 13. Juni 1907 — Gew. A. 7. 18 —, am 6. Sept. 1907 — S. 97/07 —, am 30. Juni 1913 — I S. 508/13, 4. N. 8/13 — (Johow 23 C. 61 ff. Nr. 6; Reger 22, 256); OLG. Breslau am 24. März 1908 — 7. 3 S. 68/08 —; OLG. Köln am 24. Juli 1907 — S. 97/07 — (Ph. Z. Nr. 76); OLG. Kiel am 2. Mai 1908, nach Raymund S. 1294 Anm. 1, am 2. April 1908, nach den Berichten des D. Drog.-Verb. 1908/09 S. 79 (Rhabarberwein); OLG. Hamm am 1. Okt. 1912 — 10 S. 245/12 —; LG. Stuttgart am 29. Okt. 1913, betreffend Kola-Dultz-Tabletten (Ph. Z. v. 22. April 1914); auch LG. I Berlin am 8. Okt. 1914 — 29 N. 28/13 —.

Chemische Präparate, welche nicht unter das Verz. B fallen, z. B. liquor aluminii acetici oder Somatose und dergl., sind frei verkäuflich. Verz. C Anm. 20 zu Verz. A.

Wegen der Bedeutung der Begriffe „feilhalten" und „verkaufen" vgl. Anm. 4 und 5 zu § 1.

§ 2a.[1])

Die in dem Verzeichnis C[2]) aufgeführten Stoffe[3]) und Zubereitungen[3]) dürfen außerhalb der Apotheken nicht feilgehalten[4]) oder verkauft[4]) werden.

1. Dieser § 2a ist eingefügt durch die Verordnung des Reichspräsidenten über den Verkehr mit Arzneimitteln v. 9. Dez. 1924 (RGBl. I S. 772 ff.).

2. Das Verz. C gliedert sich in drei Abteilungen, welche unzweckmäßigerweise mit A, B und C bezeichnet sind. Diese Abteilungen werden fortan als „Abt." A, B oder C zitiert werden, ohne sie als Bestandteil des Verz. C besonders zu bezeichnen.

a) Abt. A und B enthalten im wesentlichen „Zubereitungen", die als Heil- oder Linderungsmittel zum weitaus größten Teil bereits durch Verz. A dem freien Verkehr entzogen sind, nunmehr aber auch zu anderen Zwecken (Vorbeugung, Nährzwecken, Förderung physiologischer Vorgänge) im Kleinhandel auf Apotheken beschränkt sind. Die Unterscheidung zwischen

Abt. A und Abt. B entbehrt des inneren Grundes und erklärt sich nur historisch durch ihre Entstehung aus der Bekämpfung des sog. Geheimmittelschwindels: der § 4 der Kais. Ver. v. 22. Okt. 1901 hatte den Reichskanzler ermächtigt, durch „Bekanntmachungen" auch andere als in der Kais. Ver. einer Verkehrsbeschränkung unterstellte Arzneimittel dem freien Verkehr zu entziehen. Diese Ermächtigung war erteilt, um die landesrechtliche Ordnung des Geheimmittelwesens reichsgesetzlich zu stützen. Von dieser Ermächtigung hatte der Reichskanzler viermal Gebrauch gemacht. Insbesondere verfolgte seine Bekanntm. v. 1. Okt. 1903 (RGBl. S. 281) „den Zweck, die allgemeine Durchführung der im Bundesrate vereinbarten . . . Vorschriften über den Verkehr mit Geheimmitteln und ähnlichen Arzneimitteln dadurch sicherzustellen, daß der Vertrieb aller in den Verz. A und B zu diesen Vorschriften aufgeführten Mittel gemäß § 6 Abs. 2 der Gewerbeordnung den Apotheken vorbehalten wird, soweit dies nicht bereits bisher der Fall war" (so wörtlich Erlaß des Preuß. Kultusministers v. 8. März 1905). Am 6. Okt. 1910 (Ph. Z. Nr. 84/1910; Samml. Bd. VII S. 879) erklärte das RG. diese Ermächtigung für rechtsungültig, worauf durch Kais. Ver. v. 31. März 1911 (RGBl. S. 181) der § 4 aufgehoben und neben zwei anderen Stoffen (Aspirin und Veronal) diejenigen fünf vom Bundesrat als Geheimmittel angesprochenen Spezialitäten dem Verz. B eingefügt wurden, welche andernfalls trotz der Geheimmittelverordnungen dem freien Verkehr unterstanden hätten. Die Geheimmittellisten werden zwar im Bundesrat — jetzt im Reichsrat — festgestellt, erhalten aber Gesetzeskraft erst durch landesrechtliche Staatsakte (Polizeiverordnungen), und durch solche dürfen reichsrechtlich freigegebene Mittel dem freien Verkehr nicht entzogen werden. Auch ein allgemeines Ankündigungsverbot von Monopolmitteln durch die Polizei erklärte das RG. am 6./13. Okt. 1913 für ungültig (Johow Jahrb. 45 S. 452 ff.) und hielt in einem zweiten Urteil vom gleichen Tage das Ankündigungsverbot nur soweit zulässig, als es sich auf „marktschreierische oder besonders gefährliche oder bedenkliche Mittel" beschränkt (Samml. Bd. VII S. 907). Ein drittes Urteil des KG. v. 16. Okt. 1913 (Samml. Bd. VII S. 1096) vertritt denselben Standpunkt. Auf der Grundlage der Ver. v. 31. März 1911 waren fünf Geheimmittel dem Kleinhandel außerhalb der Apotheken schlechthin, alle anderen Geheimmittel aber nur soweit entzogen, als sie nach der Ankündigung einem Heilzweck dienen sollten. Diese unterschiedliche Behandlung wird durch die Ver. des Reichspräsidenten v. 9. Dez. 1924 dadurch beseitigt, daß sie die gesamte im Reichsrat — zuletzt am 13. Nov. 1924 festgestellte, in Abt. A, B und C eingeteilte Geheimmittelliste als Verz. C der Kais. Ver. v. 22. Okt. 1901 einfügt und sie dem Verz. B völlig gleichstellt. In der Geheimmittelverordnung (§ 3) unterscheiden sich die dort als „Anlage" bezeichneten Listen A und B dadurch, daß für die Mittel der Liste B Rezepturzwang schlechthin eingeführt ist. Für die Kais. Ver. ist dies völlig bedeutungslos, denn sie wendet sich an die Nicht-Apotheken, und für diese gibt es keinen Rezepturzwang. Wenn gleichwohl die Geheimmittellisten wortgetreu und mit ihrer für die Kais. Ver. bedeutungslosen Unterteilung übernommen sind, so mag zwar sehr wesentlich das Bequemlichkeitsmoment entscheidend gewesen sein, daneben aber sicherlich auch der gesetzgeberische Wille, unbedingt restlose Übereinstimmung zwischen der landesrechtlichen Geheimmittelbekämpfung und der reichsrechtlichen Beschränkung des Arzneimittelhandels herbeizuführen. Für das erstere spricht die Flüchtigkeit der Arbeit, die es zwingend notwendig machte, der Ver. v. 9. Dez. 1924 schon am 24. Dez. 1924 eine sachliche Berichtigung folgen zu lassen. Allein die oben dargestellte geschichtliche Entwickelung der Einflußnahme der Gesetzgebung über das Geheimmittelwesen auf die Ordnung des Arzneimittelverkehrs zwingt zu der Erkenntnis, daß nach dem Willen des Gesetzgebers dem Apothekenmonopol alles unterstellt werden soll, was von den Geheimmittelverordnungen erfaßt wird. Das gilt freilich nur soweit, als nicht der Wortlaut des Gesetzes im Wege steht: Nach § 1 Abs. 2 der Geheimmittelverordnung wird die Anwendung ihrer Vorschriften auf die in den drei Listen aufgeführten Mittel „dadurch nicht ausgeschlossen, daß ihre Bezeichnung bei im wesentlichen gleicher Zusammensetzung geändert wird". Dieser Satz kann für die Kais. Ver. nicht gelten, weil er in diese nicht mit aufgenommen ist und noch andere zwingende Gründe dagegen sprechen. In dem oben bereits angezogenen Erlaß des Preuß. Kultusministers v. 8. März 1905 heißt es am Eingang: „Die Bekanntmachung des Herrn Reichskanzlers, betreffend den Verkehr mit Arzneimitteln, v. 1. Okt. 1903 (RGBl. S. 281) hat mehrfach die Auslegung erhalten, daß Vogelknöterich oder wenigstens russischer Knöterich in jeder Form, vom Großhandel abgesehen, unter allen Umständen als Heilmittel nur in Apotheken feilgehalten oder verkauft werden dürfe. Diese Auslegung ist nicht zutreffend und entspricht nicht der gesetzgeberischen Absicht." Das Schlußergebnis faßt der Erlaß in folgende Worte: „Der Vorschrift der Bekanntm. v. 1. Okt. 1903 unterliegen deshalb nicht Knöterich oder Knöterichtee schlechthin, sondern nur die als „Homeriana" oder als „Weidemanns russischer Knöterichtee" in den Handel kommenden Waren, diese allerdings auch dann, wenn sie unter den in der Bekanntmachung angeführten anderen Bezeichnungen vertrieben werden." In dieser Auslassung wird als das Wesentliche des Geheimmittelschwindels die unlautere Reklame des einzelnen Fabrikanten herausgestellt; sie, nicht das der Regel nach harmlose Mittel soll getroffen werden. Als am 28. Sept. 1905 gleichwohl das KG. jeden russischen Knöterich der Geheimmittelverordnung unterstellte, wurde deren und der Kanzler-Bekanntmachung Wortlaut abgeändert, und zwar, wie die Preuß. Ministerialverordnung v. 27. Aug. 1907 — II b 7888, II b 3984, M. 7487 — (MBl. 1907 S. 312) hervorhebt, um diese über den Willen des Gesetzgebers hinausgehende richterliche Auslegung für die Folge zu verhüten.

Auf dem diesseitigen Standpunkt stehen die Entsch. des OLG. Celle v. 19. Sept. 1904, des LG. Neiße v. 19. Juli 1904, des LG. Göttingen v. 11. Okt. 1904, des LG. Stade v. 4. Aug. 1904 (nach dem Bericht der Ph. Z. Nr. 96). Ebenso entschied das OLG.

München am 7. Juni 1903 (Bd. VII S. 35o), am 1. Juni 1907 (Rev.Reg. Nr. 215/1907) und hielt seinen Standpunkt am 25. Jan. 1908 (Rev.Reg. Nr. 16/1907; Med.Arch. 1911 S. 378 ff. und Veröffentl. Samml. gerichtl. Entsch. Bd. VI S. 474) mit folgendem Wortlaut aufrecht: „Wird ein solches Präparat unter anderem Namen in einer veränderten — wenn auch die Hauptbestandteile unberührt lassenden — Zubereitung öffentlich angekündigt, so liegt gegenüber dem in den Anlagen namhaft gemachten ein neues Präparat vor, das von der Verordnung nicht betroffen wird." Auch das LG. Würzburg entschied im März 1924 (Ph. Z. S. 506), daß nur die in Bologna hergestellten sog. Matteischen elektrohomöopathischen Heilmittel und nicht die in Regensburg hergestellten unter die Geheimmittelliste fallen. (Vgl. Nr. 17 der Abt. B des Verz. C.) Dagegen nahm das OLG. Düsseldorf am 24. Juni 1912 — 3 S. 108/12 — mit folgenden Ausführungen einen anderen Standpunkt ein: „Durch die Ver. v. 31. März 1911 (RGBl. S. 181) ist das Verz. B erweitert worden. Die Verordnung ergänzt lediglich das alte Verz. B, indem sie einige Stoffe hinzufügt, ohne an der Bedeutung des Verz. B etwas zu ändern. Ein Stoff bleibt aber derselbe, gleichviel, wie man ihn nennt; ist der Verkauf eines bestimmten Stoffes verboten, so spielt der Name oder die Bezeichnung überhaupt keine Rolle (Vogelknöterich). Auffallend ist allerdings, daß die neue Verordnung den Stoff unter zwei verschiedenen Rubriken bringt. . . . Es geht aber nicht an, hieraus eine Auslegung herzuleiten, die die Bedeutung des Verz. B, wie sie im § 2 der Verordnung festgelegt ist, völlig umgestalten würde." Zwei Voraussetzungen sind es also, aus denen das OLG. Düsseldorf zu dem der diesseitigen Auffassung widerstreitenden Schlusse gelangt. Die erste, daß die fünf Geheimmittel enthaltende Verordnung lediglich das alte Verz. B ergänze, ohne an seiner Bedeutung etwas zu ändern, trifft auf die hier zu behandelnde Ver. v. 9. Dez. 1924 nicht mehr zu, weil diese im Gegenteil das alte Verz. B von den fünf Geheimmitteln entlastet und diese einem neuen, in drei Abteilungen gegliederten Verz. C zuführt. Aber auch die zweite

Voraussetzung, daß „Stoffe" verboten würden, an deren Wesen ein Namenswechsel nichts ändere, läßt sich nicht weiter aufrechterhalten. Das Verz. B bringt die wissenschaftlichen Bezeichnungen von Stoffen unseres anerkannten Arzneischatzes, die Abt. A und B aber Phantasienamen für Zubereitungen, deren Bestandteile vielfach unbekannt, regelmäßig ungenannt sind. Die Stoffe des Verz. B werden dem Apothekenmonopol unterstellt, weil sie wirklich oder angeblich stark wirken und deshalb die Gesundheit gefährden. Das „Geschäft" mit den Stoffen und Zubereitungen der Abt. A und B wird erschwert, weil sie anders wirken, als die Reklame behauptet, zum kleinen Teil schädlich (Rezepturpflicht für Abt. B), in der Hauptsache aber, weil sie in der Richtung des zu heilenden Leidens zu schwach oder überhaupt nicht (Krebs, Schwindsucht) wirken. Nicht der Stoff an sich, sondern sein Verhältnis zur Reklame beschäftigt im Verz. C Abt. A und B den Gesetzgeber; es ist deshalb in erster Reihe der Reklamename und nur nebenher die stoffliche Zusammensetzung von Belang. Das Publikum weiß ja doch nicht die Bestandteile eines Mittels, auch wenn sie ihm genannt sind, zu werten. Das Publikum kauft „Krebsmittel Dr. Heys" (Nr. 59 Abt. A), wenn durch ergiebige Reklame die angebliche Heilkraft zum Gegenstand seines Glaubens gemacht ist. Eine Änderung der Bestandteile bleibt aufs „Geschäft" ohne Einfluß, eine Änderung des Namens stoppt sofort den Absatz. Deshalb gibt auch das RG. im Urt. v. 8. Jan. 1906 — 3 D. 1236/05 — das jetzt geltende Recht mit dem Satze nicht richtig wieder: „Selbstverständlich richten die Verbote sich gegen die Waren und nicht gegen die Namen." Der gesetzgeberische Wille würde zutreffend durch eine Bestimmung zum Ausdruck kommen, welche im Gegensatz zum § 1 Abs. 2 der Geheimmittelverordnungen mit Geltung für diese und die Kais. Ver. etwa zu lauten hätte: „Den Beschränkungen der Geheimmittelverordnung ist unterworfen — Dem Kleinhandel außerhalb der Apotheken ist entzogen — der Handel mit Waren unter einem in den — Anlagen A und B — Abt. A und B des Verz. C — angeführten Namen. Dem stehen gleich die Benutzung eines ähnlichen Namens, der versteckte oder offene Hinweis auf eine Änderung des Namens oder auf die stoffliche Gleichheit oder Ähnlichkeit mit einem unter dem Reklamenamen vertriebenen Erzeugnis."

Aber auch ohne diesen klaren Wortlaut wird die Praxis einen anderen Standpunkt nicht einnehmen können. So hat das KG. am 25. Mai 1914 unter Bezugnahme auf den oben mitgeteilten Pr. Min.Erl. v. 27. Aug. 1907 (MBl. S. 345) erklärt, daß gewöhnlicher Knöterich auch als russischer Knöterich feilgehalten werden dürfe, nur „Knöterich Weidemanns" sei verboten. Ebenso LG. Altona am 15. Jan. 1912 (Samml. Bd. VII S. 940) — wegen Wasmuths Knöterich — und LG. Koblenz am 15. April 1912 (Samml. Bd. VII S. 952).

b) Eine ganz besondere Unklarheit über den gesetzgeberischen Willen hat sofort Abt. C ausgelöst. Während „Der Drogenhändler" (Nr. 4 und 8 des Jahrg. 1925, insbes. S. 146 v. 26. Jan. 1925) unter „Mitteln" nur „Geheimmittel", d. h. verkehrsfertig abgepackte „Spezialitäten", nicht etwa „Stoffe, die in gewöhnlicher Umhüllung an das Publikum abgegeben werden", verstanden wissen will, lehnt die Ph. Z. (Nr. 5 v. 17. Jan. 1925 S. 67) solche Auslegung ab. Sie beruft sich auf den Wortlaut des Gesetzes, in welchem sich nichts von einer Beschränkung auf Spezialitäten finde. Sie macht auch geltend, daß andernfalls der medizinalpolizeiliche Zweck durch Umgehung des Gesetzes mittels „loser" Abgabe der Präparate leicht vereitelt werden könnte, und kommt zu dem Ergebnis, es seien z. B. „römische Kamillen und Taubnesselblüten nur soweit dem freien Verkehr überlassen, als sie nicht als Mittel gegen Blutstockung bezw. gegen Regel-, Perioden- oder Menstruationsstörungen abgegeben werden". Diese Lösung läßt aber den grundlegenden Unterschied zwischen § 1 einerseits, §§ 2 und 2a andererseits, zwischen Verz. A einerseits und den Verz. B und C andererseits ganz außer Betracht. Während § 1 nicht schlechthin die Zubereitungen des Verz. A dem Apothekenmonopol unterstellt, sie vielmehr nur nach ihrem Verkaufszweck beschränkt, schaffen §§ 2 und 2a absolute Verkaufsverbote. Es ist völlig anerkannten Rechts, daß z. B. Rhabarber, ein Stoff des Verz. B, auch nicht einmal zum Cremefärben der Gardinen der Hausfrau außerhalb der Apotheke überlassen werden darf. An dem absoluten Verbotscharakter der §§ 2 und 2a kann ein Zweifel nicht bestehen. Wollte man hieran rütteln, was nach dem Wortlaut unmöglich erscheint, so würden „Mittel gegen Trunksucht", „Mittel gegen Blutstockung" als Vorbeugungsmittel auch außerhalb der Apotheken trotz der neuen Verordnung gehandelt werden dürfen. Der Auslegungsversuch der Ph. Z. ist deshalb abzulehnen. Die Lösung kann nur im Sinne des „Drogenhändlers" ausfallen. Durchschlagend ist die oben dargelegte Erkenntnis, daß dir Verordnung zur Ergänzung der Kais. Ver. alle die Mittel auf den Kleinhandel in Apotheken beschränken will, gegen welche sich die Verordnungen, „betr. den Verkehr mit Geheimmitteln und ähnlichen Arzneimitteln", richten. Daß eine wissenschaftlich anerkannte Droge weder ein Geheimmittel noch auch ein „ähnliches" Arzneimittel ist, bedarf keiner Darlegung. Nur die mit gefährlicher Reklame angepriesenen Spezialitäten fordern zur Bekämpfung heraus. Ein Blick in die Abt. A und B des Verz. C bestätigt dies. Wollte die Abt. C hiervon abweichen, so hätte sie das zum Ausdruck gebracht. Das Gegenteil ist aber der Fall; sie unterstellt in Abt. C nicht „alle Mittel gegen" oder „Mittel jeder Art", wie dies der Ziff. 111 in Verz. C Abt. A angefügt ist, nicht einmal „die Mittel gegen", sondern nur „Mittel gegen" und gibt als Beispiele genau wie in Abt. B und C nur Spezialitäten. Zudem beschränkt sich die Geheimmittelverordnung nicht darauf, daß sie in der Überschrift lediglich von „Geheimmitteln und ähnlichen Arzneimitteln" spricht, sondern sie gebietet auch im Text (§ 1), daß ihre Bestimmungen anzuwenden sind auf die in den Anlagen A, B und C aufgeführten „Geheimmittel und ähnliche Arzneien". Fordert ein Kunde oder verordnet ein Arzt römische Kamille gegen Menstruationsbeschwerden, so darf sie ihm der Drogist verkaufen, ohne gegen Verz. C Abt. C zu verstoßen, denn sie gehört nicht zu den dort erfaßten „Geheimmitteln oder ähnlichen Arzneimitteln". So auch Bartels S. 109 ff.

Abt. C unterscheidet sich von Abt. A und B dadurch, daß sie sich im Gegensatz zu diesen nicht an Namen bindet, sondern alle gegenwärtigen und künftigen Reklamemittel gegen Blutstockung und Trunksucht trifft. Mittel gegen Übermäßigkeit der Menstruation sollten nicht getroffen werden. Die Mittel der Abt. C sind auch dann dem Apothekenmonopol unterstellt, wenn sie im Einzelfall nach dem Willen des Käufers und Verkäufers einem andern Zwecke dienstbar werden sollen.

Dadurch, daß Verz. C Zubereitungen, z. B. Zigaretten (gegen Asthma), die im Verz. A nicht aufgeführt sind, zur Monopolware erklärt, wird letzteres selbstverständlich nicht erweitert.

Zubereitungen aus Stoffen oder Zubereitungen der Abt. A und B des Verz. C sind durch § 2 a nicht verboten, also frei, wenn sie unter einem anderen Namen abgegeben werden, andernfalls im Verkehr beschränkt. Zubereitungen aus Stoffen oder Zubereitungen der Abt. C des Verz. C sind nur dann frei, wenn sie sich nicht als Spezialitäten gegen Blutstockung oder Trunksucht darstellen; ob sie eine Namensänderung erfahren, ist unerheblich. Als Spezialitäten bezeichnet Thoms (Bd. 1 S. 76) „solche Arzneizubereitungen oder auch einfache Arzneistoffe, die unter eigenartiger Bezeichnung, meist in gebrauchsfertiger Form und in eigenartiger, immer gleicher Packung, meist zu vom Fabrikanten festgesetztem Preis in den Handel gebracht werden".

3. Vgl. Anm. 4 und 5 zu § 1.

§ 2 b.[1])

Soweit[2]) nach den §§ 1, 2, 2 a Zubereitungen und Stoffe dem Verkehr außerhalb der Apotheken entzogen sind, dürfen sie auch von Krankenkassen,[3]) Genossenschaften, Vereinen oder ähnlichen Personengesamtheiten an ihre Mitglieder nicht verabfolgt[4]) werden.

1. Diese Bestimmung ist durch Verordnung des Reichspräsidenten v. 27. März 1925 (RGBl. I S. 40) eingefügt.

2. Das Verbot der Verabfolgung von Arzneien soll nur „soweit" reichen wie die durch §§ 1, 2, 2a erfolgte Verkehrsbeschränkung. Das ist eine ungenaue Ausdrucksweise, denn die Verkehrsbeschränkung der §§ 1, 2, 2a geht nur auf Feilhalten und Verkauf, nicht auch auf das „Überlassen an andere" (anders § 367 Ziffer 3 StGB.), auf „Verabfolgen". Gemeint ist, daß, „was" nach §§ 1, 2, 2a außerhalb der Apotheken nicht feilgehalten und verkauft werden darf, auch der Abgabe seitens der Krankenkassen usw. an deren Mitglieder entzogen sein soll.

Dieses Verbot stützt sich wie die ganze Kais. Ver. auf § 6 Abs. 2 der Reichs-Gew.O. Es ist gültig, wenn die Regelung des Verhältnisses zwischen Krankenkassen und ihren Versicherten, wenn die Ordnung des Geschäftsbetriebes der Genossenschaften und Vereine mit ihren Genossen und Mitgliedern der Reichs-Gew.O. untersteht. Das wird man bei Genossenschaften und Vereinen dann bejahen dürfen, wenn es sich nicht etwa nur um ganz gelegentliche, dem Umfange nach geringfügige Warenvermittlung handelt. Man wird es verneinen müssen bei der auf gesetzlicher Fürsorgepflicht beruhenden unentgeltlichen Ausstattung Erkrankter, sog. Kassenmitglieder, mit Arzneien. Die Krankenkassen handeln kraft öffentlich-rechtlicher Pflicht, die Genossenschaften und Vereine aus privatwirtschaftlichen Gründen. Vgl. Sonnenfeld, Gutachten Ph. Z. Jahrg. 1924 S. 863. Der § 2b ist hiernach, soweit er das Verbot auf den Verkehr der Krankenkassen mit ihren Mitgliedern ausdehnt, ungültig, im übrigen aber wirksam.

3. Da nach diesseitiger Auffassung das Verbot an die Krankenkassen der Rechtsgültigkeit entbehrt, interessiert die bisher ergangene Rechtsprechung. Für verboten wurde die Abgabe von Arzneien seitens der Krankenkassen an ihre Mitglieder erklärt z. B. vom KG. am 12. Jan. 1903 — 15 S. 1195/02 —, OLG. Celle am 23. April 1912 — 3 S. 44/12 —, OLG. Düsseldorf am 18. Jan. 1915 — S. 236/14 —, OLG. Oldenburg in Goltd. Arch. Bd. 56 S. 116. Für zulässig wurde sie angesprochen vom OLG. Köln am 23. April 1897 (Ph. Z. 1898 Nr. 38), am 6. Juli

1907 (MBl. 1908 S. 305; Rhein. Arch. 104, 183; Reger 28, 129; 14. Spr.S. d. DJZ. 1909 S. 65), KG. am 20. Juni 1901 (Ph. Z. 1901 Nr. 52 S. 514), OLG. Breslau am 29. Aug. 1900, OLG. Celle am 29. Mai 1899 (Goltd. Arch. Bd. 48 S. 145 und Bd. 49 S. 331), KG. am 23. Mai 1924 — 1 S. 380/24 —. Abgesehen von der letztgedachten Entscheidung geht die Freistellung von der Erwägung aus, daß die Mitglieder einer Krankenkasse im Sinne des Gesetzes keine „anderen" (§ 367 Ziffer 3 StGB.) seien, auch wenn sie zivilrechtlich nicht als Miteigentümer an den Vorräten angesprochen werden könnten. Die Gründe des Urt. des KG. v. 23. Mai 1924 sind dagegen von der Erwägung getragen, daß die Abgabe der Arzneien der Krankenkasse auf Grund eines ärztlichen Rezepts durch Einschaltung des letzteren den vom § 367 StGB. erstrebten Gesundheitsschutz gewährleiste; auch sei die Arznei bereits durch den Verkauf an die Krankenkasse in Verkehr gebracht. Dieses in seiner Begründung abwegige, im Ergebnis zutreffende Urteil wurde in der pharmazeutischen Presse viel und herb besprochen und zeitigte wohl die den § 2b schaffende Verordnung. Vgl. Ph. Z. 1924 S. 507/08, S. 555/56 und S. 863; auch Apothekerzeitung v. 2. April 1925. Wegen der Anwendbarkeit des Begriffes des Überlassens an andere auf das Verhältnis der Krankenkasse zu ihren Mitgliedern siehe Anm. 9 zu § 367 Ziffer 3 StGB.

4. Der Begriff des Verabfolgens findet sich auch in der Giftverordnung § 11. Aus dem Vergleich mit dem „Aushändigen" des § 12 Abs. 3 der Giftverordnung gelangt man zu folgender Begriffserklärung: Während mit dem Worte „aushändigen" nur der rein körperliche Vorgang ohne jede Rücksicht auf mit ihm verbundene Rechtsfolgen erfaßt wird, verbindet sich mit dem Begriffe der Verabfolgung der W e c h s e l in der Person des Verfügungsberechtigten. Nach § 2b muß zwar nicht Eigentum, wohl aber Verfügungsgewalt von Krankenkasse usw. auf das Mitglied übergehen. Schließt eine Krankenkasse einen Großhandelskauf, z. B. über Aspirin, mit einer Großhandlung „auf Abruf" ab und verabfolgt auf Einzelabruf der Großhändler ein Röhrchen

an den Kassenpatienten, so ist nicht Eigentum von der Kasse, das sie noch gar nicht besaß, wohl aber die Verfügungsgewalt, die sie ja hatte, auf den Patienten übergegangen, so daß § 2 b verletzt wäre. Das Delikt ist durch Aushändigung seitens der Kasse an einen Boten des Patienten vollendet, durch Aushändigung an den Kassenboten aber erst, sobald dieser die Ware dem Patienten oder dessen Beauftragten übergeben hat. Übergibt die Kasse dem von ihr angestellten Heilgehilfen Merkurialsalbe mit einem Gehalt von mehr als 10 v. H. Quecksilber zur Verreibung bei einem Kranken, so ist weder auf den Heilgehilfen noch auf den Kranken Eigentum übertragen, auch eine Verfügungsgewalt ist sicherlich nicht auf den Kranken, aber auch auf den Heilgehilfen solange nicht übergegangen, als dieser für Weisungen der Kasse erreichbar bleibt. Es würde hier eine Verletzung des § 2 b nicht vorliegen. Vgl. Anm. 5 zu § 1 und RG. v. 16. April 1900 (Bd. 33) und des OLG. München Ausführungen v. 15. Juni 1916 (Rev.-Reg. Nr. 179/1916): „Die tatsächliche Verfügungsgewalt über eine Sache ist mehr als das bloße tatsächliche Innehaben derselben. Wer eine Sache einem andern aushändigt, der unter seiner ständigen Aufsicht steht und deshalb über sie weder verfügen will noch kann, verliert die tatsächliche Verfügungsgewalt nicht; diese bleibt auch dann noch gewahrt, wenn zwar die Möglichkeit des sofortigen physischen Zugreifens nicht ununterbrochen fortdauert, der andere aber, der die Sache innehat, infolge seines Abhängigkeitsgefühls sich die Herrschaft über die Sache nicht anmaßt, über sie nicht verfügt und nicht verfügen will. (Vgl. hierzu die Ausführungen des RG. über die Begriffe „Besitz" und „Überlassen" im Sprengstoffgesetz, RGStr. Bd. 43 S. 13 ff.) . . . Die Grundsätze des BGB. über den Besitz können zur Auslegung des Begriffs „Überlassen an andere" nicht herangezogen werden; sie können nur zur Vergleichung mit den durch die Auslegung festgestellten Merkmalen dieses Begriffs benutzt werden." Versandt ist als Verabfolgung anzusprechen. Vgl. Ziffer 1 Abs. 5 Ende der „Technischen Erläuterungen" zur Pr. Polizeiverordnung v. 9. Febr. 1926 (Amtsbl. d. Min. f. Volkswohlfahrt S. 192).

Daß die Verordnung den Krankenkassen, Genossenschaften und Vereinen nicht ausdrücklich das Feilhalten verbietet, sei der Vollständigkeit wegen bemerkt. Vgl. hierüber die Anmerkungen zu § 367 Ziffer 3 StGB.

§ 3.

Der Großhandel[1]) unterliegt den vorstehenden Bestimmungen nicht. Gleiches gilt für den Verkauf[2]) der im Verzeichnisse B aufgeführten Stoffe an Apotheken[3]) oder an solche öffentliche Anstalten,[4]) welche Untersuchungs- oder Lehrzwecken dienen und nicht gleichzeitig Heilanstalten sind.[5])

1. Der „Großhandel", nicht die Großhandlungen, auch nicht die Großhändler, vielmehr alle einzelnen Geschäftsbetätigungen, welche sich als Großhandel darstellen, aber auch nur diese, genießen die Freiheit von den Beschränkungen der §§ 1 und 2. Wird von einem Großkaufmann oder in einem Geschäft, das sonst nur auf Großhandel eingerichtet ist, ausnahmsweise ein Kleinhandelsgeschäft abgeschlossen, so untersteht dieser Geschäftsakt sehr wohl den Beschränkungen der §§ 1, 2 und 2 a. Umgekehrt wird auch ein Kleinhändler, der gelegentlich einmal ein Großhandelsgeschäft abschließt, für dieses der Beschränkungen der Kais. Ver. ledig sein.

Der Begriff des Großhandels ist sowohl tatsächlicher als auch rechtlicher Natur und unterliegt insoweit der Nachprüfung des Revisionsrichters (OLG. Köln v. 28. Dez. 1888 i. d. Veröffentlichung des RGes.A. XIV, 6 und Komm. Böttger S. 19; ähnlich OLG. Posen v. 11. Juli 1894 (Lebbin S. 64 und OLG. Dresden v. 28. Jan. 1892 bei Goltdammer Bd. 40 S. 853). Der Handel überhaupt hat die Aufgabe, den Güterverkehr zwischen Produzenten und Konsumenten zu vermitteln. Derjenige, welcher dem letzteren am nächsten steht, wird naturgemäß seine Ware der Regel nach in kleineren Mengen veräußern müssen als der Kauf-

Urt. v. 11. Juli 1894, daß die Abgabe an Wiederverkäufer für ich allein kein hinreichendes Merkmal des Großhandels sei. Ebenso LG. Plauen am 27. Sept. 1911 (Samml. Bd. VII S. 991). Dagegen entschied mit Recht LG. I Berlin am 22. Sept. 1913 (Samml. Bd. VII S. 919 ff.), daß „der Vertrieb zu Engrospreisen an Wiederverkäufer in jeder Menge" Großhandel sei; OLG. Stuttgart am 1. Aug. 1910 (Samml. Bd. VII S. 995): „Ein Großhandel mit Arzneien wird im allgemeinen und in der Regel vorliegen bei einem Handel zwischen Verkäufer und Zwischenhändler."

Nach dem OLG. München v. 2. Sept. 1903 — Rev.Reg. 215/03 — (Reger 24, 219) ist nicht jeder Verkauf an Zwischenhändler Großhandel. Neukamp, Anm. 12 zu § 6 RGO. S. 13, bezeichnet den Handel zwischen Verkäufer und Zwischenhändler schlechthin als Großhandel, hebt aber auch hervor, daß nach OLG. Köln v. 26. Nov. 1902 (DJZ. 8, 576; Gew.Arch. 3, 378) auch solcher Verkauf unter Umständen Kleinhandel sein kann, und daß nach OLG. Oldenburg v. 23. April 1906 (Gew.Arch. 6, 9) ein solcher vorliegt, wenn der Verkauf durchweg in geringen Mengen erfolgt. Das KG. erklärte am 26. Mai 1906 w/r P. (R.Gesundh.Samml. Bd. V S. 481): „Es ist richtig . . ., daß eine gelegentliche Abgabe einer kleinen Menge an einen Wiederverkäufer den Handel noch nicht zu einem Kleinhandel macht." Unzutreffend verlangt KG. am 26. Mai 1925 (Ph. Z. S. 73 u. 1739) auch für die Abgabe an Wiederverkäufer, daß es sich um solche Mengen handelt, wie sie von Verbrauchern zur Befriedigung eines augenblicklichen Bedürfnisses nicht auf einmal verlangt werden. Im Urt. des LG. Potsdam v. 6. Juli 1910 — 2 N. 43/10 — wird jeder Verkauf an Zwischenhändler, ohne Rücksicht auf die Menge, als Großhandel anerkannt. Dagegen vertritt das OLG. Dresden in den Urt. v. 10. Aug. 1904 und 30. März 1905 (R.Gesundh.-Samml. Bd. V S. 510 bis 513) den Satz: „Der Verkauf an Nichtkonsumenten kann Großhandel sein, muß es aber nicht sein." Das OLG. Stuttgart hat am 11. Aug. 1910 (Ph. Z. v. 29. März 1911) ausgeführt: „Zweifellos kann nicht jeder zum alleinigen mann, dessen Kundschaft die Ware nicht für sich verbraucht, vielmehr selbst mit oder ohne Verarbeitung aufstapelt, um seinen Abnehmern eine größere Auswahl zu bieten. Deshalb begegnet man vielfach der Gleichstellung des Begriffes „Großhandel" mit dem des „Handels an Nichtkonsumenten", des Begriffes „Detailhandel" mit dem des „Handels an Verbraucher" (vgl. den Artikel „Handel" von Viktor Mataja (2 b) im Handwörterbuch der Staatswissenschaften von Conrad usw., Jena 1890 Bd. 4 S. 968). Indessen decken sich diese Tätigkeiten in der Praxis nicht immer; begrifflich unterscheiden sie sich durchaus. Das Wesen des Großhandels besteht nach Sinn und Bedeutung seiner Bezeichnung nur im Verkaufen großer Mengen derselben Ware an denselben Abnehmer zu gleicher Zeit. Sind diese Merkmale einem Handelsgeschäft eigen, so kann es nicht weiter auf die Eigenschaften und Absichten des Käufers ankommen. Die jährliche Lieferung großer Posten Bilderrahmen kann nicht deshalb Kleinhandel sein, weil sie für die Gemäldegalerie eines Privatmannes erfolgt — so auch LG. I Berlin am 22. Sept. 1913 (Samml. Bd. VII S. 919) und OLG. Hamburg am 31. März 1915 (Samml. Bd. VII S. 1000 —, während viel kleinere Lieferungen als Großhandel gelten, weil der Empfänger Händler ist. Übrigens decken sich auch die Begriffe Groß- und Grossohandel nicht vollständig. Dem Grossohandel steht gegenüber der Detailhandel, während nicht letzterer, sondern der Kleinhandel dem Großhandel gegenüberzustellen ist. Die Begriffe Detailhandel und Kleinhandel sind zwar synonym, aber nicht identisch; der Detaillist vereinzelt, zergliedert die Ware, der Kleinhändler gibt sie in kleinen Mengen ab; man kann nicht-detaillierte Ware in kleineren Mengen kaufen, wie dies z. B. nicht selten der Drogist beim Aufkauf von rohen Drogen aus der Hand der nicht selbst produzierenden Landbevölkerung tut. Dem Großhandel in dem bezeichneten Sinne ist eine Besonderheit dem Kleinhandel gegenüber so wesentlich geworden, daß ihr Vorhandensein allein schon hinreicht, um der betreffenden Handelsleistung vom Standpunkt des Kaufmanns und des Volkswirts aus den Charakter des Großhandels zu geben. Diese Besonderheit besteht in der vom Kleinhandel abweichenden Preisbemessung. Aus naheliegenden Gründen hat sich für jede Ware neben dem höheren Kleinhandelspreis ein niedrigerer Engrospreis herausgebildet. Die Engrospreisstellung gehört so sehr zum Wesen des Großhandels, daß der Kaufmann, der Nationalökonom ohne Prüfung der Warenumsätze einen Großhandel in demjenigen Gütertauschverkehr sieht, welcher sich nach Engrospreisen regelt. Man muß deshalb auch im Sinne der Kais. Ver. einen Großhandel sowohl dort annehmen, wo große Warenmengen an denselben Käufer auf einmal veräußert werden, als auch dort, wo ohne Rücksicht auf die Warenmenge nach Engrospreisen gehandelt wird. Eine „große", dem Begriffe des Großhandels genügende Warenmenge liegt vor, wenn sie den alsbaldigen Bedarf des Verbrauchers nicht ganz unerheblich überschreitet, wenn sie also „auf Vorrat" angeschafft wird, oder wenn sie das übliche Maß des nicht gewerblichen Bedürfnisses eines Konsumenten um ein bedeutendes übersteigt, wenngleich sie dem sofortigen Verbrauch unterliegt, also nicht „auf Vorrat" geliefert wird. Letzterer Fall liegt z. B. vor, wenn für das Jagdgebiet einer Majoratsherrschaft Giftbrocken gegen Füchse, Krähen und dergl. in einer Menge angeschafft werden, die etwa den Jahresbedarf von mehr als einem Dutzend Jagdbesitzer zu decken vermöchte. Der Kauf so großer Posten erfolgt auch gewöhnlich zu Großhandelspreisen. Dem trägt auch die Gesetzgebung mehr und mehr Rechnung. So bestimmt § 8 der Durchführungsverordnung zum Süßstoffgesetz v. 18. April 1922 (RGBl. I S. 390), erlassen von den R.F.- und R.E.Ministern am 12. Sept. 1922 (RZBl. S. 633): „Großhändler dürfen nur unmittelbar an Kleinhändler und Großverbraucher, Kleinhändler nur unmittelbar an Verbraucher liefern." Aus Wissenschaft und Rechtsprechung ist folgendes zu vermerken:

a) Zur Frage, ob der Verkauf an einen Wiederverkäufer regelmäßig als Großhandel anzusprechen ist: Das OLG. Posen erklärte in dem bei Lebbin S. 62, 64 abgedruckten

Zweck des Zwischenhandels erfolgte Verkauf an einen Zwischenhändler als erlaubter Großhandel gelten.“ Das OLG. München erklärt am 21. Juli 1911 (R.Gesundh.Samml. Bd. VII S. 965 ff.) einen Verkauf im Großhandel ohne Verkauf einer „verhältnismäßig größeren Menge“ für „nicht denkbar“. LG. Wiesbaden am 28. Jan. 1913 — 4 N. 95/12 —: „Großhandel liegt ... jedenfalls dann vor, wenn die Waren nicht unmittelbar an den Verbraucher, sondern an einen Wiederverkäufer abgegeben werden.... Dafür spricht auch, daß er dem Angeklagten für die Ware nur den im Großhandel üblichen Preis bezahlt hat. Die Geringfügigkeit der verkauften Menge steht der Feststellung des Großhandels nicht entgegen.“ OLG. Frankfurt a. M. am 17. April 1913 — S. 27/13/1922 — (Samml. Bd. VII S. 948): „Wenn aber ein Großhändler in fortlaufender Geschäftsverbindung einmal kleinere Quantitäten liefert, so wird damit nicht das Großhandelsgeschäft zum Kleinhandel.“ Das OVG. v. 3. März 1900 (Gew.-Arch. IV S. 184) hebt hervor, daß die großen Mengen nicht notwendigerweise auf einmal abgegeben werden müssen. Die „Technischen Erläuterungen“ des Runderlasses zur Pr. Ministerial-Giftverordnung v. 9. Febr. 1926 (Amtsbl. d. Min. f. Volkswohlfahrt S. 192) — I M II 63/26 — betrachten in Ziffer 1 Abs. 5 die Versendung der „üblichen Handelsmuster“ als Großhandelsbetätigung.

b) Ist der Verkauf an den Konsumenten selbst nie Großhandel?

In dem Urt. des RG. v. 14. März 1901 (R.Gesundh.Samml. Bd. IV S. 599) findet sich folgender Satz: „Ein Großhandel mit Arzneien ist im allgemeinen ein Handel zwischen dem Verkäufer und anderen Zwischenhändlern, also nicht zwischen dem Verkäufer und Selbstkonsumenten, mit größeren, d. h. solchen Quantitäten, welche von den Konsumenten zur Befriedigung eines augenblicklichen Bedürfnisses nicht verlangt zu werden pflegen.“ Das LG. Potsdam erklärte im zitierten Urt. v. 6. Juli 1910 — 2 N. 43/10 — Verkäufe an Konsumenten dann für einen Großhandel, wenn sie auf Vorrat erfolgen. Den gleichen Standpunkt vertrat das OLG. Marienwerder im Urt. v. 18. Aug. 1896 bei Lebbin S. 66/67 und Springfeld V S. 208 bis 210. Dagegen das LG. III Berlin, StK. 4 i. S. gegen Ka. 16 B. 3 N. 69/07 wörtlich: „Nicht die verkauften Sachen an sich sind entscheidend für die Frage, ob Groß- oder Kleinhandel vorliegt; neben dem für die Ware gezahlten Preise kommt es vielmehr darauf an, ob der Konsument durch den Ankauf auf längere Zeit seinen Bedarf decken will, oder ob er nur soviel einkauft, als er augenblicklich verbraucht." Das zu a zitierte Urt. des OLG. Stuttgart v. 11. Aug. 1910 führte wörtlich aus: „Ein Großhandel mit Arzneien wird allerdings hiernach im allgemeinen und in der Regel vorliegen bei einem Handel zwischen Verkäufer und Zwischenhändler, nicht zwischen Verkäufer und Konsumenten, mit größeren, d. h. mit solchen Warenmengen, welche von den Konsumenten zur Befriedigung eines augenblicklichen Bedürfnisses nicht gekauft zu werden pflegen. Allein der Absatz an Konsumenten kann sich nach der Besonderheit des Falles, in Beachtung der obenerwähnten verschiedenen Umstände auch als Großhandel darstellen, wie dies ebenso in einem preußischen Ministerialerlaß v. 29. Sept. 1881 und in einem sächsischen Ministerialerlaß v. 19. Jan. 1889 ausgesprochen ist; aber dies trifft nicht ohne weiteres bloß deshalb zu, weil der kaufende Konsument mit einer sein augenblickliches Bedürfnis überschreitenden Quantität auch einen künftigen Bedarf seines Haushalts deckt." Das OLG. München führt in dem zu a angezogenen Urt. v. 2. Sept. 1903 aus: „Der Absatz an Konsumenten ist wenigstens der Regel nach Kleinhandel und kann sich nur ausnahmsweise als Großhandel darstellen. Vgl. Erlaß des Sächs. Min. d. J. v. 19. Jan. 1889; Erl. d. Pr. Min. d. geistl. usw. Ang. v. 29. Sept. 1881; Urt. des OLG. Köln v. 28. Dez. 1888 in Regerscher Samml. Bd. 10 S. 1 und in Meißner Komm. S. 169, 183. LG. Mainz verneint am 3. März 1913 (Hess. Rechtspr. Jahrg. 14 Sp. 179 und Med.Arch. 1914 S. 55 ff.), daß Gratisproben an Ärzte und Zahnärzte Detailhandel seien: „Die Gratislieferung stellt somit einen Teil der notwendigen

Propaganda des Großhandels oder diesen selbst dar. Es kann keinem Zweifel unterliegen, daß, wenn ein Grossist eine Bestellung im Großhandel von einer vorhergehenden Bemusterung abhängig macht, die Lieferung des Musters als zum Großhandel selbst gehörig anzusehen ist." Kronecker erklärt im Med.Arch. 1914 S. 169, daß bei Abgabe größerer Mengen Großhandel auch vorliege, wenn die Abgabe an Ärzte, nicht approbierte Heilgewerbetreibende, Zahnärzte und Tierärzte, an Krankenhäuser und sonstige Heilanstalten erfolge. Die Giftverordnung kennt im § 11 Abs. 2 Großhandel an Wiederverkäufer, an technische Gewerbetreibende, an staatliche Untersuchungs- oder Lehranstalten. Vgl. Zitat am Schluß von b aus den „Technischen Erläuterungen" zur Giftverordnung v. 9. Febr. 1926.

c) Muß eine einzelne Geschäftsbetätigung in einem Großhandelsbetriebe erfolgen, um selbst als Großhandel zu gelten?

Die Bejahung dieser Frage scheint der Standpunkt des KG. zu sein. Schon im zit. Urt. v. 14. März 1901 hatte es verlangt, daß „das Gesamtverhalten des Verkäufers — z. B. Ausdehnung des Absatzes über ein größeres oder kleineres Gebiet, . . . Halten eines Magazins oder Ladens — und die Umstände des Falles in Erwägung gezogen werden". Richtig ist, daß die hier betonten Momente in Zweifelsfällen Beweis schaffen können, aber weitergehenden Einfluß darf man ihnen nicht einräumen. Im Urt. v. 26. Febr. 1906 (R.Gesundh.Samml. Bd. V S. 481) rügt das KG., es fehle „in den Darlegungen des LG. an einer klaren und begründeten Feststellung, daß sich der Geschäftsbetrieb B.s tatsächlich lediglich als Großhandel im oben angegebenen Sinne darstellt, und daß die Abgaben in kleinen Mengen nur gelegentliche waren, d. h. nur in Ausübung des Großhandels bei besonderen Gelegenheiten und aus besonderer Veranlassung erfolgt sind". Es wird des ferneren wieder hervorgehoben, daß die Größe des Absatzgebiets, die Preisstellung, die Warenmengen und dergl. zu berücksichtigen seien. Dieser Standpunkt des KG. führt dazu, daß Geschäfte, welche nach allgemeiner kaufmännischer Auffassung mit Rücksicht auf Warenmengen, Preisstellung und Qualität des Käufers den Charakter des Großhandels haben, dieses Charakters dann entkleidet werden, wenn mit ihnen der Verkäufer aus dem bei ihm sonst üblichen Rahmen seiner Geschäfte herausgetreten ist. Gerade im Großhandel ist es, wie die Jahresberichte der Handelsvertretungen von Berlin mannigfach hervorgehoben haben, üblich, daß der Kleinhändler auch gleichzeitig Engrosgeschäfte macht. Das obenangezogene Urt. des OLG. Stuttgart v. 11. Aug. 1910 hebt auch wörtlich hervor: „Auch ist zu beachten, daß dieselbe Person gleichzeitig Groß- und Kleinhandel treiben kann.“ Es hat sich das derart herausgebildet, daß die einzelnen Kaufleute Kleinhandel mit allerhand Drogen treiben, Großhandel aber nur mit einigen wenigen Sorten. Diese Großhandelsobjekte bleiben keineswegs in den verschiedenen Jahren dieselben; sie wechseln vielmehr je nach der Marktlage. Der Drogist bewirbt sich gern um Lieferungen an Behörden, Fabriken und sonstige größere Unternehmungen. Beschränkt es dies auf wenige Drogen, so bleibt dem sein Kapital gewachsen. Ein großes Magazin braucht der Drogist nach der Natur dieser Art von Großhandel nicht, denn es pflegen die Lieferungstermine mit ihm voraus vereinbart zu sein, oder sie werden ihm doch so früh angegeben, daß er die Möglichkeit hat, die Ware von seiner Bezugsquelle aus an seine Kunden liefern zu lassen. Hat der Drogist Destillationen zur Kundschaft auf aromatische Tinkturen, so ist auch hierfür ein großes Lager in größeren Orten nicht erforderlich, da gerade die Geschäftsverhältnisse einer Großstadt täglichen Nachschub gestatten. Das Umsatzsteuergesetz v. 24. Dez. 1919 bestimmt im § 22, Kleinhandel im Sinne des § 21 läge nicht vor, „wenn die Gegenstände zur gewerblichen Weiterveräußerung . . . für eigene oder fremde Rechnung erworben werden“. Mannigfach gehören zu der Engroskundschaft der Drogisten auch Tierärzte, welche die benötigten Waren in ihrer Praxis je nach Bedarf verwenden. Da die Tierärzte bezüglich der von ihnen an den Tieren selbst verbrauchten Arzneien nicht als Wiederverkäufer zu betrachten sind

(RG. v. 16. April 1900, Bd. 33, Reg. 16/77/00), erscheinen sie als Selbstkonsumenten, und deshalb ist es mannigfach streitig geworden, ob die Abgabe von Arzneien an Tierärzte als Großhandel zu gelten hat. Nach einem Rundschreiben des Herzoglich Braunschweigischen Obersanitäts-Kollegiums v. 11. Okt. 1898 soll die Abgabe an Tierärzte stets als Großhandel gelten. Das LG. Potsdam hat in der Entsch. v. 6. Juli 1910 — 2 N. 43/10 — die Abgabe von Arzneimitteln in nicht bedeutenden Mengen an einen Stabsveterinärarzt deshalb als Großhandel erklärt, weil nach dem Zeugnis des Käufers dieser die Ware nicht sofort, sondern je nach Bedarf verordnet und in der Pferdeklinik des Bataillons verwenden läßt. Daß die Ware zu Großhandelspreisen abgegeben war, bildete ebenfalls den Gegenstand der Feststellung. Ähnlich liegt es mit der Kundschaft von Zahnärzten, welche auch der Regel nach die Arzneimittel nicht abgeben, sondern in ihrer Praxis unmittelbar selbst verbrauchen. Hier handelt es sich selten um besonders große Warenmengen, und doch genießen die meisten Zahnärzte den Vorzug der Großhandelspreise. Stellt man sich auf den Standpunkt des KG., so würden die Lieferungen an solche Gewerbetreibende in den Rahmen des Detailhandels fallen, sofern im übrigen der Verkäufer Detaillist ist. Dann würde aber den Auffassungen im Handelsstande nicht Rechnung getragen sein, und es würde dies auch über die Zwecke der Kais. Ver. hinausgehen. Gratisproben an Zahnärzte erklärte das LG. Mainz am 3. März 1913 (Hessische Rechtspr. Jahrg. 14 Sp. 179; Med.Arch. 1914 S. 55 ff.; Samml. Bd. VII S. 996 ff.) aus zwei Gesichtspunkten als erlaubt, einmal, weil diese nicht als „arzneibedürftiges Publikum“ anzusprechen seien, deshalb ein „Überlassen an andere“ nicht vorliege, und sodann, weil die Gratislieferung von Proben sich „als ein Teil der notwendigen Propaganda des Großhandels oder ein Teil desselben selbst“ darstelle. Daß Gratisproben von Monopolmitteln ans Publikum nicht statthaft sind, hat mit Recht das LG. Leipzig am 30. Nov. 1910 (Samml. Bd. VII S. 988) entschieden. In Baden ist die unentgeltliche Abgabe an Ärzte zu Versuchszwecken (nach Raymund S. 1279/80) durch Min.Bekanntm.

v. 2. Aug. 1905 als erlaubt anerkannt, in Sachsen durch Min.Erl. v. 31. Dez. 1909 als unzulässig erklärt; in den „Technischen Erläuterungen" zur Giftverordnung v. 9. Febr. 1926 (s. b Schluß) sind die üblichen Warenmustersendungen als Großhandelsbetätigung angesprochen.

Den angezogenen Entsch. gegenüber, welche einen einheitlichen Standpunkt nicht einnehmen, macht sich in der Praxis das Bedürfnis nach klaren und festen Grundsätzen geltend. Dem trägt der hier vertretene Standpunkt Rechnung, welcher entsprechend der allgemeinen Verkehrsanschauung Großhandel überall dort, aber auch nur dort findet, wo größere Warenmengen gehandelt oder wo Engrospreise berechnet werden. Daß größere Mengen auch vorrätig gehalten werden, ist kein notwendiges Merkmal des Großhandels; „geringe Vorräte stehen der Annahme des Großhandels nicht im Wege"; so Urt. des OVG. III 422 v. 3. März 1900 in der DJZ. von 1900 S. 505, 506 und Gew.Arch. IV S. 184. Die Beweislast dafür, daß Großhandel nicht vorliege, fällt der Anklagebehörde zu (Rohrscheidt Anm. 4 zu § 3 Kais. Ver. v. 27. Jan. 1890 S. 741). Selbstverständlich unterliegt auch das Feilhalten zum Zwecke des Großhandels nicht den Beschränkungen der §§ 1, 2, 2 a und 2 b, denn der Begriff des Handels umfaßt die Begriffe des Feilhaltens und Verkaufens.

2. Verkauf schlechthin ohne Rücksicht darauf, ob Großhandel oder Kleinhandel vorliegt. Dem stimmt Kronecker im Med.Arch. 1914 S. 171 Ziffer 3 ausdrücklich zu. Das Feilhalten zum Zwecke des Verkaufs an Apotheken usw. ist rechtlich ebenso zu beurteilen wie das Verkaufen selbst, denn es wäre widersinnig, wenn zwar der Verkauf, nicht aber das Feilhalten freigegeben sein sollte.

3. Ist objektiv an Apotheken oder die bezüglichen öffentlichen Anstalten verkauft, so kommt es nicht darauf an, ob der Drogist die Qualität des Käufers als Apotheke bezw. öffentliche Anstalt kannte.

Immerhin muß aber die Ware in den Gewahrsam der Apotheke bezw. Anstalt gelangt oder hierfür bestimmt sein. Nicht jeder Verkauf an einen Apothekenbesitzer ist ein Verkauf an eine Apotheke. Wenn z. B. ein Apothekenbesitzer außerhalb seines Niederlassungsortes für seinen persönlichen Bedarf ein Heilmittel kauft, so liegt kein Verkauf an eine Apotheke vor, und es würde der verkaufende Drogist den Schutz des § 3 für diesen Fall nicht genießen. Es ist deshalb die bei Böttger (S. 21) abgedruckte Entsch. des OLG. Köln v. 1. Juli 1892 nicht in allen Sätzen unanfechtbar: Ein Drogist hatte verbotene Stoffe des Verz. B an den Abgesandten eines Apothekenbesitzers verkauft, welch letzterer den aufgekauften Stoff nicht für seine Apotheke, sondern zu Denunziationszwecken wünschte. Die Freisprechung des Drogisten durch das genannte OLG. erfolgte mit folgender Begründung: „Es kommt lediglich auf die objektive Seite, mithin darauf an, ob ein Verkauf, sei es mittelbar oder unmittelbar, an einen Apothekenbesitzer stattgefunden hat. Die Anschauung, daß der § 3 den Verkauf nur insofern freigebe, als er zum Zwecke des Betriebes einer Apotheke erfolge, findet weder in dem Wortlaute noch in dem Zwecke dieser gesetzlichen Bestimmung irgendeinen Anhalt."

Es ist die Frage streitig geworden, ob neben den eigentlichen Apotheken auch die sogenannten Zweigapotheken, die ärztlichen oder tierärztlichen Haus- oder Notapotheken und die Krankenhausapotheken den Vorzug des § 3 genießen. Tierärzte haben in Preußen Dispensierrecht nach Maßgabe des Min.Erl. v. 23. Juli 1833 und 21. Nov. 1854 (Raymund S. 1287). Nach § 50 der Preußischen Apotheken-Betriebsordnung v. 18. Febr. 1902 müssen sämtliche Arzneimittel einer Zweigapotheke aus der Stammapotheke und die einer ärztlichen Hausapotheke aus einer Apotheke bezogen werden. Das gleiche gilt bezüglich derjenigen Krankenhausapotheken, welche nicht von einem approbierten Apotheker geleitet werden (Raymund S. 1288 und 1289). In Krankenanstalten bis zu 50 Betten ist „Arzneischrank" ohne besondere Erlaubnis zugelassen. Für größere Anstalten ist Erlaubnis des

Regierungspräsidenten notwendig (Raymund S. 1288). Ähnlich liegen die Verhältnisse in den anderen Bundesstaaten. Vgl. Ministerialerlaß des Min. d. J. für Sachsen v. 31. Dez. 1909, für Württemberg v. 23. Dez. 1909, des § 19 der Meckl. Medizinalordnung usw. Soweit ein Dispensierrecht besteht, gehen die Rechte der Apotheken auf die Inhaber des Dispensierrechts über, indessen nur in den Grenzen der ihnen erteilten Konzession. Fordern die Konzessionsbedingungen den Bezug der Waren aus einer Apotheke, so fehlt eben das unbeschränkte Einkaufsrecht der Apotheken. Wer an eine so beschränkte „Dispensieranstalt" verkauft, kann sich nicht darauf berufen, daß er an eine Apotheke verkauft habe, aber unter Umständen auf den Großhandelscharakter seines Verkaufs. Ebenso das OLG. Dresden, welches im Urt. v. 10. Aug. 1904 (Sächs. Arch. 1, 208) ausführt, daß ärztliche oder tierärztliche Haus- oder Notapotheken nicht als Apotheken im Sinne des § 3 anzusprechen seien. Soweit nicht ausdrücklich das Einkaufsrecht der dispensierenden Personen, wie z. B. der Tierärzte oder der durch einen approbierten Apotheker geleiteten Krankenhausapotheken beschränkt ist, steht auch der Verkauf an sie unter dem Schutze des § 3. Hiernach ist unter Apotheke eine staatlich genehmigte Dispensieranstalt — in den Grenzen des Dispensierrechts einschließlich ihres Bezugsrechts — zu verstehen. Das Verkaufsrecht der mit Dispensierrecht ausgestatteten Ärzte kann auch geographisch begrenzt sein; so z. B. sind die in Bayern mit Dispensierrecht ausgestatteten Ärzte nach einer in der Ph. Z. v. 18. Nov. 1914 S. 858 auszugsweise mitgeteilten Entsch. des OLG. Stuttgart angeblich nicht befugt, Arzneien auf württembergisches Gebiet zu liefern.

4. Die Kais. Ver. v. 27. Jan. 1890 sprach von „Staatsanstalten", die vorliegende von „öffentlichen Anstalten". Fraglich ist geworden, ob nur „Anstalten des öffentlichen Rechts" (§ 89 BGB.) oder alle Anstalten gemeint sind, welche ihre Dienste der Öffentlichkeit, dem unbegrenzten Publikum widmen. Man muß nach der geschichtlichen Entwicklung des § 3 annehmen, daß nur die Anstalten des öffentlichen Rechts gemeint sind. Der

Sprung von Staatsanstalten zu allen privaten Anstalten wäre zu groß, als daß er vermutet werden könnte. Daß hier das Beiwort „öffentlich" nicht bedeuten kann „jedermann zugänglich", „jedermann dienstbar", ergibt die Erwägung, daß nur sehr wenige Anstalten des öffentlichen Rechts jedermann zugänglich sind, so daß gerade sie, von wenigen Ausnahmen abgesehen, von dem Recht des § 3 ausgeschlossen wären. Das ist ohne Zweifel nicht die Absicht der Verordnung.

Es kommt übrigens oft genug vor, daß sich private Anstalten als „öffentliches chemisches Laboratorium" bezeichnen. Vgl. OVG. v. 8. Okt. 1909 (Ph. Z. Nr. 82), welches eine Verwechselungsgefahr mit einer öffentlichen Anstalt im Sinne des § 17 des Nahrungsmittelgesetzes v. 14. Mai 1879 nicht befürchtet und deshalb eine Beanstandung ablehnt.

5. Daß auch die Zubereitungen des Verz. A an Apotheken usw. im Kleinhandel abgegeben werden dürfen, wird im § 3 nicht ausdrücklich bestimmt; gleichwohl wird es allenthalben in Rechtsprechung und Lehre angenommen, da kein Grund irgendwie erkennbar ist, weshalb die Vergünstigung nur den stark wirkenden Stoffen des Verz. B und nicht den Zubereitungen des Verz. A zuteil werden sollte. So LG. Wiesbaden v. 23. Jan. 1913 — 4 N. 95/12 — und Kronecker im Med.Arch. 1914 S. 171/172 Ziffer 4. Man begegnet auch der Auffassung (so Lasch 1920 S. 84), daß die Abgabe einer Zubereitung des Verz. A an einen Wiederverkäufer niemals strafbar sein könne, weil alsdann nicht ein Heilzweck, sondern ein Wiederverkaufszweck vorhanden sei. Das ist, soweit es sich um Abnehmer handelt, die die Ware zu anderen als Heilzwecken weitergeben, richtig, aber soweit es sich um Abgabe an Apotheken handelt, durchaus irrig. Der Fabrikant, welcher eine Zubereitung auf den Etiketten und an sonstigen Drucksachen als Heilmittel anpreist und mit diesen Drucksachen an eine Apotheke liefert, verkauft die Zubereitung tatsächlich zu dem von ihm selbst auf dem Etikett angegebenen Heilzweck, denn der Zweck ändert sich nicht, auch wenn eine Zwischenperson eingeschoben wird. In den weitaus meisten Fällen aber wird die Abgabe an Apotheken

oder öffentliche Anstalten einen Engroshandel bedeuten, da diese Abnehmer zwar keineswegs immer größere Mengen beziehen, aber kaum einmal auf die Berechnung von Großhandelspreisen verzichten werden und der Regel nach über den Einzelbedarf hinaus einkaufen.

§ 4

aufgehoben durch Kais. Ver. v. 31. März 1911 (RGBl. S. 181)[1]) mit folgendem Wortlaut:

§ 1.

Der § 4 der Verordnung, betreffend den Verkehr mit Arzneimitteln, vom 22. Oktober (RGBl. 1901 S. 380) wird aufgehoben.

§ 2.[2])

Zu den Stoffen, die nach § 2 der Verordnung vom 22. Oktober 1901 und dem zugehörigen Verzeichnis B außerhalb der Apotheken nicht feilgehalten oder verkauft werden dürfen, treten hinzu:

Acidum acetylosalicylicum (Aspirinum), Acetylsalizylsäure (Aspirin),

---

[1]) Die Aufhebung erfolgte, nachdem das KG. am 6. Okt. 1910 (Ph. Z. v. 19. Okt. 1910 Samml. Bd. VII S. 879 Jahrg. 1920; Med.Arch. I S. 524) Delegation vom Kaiser auf den Kanzler für unzulässig erklärt hatte.

[2]) Die im § 2 genannten, hier eingeklammerten fünf Mittel sind durch die Verordnung v. 9. und 24. Dez. 1924 (RGBl. I S. 772 und S. 966) hier gestrichen und in das Verz. C Abt. A eingereiht. Auch Veronal ist Gegenstand einer späteren Verordnung, der v. 18. Febr. 1920 (RGBl. S. 253), geworden, durch welche auch seine Abkömmlinge und Salze sowie die Salze seiner Abkömmlinge ins Verz. B gelangten.

Eukalyptusmittel Heß' (Eukalyptol und Eukalyptusöl Heß'),
Homeriana (auch als Brusttee Homeriana oder russischer Knöterich (Polygonum aviculare Homeriana),
Johannistee Brockhaus (auch als Galeopsis ochroleuca vulcania der Firma Brockhaus),
Knöterichtee, russischer, Weidemanns (auch als russischer Knöterich- oder Brusttee Weidemanns),
Stroopal (auch als Heilmittel Stroops gegen Krebs-, Magen- und Leberleiden, auch Stroops Pulver),

Urea diaethylmalonylica, Acidum diaethylbarbituricum (Veronalum), Diäthylmalonylharnstoff, Diäthylbarbitursäure (Veronal).

§ 3.

Diese Verordnung tritt mit dem Tage der Verkündigung in Kraft.

Urkundlich unter Unserer Höchsteigenhändigen Unterschrift und beigedrucktem Kaiserlichen Insiegel.

Gegeben Achilleion, den 31. März 1911.

(L. S.) Wilhelm. Delbrück.

§ 5.

Die gegenwärtige Verordnung tritt mit dem 1. April 1902 in Kraft. Mit demselben Zeitpunkte treten die Verordnungen, betreffend den Verkehr mit Arzneimitteln, vom 27. Januar 1890, 31. Dezember 1894, 25. November 1895 und 19. August 1897 (Reichs-Gesetzbl. 1890 S. 9, 1895 S. 1 und 455, 1897 S. 707) außer Kraft.

Urkundlich unter Unserer Höchsteigenhändigen Unterschrift und beigedrucktem Kaiserlichen Insiegel.

Gegeben Neues Palais, Potsdam, den 22. Oktober 1901.

(L. S.) **Wilhelm.**

Graf von Posadowsky.

Die im Anschluß an die Bezeichnung der Verordnung auf S. 1 nach Zeit und Verkündungsstelle mitgeteilten Ergänzungen betreffen, von den Verordnungen v. 31. März 1911, v. 9. und 24. Dez. 1924 und v. 27. März 1925 abgesehen, lediglich das Verz. B. Die Änderungen sind in dieses eingefügt, so daß von dem besonderen Abdruck abgesehen wird. Von den hier gedachten vier Verordnungen ist die v. 31. März 1911 S. 136/137 abgedruckt. Die drei anderen folgen hier im Wortlaut, indessen mit der Maßgabe, daß das Verz. C nicht zwischen § 1 und § 2 der Verordnung v. 9. Dez. 1924, wie im RGBl., sondern hinter dem Verz. B zum Abdruck gelangt:

Verordnung über den Verkehr mit Arzneimitteln.

Vom 9. Dezember 1924. (RGBl. I S. 772.)

Auf Grund des § 6 Absatz 2 der Gewerbeordnung vom 26. Juli 1900 (RGBl. S. 871) wird verordnet:

§ 1.

In die Verordnung, betreffend den Verkehr mit Arzneimitteln, vom 22. Oktober 1901 (RGBl. S. 380) wird eingefügt:

1. hinter dem § 2 ein § 2a mit folgendem Wortlaut:

„Die in den Verzeichnis C aufgeführten Stoffe und Zubereitungen dürfen außerhalb der Apotheken nicht feilgehalten oder verkauft werden.“

2. hinter das Verzeichnis B ein Verzeichnis C mit folgendem Wortlaut:

. . .

§ 2.

Die im § 2 der Verordnung, betreffend den Verkehr mit Arzneimitteln, vom 31. März 1911 (RGBl. S. 181) aufgeführten Mittel sind in dem Verzeichnis B zu der Verordnung vom 22. Oktober 1901 wieder zu streichen.

§ 3.

Die Verordnung tritt am 1. Januar 1925 in Kraft.

Berlin, den 9. Dezember 1924.

Der Reichspräsident.
Ebert.
Der Reichsminister des Innern.
Dr. Jarres.

Verordnung über den Verkehr mit Arzneimitteln.

Vom 24. Dezember 1924. (RGBl. I S. 966.)

Auf Grund des § 6 Absatz 2 der Gewerbeordnung vom 26. Juli 1900 wird verordnet:

§ 1.

§ 2 der Verordnung über den Verkehr mit Arzneimitteln vom 9. Dezember 1924 erhält folgende Fassung:

„Die im § 2 der Verordnung, betreffend den Verkehr mit Arzneimitteln, vom 31. März 1911 aufgeführten fünf Mittel: Eukalyptusmittel Heß', Homeriana, Johannistee Brockhaus, Knöterichtee, russischer, Weidemanns, Stroopal sind in dem Verzeichnis B zu der Verordnung vom 22. Oktober 1901 zu streichen."

§ 2.

Die Verordnung tritt am 1. Januar 1925 in Kraft.

Berlin, den 24. Dezember 1924.

Der Reichspräsident.
Ebert.

Der Reichsminister des Innern.
Dr. Jarres.

Verordnung über den Verkehr mit Arzneimitteln.

Vom 27. März 1925. (RGBl. I S. 40.)

Auf Grund des § 6 Absatz 2 der Reichsgewerbeordnung vom 26. Juli 1900 (RGBl. S. 871) wird verordnet:

§ 1.

In die Verordnung, betreffend den Verkehr mit Arzneimitteln, vom 22. Oktober 1901 (RGBl. S. 380) wird hinter dem durch die Verordnung über den Verkehr mit Arzneimitteln vom 9. Dezember 1924 eingefügten § 2 a ein § 2 b mit folgendem Wortlaut eingeschaltet:

„Soweit nach den §§ 1, 2, 2 a Zubereitungen und Stoffe dem Verkehr außerhalb der Apotheken entzogen sind, dürfen sie auch von Krankenkassen, Genossenschaften, Vereinen oder ähnlichen Personengesamtheiten an ihre Mitglieder nicht verabfolgt werden."

Berlin, den 27. März 1925.

Der Stellvertreter des Reichspräsidenten.
Dr. Simons.

Der Reichsminister des Innern.
Schiele.

Verzeichnis A.

1. Abkochungen und Aufgüsse (decocta et infusa);[1])
2. Ätzstifte (styli caustici);[2])
3. Auszüge in fester oder flüssiger Form (extracta et tincturae),[3]) ausgenommen:[4])
   Arnikatinktur,[5])
   Baldriantinktur, auch ätherische,[6])
   Benediktineressenz,
   Benzoetinktur,
   Bischofessenz,
   Eichelkaffee-Extrakt,
   Fichtennadelextrakt,[7])
   Fleischextrakt,
   Himbeeressig,
   Kaffee-Extrakt,
   Lakritzen (Süßholzsaft), auch mit Anis,
   Malzextrakt, auch mit Eisen, Lebertran oder Kalk,[8])
   Myrrhentinktur,
   Nelkentinktur,
   Tee-Extrakt von Blättern des Teestrauchs,
   Vanillentinktur,
   Wacholderextrakt;
4. Gemenge, trockene, von Salzen oder zerkleinerten Substanzen oder von beiden untereinander,[9]) auch wenn die zur Vermengung bestimmten einzelnen Bestandteile gesondert verpackt sind[10]) (pulveres, salia et species mixta),[11]) sowie Verreibungen jeder Art (triturationes),[12]) ausgenommen:[13])
   Brausepulver aus Natriumbikarbonat und Weinsäure, auch mit Zucker oder[14]) ätherischen Ölen gemischt,
   Eichelkakao, auch mit Malz,

Hafermehlkakao,
Riechsalz,[15])
Salizylstreupulver,[16])
Salze, welche aus natürlichen Mineralwässern bereitet oder den solchergestalt bereiteten Salzen nachgebildet sind,[17])
Schneeberger Schnupftabak mit einem Gehalte von höchstens 3 Gewichtsteilen Nieswurzel in 100 Teilen des Schnupftabaks;[18])

5. Gemische, flüssige,[19]) und Lösungen[20]) (mixturae[21]) et solutiones)[22]) einschließlich gemischte Balsame,[23] Honigpräparate[24]) und Sirupe,[25]) ausgenommen:[26])

Ätherweingeist (Hoffmannstropfen),[27])
Ameisenspiritus,[28])
aromatischer Essig,
Bleiwasser mit einem Gehalte von höchstens 2 Gewichtsteilen Bleiessig in 100 Teilen der Mischung,[29])
Eukalyptuswasser,[30])
Fenchelhonig,[31])
Fichtennadelspiritus (Waldwollextrakt),[32])
Franzbranntwein mit Kochsalz,[33])
Kalkwasser, auch mit Leinöl,
Kampferspiritus,
Karmelitergeist,[30])
Lebertran mit ätherischen Ölen,[34])
Mischungen von Ätherweingeist, Kampferspiritus, Seifenspiritus, Salmiakgeist und Spanischpfeffertinktur oder von einzelnen dieser fünf Flüssigkeiten untereinander zum Gebrauche für Tiere, sofern die einzelnen Bestandteile der Mischungen auf den Gefäßen, in denen die Abgabe erfolgt, angegeben werden,[35])

Obstsäfte, mit Zucker, Essig oder Fruchtsäuren eingekocht,[36])
Pepsinwein,
Rosenhonig, auch mit Borax,[37])
Seifenspiritus,[38])
weißer Sirup;[39])

6. Kapseln, gefüllte, von Leim (Gelatine) oder Stärkemehl (capsulae gelatinosae et amylaceae repletae),[40]) ausgenommen[41]) solche Kapseln, welche
Brausepulver der unter Nr. 4 angegebenen Art,[42])
Copaivabalsam,
Lebertran,[43])
Natriumbikarbonat,
Rizinusöl oder
Weinsäure
enthalten;

7. Latwergen (electuaria);[44])

8. Linimente (linimenta),[45]) ausgenommen flüchtiges Liniment;[46])

9. Pastillen (auch Plätzchen und Zeltchen), Tabletten, Pillen und Körner (pastilli — rotulae et trochisci —, tabulettae, pilulae et granula),[47]) ausgenommen:[48])
aus natürlichen Mineralwässern oder aus künstlichen Mineralsalzen bereitete Pastillen,[49])
einfache Molkenpastillen,
Pfefferminzplätzchen,
Salmiakpastillen, auch mit Lakritzen- und Geschmackzusätzen, welche nicht zu den Stoffen des Verzeichnisses B gehören,
Tabletten aus [Sacharin],[50]) Natriumbikarbonat oder Brausepulver, auch mit Geschmackzusätzen, welche nicht zu den Stoffen des Verzeichnisses B gehören;

10. Pflaster und Salben (emplastra et unguenta),[51] ausgenommen:[52]

Bleisalbe zum Gebrauche für Tiere,[53]
Borsalbe zum Gebrauche für Tiere,[54]
Cold-Cream, auch mit Glyzerin, Lanolin oder Vaselin,[55]
Pechpflaster, dessen Masse lediglich aus Pech, Wachs, Terpentin und Fett oder einzelnen dieser Stoffe besteht,[56]
englisches Pflaster,[57]
Heftpflaster,[57]
Hufkitt,[58]
Lippenpomade,
Pappelpomade,[59]
Salizyltalg,[60]
Senfleinen,
Senfpapier,
Terpentinsalbe zum Gebrauche für Tiere,[61]
Zinksalbe zum Gebrauche für Tiere;[62]

11. Suppositorien (suppositoria) in jeder Form (Kugeln, Stäbchen, Zäpfchen oder dergleichen)[63] sowie Wundstäbchen (cereoli).[64]

Verzeichnis B.

Bei den mit * versehenen Stoffen sind auch die Abkömmlinge der betreffenden Stoffe sowie die Salze der Stoffe und ihrer Abkömmlinge inbegriffen.

*Acetanilidum.[65]
Acida chloracetica.
Acidum acetylosalicylicum (Aspirinum).
*— aethylphenylbarbituricum.
Acidum benzoicum e resina sublimatum.
— camphoricum.
— cathartinicum.
— cinnamylicum.
— chrysophanicum.

*Acidum diaethylbarbituricum.
*— diallylbarbituricum.
*— dibrompropyldiaethylbarbituricum.
*— dipropylbarbituricum.
— hydrobromicum.
— hydrocyanicum.
*— lacticum.
*— osmicum.
— sclerotinicum.
*— sozojodolicum.
— succinicum.
*— sulfocarbolicum.
*— valerianicum.
*Aconitinum.
Actolum.
Adonidinum.
Aether bromatus.
— chloratus.
— jodatus.
Aethyleni praeparata.
Aethylidenum bichloratum.
Agaricinum.
Airolum.
Aleudrin.
Aluminium acetico-tartaricum.
Ammonium chloratum ferratum.
Amylenchloralum.
Amylenum hydratum.
Amylium nitrosum.
Anthrarobinum.
*Apomorphinum.
Aqua Amygdalarum amararum.
— Lauro-cerasi.
— Opii.
— vulneraria spirituosa.
*Arecolinum.
Argentaminum.
Argentolum.
Argoninum.
Aristolum.
Arsenium jodatum.
*Atropinum.
Betolum.
Bismutum bromatum.
— oxyjodatum.
— subgallicum (Dermatolum).
— subsalicylicum.
— tannicum.
Blatta orientalis.
Bromalum hydratum.
Bromoformium.
*Brucinum.
Bulbus Scillae siccatus.
Butylchloralum hydratum.
Camphora monobromata.
Cannabinonum.
Cannabinum tannicum.
Cantharides.
Cantharidinum.
Cardolum.

Castoreum canadense.
— sibiricum.
Cerium oxalicum.
*Chinidinum.
*Chininum.
Chinoidinum.
Chloralose.
Chloralum formamidatum.
— hydratum.
Chloroformium.
Chrysarobinum.
*Cinchonidinum.
Cinchoninum.
*Cocainum.[67])
*Coffeinum.
Colchicinum.
*Coniinum.
Convallamarinum.
Convallarinum.
Cortex Chinae.
— Condurango.
— Granati.
— Mezerei.
Cotoinum.
Cubebae.
Cuprum aluminatum.
— salicylicum.
Curare.
Curarinum.
*Delphininum.
*Dial.
*Dicodid (Dihydrokodeinon).
*Digitalinum.[68])
*Digitoxinum.
Dihydromorphinum.
*Diogenal.
*Duboisinum.
*Emetinum.
*Eucainum.
Eucodal.
Euphorbium.
Europhenum.
Fel tauri depuratum siccum.
Ferratinum.
Ferrum arsenicicum.
— arsenicosum.
— carbonicum saccharatum.
— citricum ammoniatum.
— jodatum saccharatum.
— oxydatum dialysatum.
— oxydatum saccharatum.
— peptonatum.
— reductum.
— sulfuricum oxydatum ammoniatum.
— sulfuricum siccum.
Flores Cinae.[70])
— Koso.
Folia Belladonnae.
— Bucco.
— Cocae.
— Digitalis.
— Jaborandi.
— Rhois toxicodendri.
— Stramonii.
Fructus Papaveris immaturi.

Fructus Papaveris maturi ad usum humanum.
Fungus laricis.
Galbanum.
Glycopon.
*Guajacolum.
Hamamelis virginica.
Haemalbuminum.
Hedonal.
Herba Aconiti.
— Adonidis.
— Cannabis indicae.
— Cicutae virosae.
— Conii.
— Gratiolae.
— Hyoscyami.
— Lobeliae.
Holopon.
*Homatropinum.
Hydrargyrum aceticum.[71])
— bijodatum.
— bromatum.
— chloratum.
— cyanatum.
— formamidatum.
— jodatum.
— oleinicum.
— oxydatum via humida paratum.
— peptonatum.
— praecipitatum album.
— salicylicum.
— tannicum oxydulatum.
*Hydrastininum.
*Hyoscyaminum.
Isopral.
Itrolum.
Jodoformium.
Jodolum.
Kairinum.
Kairolinum.
Kalium jodatum.
Kamala.
Kosinum.
Kreosotum (e ligno paratum).
Lactopheninum.
Lactucarium.
Larginum.
Laudanon.
Lithium benzoicum.
— salicylicum.
Losophanum.
*Luminal.
Magnesium citricum effervescens.
— salicylicum.
Manna.
Medinal.
Methylenum bichloratum.
Methylsulfonalum (Trionalum).
Muscarinum.
Narcophin.
Natrium aethylatum.
— benzoicum.[72])

Natrium jodatum.
— pyrophosphoricum ferratum.
— salicylicum.
— santoninicum.
— tannicum.
Nirvanol.
*Nosophenum.
Oleum Chamomillae aethereum.
— Chenopodii anthelminthici.
— Crotonis.
— Cubebarum.
— Matico.
— Sabinae.
— Santali.
— Sinapis.
— Valerianae.
Opium, ejus alcaloida eorumque salia et derivata eorumque salia. (Codeinum, Heroinum, Morphinum, Narceinum, Narcotinum, Peroninum, Thebainum et alia.)[73]
*Optochin.
*Orexinum.
*Orthoformium.
Pantopon omniaque similia praeparata, quae alcaloidea Opii continent (Glycopon, Holopon usw.).
Parocodin.
Paracotoinum.
Paralaudin.
Paraldehydum.
Paramorfan.
Pasta Guarana.
*Pelletierinum.
*Phenacetinum.
*Phenocollum.
*Phenylum salicylicum (Salolum).
*Physostigminum (Eserinum).
Picrotoxinum.
*Pilocarpinum.
*Piperazinum.
Plumbum jodatum.
— tannicum.
Podophyllinum.
Praeparata organotherapeutica.
*Proponal.
Propylaminum.
Protargolum.[74]
*Pyrazolonum phenyldimethylicum (Antipyrinum).
Radix Belladonnae.
— Colombo.
— Gelsemii.
— Ipecacuanhae.
— Rhei.[75]
— Sarsaparillae.

Radix Senegae.
Resina Jalapae.
— Scammoniae.
Resorcinum purum.
Rhizoma Filicis.
— Hydrastis.
— Veratri.
Salia glycerophosphorica.
Salophenum.
*Salvarsan.[76])
Santoninum.
*Scopolaminum.
Secale cornutum.
Semen Calabar.
— Colchici.
— Hyoscyami.
— St. Ignatii.
— Stramonii.
— Stophanthi.
— Strychni.
Sera therapeutica, liquida et sicca et eorum praeparata ad usum humanum.
*Sparteinum.
Stifte, Sonden oder Meißel aus Laminaria, Tupeloholz oder anderen quellfähigen Stoffen.
Stipites Dulcamarae.
*Strychninum.
*Sulfonalum.
Sulfur jodatum.
Summitates Sabinae.
Tannalbinum.[77])
Tannigenum.
Tannoformium.
Tartarus stibiatus.
Terpinum hydratum.
Tetronalum.
*Thallinum.
*Theobrominum.
Thioformium.
*Tropacocainum.
Tubera Aconiti.
— Jalapae.
Tuberkuline, flüssige und trockene, sowie alle anderen aus oder unter Verwendung von Tuberkelbazillen gewonnenen Zubereitungen, soweit diese Tuberkuline und Zubereitungen zum Gebrauche beim Menschen bestimmt sind.
*Urea aethylphenylmalonylica.
*— diaethylmalonylica.
*— diallylmalonylica.[78])
*— dibrompropyldiaethylmalonylica.
*— dipropylmalonylica.
*Urethanum.
*Urotropinum.

Vasogenum et ejus praeparata.
*Veratrinum.
*Veronal.
Xeroformium.
*Yohimbinum.
Zincum aceticum.
Zincum chloratum purum.
— cyanatum.
— permanganicum.
— salicylicum.
— sulfoichthyolicum.
— sulfuricum purum.

Verzeichnis C.

Abteilung A.

1. Adlerfluid.
2. Amarol (auch als Ingestol).
3. American coughing cure Lutzes.
4. Anticeltatabletten (auch als Anticelta-Tablets oder Fettreduzierungstabletten der Anticelta-Association).
5. Antidiabeticum Bauers.
6. Antiépileptique Uten.
7. Antigichtwein Duflots (auch als Antigichtwein Oswald Niers oder Vin Duflot).
8. Antihydropsin Bödikers (auch als Wassersuchtelixier oder Hydrops-Essenz Bödikers).
9. Antimellin (auch als Essentia Antimellini composita).
10. Antineurasthin (auch als Nervennahrung Hartmanns).
11. Antipositin Wagners (auch als Mittel des Dr. Wagner und Marlier gegen Korpulenz).
12. Asthmamittel Hairs (auch als Asthma cure Hairs).
13. Asthmapulver R. Schiffmanns (auch als Asthmador).
14. Asthmapulver Zematone, auch in Form der Asthmazigaretten Zematone (auch als antiasthmatische Pulver und Zigaretten des Apothekers Escouflaire).

15. Augenwasser Whites (auch als Dr. Whites Augenwasser von Ehrhardt).
16. Ausschlagsalbe Schützes (auch als Universalheilsalbe oder Universalheil- und Ausschlagsalbe Schützes).
17. Balsam Bilfingers.
18. Balsam Pagliano (auch als Tripperbalsam Pagliano).
19. Balsam Thierrys (auch als allein echter Balsam Thierrys, englischer Wunderbalsam oder englischer Balsam Thierrys).
20. Bede-Cur.
21. Beinschäden Indian Bohnerts.
22. Blutreinigungspulver Hohls.
23. Blutreinigungspulver Schützes.
24. Blutreinigungstee Wilhelms (auch als antiarthritischer und antirheumatischer Blutreinigungstee Wilhelms).
25. Bräune-Einreibung Lamperts (auch als Universal-Bräune-Einreibung und Diphtheritis-Tinktur).
26. Bruchbalsam Tanzers.
27. Bruchsalbe des Pharmazeutischen Bureaus Valkenberg (Valkenburg) in Holland (auch als Pastor Schmits Bruchsalbe).
28. Chromonal-Erzeugnisse (auch als Neo-Chromonal).
29. Corliber.
30. Djoeat Bauers.
31. Elixir Godineau.
32. Embrocation Ellimans (auch als Universal embrocation oder Ellimans Universal-Einreibemittel für Menschen), ausgenommen Embrocation etc. for horses.
33. Entfettungstee Grundmanns.
34. Epilepsieheilmittel Quantes (auch als Spezificum oder Gesundheitsmittel Quantes).
35. Epilipsiepulver Cassarinis (auch als Polveri antiepileptische Cassarinis).

36. Eubalsol (auch als Radikalmittel Dr. Dammanns gegen Gonorrhöe).
37. Euergon.
38. Eukalyptusmittel Heß' (Eukalyptol und Eukalyptusöl Heß').
39. Eusanol (auch als Epilepsiemittel Dr. H. Seemanns oder Ueckers).
40. Excedol.
41. Ferrolin Lochers.
42. Frauenwohl Dr. Heys.
43. Fulgural (auch als Blutreinigungsmittel Steiners und Schulzes).
44. Gehöröl Schmidts (auch als verbessertes Gehöröl Schmidts).
45. Gloria tonic Smiths.
46. Glycosolvol Lindners (auch als Antidiabeticum Lindners).
47. Haematon Haitzemas.
48. Heiltränke Jakobis (auch als Heiltrankessenz, insbesondere Königstrank Jakobis).
49. Homeriana (auch als Brusttee Homeriana oder russischer Knöterich Polygonum aviculare Homeriana).
50. Hustentropfen Lausers.
51. Injection Brou (auch als Brousche Einspritzung).
52. Injection au matico (auch als Einspritzung mit Matiko).
53. Johannistee Brockhaus' (auch als Galeopsis ochroleuca vulcania der Firma Brockhaus).
54. Kalosin Lochers.
55. Kava Lahrs (auch als Kavakapseln Lahrs, Sanatol Lahrs mit Kavaharz oder Kavaharz Lahrs mit Sanatol).
56. Knöterichtee, russischer, Weidemanns (auch als russischer Knöterich- oder Brusttee Weidemanns).
57. Kräutergeist Schneiders (auch als wohlriechender Kräutergeist oder Luisafluid Schneiders).

58. Kräuterpillen Burkharts.
59. Krebsmittel Dr. Heys (auch als Krebskur Dr. Heys).
60. Kronessenz, Altonaer (auch als Kronessenz oder Menadiesche oder Altonaische Wunder-Kronessenz).
61. Kropfkur Haigs (auch als Goitre-cure oder Kropfmedizin Haigs).
62. Kurmittel Mayers gegen Zuckerkrankheit.
63. Lungenelixier Dr. Heys.
64. Magenpillen Tachts.
65. Magentropfen Bradys (auch als Mariazeller Magentropfen Bradys).
66. Magolan (auch als Antidiabeticum Braemers).
67. Margonal-Erzeugnisse (auch als Erzeugnisse der Margonal-Compagnie), und zwar: Boldo-Tee, Frauen- und Mutterkraut-Tee, Menstruations-, Badekraut-Tee, 63 Tees gegen 63 Krankheiten, Breboral-, Blut- und Nervennahrung (Breboral-Tabletten und -Tropfen), Injektion Trio, Kapseln gegen Harn- und Blasenleiden, Margoglykose, Mittel gegen chronischen Magenkatarrh und Schutzstäbchen.
68. Mother Seigels pills (auch als Mother Seigels Abführungspillen oder operating pills).
69. Mother Seigels syrup (auch als Mother Seigels curative syrup for dyspepsia, Extract of American roots oder Mutter Seigels heilender Sirup).
70. Naturmittel Pfarrer Jos. Schmidts, und zwar Anticonvulso, Anticorposan, Antigrassol, Cancrostoma, Diabeticum, Diabetol, Oedemal, Oedemasan, Pulmone, Pulmospira, Regular, Renicura, Renicurol, Salvador, Salvadoria, Stomafortin, Stomasana, Urinator, Urinoxal.
71. Nervenfluid Dressels.
72. Nervenkraftelixier Liebers.

73. Nervenstärker Pastor Königs (auch als Königs Nerve Tonic).
74. Nervinum Dr. Weil.
75. Nervicin.
76. Nervol Rays.
77. Orffin (Baumann Orffsches Kräuternährpulver).
78. Oxallo (auch als Oxalka).
79. Pektorals Bocks (auch als Hustenstiller Bocks).
80. Pillen Beechams (auch als Patent pills Beechams).
81. Pillen, indische (auch als Antidysentericum).
82. Pillen Rays (auch als Darm- und Leberpillen Rays).
83. Pilules du Docteur Laville (auch als Pillen Lavilles).
84. Polypec (auch als Naturkräutertee Weidemanns).
85. Rad-Jo (auch als Radjovis-Gonie).
86. Reduktionspillen, Marienbader, Schindler-Barnaysche (auch als Marienbader Reduktionspillen für Fettleibige).
87. Regenerator Dr. Heys.
88. Regenerator Liebauts (auch als Regenerator nach Liebaut).
89. Renascin (auch als verbessertes Renascin).
90. Retterspitzwasser Schecks (auch als Heilwickelbäder von M. Retterspitz).
91. Rongoasalbe.
92. Saccharosalvol.
93. Safe remedies Warners (Safe cure, Safe diabetic, Safe nervine, Safe pills).
94. Sanjana-Präparate (auch als Sanjana-Spezifica).
95. Sarsaparillian Ayers (auch als Ayers zusammengesetzter und gemischter Sarsaparilleextrakt).
96. Sauerstoffpräparate der Sauerstoffheilanstalt Vitafer.
97. Sauerstoffpräparate des Instituts für Sauerstoffheilverfahren in Berlin (auch als Hämozonpräparate).
98. Schlagwasser Weißmanns.

99. Sirup Pagliano (auch als Sirup Pagliano Blutreinigungsmittel, Blutreinigungs- und Bluterfrischungssirup Pagliano des Prof. Girolamo Pagliano oder Sirup Pagliano von Prof. Ernesto Pagliano).
100. Spermatol (auch als Stärkungselixier Gordons).
101. Spezialtees Lücks (auch als Spezialkräutertees Lücks).
102. Sterntee Weidhaas' (auch als Sterntee des Kurinstituts „Spiro Spero").
103. Stroopal (auch als Heilmittel Stroops gegen Krebs-, Magen- und Leberleiden oder Stroops Pulver).
104. Tee Puhlmanns.
105. Tuberkeltod (auch als Eiweiß-Kräuterkognak-Emulsion Stickes).
106. Vater-Philipp-Salbe.
107. Venecin (auch als Venecin-Brunnen).
108. Vin Mariani (auch als Marianiwein).
109. Visnervin (auch in abgeänderter Form als Nervisan).
110. Vulneralcreme (auch als Wundcreme Vulneral).
111. Wunderbalsam jeder Art.
112. Zambakapseln Lahrs.

Abteilung B.

1. Antineon Lochers.
2. Asthmamittel Tuckers (auch als Asthma-Heilmethode [Spezific] Tuckers).
3. Asthmapulver M. Schiffmanns.
4. Augenheilbalsam, vegetabilischer, Reichels (auch als Ophthalmin Reichels).
5. Bandwurmmittel Friedrich Horns.
6. Bandwurmmittel Theodor Horns.

7. Bandwurmmittel Konetzkys (auch als Konetzkys Helminthenextrakt).
8. Bandwurmmittel Schneiders (auch als Granatkapseln Schneiders).
9. Bandwurmmittel Violanis.
10. Bromidia Battle und Komp.
11. Cathartic pills Ayers (auch als Reinigungspillen oder abführende Pillen Ayers).
12. Diphtherietropfen der Marie Osterberg (auch als Universaltropfen der Marie Osterberg oder des Laboratoriums Osterberg).
13. Diphtheritismittel Noortwyds (auch als Noortwyds antiseptisches Mittel gegen Diphtherie).
14. Gesundheitshersteller, natürlicher, Winters (auch als Nature health restorer Winters).
15. Gicht- und Rheumatismuslikör, amerikanischer, Latons (auch als Remedy Latons).
16. Gout and rheumatic pills Blairs.
17. Heilmittel des Grafen Mattei (auch als Graf Cesare Matteische elektro-homöopathische Heilmittel).
18. Heilmittel Kidds (auch als Heilmittel der Davis Medical Co.).
19. Kollodin Heuschkels (auch als Mittel Heuschkels gegen Pferdekolik).
20. Komplexmittel, homöopathische, der Engelapotheke (Iso-Werks) in Regensburg (auch als zusammengesetzt homöopathische oder elektro-homöopathische Mittel System Mattei).
21. Kräutersaft, wunderbar wirkender, Sprengels.
22. Krebspulver Frischmuths (auch als Mittel Frischmuths gegen Krebsleiden).
23. Liqueur du Docteur Laville (auch als Likör des Dr. Laville).
24. Lymphol Rices (auch als Bruchheilmittel Rices.)

25. Magalia-Erzeugnisse Krahes (auch als Heilpräparate oder Medizinen Krahes), einschließlich Antitoxinal und Pulmexsal.
26. Nalther-Tabletten.
27. Noordyl (auch als Noordyltropfen Noortwycks).
28. Oculin Carl Reichels (auch als Augensalbe Oculin).
29. Panchymagogum Dr. Heys.
30. Pillen Morisons.
31. Pillen Redlingers (auch als Redlingersche Pillen).
32. Pink-Pillen Williams' (auch als Pilules Pink pour personnes pâles du Dr. Williams).
32. Reinigungskuren Konetzkys (auch als Reinigungskuren der Kuranstalt Neuallschwil, Schweiz).
34. Remedy Alberts (auch als Rheumatismus- und Gichtheilmittel Alberts).
35. Sternmittel, Genfer, Sauters (auch als elektro-homöopatische Sternmittel von Sauter in Genf oder Neue elektrohomöopathische Sternmittel usw.).
36. Vixol (auch als Asthamittel des Vixol-Syndikats).

Abteilung C.[80])

1. Mittel gegen Blutstockung, und zwar auch dann, wenn sie als Mittel gegen Regel-, Perioden- oder Menstruationsstörungen angekündigt werden (z. B. die Margonal-Erzeugnisse, Frauen- und Mutterkraut-Tee, Menstruations-, Badekraut-Tee).

2. Mittel gegen Trunksucht (z. B. Mittel des Alkolin-Instituts, Mittel Burghardts — auch als Diskohol —, Mittel August Ernsts, Franks, Theodor Heintz', Konetzkys — auch als Kephalginpulver oder Mittel der Privatanstalt Villa Christina —, Mittel der Gesellschaft Sanitas, Josef Schneiders, Wessels, Cozapulver, Trinkerhilfe Richard Oldenburgs Kasankha).

1. Abkochungen (decocta) sind nach dem Deutschen Arzneibuch V 1910 S. 153/154 „wässerige Auszüge aus in der Regel zerkleinerten Pflanzenstoffen, die mit kaltem Wasser übergossen, eine halbe Stunde lang unter wiederholtem Umrühren im Wasserbad erhitzt und dann warm abgepreßt werden".

Für die Abkochung von Condurangorinde, für die Bereitung von Decoctum Althaeae oder Seminis Lini sind Sondervorschriften gegeben.

Festzuhalten ist, daß der Grundstoff eine pflanzliche Droge sein muß. So Böttger S. 26 Anm. 16. Resemann S. 31, Lebbin S. 93, Springfeld V S. 313 (mit besonderer Begründung) nehmen an, daß auch eine tierische Droge den Grundstoff abgeben kann. Alle stimmen darin überein, daß ein mineralischer oder anderer Stoff als Herstellungsmaterial einer Abkochung sowie eines Aufgusses (infusa) nicht gelten kann. Die alleinige oder anteilige Verwendung von Alkohol, Wein, zum Teil unter Zusatz von Säuren, nehmen den Abkochungen nicht ihren Charakter

Aufgüsse (infusa) sind nach dem Arzneibuch S. 279 wässerige Auszüge aus in der Regel zerkleinerten Pflanzenteilen, die mit siedendem Wasser übergossen, fünf Minuten lang unter wiederholtem Umrühren im Wasserbad erhitzt und nach dem Erkalten abgepreßt werden. Im übrigen gilt für sie dasselbe wie für die Abkochungen.

2. Ätzstifte (styli caustici), ebenso wie die Wundstäbchen, sind im Arzneibuch S. 69 als eine Unterabteilung der Arzneistäbchen (Bacilli) aufgeführt und als Zubereitungen in Stäbchenform, zum Ätzen bestimmt, erklärt. Es ist bemerkenswert, daß hier Ätzstifte in Ziffer 2, Wundstäbchen in Ziffer 11 getrennt von einander aufgeführt sind. Sie müssen, da das Verz. A nur Zubereitungen zu Arzneizwecken treffen will, zum Ätzen zubereitet sein, d. h. sie müssen die für Ätzzwecke erforderliche und vor allem übliche Arzneiform erhalten haben. Ist die Stiftform die übliche Handelsform — im Gegensatz zur Arzneiform —, so sind die betreffenden Stifte frei. So Höllensteinstangen vor ihrer Zuspitzung (LG. Stolp 1898, mitgeteilt in der D. Drog. Z.

S. 224). Das KG. hat am 30. Juni 1913 — I S. 508/13, 4 N. 8/12 — die Beantwortung dieser Frage von einer der ersten Instanz aufgegebenen Prüfung nach der Richtung abhängig gemacht, ob das „Zuspitzen vor dem Gebrauch“ als eine wesentliche oder aber eine „nicht notwendige pharmazeutische Operation“ anzusehen ist. Das Anspitzen ist aber notwendig, damit mit Genauigkeit die zu ätzende Stelle und keine darüber hinausgehende Fläche getroffen wird. Die von Regierungsrat E. Müller, pharmazeutischer Berichterstatter im Württembergischen Ministerium des Innern, und von Sanitätsrat F. Völter, pharmazeutischer Sachverständiger für Arzneimittel- und Gifthandlungen, 1921 herausgegebenen „Vorschriften für den Betrieb von Arzneimittel- und Gifthandlungen“ (Wissensch. Verlagsges. m. b. H., Stuttgart) erklären (S. 24) zutreffend, daß „Höllenstein in kristallisierter Form“ frei verkäuflich und nur als „Ätzstift“ Monopolmittel ist. Die Höllensteinstangen müssen, um dem Kleinhandel außerhalb der Apotheken entzogen zu sein, Ätzzwecken dienen, und zwar in ordnungsmäßiger Anwendung. „Die ätzende Wirkung bei mißbräuchlicher Verwendung ist unbeachtlich.“ Deshalb wurde den Migränestiften vom OLG. Breslau am 26. Mai 1908 — 7. 3. S. 134/08 — und den Insektenstiften vom KG. am 14. Febr. 1910 — 1 S. 21/10 — der Charakter als Ätzstifte verneint; sie wurden deshalb beide als frei verkäuflich erklärt. Liebreich (Bd. I S. 68) erklärt als Ätzmittel alle diejenigen, „welche eine Zerstörung der tierischen Gewebe herbeiführen, oder welche imstande sind, dem Körper einverleibte Gifte, wie Schlangengift usw., gleichzeitig zu zerstören“. Diese Definition ist insofern nicht glücklich, als sich die Worte „oder“ und „gleichzeitig“ ausschließen. Aber es ist jedenfalls festzuhalten, daß auch nach Liebreich die Kraft, tierische Gewebe zu zerstören, zur Erfüllung des Begriffs Ätzmittel unentbehrlich ist. Die Freigabe von Warzenstiften gründet sich nach Raymund (S. 1292) darauf, daß Warzen keine Krankheit sind.

Eine einfache Beizung ist nicht ausreichend (Lebbin S. 94 bis 97). In der Entsch. v. 14. Febr. 1910 — 1 S. 21/10 — hat sich das KG. an die tatsächliche Feststellung des Vorderurteils, daß Blutstiller Ätzstifte seien, für gebunden erachtet. Solche Bindung liegt für das Revisionsgericht nur dann vor, wenn das angefochtene Urteil nicht den Verdacht anregt, daß es die rechtliche Seite des Begriffs Ätzstift verkannt hat, etwa in der Annahme, daß eine Ätzwirkung nicht notwendiges Merkmal eines Ätzstiftes sei. Tatsächlich sind Blutstiller nicht bestimmt, irgendeine Ätzwirkung auszuüben. Ätzstifte für kosmetische Zwecke, z. B. gegen Warzen, sind frei, sofern sie nicht rezepturpflichtige Bestandteile enthalten, was bei den üblichsten (Höllenstein, cuprum sulfuricum in äußerlicher Anwendung) nicht der Fall ist. So KG. am 6. Nov. 1924 in Verbindung mit AG. Berlin Mitte am 15. Jan. 1925 (Ph. Z. v. 27. Mai 1925 S. 180 und 687).

3. Das Deutsche Arzneibuch V 1910 erklärt S. 170: „Extrakte sind eingedickte Auszüge aus Pflanzenstoffen oder eingedickte Pflanzensäfte." Das ist nun freilich keine eigentliche Definition, denn daß Extrakte Auszüge sind, gibt nur die Übersetzung und keine Erklärung. Der Begriff der Extrakte ist deshalb unabhängig von dem Deutschen Arzneibuch zu ermitteln. Vgl. Urt. des OLG. Posen v. 14. Aug. 1899 (Ph. Z. 1902 Nr. 3), woselbst die Heranziehung des Arzneibuches zur Auslegung der Kais. Ver. als unzulässig erklärt wird. Liebreich gibt (Bd. II S. 258) folgende Erklärung: Unter Extrakten versteht die Materia medica abweichend vom gewöhnlichen Sprachgebrauch (extrahere = Ausziehen) eine durch Eindicken von Auszügen vegetabilischer oder animalischer Drogen oder auch von Preßsäften frischer Kräuter gewonnene Arzneiform, während beispielsweise Repräsentanten einfacher Auszüge Dekokte und Tinkturen sind. Lebbin (S. 98) erklärt als einen Auszug dasjenige Produkt, welches man aus einer Droge mittels einer Flüssigkeit erhält, wenn man Droge und Flüssigkeit längere Zeit . . . aufeinander einwirken läßt, bis die Flüssigkeit die löslichen Anteile der Drogen aufgenommen hat. „Die unveränderten Auszüge heißen Tinkturen, die konzentrierten Extrakte." Das „unverändert" bezieht sich nur auf die wesentlichen

Bestandteile und deren Verhältnis zueinander und schließt Färbung nicht aus. Das Deutsche Arzneibuch beschreibt Tinkturen als „dünnflüssige, gefärbte, weingeistige, weinige oder wäßrige Auszüge aus Pflanzen- oder Tierstoffen. Auch weingeistige Lösungen solcher oder anderer Arzneistoffe können als Tinkturen bezeichnet werden." Lebbin fordert, daß als Grundlage eine Droge dienen müsse. Als Drogen werden bei Liebreich (Bd. II S. 57) bezeichnet „die zu Heilzwecken dienenden animalischen, vegetabilischen und mineralischen Stoffe, sofern sie lediglich mechanisch bearbeitet worden sind". Den Grundstoff darf weder ein chemisches Präparat noch eine pharmazeutische Zubereitung abgeben, falls ein Auszug vorliegen soll. Lebbin fordert weiter, daß die Erschöpfung der Droge durch eine tropfbare Flüssigkeit erfolgen müsse, nicht durch Pressen, nicht durch Destillieren. So auch Springfeld V S. 313, 334, 9, wo Pressung und Destillation als industrielle im Gegensatz zur pharmazeutischen Zubereitung bezeichnet sind. Im wesentlichen den gleichen Standpunkt vertreten Böttger S. 27, Meißner S. 84, Nesemann S. 37. Isolierungsverfahren, bei welchen chemische Vorgänge eine wesentliche Rolle spielen, schaffen keine Auszüge.

Daß die Destillation eine völlig selbständige Zubereitungsform ist, wird in der Rechtsprechung, von wenigen Ausnahmen abgesehen, allgemein anerkannt. Das Destillationsverfahren an sich ist keine von der Kais. Ver. getroffene Zubereitungsform, und deshalb sind Destillate im freien Verkehr nicht beschränkt. Destillate sind eben weder Auszüge im Sinne der Ziffer 3 noch Mischungen oder Lösungen im Sinne der Ziffer 5 des Verz. A (vgl. unten). Werden mehrere Zubereitungsformen gewählt, um zu einem bestimmten Endziel zu gelangen, so ist die letzte Zubereitung ausschlaggebend. Wenn eine ursprüngliche Mischung, sei es durch Verdampfen der Flüssigkeit, sei es auch durch einen selbständigen Backprozeß oder sonstwie, zum festen Körper umgeformt wird, so liegt selbstverständlich nicht mehr ein flüssiges Gemisch vor.

Daß die letzte Zubereitung das Entscheidende ist, führen

die Urt. des KG. v. 7. Jan. 1909 — 1 S. 1034/08 —, des LG. Hamm v. 5. Nov. 1909 — N. 4. 344/09 —, des LG. Elberfeld v. 12. März 1910 — 10 J. 116/09 —, des OLG. Breslau v. 13. Okt. 1914 — 7 S. 332/14 — überzeugend aus; anderer Meinung, aber durchaus irrig, OLG. Köln am 27. Juni 1904 — S. 97/04 —: „Dadurch, daß dieses Gemenge durch Pressen in die Form von Tafeln gebracht worden ist, hat es selbstverständlich nicht aufgehört, ein Gemenge zu sein ... In keiner Weise ist das Erfordernis zum Ausdruck gebracht worden, daß das Gemenge in der Gestalt verblieben sein müsse, in welcher das Mengen geschehen ist." Diese Ansicht ist erkennbar vom OLG. Köln später verlassen, denn es hat wiederholt Zubereitungen als das bestimmt, als was sie sich in ihrer letzten Erscheinungsform gaben. Das ist auch unerläßlich, denn es würde sonst jede Möglichkeit fehlen, festzustellen, welche Zubereitung die maßgebende sein soll, falls, wie dies bei einer außerordentlich großen Zahl von Zubereitungen vorkommt, verschiedene Verfahren nacheinander zur Anwendung gelangen, z. B. zuerst eine Lösung, dann eine Mischung, dann eine Verbindung mit festen Stoffen, schließlich die Verdampfung der flüssigen Bestandteile.

Es ist aber die letzte Zubereitung nicht das allein Bestimmende: Form und Herstellungsverfahren einer Ware müssen mit Form und Herstellungsverfahren einer im Verz. A aufgeführten Zubereitung übereinstimmen, wenn die Ware als Zubereitung des Verz. A angesprochen werden darf. Es genügt keineswegs Übereinstimmung in der Form allein; es sind z. B. Bonbons, auch wenn sie in der Form den Zubereitungen der Ziffer 9 des Verz. A entsprechen, nicht Pastillen, wenn der pharmazeutische Herstellungsprozeß der Pastille sich wesentlich von der Industrieherstellungsweise von Bonbons unterscheidet. Enthält eine flüssige Zubereitung mehrere Flüssigkeiten, oder besteht sie aus einem in einer Flüssigkeit gelösten festen Körper, so liegt doch nur dann eine Mischung oder Lösung im Sinne der Ziffer 5 des Verz. A vor, wenn ein Verfahren voraufgegangen ist, welches sich pharmazeutisch als Mischung oder Lösung darstellt. Das ist aber dann nicht der

Fall, wenn das Endergebnis im Wege der Destillation erreicht ist. Daß die Destillation, ein chemischer Trennungsprozeß, keine geschützte pharmazeutische Zubereitung darstellt, ist herrschende und allein zutreffende Meinung in Lehre und Rechtsprechung. Für letztere siehe KG. v. 6. Sept. 1907 — 1 S. 740/07 —, woselbst der Unterschied von der Lösung auseinandergesetzt ist; ferner KG. v. 6. Mai 1907 (Ph. Z. Nr. 71), woselbst der Unterschied vom Gemisch festgelegt wird, KG. v. 27. Nov. 1908 (Johow 37 C. 74, Reger 29, 153), v. 7. Jan. 1909 — 1 S. 1634/08 —, v. 20. März 1911 — I S. 170/11 — (Med.Arch. 1911 S. 367), OLG. Kiel v. 5. Febr. 1910, OLG. Hamburg vom 11. März 1910, Hans. E. St. 3, 281, vom 11. Juni 1910 (Drogenhändler Nr. 72), OLG. Köln v. 7. Okt. 1910 — 11 N. 58/10 —, OLG. Naumburg v. 15. Aug. 1911 — 3 S. 119/11 —, OLG. Breslau v. 30. April 1912 (Med.Arch. 1912 S. 537 und Beil. z. Zeitschr. für Med.B., 25. Jahrg. S. 227), OLG. Karlsruhe v. 11./18. März 1912 (Drogenhändler Nr. 37 v. 8. Mai 1924). OLG. Posen (9. Sept. 1906) erachtet Destillate als eine pharmazeutische Zubereitung im Sinne des Verz. A, weil in Ziffer 5 Eukalyptuswasser und Karmelitergeist als Ausnahme freigegeben sind, was sich erübrige, wenn Destillate schlechthin frei verkäuflich wären. Demgegenüber führt das KG. am 7. Jan. 1909 — 1 S. 1034/38 — aus, daß diese Zubereitungen eben auch dann freigegeben sein sollten, wenn sie als Lösungen oder Mischungen vorkommen, z. B. wenn ihnen nach der Destillierung noch etwas zugesetzt werde. Übrigens gestattet die Kais. Ver. nicht, daß aus ihrem Wortlaut oder auch aus ihrem Aufbau zwingende Schlüsse gezogen werden. Mannigfach zeigt sie Systemverletzungen, indem sie z. B. Stoffe ausdrücklich als frei verkäuflich aufführt, deren Verkehrsfreiheit ohnehin aus anderen allgemeinen Bestimmungen der Kais. Ver. zu entnehmen ist. Für die Flüchtigkeit, mit welcher die schließliche Redaktion der Kais. Ver. erfolgte, spricht auch deutlich genug, daß in Ziffer 10 des Verz. A „Pechpflaster" aus der alphabetischen Ordnung herausfällt, vermutlich, weil der erste Verfasser die lateinische Bezeichnung emplastrum picis gewählt hatte.

Herstellungsverfahren den Begriff Destillat als Zubereitung rechtfertigen. Wird durch das Destillieren nichts zubereitet, d. h. nichts verändert, so liegt eine Zubereitung nicht vor. Destillation will „die Bestandteile eines Gemisches trennen" (Thoms I 451). Trennt sie nichts, so liegt eben keine Destillation vor. Wird ein Auszug, eine Mischung oder eine Lösung durch das nachträgliche Destillieren nicht verändert, so erhält man auch kein Destillat, sondern nur die frühere Zubereitung. Eine so behandelte Arznei genießt dann nicht die den „echten" Destillaten gewährte Verkaufsfreiheit. Das kann einem begründeten Bedenken nicht begegnen. Schwieriger gestaltet sich die Frage, ob jede Veränderung hinreicht, um eine neue Zubereitung zu schaffen. Die Entsch. hierüber verlangen bald, daß das Destillat „im Wesen" von den Ausgangsstoffen verschieden ist, bald aber auch, daß sich das Destillat in Zusammensetzung und Wirkung „wesentlich" unterscheidet, wobei hinzugefügt wird, daß es aber selbstverständlich auf die Heilkraft des Destillats nicht ankäme (OLG. Köln am 7. Okt. 1910 — 11 N. 58/10 —). Daß eine Veränderung in der Wirkung allemal eine Veränderung im Wesen zur Voraussetzung hat, und selbst dann, wenn die Veränderung im Wesen sich wissenschaftlich nicht feststellen läßt, ist in der Wissenschaft unstreitig. Kognak als Destillat hergestellt und Kognak als Mischung hergestellt weisen nach dem heutigen Stande der Wissenschaft Veränderungen im Wesen nicht aus; aber der Geschmack läßt den Kenner so erhebliche Unterschiede merken, daß ein als Mischung hergestellter Kognak eine Verletzung des Nahrungsmittelgesetzes bedeutet. Läßt sich eine Veränderung durch Geschmacks- oder Geruchssinn wahrnehmen, so beweist dies hinreichend, daß auch eine Wesensveränderung vorliegt. Das gleiche gilt, wenn die Haltbarkeit oder medizinische Wirkung des Destillats eine andere ist als die der undestillierten Zubereitung. Die Veränderung kann auch für das Auge leicht etwa derart erkennbar sein, daß das Destillat klar, farblos, die undestillierte Zubereitung trübe oder gefärbt erscheint. In allen Fällen, in welchen die medizinische Wirkung, der Geschmack, Geruch oder das Aussehen durch die

Das Ergebnis einer Destillation kann auch ein Auszug sein, indessen nicht ein Auszug im Sinne der Ziffer 3, weil der Auszug im Sinne der Ziffer 3 durch eine Flüssigkeit, das Ausziehen im Wege der Destillation aber durch Verdampfung erfolgt. (Siehe Lebbin S. 100.) Zum Ausgangsstoff eines Destillationsverfahrens kann eine Zubereitung gemacht werden, während Auszüge — von den sog. uneigentlichen Tinkturen abgesehen — zur Voraussetzung eine Droge haben. Destillation kann einen einfachen Soff, einen Auszug, eine Mischung, eine Lösung im Ergebnis erzielen. Würde es also nur auf das Ergebnis ankommen, auf die Form, in welcher sich dieses Ergebnis darbietet, so würde Destillation zu den verschiedensten „Zubereitungen" führen. Indessen steht die herrschende Meinung auf dem diesseitigen Standpunkt, daß nicht die Form allein, sondern nur diese in Verbindung mit dem Herstellungsverfahren das Wesen einer Zubereitung im Sinne des Verz. A erfüllen, so z. B. OLG. Karlsruhe am 15. Febr. 1897 w/r B., LG. Glogau am 23. Juli 1898, KG. am 24. Nov. 1898, LG. Frankfurt am 18. Sept. 1899 — O. 133/99 —, OLG. Hamm am 12. Aug. 1907 w/r H. in R., KG. am 7. Jan. 1909 — 1 S. 1034/08 —, am 30. Mai 1907 (R.Gesundh.Samml. 1911 Bd. VI S. 422 und Med.Arch. 1911 S. 54), woselbst es darlegt, daß „essigsaure Tonerdelösung" gar keine Lösung im Sinne des Verz. A ist, weil sie auf chemischem Wege hergestellt werde, Zubereitungen des Verz. A aber auf physikalischem Wege hergestellt werden müssen. Ebenso Dresden am 22. Sept. 1908 (Gew.Arch. 10, 213; Jahrb. des Str.R. u. Proz. 1911 S. 297).

Destillate sind also an sich frei, sofern sie die letzte Zubereitungsform darstellen. Daß dies die ausgesprochene Absicht des Gesetzgebers war, erklärt das RGesA. in einem dem KG. erstatteten Gutachten mit der Begründung, man habe den Verkehr mit Destillaten nicht beschränken wollen, weil einerseits Destillate in der Industrie eine erhebliche, andererseits im Arzneimittelverkehr eine geringfügige Rolle bei Erlaß der Kais. Ver. spielten. (Vgl. KG. v. 27. Nov. 1908 bei Johow 37 C. 74, Reger 29, 153.)

Das hat sich insofern gewandelt, als die Zahl der als Destillate in den Handel kommenden Arzneimittel erheblich zugenommen hat. Dem sucht das Deutsche Arzneibuch V von 1910 durch Einfügung einer neuen Art von Arzneimitteln Rechnung zu tragen. Es nennt sie Spirituosa medicata — arzneiliche Spirituosen — und erklärt diese wörtlich wie folgt: „Arzneiliche Spirituosen sind Lösungen von Arzneimitteln, die Weingeist als einen wesentlichen Bestandteil enthalten. Sie werden durch Mischen, Lösen oder Destillation hergestellt." Hierdurch sollen die Destillationen ihres Charakters als selbständiger Zubereitungsart entkleidet werden. Sie sollen zu einer Unterabteilung des Lösungsbegriffes gemacht werden. Der Versuch ist verfehlt. Der Satz, daß Lösungen durch Lösen hergestellt werden, ist unangreifbar. Der Satz, daß Lösungen durch Mischen hergestellt werden, ist aber in sich widerspruchsvoll, denn Lösungen unterscheiden sich von Mischungen sehr wesentlich dadurch, daß letztere die ohne Veränderung des Aggregatzustandes bewirkte Vereinigung von zwei oder mehreren tropfbar flüssigen Körpern darstellen, während eine Lösung die Veränderung des Aggregatzustandes eines Stoffes mit Hilfe eines tropfbar flüssigen Lösungsmittels zur Voraussetzung hat. In diesem Sinne spricht das Deutsche Arzneibuch V von 1910 unter „Allgemeine Bestimmungen" Nr. 4 S. XXV und XXVI und Nr. 5 S. XXVI vom Lösungsmittel und von der Löslichkeit der einzelnen Stoffe. „Gelöst" können sowohl feste wie gasförmige, wie auch tropfbar flüssige Stoffe werden, aber stets muß auch bei den letzteren eine Veränderung des Aggregatzustandes vor sich gehen. Vgl. Anm. 20 zu Ziffer 5 des Verz. A. Aus dem zitierten Satze aus dem Deutschen Arzneibuch S. 485 ist deshalb eine Erklärung des Begriffs der Lösung nicht zu entnehmen. Zudem kann ein 1910 erschienenes Arzneibuch jedenfalls dort nicht zur Erklärung der Begriffe der Kais. Ver. v. 22. Okt. 1901 herangezogen werden, wo es eine wesentliche Umgestaltung der bis dahin gültigen pharmazeutisch-technischen Begriffe anstrebt. Auch die Feststellung, ob eine Flüssigkeit ein Destillat ist, bedarf der Prüfung dahin, ob sowohl Form als auch

Destillation verändert ist, muß man deren Ergebnis als eine pharmazeutisch gerechtfertigte Zubereitung ansehen.

Die Unterscheidung zwischen den Destillaten, welche eine neue Zubereitung sind (echte), und solchen, welche eine neue Zubereitung nur vortäuschen sollen, in Wirklichkeit aber die Ausgangszubereitung unverändert lassen (unechte Destillate), vertreten die oben angezogenen Entsch. des KG. v. 9. Nov. 1908 — I S. 35/08 — (Johow 36 C. 73, auch Joh. 37 C. 74), v. 7. Jan. 1909 — 1 S. 1034/09 —, OLG. Kiel v. 5. Febr. 1910, Hamburg v. 11. März 1910 (Hans. E. St. 3, 281 und Drogenhändler Nr. 72/10), Köln v. 7. Okt. 1910 — 11 N. 58/10 —, Breslau v. 26. Mai 1908 — 7. 3 S. 134/08 —, Cassel v. 2. Aug. 1909 — Bl. 89 d N. wider Sch. —, Naumburg v. 15. Aug. 1911 — S. 119/11 —. Ähnlich, aber doch insofern irrig, als Unentbehrlichkeit der Destillation verlangt wird, OLG. München v. 3. Dez. 1910 (Rev.Reg. 445/10). Auch OLG. Dresden v. 9. Aug. 1911 — V LG. III 211/11 Nr. 2. 6 Ba 48/10 — schließt sich der Auffassung an, daß echte Destillate frei verkäuflich sind. In einer Entsch. v. 14. Juli 1922 — 1 S. 478/22 — (Drogenhändler Jahrg. 1922 Nr. 60 S. 781) führt das KG. wörtlich aus: „Nicht freigegeben sind 22 Destillate, die sich in ihrer Zusammensetzung und Wirkung von der undestillierten Zubereitung nicht wesentlich unterscheiben und eine neue Zubereitung nur vortäuschen sollen. Der Vorderrichter wird daher in der neuen Verhandlung festzustellen haben, ob die Mittel durch die Destillation eine derartige Veränderung in Geschmack, Geruch, Aussehen und in ihrer medizinischen Wirkung erfahren, daß man das Ergebnis der Destillation als eine pharmazeutisch gerechtfertigte Zubereitung erachten kann. (Vgl. Sonnenfeld, Drog.Ges., 2. Aufl., S. 107 ff.)" Die beiden durch Sperrdruck ausgezeichneten „und" sind wohl als „oder" gemeint. Nicht behandelt ist die Frage, wie es zu halten ist, wenn nicht eine fertige Zubereitung überdestilliert wird, ohne eine Veränderung zu erzielen, sondern wenn statt der für die Apotheken geschützten Zubereitung die Destillation gewählt wird. Wenn ein gewünschtes Erzeugnis genau ebensogut durch Ausziehen wie durch Destillation erzielt werden kann, wenn sich keinerlei Vorteile zugunsten der einen oder der anderen Herstellungsweise geltend machen lassen, so kann der Erzeuger nicht verpflichtet werden, den Weg zu wählen, der den Absatz des Erzeugnisses beschränkt. Es kann durchaus nicht von einer verbotenen Gesetzungsumgehung die Rede sein, wenn er unter zwei gleich gangbaren Wegen den vom Gesetz begünstigten wählt. Selbst wenn die Destillation das weniger vorteilhafte Verfahren darstellen würde, sei es, weil es sich teurer stellt, sei es, weil es wirksame Bestandteile der Droge ungenutzt läßt, liegt in der Bevorzugung der Destillation zu dem klar ausgesprochenen Zweck, Freiverkäuflichkeit zu erreichen, nichts Gesetzwidriges, keine mit Straffolgen verbundene „Gesetzesumgehung". Man begegnet so oft der Auffassung, daß die Vermeidung einer Monopolform sich als eine Gesetzesumgehung darstelle, die den Strafrichter nicht veranlassen dürfe, von Bestrafung abzusehen, daß hier des näheren hierauf eingegangen werden muß. Wer in Wahrheit ein strafrechtliches Verbot „umgeht", wandelt nicht auf Strafrechtswegen. „Wenn das Postulat: „Keine Strafe ohne Schuld" nicht zur Phrase herabsinken soll, dann müssen wir festhalten an dem Satz: Wer sich keiner Verpflichtung bewußt ist, kann sie auch nicht schuldvoll verletzen." (Zeitschr.f. d. ges. Strafrechtswesen von v. Liszt und Lilienthal, 1920, S. 411.) Wenn das Gesetz Lösungen im Verkehr beschränkt, Destillate freigibt, wenn es nirgends gebietet, ein bestimmtes Erzeugnis nur als Lösung und nicht als Destillat herzustellen, so kann der Hersteller des Destillats sich nicht bewußt sein, mit der Destillation eine Pflicht zu verletzen; vertreibt er das Destillat, so bewegt er sich außerhalb des Strafgesetzes, kann also mangels einer Strafrechtsnorm auch nicht bestraft werden. Den sog. Gesetzesumgehungen, welche vor Bestrafung nicht schützen, liegt in Wirklichkeit eine nur scheinbare, nur vorgetäuschte Umgehung zu Grunde. Das lag in dem oben behandelten Falle der sog. Überdestillation vor; dort schuf die Destillation gar keine neue Zubereitung, sondern ließ die alten unverändert, dort mußte sie auch unbeachtet bleiben. Im Urt. v. 17. Sept.

1918 — 4 D. 419/18 — hält das RG. die Bestrafung eines Mannes aufrecht, der, wie sich das Vorderurteil ausdrückte, die Stelle eines Leiters „zu einer Umgehung vorsätzlich mißbrauchte". Der Tatbestand war der folgende: Dem Angeklagten war die Erlaubnis zum Handel entzogen. Er übernahm daraufhin die Leitung einer Filiale eines im Felde befindlichen Inhabers, trat nach außen selbst auf, war nach innen ohne Kontrolle. Wenn das RG. hierin gerade das sah, „was nur der zu tun hatte, dem die Zuverlässigkeit zuerkannt sei", so bestreitet es eine wirkliche, wahrhaftige Vermeidung der verbotenen Tätigkeit, erkennt also keine wirkliche, sondern nur scheinbare Vermeidung der Verbotshandlung an. Das Urt. des 6. Ziv.Sen. des RG. v. 11./18. Juni 1914 (Bd. 85 S. 175/76) sieht eine Umgehung des § 252 Abs. 3 HGB. nur dann als vorhanden an, wenn der Eigentümer am Stimmrecht behinderter Aktien diese entweder nur scheinbar verkauft oder beim ersten Verkauf ausbedingt, daß der Käufer so stimmen müsse, wie der Verkäufer fordere. Das letztere ist eine direkte Verletzung, die Umgehung wird im ersten Fall auch nur in der Vortäuschung eines Verkäufers gefunden. In anderen zivilrechtlichen Entsch. hat das RG. die Vereitelung des gesetzgeberischen Zweckes als ein Tatbestandsmerkmal der Umgehung eines gesetzlichen Verbots behandelt (Urt. v. 27. Okt. 1914, Bd. 85 S. 384; Urt. v. 15. Nov. 1920, Bd. 100 S. 211/12). Es muß aber betont werden, daß die Zweckvereitelung für sich allein nicht ausreicht, zumal es ohne Zweifel nicht selten vorkommt, daß sich ein Gesetz bei sorgsamster Beachtung als untaugliches Mittel zur Erreichung des gesetzgeberischen Zweckes herausstellt. Mit Bezug auf die Kais. Ver. läßt sich als Zweck des Verz. A keineswegs die Verkaufsbeschränkung bestimmter Waren feststellen. Das ist der Zweck des Verz. B, der des Verz. A geht auf bestimmte Herstellungsformen, und die wirkliche Beachtung dieser Vorschriften kann nie eine Zweckvereitelung, nie eine verbotene Verbotsumgehung sein.

Erfolgt nach geschehener Destillation noch ein Lösungs- oder Mischungsprozeß, und wenn auch nur durch Zusatz eines aromatischen oder färbenden Stoffes, so ist das Ergebnis Mischung oder Lösung. Lebbin (S. 129) sieht im Zusatz eines Parfüms oder eines färbenden Stoffes keine pharmazeutische Manipulation, so daß durch solche keine Zubereitung des Verz. A entstehen könne. Da aber regelmäßig Färbung oder Parfümierung erfolgt, um eine Arznei gangbar zu machen, ist hierin eine pharmazeutische Zubereitung zu erblicken, so daß die Verkehrsfreiheit verlorengeht. So auch OLG. Rostock v. 16. Dez. 1893 (Berichte des D. Drog.-Verb. Heft 2).

Tinkturen sind nach Springfeld S. 317 nicht eingedickte Auszüge; je nach der Wahl des Auszugsmittels unterscheidet er spirituöse, weinige, essigsaure Tinkturen. Es kann zweifelhaft sein, ob die letzteren unter den Begriff der Tinkturen fallen, da sie schlechthin als „aceta" und nicht als „tincturae" bezeichnet zu werden pflegen. Diesseits werden sie als unter den Begriff Auszüge und Tinkturen fallend angesehen, zumal Himbeeressig als freigegebene Ausnahme unter Ziffer 3 aufgeführt ist. Obwohl sich das Wort Tinctura von tingere, färben, herleitet, wird darauf kein Gewicht zu legen sein, ob der Auszug von der ausgezogenen Droge Farbstoff mit übernimmt oder nicht. Wenn das Deutsche Arzneibuch V auch weingeistige Lösungen von Pflanzen-, Tier- oder anderen Arzneistoffen als Tinkturen bezeichnet, so trägt es damit der Übung Rechnung, daß auch solche Arzneien in einzelnen wenigen Fällen als Tinktur bezeichnet werden, z. B. Jodtinktur. Im Sinne der Kais. Ver. fallen aber Lösungen ohne Rücksicht auf ihren Namen nicht unter Ziffer 3, sondern unter Ziffer 5.

4. Die Ausnahmen unter Ziffer 3 wie alle Ausnahmen des Verz. A sind Kollektivbegriffe, so daß für deren Zusammensetzung das Deutsche Arzneibuch nicht bindend ist. Sofern nur eine Zubereitung noch den Namen einer freigegebenen Ausnahme verdient oder im Handel führt, ist sie freigegeben; so KG. v. 7. April 1898 und v. 14. Mai 1899 bei Springfeld V S. 391. Nach einem Gutachten des RGesA. (Ph. Z. 1902 Nr. 94/95: „Zur Auslegung der Kais. Ver. v. 22. Okt. 1901") wurde die Aufnahme

einer Bestimmung in die Kais. Ver., wonach dem freigegebenen Verkehr überlassene Zubereitungen in ihrer Zusammensetzung und Beschaffenheit den Vorschriften des Arzneibuches entsprechen müßten, von der Kommission abgelehnt. Es kommt auch nicht darauf an, unter welchem Namen die freigegebenen Ausnahmen in den Handel gebracht werden. So hat mit Recht das LG. Liegnitz am 12. Juli 1906 (Ph. Z. Nr. 57) eine unter dem Namen Pain Expeller verkaufte Zubereitung als frei erklärt, weil sich diese als die zu Ziffer 5 des Verz. A besonders aufgeführte Ausnahme „Mischungen von Ätherweingeist usw." darstellte. Ebenso wurde Leukoplast durch LG. Verden am 2. Okt. 1907 — 3 N. 92/07 — und LG. II Berlin am 3. Okt. 1911 w/r B. — 1 c N. 127/11 —, LG. Danzig am 25. Jan. 1912 — 9 N. 1240/11 — als frei verkäuflich erklärt, weil es sich als Heftpflaster im Sinne der Ausnahme zu Ziffer 10 darstelle. „Choleratropfen", welche Baldriantinktur darstellten, wurden vom LG. Naumburg am 6. Febr. 1907 (Ph. Z. Nr. 32) als frei verkäuflich bezeichnet. KG. v. 21. April 1913 — I S. 243/13 — (Med.Arch. 1913 S. 385) verlangt, daß nicht nach dem Deutschen Arzneibuch, sondern „nach den Anschauungen der pharmakologischen Wissenschaft und des reellen Verkehrs außerhalb der Apotheken" geprüft werde, „was unter den einzelnen Bezeichnungen der Kais. Ver. zu verstehen ist".

5. Das Deutsche Arzneibuch kennt nur eine aus Arnikablüten hergestellte Arnikatinktur. Da aber für den Handel auch aus der Arnikawurzel Tinktur hergestellt wird, ist kein Bedenken vorhanden, auch diese als freigegebene Ausnahme zu betrachten (vgl. Anm. 4).

6. Vgl. Anm. 4.

7. Nach Lebbin S. 108 ist der Extrakt der Kiefernadel gemeint; da aber fast regelmäßig die Begriffe Fichte (Pinus picea) und Kiefer (Pinus silvestus) durcheinandergewürfelt werden, müssen die Extrakte beider Nadeln als zugelassen betrachtet werden. Nach Springfeld S. 325 fällt unter die Ausnahme jeder Auszug, „so aus Nadeln der

Gattung Tannen und Fichten". Nun gehören allerdings Tannen, Fichten und Kiefern zu ein und derselben Unterfamilie Abietinaeae der Reihe Koniferen, insbesondere führen auch Fichte und Kiefer als Hauptnamen die botanische Bezeichnung Pinus (Schuftan S. 105), indessen kann diese Verwandtschaft der Ausgangspflanzen nicht zu einer Gleichstellung führen. (Vgl. Anm. 70 zum Verz. B, Radix Rhei.) Ausschlaggebend kann nur der Umstand sein, daß im Handel als Fichtennadelextrakt auch ein solcher aus den Nadeln der Kiefer und der Tanne — rote Fichte — vorkommt; deshalb fällt diese Handelsware ohne Rücksicht auf ihren Ursprungsstoff unter die freigegebene Ausnahme. Soweit die Extrakte der Nadelbäume zur Herstellung von Bädern Verwendung finden sollen, folgt ihre Freigabe aus Abs. 3 § 1 (vgl. Anm. 32).

8. Die Wortfassung „Malzextrakt auch mit Eisen, Lebertran oder Kalk" regt den Zweifel an, ob nicht Malzextrakt nur in der Verbindung mit einem dieser drei Stoffe frei ist. Das ist zu verneinen, einmal, weil der Zweck solcher Bestimmung gar nicht erkennbar wäre, und sodann, weil ein Ersatz des Wortes „oder" durch „und" wieder den Zweifel anregen könnte, ob nicht etwa nur Malzextrakt mit allen drei Zusätzen, nicht aber auch mit einem der Zusätze frei sein sollte; so auch Böttger 1902 S. 72 Ziffer 12; auf das Mischungsverhältnis kann es nicht ankommen. Der Auffassung von Lebbin, daß zwar Malzextrakt als Hauptbestandteil gemischt mit Lebertran als kleinerem Zusatz frei sei, daß aber Lebertran als Hauptbestandteil mit Malzextrakt als Zusatz dem Apothekenmonopol unterstehen solle, kann mangels jedes gesetzgeberischen Interesses hieran nicht beigetreten werden, und das um so weniger, als in Ziffer 6 des Verz. B auch Lebertran für sich allein freigegeben ist. Andererseits geht das Urt. des OLG. Breslau v. 30. Juni 1896 — S. 161/96 — zu weit, wenn es ausführt, daß das Wort „auch" soviel wie „sogar" bedeute, nicht aber, wie der Berufungsrichter annehme, „nur". Das Urteil folgert daraus, daß andere Zusätze, wie z. B. Zucker, bedingungslos zugefügt werden dürften. Das ist zu verneinen, denn es kann

nicht dem Richter überlassen werden, selbständig zu entscheiden, ob ein dem Malzextrakt zugefügter Stoff mit mehr oder weniger Grund als Eisen, Lebertran, Kalk dem Apothekenmonopol zu überweisen ist. Der Zusatz von Zucker zu Malzextrakt ist auch vom LG. Mannheim StK. 3 w/r B. in H. am 4. Dez. 1896 für erlaubt erachtet, weil der Malzextrakt an sich schon zuckerhaltig sei. Auch dieses Urteil untersteht Bedenken, als deren geringstes ich den Umstand betrachte, daß Rohrzucker zugefügt, dagegen Malzzucker im Malzextrakt enthalten ist. Das wichtigere Bedenken besteht darin, daß sehr wohl eine Zubereitung freigegeben sein kann, weil sie von einem etwa stark wirkenden Stoffe nur sehr wenig enthält, während ihre Freigabe nie erfolgt wäre, wenn ihr Bestand an diesem Stoffe größer wäre; die willkürliche Vermehrung eines natürlichen Bestandteiles kann also nicht freigegeben sein. Raymund S. 1293 spricht Malzzucker mit Eisen als freigegebenen Malzextrakt mit Esen an. Anders liegt die Frage, wenn Malzextrakt als Nährmittel und nicht als Heilmittel Verwendung findet; dann dürfen selbstverständlich auch andere Stoffe zugefügt werden. So hat z. B. das LG. Potsdam am 19. Febr. 1910 — 2 N. 131/09 — den Zusatz von Pepsin zum Malzextrakt für Nährzwecke freigelassen, weil dieser Zusatz „sehr wohl zur schnelleren und intensiveren Verdauung des Malzextrakts, eines künstlichen, konzentrierten Nährmittels, erfolgt sein" könne. Daß jedes Eisenpräparat, also auch ein Salz, dem Malzextrakt zugesetzt werden darf, ist die Auffassung von Nesemann S. 40 und Springfeld V S. 126. Nur Lebbin S. 110 will Salze, wie Eisenjodür, nicht zulassen. — Die sogenannte Braunschweiger doppelte Schiffsmumme ist konzentrierter Malzextrakt.

9. Die trockenen Gemenge von Salzen oder zerkleinerten Substanzen, oder von beiden untereinander, müssen, wie die Bezeichnung ausweist, trocken sein; indessen ändert eine mannigfach übliche Durchtränkung mit einer Flüssigkeit an dem Charakter dann nichts, wenn nachher zwecks Fertigstellung Trocknung erfolgt. (Vgl. Deutsches Arzneibuch von 1910 unter

„Spezies" S. 483.) Das Gemenge muß aus einer Mehrheit von Stoffen bestehen, mögen es verschiedene Salze oder verschiedene zerkleinerte Substanzen oder ein Salz und eine zerkleinerte Substanz sein. Die Zerkleinerung einer Substanz für sich allein gibt ebensowenig wie ein Salz in Pulverform für sich allein ein Gemenge im Sinne der Ziffer 4. So OLG. München am 1. Juni 1907 (Ph. Z. Nr. 56). Soweit es sich nicht um Salze handelt, müssen die Substanzen zum Zwecke der pharmazeutischen Zubereitung, also absichtlich, zerkleinert sein. Die unbeabsichtigte Zerbröckelung einer Droge in Verbindung mit einem Salz oder einer absichtlich zerkleinerten Substanz genügt nicht, weil in der unbeabsichtigten Zerbröckelung keine Zubereitung im pharmazeutischen Sinne liegt. So LG. Hildesheim am 19. Jan. 1911 (Samml. Bd. VII S. 946) und LG. Hamburg am 23. Mai 1908 (Ph. Z. 1909 Nr. 34). „Unter Zerkleinern ist im Sprachgebrauch des gewöhnlichen Lebens nicht die Abtrennung von einem größeren Ganzen, sondern die Zerlegung in kleinere Teile zu verstehen; demgemäß nennt man auch im pharmazeutischen Sinne „Zerkleinern" nicht das Abtrennen der arzneilich wirksamen Teile (Blätter, Blüten, Früchte) von den nicht arzneilich wirksamen (Stamm, Stiel), sondern die Zerlegung der Arzneidrogen in kleinere Bestandteile." So wörtlich Urt. des KG. v. 14. Febr. 1910 w/r H. — 1 S. 21/10 — und 7. Okt. 1925 (Ph. Z. 1925 S. 1444); auch OLG. Breslau am 25. Jan. 1910 (Drogenhändler 1910 Nr. 10 und Jahrb. des D. Drog.-Verb. 1912 S. 87). Eine Mischung von den Blüten zweier verschiedener Pflanzen gilt deshalb nicht als Gemenge im Sinne der Ziffer 4. Wenn Lebbin zu dem Schluß kommt, daß die zerkleinerten Blüten, Blätter, Wurzeln ein und derselben Pflanze dann ein trockenes Gemenge abgeben, wenn zuerst die Abtrennung der Blüten, Blätter und Wurzeln und dann erst deren Zerkleinerung erfolgt, während dasselbe Erzeugnis kein trockenes Gemenge sei, wenn ohne voraufgegangene Absonderung der bezeichneten, pharmazeutisch selbständigen, Gebilde die ganze Pflanze auf einmal zerkleinert werde, so ist das eine formalistische Auffassungsweise, welche praktische Berechtigung nicht in Anspruch nehmen kann. Die zerkleinerten Bestandteile ein und derselben Pflanze bilden niemals ein trockenes Gemenge im Sinne der Ziffer 4. (Ebenso Müller und Völter S. 25.) Erfolgt die Zerkleinerung nicht im Wege des pharmazeutischen Verfahrens, sondern etwa auf chemischem Wege, so erfüllt solche nicht das Merkmal der Ziffer 4 (vgl. Anm. 11). Das KG. hat am 12. Nov. 1906 (Ph. Z. Nr. 92) einem Gemisch von zerkleinerter Aloe mit Kartoffelstärke deshalb den Charakter eines trockenen Gemenges im Sinne der Ziffer 4 bestritten, weil die Stärke von vornherein in Pulverform erscheine. Dagegen hat das OLG. Königsberg am 22. Nov. 1906 Kartoffelmehl als eine zerkleinerte Substanz angesprochen, „zumal Kartoffelstärke allein in so zerkleinerter Beschaffenheit im Handel nicht vorkommt, sondern sich zu Klümpchen zusammenballt". Nach Haase bei Liebreich Bd. I S. 131 hat Kartoffelstärke die Form von Körnchen sehr verschiedener Größe. Fraglich kann es sein, ob die im Wege der Industrie mechanisch hergestellte Zerkleinerung den Begriff im Sinne der Ziffer 4 erfüllt. Man wird dies nur so weit bejahen können, als die industrielle Zerkleinerung zu pharmazeutischen Zwecken erfolgt (vgl. Anm. 11). Liegt solcher Zweck völlig fern, so muß die Frage verneint werden. Wird z. B. Weizenmehl mit Roggenmehl gemischt, so liegt ein Gemenge pharmazeutisch zerkleinerter Substanzen nicht vor. Der als Ausnahme aufgeführte Hafermehlkakao spricht nicht gegen diese Auffassung, denn dort handelt es sich um präparierte Mehle. Daß als trockenes Gemenge nur die Zubereitung gelten kann, deren letzte Erscheinungsform die Bedingungen der Ziffer 4 erfüllt, wird allgemein angenommen. KG. v. 7. Jan. 1909 — 1 S. 1034/08 — (vgl. Anm. 3) und OLG. Breslau v. 13. Okt. 1914 — 7 S. 332/14 —. („Nur der Endzustand des Präparates maßgebend.")

10. Die Verpackung der einzelnen Bestandteile kann getrennt erfolgen; aber diese müssen zur Vermengung bestimmt sein, wie aus dem Wortlaut hervorgeht. Es braucht zwar nicht die Absicht des Verkäufers auf Vermengung gerichtet zu sein, wohl

wie die Salze aus Säuren und Basen, unter Wasseraustritt entstehen; man könne also die Ester ebensowohl als Alkohol wie als Säuren auffassen.

12. Verreibungen jeder Art, triturationes, fallen unter den Begriff der gemischten Pulver. Das Deutsche Arzneibuch S. 545 erklärt sie als „feinste Pulver, die durch anhaltendes Reiben eines Arzneimittels mit Milchzucker hergestellt werden". Der Zusatz „jeder Art" spricht wohl dafür, daß die Reibung auch mit anderen Stoffen als Milchzucker erfolgen darf.

13. Siehe Anm. 4.

14. Zucker und ätherische Öle dürfen gleichzeitig zugesetzt sein. Zwar ist das Mengenverhältnis nicht vorgeschrieben, aber es darf nur so gewählt werden, daß das Ganze ein Brausepulver bleibt, d. h. ein im Wasser unter starkem Aufbrausen sich lösendes Pulver zu innerlichem Gebrauch. Andere Zusätze als die ausdrücklich aufgeführten sind nicht gestattet, also auch nicht abführende.

15. Riechsalze sind Mischungen von solchen Salzen, welche bei der Wechselzersetzung Ammoniak oder Essigsäure entwickeln, wie Salmiak mit gebranntem Kalk oder essigsaures Kali, oder Natron mit Säuren, schwefelsaurem Alkali. Das englische Riechsalz ist grob gepulvertes Carbonicum, welches mit einem Gemisch von Stärke, Salmiakgeist und ätherischen Ölen durchfeuchtet wurde; so Liebreich Bd. III S. 509.

16. Nicht jedes Salizylpulver, sondern nur Salizyl-Streupulver, also zur äußerlichen Verwendung, ist frei, und zwar auch mit den im Handel üblichen oder notwendigen Zusätzen, wie die Vorschrift des Deutschen Arzneibuches S. 410 ausweist, nach welcher dies Pulver aus gepulverter Salizylsäure, Weizenstärke und Talg bestehen soll.

17. Während die künstlichen Mineralwässer in § 1 ein in der Natur nicht vorhandenes Produkt darstellen dürfen, ist das „Künstliche" bei den Mineralwassersalzen auf die Herstellungsweise beschränkt. Die künstliche Nachbildung

aber muß auf seiner Seite Kenntnis davon vorliegen, daß die Waren bestimmt sind, miteinander vermengt zu werden. Fehlt solche Kenntnis, so kann nach § 59 StGB. der Verkäufer nicht verantwortlich gemacht werden, es sei denn, daß er die Unkenntnis durch Fahrlässigkeit verschuldet hat. Springfeld fordert, daß auch die Dosierung vom Verkäufer ausgehe. Das wird diesseits nicht verlangt, wohl aber wird nicht jede dem Verkäufer bekannte spätere Vermengung den Begriff eines Gemenges in Ziffer 4 erfüllen, sondern nur dann, wenn die verschiedenen Substanzen sich als dosierte Bestandteile einer Apothekerware darstellen. Fordert jemand einzeln, wenn auch in unmittelbarer Aufeinanderfolge, für 10 Pf. Pfefferminztee und für 10 Pf. Baldriantee und verwendet beide Teesubstanzen gemeinschaftlich, um ein Teegetränk daraus herzustellen, so ist der Begriff des Gemenges nicht erfüllt; das Interesse des Käufers darf nicht auf die einzelnen Bestandteile als solche, sondern nur auf ihre Gesamtheit gerichtet sein, wie das z. B. beim Brausepulver der Fall ist, welches in seinen beiden Bestandteilen gesondert verkauft zu werden pflegt. Das OLG. Düsseldorf führte am 26. Jan. 1914 — S. 10/14 — aus: „Im vorliegenden Falle hat allerdings der Angeklagte die Dosierung des (vom Käufer fertig zu mischenden) Mittels dem Käufer überlassen; er hat aber selbst dispensiert, d. h. die einzelnen Kräuter und Teesorten nach Maßgabe der Rezepte abgewogen und zusammengelegt." (Einzelne, aber nach Rezept abgegebene Tees.) Hier bleibt eine Unklarheit, denn „dispensieren" bedeutet nicht „zusammenlegen", sondern „zusammensetzen", d. h. ein sog. Fertigfabrikat herstellen. Ein solches liegt aber nicht vor, wenn es dem Käufer überlassen bleibt „fertig zu mischen". Es sei auch darauf hingewiesen, daß sich der Begriff des „Dosierens" nicht etwa auf das Mengenverhältnis der Bestandteile zueinander, sondern auf die Größe der Einzelgabe der fertigen Arznei (ein oder mehrere Teelöffel oder Eßlöffel und dergl.) bezieht.

11. In „Pulveres, salia et species mixta" bezieht sich das letzte Wort auf alle drei Substantiva. Als pulveres mixti, gemischte Pulver, bezeichnet das

Deutsche Arzneibuch S. 407 „gleichmäßige Mischungen von Arzneimitteln, die durch Stoßen, Reiben oder Mahlen grob, mittelfein oder fein gepulvert sind". Diese Erklärung fordert also eine Mehrheit von Arzneimitteln, so daß die in Pulverform erscheinenden Industrieerzeugnisse, deren Herstellung nicht zu arzneilichen Zwecken erfolgte, den Begriff der pulveres mixti nicht erfüllen. Die Erklärung des Deutschen Arzneibuches deckt sich auch mit der diesseitigen Auffassung insofern, als sie die Zerkleinerung durch einen mechanischen Prozeß herbeigeführt wünscht, so daß also die chemische Gestaltung, ja sogar eine physikalische Formung (Niederschlag nach Lösung) den Ansprüchen des Arzneibuches nicht genügen (vgl. Anm. 9).

Als species, Teegemische, bezeichnet das Deutsche Arzneibuch 1910 Gemische von unzerkleinerten oder zerkleinerten Pflanzenteilen miteinander oder mit anderen Stoffen; daß der Begriff der Ziffer 4 der Kais. Ver. nicht durch Gemenge von unzerkleinerten Pflanzenteilen erfüllt wird, ist in Anm. 9 dargelegt.

Was unter salia, Salze, zu verstehen ist, gibt die Kais. Ver. nicht an, so daß der gewöhnliche Sprachgebrauch entscheiden muß. Neben unserem Kochsalz sind als Salze alle Verbindungen anzusehen, welche aus Säuren dadurch entstehen, daß ihr Wasserstoffgehalt ganz oder teilweise durch basische Metalle oder zusammengesetzte Radikale vertreten wird (Brockhaus' Konversationslexikon). Springfeld V S. 92 nimmt mit Recht an, daß auch die sogenannten Doppelsalze zugehören; wenn er aber S. 328 im Gegensatz zu Salz im chemischen Sinne alle Salze im pharmakologischen Sinne, also auch im Sinne der Ziffer 4, als Substanzen verstanden wissen will, „welche in ihrer physikalischen Beschaffenheit den Salzen gleichen, . . . also etwa die physikalische Beschaffenheit des Kochsalzes besitzen", so scheint dies zu weit zu gehen, wie dies besonders an den Beispielen erkennbar wird, welche Springfeld selbst anführt. Als solche nennt er „unter Umständen also auch Säuren und andere Verbindungen, Ester, Zucker". Spiegel erklärt bei Liebreich Bd. I S. 234 Ester seien die Verbindungen zwischen Säuren und Alkohol, die aus Säuren und Alkohol, ähnlich braucht nicht den Gesamtgehalt eines natürlichen Mineralwassers an Salzen wiederzugeben, zumal auch die aus der Naturquelle, sei es durch Eindampfen, sei es durch Kristallisation, gewonnenen Salze keineswegs sämtliche Bestandteile des Mineralwassers enthalten. Soweit aber mehrere in einem Mineralwasser enthaltenen Salze künstlich nachgebildet werden, muß deren gegenseitiges Mengenverhältnis ungefähr dem gleichen, welches diese Salze in irgendeinem natürlichen Mineralwasser haben. So auch Springfeld V S. 335. Das Mengenverhältnis braucht dem Vorbild auch nur ungefähr zu gleichen, denn auch die aus der Quelle selbst gewonnenen Salze zeigen, je nachdem sie durch Eindampfen pulverförmig oder durch Kristallisation als kristallisierte Salze erzielt sind, recht erhebliche Unterschiede im Mengenverhältnis, wie Thoms Bd. III S. 105 ff. darlegt. Das KG. v. 20. März 1926 — II S. 821/25 — (Ph. Z. S. 401/02) billigt diese Auffassung, zieht aber die Schlußfolgerung, daß als künstliche Mineralquellsalze nur Zusammensetzungen verschiedener chemischer Stoffe gelten können, weil in keiner Quelle ein Salz allein sich finde. Ähnlich KG. v. 25. Jan. 1926 — III 316/25 —. Die herrschende Annahme, daß alle brausenden Salze, sofern sie ein Gemenge im Sinne der Ziffer 4 darstellen, als Heilmittel verboten seien, weil die aus Mineralwässern gewonnenen Salze angeblich niemals brausen, geht zu weit, da es Mineralsalze gibt, die sich unter Entwicklung von Kohlensäure beim Zutritt von Wasser miteinander verbinden. Brausendes Bromsalz ist nicht frei verkäuflich.

18. Es gibt grüne und schwarze Nieswurz, helleborus viridis u. niger, und außerdem weiße und schwarze Nieswurz, veratrum album u. nigrum, zwei Pflanzenarten, die miteinander gar nichts als den deutschen Namen gemein haben. (Schustan S. 114 Reihe 8 Familie 2a und S. 130 Familie 6 Gruppe 1.) Hier ist gemeint der Wurzelstock des weißen Nieswurz, rhizoma veratri (Deutsches Arzneibuch S. 441). Das von Liebreich Bd. I S. 259 gegebene Rezept als Schneeberger Schnupftabak bestimmt 2 Teile Nieswurz unter 92 Gewichtsteilen

der Gesamtmenge, liefert also einen nicht freigegebenen Schnupftabak zu Heilzwecken.

19. Ein flüssiges Gemisch im engeren Sinne ist die Verbindung von mindestens zwei flüssigen, wirklich oder angeblich arzneilich wirkenden Stoffen miteinander. KG. v. 9. Jan. 1899 — S. 1065/98 — (DJZ. S. 298/299); ferner v. 27. Mai und 13. Juni 1907 (Gew.Arch. 7, 18 und 20; Reger 28, 3). Mischungen müssen durch physikalischen (nicht chemischen) Prozeß herbeigeführt sein. So Springfeld S. 333 und 339, Lebbin S. 133 ff., Böttger S. 35, Jacobson S. 49. Es muß also eine Mischung im pharmazeutischen, nicht im wissenschaftlichen Sinne vorliegen, deshalb ist Perubalsam trotz der ihm anhaftenden Verunreinigungen zwar ein Gemisch im wissenschaftlichen, nicht aber im pharmazeutischen Sinne. So OLG. Frankfurt Jan. 1904 nach den Berichten des D. Drog.-Verb. Jahrg. 1904/05 Nr. 24 S. 145; nach der Ph. Z. Nr. 22 Jahrg. 1904 ist ein gleiches Urteil vom OLG. Frankfurt am 2. Okt. 1903 ergangen. Die beiden Flüssigkeiten dürfen sich nicht zu einander derart verhalten, daß die eine bereits Bestandteil der andern ist (Springfeld S. 334/35 und Lebbin S. 128 lit. C). Der Zusatz von Wasser zu einer Flüssigkeit schafft kein Gemisch. Das Arzneibuch spricht S. 15 bei der Vermengung von 50 Teilen Karbolsäure mit 5 Teilen Wasser von einer „Verflüssigung". Das KG. hatte am 9. Jan. 1899 (DJZ. S. 298 und Rechtsprechung des RG. und KG. von Kamptz und Delius II S. 197) die Verdünnung der Schwefelsäure durch Wasser weder als flüssiges Gemisch noch als Lösung gelten lassen. Dagegen erblickte das OLG. im Urt. v. 26. Juli 1889 (bei Springfeld S. 291) in verdünnter Karbolsäure eine „flüssige Arzneimischung" und, wie es bald danach heißt, eine „Vermischung (Lösung)".

Emulsionen sind Verbindungen eines flüssigen Arzneikörpers mit einem andern Körper, dessen Aggregatzustand von dem des ersten abweicht, der aber sehr fein und gleichmäßig in der Flüssigkeit verteilt ist. Vgl. Deutsches Arzneibuch S. 167. Daß eine Lösung (vgl. Anm. 20) nicht vorliegt, ist hiernach ohne

Zweifel. Soweit beide Arzneistoffe flüssig, wenn auch nicht von genau demselben Aggregatzustand sind, wie z. B. Wasser und Öl, liegt ein flüssiges Gemisch vor.

Zu den Mixturen werden auch die sogenannten Schüttelmixturen gezählt, das sind solche Flüssigkeiten, in denen sich unlösliche Bestandteile befinden. (Jacobson bei Liebreich Bd. III S. 60.) Deshalb kann kein Bedenken bestehen, auch Emulsionen zu den flüssigen Gemischen, Mixturen im weiteren Sinne zu rechnen.

20. Das KG. erklärte am 21. April 1902 (Ph. Z. Nr. 42), Lösung sei ein physikalisches Verfahren, bei welchem durch Zuhilfenahme einer Flüssigkeit feste oder gasförmige Körper in flüssigen Zustand gesetzt werden; Lösungen seien die auf diese Weise hergestellten Arzneimittel. Am 6. Nov. 1907 — 1 S. 740/07 — gab das KG. folgende Begriffserklärung: „Unter Lösung versteht man eine Zubereitung, bei welcher ein fester oder gasförmiger Körper durch den bloßen Zusatz einer Flüssigkeit, also ohne Koch- oder Verdampfungsprozeß, in flüssigen Zustand verwandelt wird." Da verschiedene Flüssigkeiten verschiedene Aggregatzustände aufweisen können, wird man unter Lösung überhaupt jede Änderung des Aggregatzustandes eines Körpers, hervorgerufen durch einen andern flüssigen Körper, betrachten müssen, sofern das Ergebnis tropfbar-flüssig bleibt, auf physikalischem Wege erzielt ist und es sich nicht nur um eine Verdünnung, Verflüssigung handelt. Vgl. Urt. des KG. v. 7. Jan. 1909 ·/. N. — 1 S. 1034/08 —: „Eine Lösung liegt nur dann vor, wenn durch Zusatz eines flüssigen Bestandteiles ein luftförmiger, fester oder minder flüssiger in flüssigen Zustand übergeführt wird." Vgl. in dieser Beziehuug und auch im übrigen Anm. 19. Dort, wo das Ergebnis auf chemischem Wege ausschließlich oder doch zum Teil erzielt ist, liegt nicht mehr eine Lösung vor. Springfeld verlangt S. 334 einen rein physikalischen Prozeß. Deshalb ist vom LG. I Berlin am 23. Jan. 1902 — 141 C. 1060/01, 1 C.O. 108/01 — und vom KG. am 21. April 1902 — 15 S. 227/02 — (KGesA. Bd. 4 S. 607) und am 30. Mai 1907 (KGesA.

Bd. VI 1911 S. 422 und Med.Arch. 1911 S. 54), auch vom OLG. Dresden am 22. Sept. 1908 (Gew.Arch. 10, 213; Jahrb. des Str.R. u. Proz. 1911 S. 297) Tonerdelösung, liquor aluminii acetici, als frei verkäuflich erklärt, weil sie nicht auf physikalischem, sondern auf chemischem Wege hergestellt wird. Vom LG. Verden am 2. Okt. 1907 auch als Desinfektionsmittel frei erklärt (Med.Arch. 1911 S. 223 und R.Gesundh.Samml. Bd. VI S. 465). Das gleiche muß bezüglich liqu. plumbi acetici, Bleiessig, gelten, der deshalb auch vom LG. Neuwied am 27. Juni 1892 und vom LG. Halle a./S. am 10. März 1897 für frei erklärt worden ist. Ebenso liegt es mit liqu. ammon. caust., Salmiakgeist (vgl. Lebbin S. 135). Dagegen sind liquor ferri sesquichlor, Eisenchloridflüssigkeit, und liquor ferri albumin, Eisenalbuminatlösung, von der Wissenschaftlichen Deputation für das Medizinalwesen im Jahre 1897 (Lebbin 136; Springfeld S. 342, 343) als Lösungen angesprochen worden. Diese Gutachten geben aber zu erheblichen Bedenken Anlaß; richtig ist allerdings, daß bei der Herstellung der sogenannten Eisenalbuminatlösung der auf chemischem Wege erzielte Niederschlag demnächst gelöst und dann mit anderen Flüssigkeiten gemischt wird.

21. Siehe Anm. 19.

22. Siehe Anm. 20.

23. Balsame an sich sind eine Droge, keine pharmazeutische Zubereitung. Nach Liebreich Bd. I S. 346 sind Balsame Weichharze, wie sie in der Natur als Gemenge bezw. als Lösungen von Harzen vorkommen. Diese natürlichen Balsame sind im Verkehr unbeschränkt. Nur gemischte Balsame, d. h. nicht im wissenschaftlichen, sondern im pharmazeutischen Sinne gemischte, fallen unter Ziffer 5, sofern sie sich in flüssigem Zustande befinden. Ein künstlicher Balsam ist kein gemischter Balsam; seine Verkehrsfreiheit ist unabhängig vom Balsambegriff nach Form und Herstellungsweise zu beurteilen. So ist z. B. der Hoffmannsche Lebensbalsam (Arzneibuch S. 337, Mixtura oleoso balsamica) eine Mischung.

Wegen Perubalsam vgl. Anm. 19.

24. Nicht die Droge Honig, sondern Zubereitungen aus Honig sind als Honigpräparate anzusprechen. Gereinigter Honig ist zwar auch ein Honigpräparat, aber kein pharmazeutisches Gemisch, und nur solche unterstehen der Ziffer 5. Nach Thoms Bd. III S. 198 darf mel depuratum nicht schlechthin als „Honig" bezeichnet werden. Dies ist sowohl vom Standpunkt des Nahrungsmittelgesetzes wie auch nach Ziffer 5 Verz. A der Kais. Ver. als zutreffend anzusehen. Vgl. auch Entw. zu Festsetzungen über Lebensmittel, vom RGesA. herausgegeben. Heft 1: Honig. Berlin 1912, J. Springer. Künstlicher Honig ist auch kein Honigpräparat, sondern eine Zubereitung eigener Art, deren Verkäuflichkeit davon abhängt, ob er, was die Regel bilden wird, ein flüssiges Gemisch im Sinne der Ziffer 5 darstellt und zu Heilzwecken abgegeben wird.

25. Sirupe sind nach dem Arzneibuch S. 473 dickflüssige Lösungen von Zucker in wässerigen, weingeist- oder weinhaltigen Flüssigkeiten.

26. Siehe Anm. 4.

27. Zusätze sind nicht gestattet; es folgt dies daraus, daß nicht alle sog. Hoffmannstropfen, sondern nur Ätherweingeist freigegeben ist, und daß nur eine bestimmte Mischung von Ätherweingeist mit anderen Flüssigkeiten als besondere Ausnahme, nämlich die mit Kampferspiritus, Seifenspiritus, Salmiakgeist und bezw. oder Spanisch-Pfeffer-Tinktur, freigegeben ist. Eine landesgesetzliche Beschränkung des Verkehrs mit Hoffmannstropfen ist, soweit sie Ätherweingeist sind, unzulässig; eine solche Polizeiverordnung ist vom RG. am 25. Nov. 1905 — 1 S. 633/05 — (Johow 30 C. S. 33) als ungültig erklärt.

28. Ameisenspiritus wird jetzt üblicherweise nach dem Arzneibuch S. 490 als Spiritus Formicarum durch Mischung von Ameisensäure, Weingeist und Wasser hergestellt. Früher erfolgte seine Herstellung als spirituöser Auszug aus den Ameisentieren. Ein so hergestellter Auszug wird auch als frei verkäuflich zu betrachten sein, da er stets unter dem Namen Ameisenspiritus gehandelt wird. Eben deshalb wird auch der sogenannte braune Ameisen-

spiritus, obwohl er ein Auszug ist, unter dem freigegebenen Kollektivbegriff des Ameisenspiritus verkauft werden dürfen.

29. Ein Zusatz von Spiritus wird, da er vielfach üblich ist, gestattet sein. Bleiessig ist als chemisches Präparat frei. Vgl. Anm. 20.

30. Siehe Anm. 2.

31. Fenchelhonig, der sich gar nicht als Honig, sondern als künstliches Gemisch erweist, ist dem freien Verkehr entzogen. RG. v. 11. März 1907. (Sonderabdruck aus der Ph. Z. 1910 Nr. 69, 70, 71 S. 9.) Indessen darf nicht etwa verlangt werden, daß dem Honig nur Fenchel zugesetzt sei; das würde dem Handelsbrauch zuwider sein und würde auch im Deutschen Arzneibuch keine Rechtfertigung finden, da dem Rosenhonig (S. 334) auch Glyzerin zugefügt ist, noch abgesehen von dem verdünnten Weingeist als dem Träger der Rosenaromas. Selbst gereinigter Honig bekommt, wenn auch nur zu Reinigungszwecken, einen fremden Zusatz in weißem bolus (a. a. O. S. 334). Den gleichen Standpunkt vertritt OLG. München am 2. März 1912 (R. Gesundh.-Samml. Bd. VI S. 366).

32. Vgl. Anm. 7. „Waldwolle, lana Pini, wird hauptsächlich aus den frischen Nadeln der Kiefer und Schwarzkiefer hergestellt", so wörtlich Liebreich Bd. III S. 908. Fichtennadelspiritus ist also hauptsächlich ein Kiefernadelspiritus. Siehe Anm. 7.

33. Für Franzbranntwein gibt Munk bei Liebreich Bd. I S. 754 folgendes Rezept: „Spiritus 100, tinctura aromatica 0,4, spir. aetheris nitrosi 0,5, tinct. Ratanhiae gtt. VI, aqua destillata ad 200". Er bemerkt, daß dieses Rezept den Form. mag. Berol., also der Berliner Krankenkassenpraxis, entspricht. Dort führt die Zubereitung die Bezeichnung „spiritus vini gallici". Gleichzeitig wird für Franzbranntwein zur innerlichen Anwendung auf das Liebreichsche Rezept Bd. I S. 98 hingewiesen, welches lautet: „Tinct. aurantii 6, tinct. Zingiberis 1, spirit. 120, aqua dest. ad 200." Neben diesen beiden Rezepten gibt es noch sehr viele andere, nach denen Franzbranntwein hergestellt werden darf, indessen wird aus dem besonderen Zusatz „auch

mit Kochsalz" zu schließen sein, daß arzneiliche Zusätze nicht gestattet sind, sofern diese Wirkungen erstreben, welche dem Franzbranntwein an sich fremd sind. Als Haarwasser ist diese Zubereitung wegen ihres kosmetischen Charakters frei, falls die im § 1 Abs. 2 lit. a aufgeführten Stoffe vermieden sind. Daß Franzbranntwein etwa nur zu äußerlichem Gebrauch frei wäre, ist der Kais. Ver. nicht zu entnehmen.

34. Vergl. Anm. 8.

35. Die Kais. Ver. ist nach § 6 der RGO. befugt, zu bestimmen, welche Apothekerwaren dem freien Verkehr zu überlassen sind; hier wird die Freigabe an Bedingungen geknüpft, welche die äußere Art des Handels betreffen. Auch die Landesgesetzgebung darf die äußere Art des Handels regeln. Der Unterschied zwischen der Bedeutung der hier vorliegenden Bestimmung und einer landesgesetzlichen ähnlicher Art liegt darin, daß der Kleinhandel außerhalb der Apotheken ohne Beachtung der von der Kais. Ver. vorgeschriebenen Formvorschrift unerlaubt ist, während eine landesgesetzliche Anordnung, betreffend die Art des Verkaufs, den Verkauf selbst nicht zum unerlaubten machen kann, wohl aber die Unterlassung der Beachtung der landesgesetzlich vorgeschriebenen Ordnung zum selbständigen Delikt erklärt. Die Kais. Ver. schafft verschiedene Grade der Freiheit des Verkehrs; sie beschränkt sie einmal hinsichtlich des Verkaufenden (Apotheke), sodann hinsichtlich des Verkaufszwecks (Ausschluß des Heilzwecks), drittens hinsichtlich des Konsumenten (Tier, nicht Mensch), oder viertens hinsichtlich der Abgabeform (Deklarierung). Der vollständigen Verkehrsfreiheit tut den geringsten Abbruch der Deklarierungszwang. Dieser Stufe der Verkehrsfreiheit überläßt die Kais. Ver. die im Text genannten Mischungen. Die Forderung der Deklarierung bedeutet hier also nicht eine Regelung der äußeren Verkehrsform, sondern die Überlassung des Mittels an einen nicht auf Apotheken beschränkten, aber doch nicht völlig freien Verkehr. Nur die Bestandteile, nicht auch ihr Mischungsverhältnis, das beliebig gewählt sein darf, ist auf den Abgabegefäßen zu vermerken.

Auch daß das Mittel nur zum Gebrauche für Tiere bestimmt ist, fordert nicht die Kais. Ver. Nicht auf den Vorratsgefäßen, die zum Teil als Standgefäße bezeichnet werden, sondern auf den Abgabegefäßen sind die Bestandteile der Mischung anzugeben. Indessen stellen die Polizeiverordnungen, welche auf Grund des Preußischen Ministerialerlasses v. 22. Dez. 1902/13. Jan. 1910 ergangen sind (MBl. 1903 S. 4 und 1910 S. 65), weitergehende Ansprüche.

Auf den Namen, unter welchem das hier freigegebene Gemisch in den Handel gebracht wird, kommt es nicht an; auch als „*Pain Expeller*" verkauft untersteht die Mischung nur den im Text angegebenen Verkehrsbeschränkungen; so LG. Liegnitz v. 12. Juli 1906 (Ph. Z. Nr. 57).

36. Die Kais. Ver. v. 27. Jan. 1890 hatte nicht nur *Obstsäfte*, sondern Fruchtsäfte freigegeben. Unter Obst versteht man die Früchte, welche wegen ihres Wohlgeschmacks roh und frisch genossen zu werden pflegen, sei es vollständig, sei es in einzelnen Teilen. Nach Brockhaus' Konvers.-Lex. gibt es zwei Fruchtsorten, welche zum Obst gehören, obwohl sie nicht in rohem Zustande genossen werden, das sind Quitten und die amerikanische Moosbeere. Daß Südfrüchte zum Obst gehören, unterliegt keinem Bedenken, so auch die Zitrone, von der roh freilich nur der Saft genossen zu werden pflegt. Wenn das LG. Potsdam am 6. Juli 1910 w/r Z. — 2 N. 43/10 — Obst als „die Früchte, die in *rohem* Zustande als Nahrungsmittel dienen", bezeichnet, so faßt es den Begriff insofern zu eng, als bei vielen Obstarten von einem irgendwie nennenswerten Nährwert nicht gesprochen werden kann, diese wohl aber als Genußmittel dienen.

Kreuzdornbeerensaft war unter der Herrschaft der Kais. Ver. v. 27. Jan. 1890 als Fruchtsaft (Gutachten der Wissenschaftlichen Deputation für das Med.-Wesen v. 13. Mai 1892, Resemann S. 48) im Verkehr unbeschränkt; er ist es aber nach der vorliegenden Kais. Ver. nicht, weil Kreuzdornbeeren nicht als Obst angesprochen werden können. Das gleiche gilt vom Tamarindensaft (KG. v. 12. Okt. 1909, Ph. Z. Nr. 86; Gutachten der Wissenschaftlichen Deputation für das Med.-Wesen, Drogenhändler Nr. 70 von

1910; OLG. Cassel v. 5. Mai 1912 — S. 10/12 — ; OLG. Breslau v. 7. Mai 1912 — 7 S. 159/12 — ; OLG. Celle v. 13. Okt. 1913 — S. 124/13 — in Goltd.Arch. 63, 148), indessen hat das Reichskolonialamt am 16. März 1911 der Redaktion des Drogenhändlers auf Anfrage Abschrift der hier folgenden Berichte übersandt, inhaltsderen Tamarinden und Tamarindensaft auch roh genossen werden. Die Berichte lauten nach Nr. 26 Drogenhändler v. 30. März 1911:

Bericht des Kaiserlichen Gouverneurs von Deutsch-Ostafrika in Daressalam.

Die Früchte bezw. die Pulpa der im Schutzgebiet häufig wild vorkommenden Tamarinde werden hin und wieder von den Eingeborenen als Obst genossen, auch als Medizin, da sie leicht laxierende Wirkung haben sollen. Ganz vereinzelt kann man sie auch in indischen Kleinkramläden zum Verkauf ausgelegt finden, doch darf man wohl annehmen, daß sie hauptsächlich Inder als Käufer finden werden, die an den Genuß dieser Früchte aus ihrer Heimat gewöhnt sind.

Von Europäern werden die Früchte bezw. die Pulpa in gekochtem Zustande als Kompott genossen. In dieser Form zeigen die Tamarindenfrüchte keine abführende Wirkung.

Kultiviert wird der Tamarindenbaum im hiesigen Schutzgebiet nicht.

gez. Frhr. von Rechenberg.

Bericht des Kaiserlichen Gouverneurs von Kamerun in Buea.

Euerer Exzellenz überreiche ich anbei gehorsamst die Abschrift eines ausführlichen Berichts des Leutnants von Engelbrechten über die Verwertung der Tamarindenfrucht seitens der Eingeborenen in Adamaua.

gez. Gleim.

Bericht des Leutnants von Engelbrechten in Soppo.

Soppo, den 8. Januar 1911.

Der Tamarindenbaum ist in ganz Mittel- und Nord-Adamaua, das bei einer Durchschnitts-Höhenlage von 250 m über dem

Meeresspiegel ein ausgesprochenes kontinentales-zentralafrikanisches Klima hat, außerordentlich verbreitet. In einigen Gegenden gewinnen die Eingeborenen von ihnen die Kokons der Seidenraupe, überall in Adamaua ist die Tamarinde für sie vornehmlich ein Fruchtbaum. Daß die Früchte in irgendeiner Form als „Obst" genossen werden, d. h. mit den festen Bestandteilen der Frucht, habe ich nie gehört und nie bemerkt. Hingegen ist der ausgekochte Saft der Frucht ganz außerordentlich beliebt und stellt bei den mohammedanischen Fellahs — abgesehen von der Milch — neben der wenig verbreiteten kleinen Zitrone das einzige Erfrischungsgetränk dar. Erfrischende Früchte als Obst gegessen gibt es sonst noch eine große Anzahl in Adamaua. Zur Zeit der Fruchtreife — ehe die Schale hart und trocken wird — werden alle in den Orten, in deren Nähe und an den Straßen stehenden Tamarindenbäume abgeerntet. Die Früchte werden zu großen Klumpen zusammengeballt und halten durch den klebrigen Saft, den sie ausscheiden, zusammen. In dieser Form kommen sie täglich für billiges Geld in ergiebigen Mengen auf den Markt, wie ich es in Deutsch-Binder-Mendif-Kulfa sah. Zur Bereitung des braunen trüben Saftes wird die Frucht in kleinere Stücke zerhackt und gewöhnlich ausgekocht. Der Saft, mit Wasser reichlich verdünnt und mit Zucker schmackhaft gemacht, gibt das beliebte, in dem trockenheißen Klima höchst erfrischende Getränk. Ich selbst habe das so einfach hergestellte Tamarindenwasser in Adamaua als ständiges Tischgetränk genossen und habe seine durststillende, erfrischende Wirkung immer sehr angenehm empfunden, ganz abgesehen davon, daß es zu einer geregelten guten Verdauung beiträgt, die bei vielen Europäern in dem trockenen Klima unter Störungen zu leiden pflegt.

Nach meiner Schätzung werden ihrer großen Verbreitung wegen zurzeit mindestens 50 v. H. aller Tamarindenbäume in Adamaua überhaupt nicht in Ernte genommen.

gez. von Engelbrechten,
Leutnant in der Kaiserlichen Schutztruppe für Kamerun.

Daß Tamarinden „Obst“ seien, versucht Amtsrichter Karl Ulrich Reimar im Med.Arch. 1912 S. 340 ff. darzulegen, und zwar unter Berufung auf Meyers Großes Konvers.-Lex., 6. Aufl., 1902 1. Bd. S. 836 unter „Arzneipflanzen“, auf das Werk „Synopsis Plantarum“ von Dr. Rosenthal, auf des Med.-Kolls. Königsberg i. Ostpr. Gutachten v. 30. Nov. 1907 — M. K. 135 — in den Akten des AG. Landsberg i. Ostpr. — E. 5/07 —, auf OLG. Stettin v. 25. April 1911 — S. 39/11 — und andere.

Schwarzer Johannisbeersaft wird vom LG. Liegnitz am 8. April 1911 unter nachträglicher Billigung des OLG. Breslau v. 13. Juni 1911 als Fruchtsaft mit der Begründung erklärt, es sei ihm bekannt, daß nicht nur die weiße und rote, sondern auch die schwarze Johannisbeere als Kompott und zu Abkochungen benutzt werde.

Nach Thoms Bd. III S. 201 ist ein aus gedörrten Früchten durch Auslaugen gewonnener Auszug (Extrakt) nicht als Fruchtsaft anzusprechen. So auch LG. Köln v. 28. Sept. 1907 in Ges. u. Ver. sowie Ger.Entsch., betreffend Nahrungs- und Genußmittel usw.“ von Dr. von Buch, Dr. König, Dr. Bömer und Professor Dr. Juckenack, 1910, S. 508/09 (Berlin, Julius Springer). Die Allgemeine Nahrungsmittelkunde von Dr. Georg Lebbin, Berlin 1911, Verlag von Leonhard Simion Nachf., kennt S. 377 die Forderung, daß es sich um frische Früchte handeln müsse, nicht. Obstkraut, Apfelkraut sind nach a. a. O. S. 224 konzentrierte Fruchtsäfte.

Wie beim Malzextrakt (Anm. 8), beim Brausepulver (Anm. 14), so bedeutet auch hier das „oder“ im Text nicht, daß die Obstsäfte nur mit einem der drei Zusätze eingekocht werden dürfen; vielmehr ist eine gleichzeitige Verwendung der Zusätze durchaus zulässig. Zu diesem Ergebnis kommt man auch hier mit Rücksicht darauf, daß eine andere Auslegung keine verständliche Tendenz ergeben würde, zumal schon durch die Mehrzahlbildung „Fruchtsäuren“ die Befugnis gegeben wird, gleichzeitig verschiedene Sorten von Fruchtsäuren den Obstsäften zuzusetzen.

37. Siehe Anm. 31.

38. Seifenspiritus ist eine Seifenlösung in verdünntem Weingeist und sowohl als Spiritus saponatus (Deutsches Arzneibuch S. 493) wie auch als Spiritus saponis kalini, Kaliseifenspiritus (Deutsches Arzneibuch S. 492), frei verkäuflich. Andere Zusätze als solche, welche zur Erzielung einer Verseifung dienen, sind neben Wasser und Weingeist als Lösungs- bezw. Verdünnungsmittel nicht gestattet. Flüssiger Opodeldok, spiritus saponato — camphoratus, ist eine Mischung von Seifenspiritus mit Kampferspiritus, Ammoniakflüssigkeit und Ölen, deshalb also nicht frei, soweit er als Heilmittel Verwendung finden soll. Wird er lediglich physiologischen Ermüdungszuständen gegenüber verwendet, wie von Sportsleuten nach körperlichen Leistungen oder zur Erhöhung der Ausdauer bezw. Anregung gesunder Körperorgane vor großen Anstrengungen, wendet er sich also nicht gegen eine Krankheit, so findet er nicht als Heilmittel Verwendung, ist also trotz KG. v. 12. Juli 1909 (Ph. Z. Nr. 57) frei verkäuflich.

39. Weißer Sirup ist nicht nur sirupus simplex (so Arzneibuch S. 482), sondern jede weiße, dickflüssige Lösung von weißem Zucker in wässerigen, weingeist- oder weinhaltigen Flüssigkeiten.

40. Kapseln sind nach dem Arzneibuch S. 96 „zur Aufnahme von Arzneimitteln dienende, aus Stärkemehl oder weißem Leim bestehende Umhüllungen". „Stärkemehlkapseln (Oblatenkapseln) werden aus feinstem Weizenmehl und Weizenstärke . . . hergestellt" (a. a. O.); es sind das die im Text als capsulae amylaceae bezeichneten. „Weiße Leimkapseln (Gelatinekapseln) werden aus weißem Leim mit oder ohne Zusatz von Glyzerin oder Zucker bereitet" (a. a. O. S. 97).

Der innerliche Gebrauch ist kein notwendiges Zweckmerkmal der hier verbotenen Zubereitungsform. Das Arzneibuch weiß von einer Beschränkung auf innere Anwendung nichts, und Springfeld (S. 353) begnügt sich mit dem Hinweis, daß Gelatine- und Leimkapseln tatsächlich nur innerem Gebrauch dienten. Das ist irrig; Haase bei Liebreich S. 562 weist auf die zahlreiche Verwendung der Gelatinekapseln für Arzneimischungen hin, welche nicht durch den Mund, sondern per anum bezw. per vaginam dem Körper einverleibt werden und die Bezeichnung capsulae anales und vaginales führten. Vgl. Bekanntm. v. 22. Juni 1896, betr. Abgabe stark wirkender Arzneimittel usw., insbesondere § 11 und Tab. A der Anlage 5 zum Deutschen Arzneibuch Bd. V, 1910. Diese Zubereitungsform wäre frei, wenn Ziffer 6 an die Zweckbestimmung „zum inneren Gebrauch" gebunden wäre. Die Kapsel hat, soweit es sich um Einführung der Arznei durch den Mund handelt, wohl in der Hauptsache den Zweck, den schlechten Geschmack zu verdecken. Aber das genügt nicht, wenn man nicht die Umhüllungen der Pillen mit Blattgold, Blattsilber, Lack als frei verkäufliche Kapselform ansprechen will. Eine Kapsel im Sinne der Ziffer 6 muß die Bestimmung und die Kraft haben, die von ihr umschlossene Arznei zusammenzuhalten, mag es sich um eine Flüssigkeit oder um ein Pulver oder um einen vor der Zerbröckelung zu schützenden sonstigen Stoff handeln.

Werden diese Anforderungen erfüllt, so ist es gleichgültig, ob zuerst die Kapsel gebildet und mit dem arzneilichen Stoff versehen wird, oder ob das Arzneigemenge zunächst hergestellt und mit einem Kapselüberzug versehen wird. Da die Zubereitungsform der Kapsel aus Gelatine oder Stärkemehl verboten ist, sind auch an sich freiverkäufliche Stoffe dem Apothekenmonopol überwiesen, sobald sie in Kapselform erscheinen, andererseits wird auch eine Substanz des Verz. B in Kapselform dann frei verkäuflich, wenn die Kapsel weder aus Leim noch aus Stärkemehl besteht. So auch Lebbin S. 144 — unentschieden Springfeld S. 352 —. Eine sonst im Verz. A verbotene Zubereitung ist nach Umwandlung in die Form einer freiverkäuflichen Kapselzubereitung frei, weil ja die letzte Zubereitungsform maßgebend ist (vgl. Anm. 3); also sind z. B. Schokoladenpralinés mit einer arzneilichen Mischung frei verkäuflich. So hat das OLG. Köln am 27. Juni 1904 — S. 97/04 — in Übereinstimmung mit der Vorinstanz Elberfeld Kurbitin als Mischung von Kakaopulver und Kürbiskernpulver für verboten erachtet, während die StK. Elberfeld am 29. Sept. 1906 (Räuber S. 134 und Ph. Z. 1907 Nr. 64) Kurbitin für frei verkäuflich erklärt, weil nunmehr die Kürbiskernmasse mit einer Schokoladenkapsel umhüllt sei.

41. Siehe Anm. 4.

42. Siehe Anm. 14.

43. Die in Ziffer 3 und 5 zugelassenen Lebertranmischungen werden durch Füllung in Gelatinekapseln dem Apothekenmonopol unterstellt.

44. Latwerge, electuria, sind nach Arzneibuch S. 158 „brei- oder teigförmige, zum inneren Gebrauche bestimmte arzneiliche Zubereitungen aus festen und flüssigen oder halbflüssigen Stoffen. Zu ihrem Wesen gehört eine Mehrheit von Stoffen." (Lebbin S. 146.)

45. Linimente werden vom Arzneibuch S. 303 bezeichnet als „zum äußeren Gebrauch bestimmte, flüssige oder feste, gleichmäßige Mischungen, die Seife oder Seife und Fette oder Öl oder ähnliche Stoffe enthalten. Nach Haase bei Liebreich Bd. II S. 894 sind Linimente „dickflüssige Mischungen mit überwiegendem Gehalt an Fetten oder Ölen". Lebbin S. 147 kennzeichnet sie als „neben freiem Alkali (meist Ammoniak) eine Seife enthaltend". Der Begriff ist also kein mit Sicherheit abzugrenzender. Alles, was sich unter eine der hier mitgeteilten Begriffserklärungen bringen läßt, muß als dem freien Verkehr entzogen erachtet werden.

46. Flüchtiges Liniment ist nach Springfeld S. 376 eine Mischung von Öl mit irgendeinem flüchtigen Arzneimittel. Nach dem von Springfeld mitgeteilten Urt. des OLG. Breslau v. 25. Juli 1894 wird sogar Kampferliniment für frei erklärt. Lebbin S. 148 will nur eine Mischung von Öl mit Salmiakgeist als flüchtiges Liniment zulassen. Die Frage wird gegen Springfeld einschränkend dahin zu beantworten sein, daß freigegeben nur eine Mischung von Öl mit irgendeiner Ammoniakflüssigkeit ist, daß aber andere Zusätze nicht gestattet werden können. Deshalb ist auch der Zusatz von Kampfer, auch wenn er in der Form von Kampferöl erfolgt, unstatthaft. Es wird dies daraus gefolgert, daß einerseits „Linimente" verboten und andererseits

nicht „flüchtige Linimente“, sondern „flüchtiges Liniment“ (Einzahl) freigegeben ist. Es kommt hinzu, daß jeder Zusatz auch im Namen der Zubereitung zum Ausdruck zu kommen pflegt (z. B. Kampferliniment).

Opodeldok ist eine monopolisierte Apothekerware (vgl. Anm. 38).

47. Nach dem Arzneibuch S. 391 sind „Pastillen Arzneizubereitungen, zu deren Herstellung die gepulverten und nötigenfalls mit Binde- oder Auflockerungsmitteln gemischten Stoffe entweder unmittelbar durch Druck oder nach Überführung in eine bildsame Masse in die gewünschte Gestalt (Scheiben, Tabletten, Täfelchen, Zylinder, Kegel, Kugelabschnitte usw.) gebracht und erforderlichenfalls mit Zucker, Schokolade, weißem Leim, Hornstoff oder anderen Stoffen überzogen werden“. Erfüllt dieser Überzug die in Anm. 40 dargelegten Anforderungen, so liegt in Wirklichkeit nicht mehr eine Pastille, sondern eine Kapsel vor, welche, sofern sie nicht aus Leim oder Stärkemehl besteht, frei verkäuflich ist. Erfolgt aber der Überzug mit Zucker, Schokolade usw. nicht in einer solchen Stärke, daß derselbe befähigt wäre, seinen Inhalt zusammenzuhalten, so würde an dem Charakter der Pastille nichts geändert sein (vgl. Anm. 40). Unter einer Schokoladenpastille versteht das Arzneibuch S. 391 nicht etwa eine mit Schokolade überzogene Pastille, sondern eine solche, welche „aus einer Mischung der arzneilichen Stoffe mit geschmolzener Schokoladenmasse“ besteht. Nach Dietrich S. 390 versteht man unter Pastillen „runde und ovale Täfelchen, welche aus Zucker, Pflanzenpulver oder Schokoladenmasse in feuchter oder teigartiger Form ohne Anwendung von besonders starkem Druck (Unterschied von den Tabletten) bereitet sind. . . . Während man die Pastillen langsam im Munde zergehen läßt oder sogar kaut, verschluckt man die komprimierten Tabletten, wenigstens die kleineren, ganz, ohne sie zu zerbeißen.“ Dasselbe Werk erklärt S. 544: „Unter Tabletten oder komprimierten Arzneimitteln versteht man kreisrunde, seltener oblonge, zuweilen flache, meist aber beiderseits gewölbte Täfelchen, welche durch

starkes Zusammenpressen von gepulverten oder kristallinischen Arzneimitteln hergestellt sind und bei deren Bereitung etwaige Zusätze nicht zur Geschmacksverbesserung, wie bei den Pastillen, sondern lediglich in Rücksicht auf eine leichte Löslichkeit, dabei Festigkeit, gemacht worden sind." Das OLG. Breslau v. 13. Okt. 1914 — 7. S. 332/14 —: „Unter Tablette ist eine kompakte, selbständige Masse zu verstehen, die so groß, wie sie ist, auf einmal in den Mund genommen und unzerkleinert heruntergeschluckt werden kann." OLG. Naumburg v. 10. Juli 1912 (Gew.Arch. Bd. 12, Jahrg. 1913, S. 2 ff.): „Eine Pastille muß eine bestimmte Menge eines Heilmittels enthalten, die auf einmal in den Mund genommen werden kann, ohne daß vorher eine Zerkleinerung (Zerlegung) stattfinden muß. Und nichts anderes ist unter dem Begriff „Tablette" als Form für Arzneimittel zu verstehen." Auch OLG. Düsseldorf v. 11. Juni 1910 — S. 101/10 — fordert, daß Tabletten „auf einmal genommen" werden können. RG. v. 21. April 1913 — I S. 243/13 — (Med.-Arch. 1913 S. 383 ff.): „Der Begriff „Pastille" der Kais. Ver. umfaßt nicht alle durch Druck oder nach Überführung in eine bildsame Masse in irgendeine Form gebrachten Mittel . . .; allen diesen Formen ist gemeinsam, daß sie mindestens eine ebene Fläche haben." Als Pille bezeichnet das Arzneibuch S. 400 „Arzneizubereitungen von Kugel-, selten ei- oder walzenförmiger Gestalt, die vorzugsweise zum inneren Gebrauche dienen". Auch daß Pillen mitunter lackiert, vergoldet, versilbert, mit Zucker, weißem Leim oder anderen Stoffen überzogen werden, hebt das Arzneibuch hervor. Bezüglich der Frage, ob und wann durch solche Überzüge die Zubereitung den Charakter einer Kapsel annimmt, vgl. Anm. 40. Granula-Körner sind nach dem Arzneibuch S. 258 „Arzneizubereitungen in Gestalt von Kügelchen, deren Grundmasse aus Zucker oder Milchzucker besteht". Alle in Ziffer 9 aufgeführten Zubereitungen müssen einen festen Aggregatzustand aufweisen, rücksichtlich ihres arzneilich wirkenden Bestandteils dosiert und in ihrem Gesamtumfang so begrenzt sein, daß die Diminutivform ihrer sprachlichen Bezeichnung berechtigt erscheint und ihre Verwendung ohne vorausgehende Zerkleinerung erfolgen kann.

Weitere Ansprüche sind indessen nicht gerechtfertigt, insbesondere nicht der, daß die Pastillen unzerkleinert heruntergeschluckt werden können; es genügt vielmehr, ist freilich aber auch erforderlich, daß man sie unzerkleinert in den Mund nehmen kann. Handelt es sich um Arzneien für Tiere, so werden entsprechend größere Formen als für Menschen auch noch unter die Zubereitungen der Ziffer 9 fallen. Dies gilt z. B. von den sogenannten „Boli", den für Tiere bestimmten Pillen. Daß die Pastillen aus mehreren Stoffen bestehen müßten, ist kein notwendiges Merkmal; der darüber früher herrschende Streit ist dadurch entschieden, daß Tabletten aus Sacharin als freigegebene Ausnahme besonders aufgeführt sind, obwohl diese nur aus einem Stoff bestehen. So auch KG. v. 25. Jan. 1926 — III 316/25 — (Ph. Z. 1926 S. 147). Daß die Freigabe von Sacharintabletten durch das Sacharingesetz v. 7. Juli 1902 (RGBl. S. 253) aufgehoben wurde, ist für die vorliegende Frage belanglos (vgl. Anm. 50).

Um festzustellen, ob eine Ware als Zubereitung der in Ziffer 9 genannten Art anzusprechen ist, muß man dessen eingedenk sein, daß weder Form noch Verfahren für sich allein ausschlaggebend sind, sondern daß beides mit dem übereinstimmen muß, was als Merkmal der Pastillen usw. bezeichnet ist. KG. v. 21. April 1913 — I S. 243/13 — (Med.Arch. 1913 S. 383 ff.): Die Frage, ob eine Zubereitung eine Pastille ist, sei sowohl rechtlicher wie tatsächlicher Natur. Ein Irrtum sei nach § 59 StGB. zu beurteilen.

Nach anfänglichem Schwanken ist die große Mehrheit der Gerichte zu dem Ergebnis gekommen, daß Bonbons eine Pfefferküchlerware, nicht aber eine pharmazeutische Zubereitung im Sinne der Ziffer 9 seien, und daß deshalb ihr Verkehr Beschränkungen nicht untersteht; so hatte das LG. Glogau in einem Urt. v. 23. Juli 1898, welches vom KG. am 24. Nov. 1898 gebilligt wurde, Kräuterbonbons als frei verkäuflich erklärt, weil Bonbons durch Kochen konzentrierter Zuckerlösung hergestellt würden, während Pastillen usw. aus gepulverten Stoffen, kalt und unter mäßiger Erwärmung entweder durch Druck oder durch Zusatz von Bindemitteln in ihre Form gebracht würden. Das KG. fügte hinzu, daß „Bonbons von den in Nr. 9 aufgeführten Pastillen, Plätzchen und Zeltchen nach ihrer Form und ihrer Zubereitung verschieden sind". Am 7. Okt. 1912 erklärte das KG. — I S. 672/12 —: „Allerdings fallen Bonbons regelmäßig nicht unter Nr. 9 des Verz. A; das schließt aber nicht aus, daß unter dem Namen „Bonbons" auch Zubereitungen feilgehalten werden, welche als Pastillen, Plätzchen, Zeltchen oder Tabletten anzusehen sind. Es kommt in dieser Beziehung in erster Reihe auf die Form, dann aber auch auf die Herstellungsweise an." Daß es auf den Namen nicht ankommt, hebt LG. Stuttgart am 29. Okt. 1913 (Ph. Z. v. 22. April 1914) mit den Worten hervor: „Die Balda-Pastillen sind nach ihrer Form und der Art ihrer Zubereitung keine Pastillen, vielmehr Bonbons, deren Verkauf freigegeben ist."

Das OLG. Karlsruhe hat am 15. Febr. 1897 i. S. w/r W. B. i. H. Brustkaramellen mit folgender Begründung als frei verkäuflich erklärt: „Form und Herstellungsverfahren bilden die Kriterien für den Ausschluß dieser Stoffe vom freien Verkehr. Die Karamelbonbons sind somit eine andere Zubereitung als die in Ziffer 9 der Verordnung genannten Pastillen oder Zeltchen, mögen sie auch die Erscheinungsform mit ihnen teilen." Das KG. hat am 7. Jan. 1909 — 1 S. 1034/08 — einen Freispruch dahin begründet: „Eukalyptus-Menthol-Bonbons sind in länglicher Form hergestellt, deshalb nicht Plätzchen (rotulae), weil letztere halbkugelige Form haben; sie sind auch nicht Pastillen. Maßgebend ist die Form und die letzte Zubereitung. Sie sind nicht Auszüge, weil nach dem Ausziehen noch eine Mischung mit einer Zuckerlösung und dann eine Überführung in feste Form stattgefunden hat." Auch die Entsch. des OLG. Hamm v. 12. Aug. 1907 w/r M. H. in R. begründet die Freigabe von Eukalyptus-

Menthol-Bonbons damit, daß die Art der Zubereitung für den Begriff der Pastillen und Bonbons entscheidend sei. Zu gleichem Ergebnis, wenn auch mit verschiedenartiger Begründung, gelangen folgende Urteile: das OLG. Dresden am 18. Dez. 1888, betreffend Zwiebelbonbons; das LG. Düsseldorf am 21. Okt. 1896, betreffend dieselbe Ware; das OLG. Breslau am 30. Juni 1896 w/r J. — S. 161/96, III A 1981 b —, betreffend Brustkaramellen, welche als trockener Malzextrakt angesprochen werden; das LG. Frankfurt am 18. Sept. 1899 — O. 133/99 —, betreffend Brustkaramellen; das LG. Hessen am 16. Dez. 1903 w/r R. in H. (RGesA. 4, 729 Nr. 163), betreffend Karamellen; OLG. Breslau am 26. Mai 1908 (Räuber 133, Ph. Z. Nr. 60) bezüglich Menthol-Thymol-Keuchhustenbonbons. Besonderes Interesse bietet eine Entsch. des LG. Hamm v. 5. Dez. 1909 w/r R. — Nr. 4. 344/09 —. Das Urteil beschäftigt sich mit Berilschokolade; diese war in kleinere Abteilungen durch Rillen derart abgeteilt, daß die einzelnen Abteilungen noch fest zusammenhingen. Die Staatsanwaltschaft wollte in diesen Abteilungen Plätzchen sehen und hielt den Zusammenhalt der verschiedenen Plätzchen miteinander für unerheblich. Das angezogene Urteil lehnt diese Auffassung ebenso ab wie das Verlangen, Beril als ein trockenes Gemenge zu betrachten, indem es ausführt: Beril habe die Eigenschaft als trockenes Gemenge „durch Hinzufügung von Wasser und dadurch, daß es zu festen Tafeln umgeformt ist, eingebüßt. Jedenfalls ist es aber nicht in einer Zubereitungsform, die als trockenes Gemenge zu bezeichnen ist, d. h. in loser, pulverartiger Form, in den Verkehr gebracht. . . . Die Tafeln mit Rücksicht auf ihre Abteilungen als Tabletten zu bezeichnen, würde dem Sprachgebrauch und dem Wortlaut des Gesetzes widersprechen." Zu gleichem Ergebnis dahin, daß Berilschokolade (Wurmmittel) frei verkäuflich ist, gelangen auch mit ähnlichen Begründungen die Urt. des LG. Elberfeld v. 12. März 1910 — 10 J. 116/09 —, das OLG. Düsseldorf v. 11. Juni 1910 — S. 101/10 —, das LG. Stettin v. 17. Sept. 1910 — 8 N. 160/10 —, das OLG. Breslau v. 13. Okt.

gleiche Forderung für Quellsalzpastillen, als auch für Mineralwässer diese Forderung nur gilt, wenn diese in ihrer Zusammensetzung nicht einem natürlichen Vorbild gleichen. Auch die Übertragung der Vorschrift in Ziffer 4 des Verz. A für Mineralquellsalze läßt sich nicht auf die Mineralquellsalzpastillen mangels positiver Bestimmung übertragen. Vgl. Anm. 17 zum Verz. A und Anm. 12 zu § 1. Man wird deshalb anzunehmen haben, daß Pastillen zwar nur a) aus natürlichen Mineralwässern, b) aus künstlichen Mineralquellsalzen bereitet werden dürfen, daß aber zu a eine Mischung verschiedener Mineralwässer den Ausgang bilden darf, b) daß die künstlichen Mineralquellsalze, aus denen die Pastillen hergestellt werden, nicht den in Ziffer 4 des Verz. A freigegebenen gleichen müssen. Urt. des KG. v. 25. Jan. 1926 — III 316/25 — verlangt absichtliche Nachbildung einer Mineralquelle. Die Entscheidung ist zu billigen bei Betonung des Wortes „absichtlich", aber sehr bedenklich, wenn der Ton auf „eine Mineralquelle" zu legen ist. Die gleiche Unklarheit weist das Urt. des KG. v. 20. März 1926 — II S. 821/25 — (Ph. Z. S. 401/02) in dem Satze aus: „Künstliche Mineralquellsalze sind Formierungen, durch die der Salzgehalt einer natürlichen Mineralquelle dargestellt wird." Es liegt kein zwingender Anlaß zu der Annahme vor, daß das KG. nicht als Nachbildungsgegenstand auch eine Mehrheit von Mineralquellen zulassen wollte. Uga-Bohnen sind trotz ihres Arsengehalts vom AG. Hamburg am 2. März 1925 (Ph. Z. 1925 S. 442) als frei erklärt, weil sie aus künstlichen Mineralquellsalzen hergestellt seien.

50. Sacharintabletten sind durch das Sacharingesetz v. 7. Juli 1902 (RGBl. S. 253) und v. 8. April 1922 (RGBl. S. 390) in Verbindung mit der Ver. des R.Fin.Min. und R.E.Min. zur Durchführung des Süßstoffgesetzes v. 12. Sept. 1922 (RGBl. S. 633) besonders gearteten Beschränkungen unterworfen.

51. Pflaster, emplastra, sind nach Arzneibuch S. 160 „zum äußeren Gebrauche bestimmte Arzneizubereitungen, deren Grundmasse aus Bleisalzen, den in Ölen und Fetten vorkommenden Säuren, aus Fett, Öl, Wachs, Harz, Terpentin oder aus Mischungen

1914 — 7 S. 332/14 —, das OLG. Naumburg v. 10. Juli 1912 (Gew.Arch. Bd. 12, Jahrg. 1913, S. 2 ff.), welch letzteres auch „eine Umgehung der Kais. Ver." verneint. Lingua-Menthol-pastillen sind nach Raymund S. 1294 vom OLG. Düsseldorf am 15. Juni 1910 für frei erklärt.

Daß Drops nicht Pastillen sind, wenn sie wie Bonbons hergestellt wurden, auch wenn das Ergebnis der Pastille gleicht, führen die Urt. des LG. Gleiwitz v. 20. Mai 1911 — 6 E. 219/10 — und das OLG. Breslau v. 7. Febr. 1911 aus. Ob Dragees als Pastillen zu gelten haben, verneint das KG. am 21. April 1913 — I S. 243/13 — (Med.Arch. 1913 S. 383 ff.), falls sie die körperliche Form von Eiern haben. Das hierauf von der Vorinstanz, dem LG. I Berlin, 1914 gefällte Urteil (Samml. Bd. VII S. 899) spricht frei, weil die Dragees eiförmig, daher nicht Pastillen, aber auch nicht Tabletten seien, weil sie aus angefeuchteten und nicht aus trockenen Pulvern hergestellt seien.

Daß auch ein Backprozeß einer in der Form von Pastillen dargebotenen Ware den Charakter einer Pastille im Sinne der Ziffer 9 nimmt, hat das LG. Potsdam im Urt. v. 19. Febr. 1910 w/r M. — 2 N. 131/09 —, betreffend Abebiskuits ausgeführt. Auch das OLG. Hamburg anerkannte am 30. Mai 1901, daß der Backprozeß kein pharmazeutisches Verfahren ist und etwas Neues schafft. (Nr. 22 der Berichte des D. Drog.-Verb. 1901 S. 79 und Räuber S. 133.) Es sei aber hervorgehoben, daß das OLG. Posen am 9. Juni 1906 (Ph. Z. Nr. 64) Flukolbonbons als Pastillen ansprach und daß das OLG. Dresden am 28. Okt. 1908 (Ph. Z. Nr. 90) Abebiskuits als eine den Apotheken vorbehaltene Zubereitungsform erklärte. Irrig OLG. Dresden in Annalen Bd. 30 S. 213 und LG. Dresden v. 6. Aug. 1910 in Samml. Bd. VII S. 982/83, wonach Biskuits unter Nr. 9 des Verz. A fallen.

48. Siehe Anm. 4. Pastillen, die nicht Heilzwecken dienen, sind selbstverständlich frei. So sind Formaminttabletten vom LG. Hamburg am 8. Febr. 1910 w/r B. — St. 2053/09 — (Samml. Bd. VI S. 495 und Med.Arch. 1911 S. 86) als kosmetische und desinfizierende Mittel für frei verkäuflich erklärt worden, vom LG. Hildesheim am 19. Jan. 1911 (Samml. Bd. VII S. 946) als Vorbeugungsmittel; ebenso Siccoformtabletten. Sublimatpastillen sind im Erlaß des Min. f. geistliche usw. Ang. v. 15. Juni 1907 — M. 6958 — als „Arznei- und Desinfektionsmittel" bezeichnet. Zur Desinfektion sind sie also frei verkäuflich, soweit das Giftgesetz nicht im Wege steht. Daß Kaliklorikumtabletten für kosmetische Zwecke frei sind, hat das OLG. Frankfurt a. M. am 28. Mai 1906 entschieden (R.Gesundh.Samml. Bd. V S. 494). Vgl. auch Anm. 38 zur Giftverordnung.

49. Daß die Pastillen, welche aus natürlichen Mineralwässern bereitet werden, alle Bestandteile dieser enthalten müßten, ist nicht geboten; dagegen dürfen arzneilich wirkende Zusätze nicht Verwendung finden. Die Verarbeitung von arzneilich indifferenten Geschmackszusätzen erscheint unbedenklich. Unter Berufung auf das Gutachten des Professors Dr. W. Straub, Direktor des Pharmakologischen Instituts der Universität Freiburg im Breisgau, erklärte am 3. Sept. 1918 das Schöffengericht in Baden w/r Karl R aus Köln-Deutz, daß der Zusatz von Corpphin zu den sog. Baden-Badener Pastillen gegen Katarrh und Husten deshalb gestattet sei, weil es in der geringen Menge von 0,005 Gramm pro Tablette nur ein Geschmackskorrigens sei. Ebenso unbedenklich ist die Verwendung aller zwecks Herstellung der Pastille notwendigen oder mindestens in der Fabrikation üblichen Stoffe. Pastillen, welche aus künstlichen Mineralquellsalzen bereitet werden, dürfen nur solche künstlich hergestellten Salze enthalten, welche wirklichen, in natürlichen Mineralquellen vorkommenden Salzen nachgebildet sind.

Das Mischungsverhältnis in den Pastillen aus künstlichen Salzen ist völlig frei. Es ist zulässig, eine Pastille aus künstlichen Salzen zu bilden, von denen das Vorbild des einen in der Quelle A, das des anderen in der Quelle B zu finden ist. Daß im § 1 Abs. 2 b die Freiverkäuflichkeit von künstlichen Mineralwässern die Abwesenheit von gewissen Stoffen fordert, rechtfertigt um so weniger eine einzelner dieser Stoffe besteht. Die Pflaster werden in Tafeln, Stangen oder Stücke von verschiedener Form gebracht oder auf Stoff gestrichen; sie sind bei gewöhnlicher Temperatur fest und in der Hand knetbar; beim Erwärmen werden sie flüssig." Man unterscheidet danach „gestrichene" von den „einfachen" Pflastern. Das einfache Pflaster muß die Bestimmung haben, zwecks arzneilicher Verwendung auf ein Gewebe aufgestrichen zu werden.

Aus der Konsistenz (knetbar) folgt schon, daß sie mit dem Gewebe durch Aufstreichen und nicht etwa durch Tränken in Verbindung zu bringen sind. Nach RG. v. 16. Nov. 1911 — 1 S. 919/11 — (Med.Arch. 1912 S. 67) versteht man unter Pflaster „Zubereitungen, welche entweder auf Geweben, Leder, Papier oder ähnlichen Stoffen aufgetragen werden". Das gestrichene Pflaster unterscheidet sich von den Verbandstoffen dadurch, daß es nicht wegen der mechanischen Wirkung des Gewebes, sondern wegen der arzneilichen Wirkung der bestrichenen Substanz zur Anwendung gebracht wird. Heftpflaster ist deshalb gar kein Pflaster, sondern ein Verbandstoff (Springfeld S. 378); nicht die arzneiliche Wirkung der Klebemasse, sondern die mechanische Wirkung des Gewebes ist das wesentliche Ziel eines Heftpflasters (vgl. Lebbin S. 176, 177). Das gleiche gilt vom Leukoplast; OLG. Marienwerder v. 29. März 1912 (Samml. Bd. VII, 1920, Nr. 1; Drogenhändler v. 29. März 1920 S. 360), LG. Danzig v. 15. Jan. 1912 (Rapmund S. 1294 Anm. 5). Vgl. Anm. 57 und 4.

Das einfache (d. h. nicht gestrichene) Pflaster muß zur Anfertigung eines gestrichenen Pflasters, nicht eines Verbandstoffes bestimmt sein; es muß ferner eine Mischung sein, denn ein einfacher Stoff oder ein chemisches Präparat ist keine Zubereitung. So auch Springfeld S. 377.

Ungestrichenes Bleipflaster (empl. lithargyri simpl.) ist ein chemisches Präparat und deshalb frei; so Springfeld S. 337 und Lebbin S. 171. Das Aufstreichen des Bleipflasters auf ein Gewebe bildet aber eine pharmazeutische Zubereitung, so daß das gestrichene Bleipflaster im freien Verkehr eine Zubereitung im Sinne der Ziffer 10 ist. Daß die Pflaster nur äußerlich anzuwenden sind, ist hervorzuheben; daraus folgt nicht etwa, daß sie auch nur gegen äußerliche Leiden zur Anwendung zu kommen hätten — man denke an emplastrum stomachicum, Klepperbein.

Salben, unguenta, sind nach Arzneibuch S. 553 „Arzneimittel zum äußerlichen Gebrauche, deren Grundmasse in der Regel aus Fett, Öl, Lanolin, Vaselin, Zeresin, Glyzerin, Wachs, Harz, Pflastern und ähnlichen Stoffen oder aus deren Mischungen besteht". Sie sind von butterähnlicher Konsistenz. KG. v. 16. Nov. 1911 — 1 S. 919/11 — (Med.Arch. 1912 S. 67): „Salben fettige Arzneimischungen, welche auf die Haut gestrichen oder gerieben werden."

Lanolin, Vaselin, Zeresin (paraffinum solidum) sind keine pharmazeutischen Zubereitungen und deshalb für sich allein frei verkäuflich. Auf die Form, in welcher die Salben in den Handel gebracht werden, kommt es nicht an, deshalb sind auch die Salbenstifte, stili unguentes, als Salben anzusprechen, sofern sie butterähnliche Konsistenz haben. Haben sie eine erheblich stärkere Konsistenz, so fallen sie nicht unter Ziffer 10, sie sind aber auch nicht Stäbchen im Sinne der Ziffer 11, sofern sie nicht die Bestimmung haben, in Körperhöhlen eingeführt zu werden. Diese Salbenstifte dienen der Regel nach der Behandlung umschriebener Hautleiden. Flüssige Salben sind Linimente (vgl. Ziffer 8 des Verz. A und Anm. 45 und 46).

52. Siehe Anm. 4.

53. Sofern Bleisalbe als kosmetisches Mittel Verwendung findet, ist es nicht nur für Tiere, sondern schlechthin frei verkäuflich, sofern man nicht annimmt, daß § 3 des Farbengesetzes v. 5. Juli 1887 im Wege steht. Letzteres ist vom LG. Koblenz am 15. April 1912 (Samml. Bd. VII S. 953) verneint, weil Bleisalbe Heilmittel sei. Wenn der Bleisalbe vom KG. am 2. Juni 1908 (Ph. Z. S. 5 des Sonderabdrucks aus den Nrn. 69, 70, 71) der Charakter als Kosmetikum schlechthin abgesprochen wird, weil sie gegen verschiedenartige Hauterkrankungen, wie Drüsenanschwellungen, gebraucht werde, so geht dies zu weit;

zutreffend KG. am 7. Okt. 1912 — 1 S. 672/12 — (Med.Arch. 1912 S. 528 ff.): „Nach § 1 Abs. 2 a ist ein Mittel, welches überhaupt zur Hautpflege bestimmt ist und verwendet wird, ein kosmetisches; daß es zu diesem Zwecke überwiegend diene, verlangt das Gesetz nicht." Ebenso OLG. München am 3. Mai 1913 (Samml. Bd. VII S. 840 ff.): „Ein Mittel ist ein kosmetisches, wenn es nach der Erfahrung der ärztlichen Wissenschaft und des täglichen Lebens zur Hautpflege usw. verwendbar ist und verwendet wird (Goltd. Arch. Bd. 56 S. 104). . . . Die Ausnahmebestimmung in § 1 Abs. 2 Kais. Ver. trifft auch dann zu, wenn ein kosmetisches Mittel daneben als Heilmittel verwendet wird." Vgl. Anm. 7 zu § 1 Kais. Ver. Daß die Worte „Zum Gebrauche für Tiere" auf dem Abgabegefäß oder sonstwie vermerkt sein müßten, verlangt die Kais. Ver. nicht; aber Polizeiverordnungen, welche in Preußen auf Grund der Ministerialverordnung v. 22. Dez. 1902 / 13. Jan. 1910 ergangen sind, fordern die Aufschrift sowohl auf Vorratsgefäßen wie Abgabegefäßen. Das gilt nur für solche, die lediglich als Tierheilmittel freigegeben sind.

54. Die Borsalbe des Arzneibuchs S. 554 enthält 10 v. H. Borsäure. An derselben rühmt Liebreich Bd. I S. 464 die „sehr hervorragende antiseptische Eigenschaft" und die „starke desodorisierende Kraft"; schon eine halbprozentige Lösung hat erheblich konservierende Kraft (a. a. O.). Borsalbe kommt deshalb wesentlich als antiseptische Salbe und dieserhalb gerade vielfach als Kosmetikum in Betracht. In dieser doppelten Eigenschaft ist sie nach § 1 Abs. 2 lit. a auch für Menschen frei. Das KG. entschied am 7. Jan. 1909 w/r R. — 1 S. 1034/08 —, daß, soweit Borsalbe als Kosmetikum (OLG. München v. 13. April 1907, Goltd. Arch. Bd. VI S. 566 ff., Meißner S. 157, Böttger S. 93 ff.) oder als Desinfektionsmittel (OLG. Celle v. 11. Juni 1906, Goltd. Arch. Bd. VI S. 573 Nr. 25) verwendet wird, „ein lediglich zum Gebrauch in der Tierbehandlung dem freien Verkehr überlassenes Mittel nicht" vorlag; es bedurfte deshalb der Bezeichnung „Tierheilmittel" auf den Behältnissen nicht. Ebenso

am 22. Sept. 1910, am 16. Febr. 1911 (Samml. Bd. VII S. 878/79); OLG. am 28. Aug. 1912 (Samml. Bd. VII S. 949). Anders OLG. München am 21. Juli 1911 (Samml. Bd. VII S. 965 ff.) mit folgender Begründung: „Eine Feststellung, daß diese Mittel (Bor- und Zinksalbe) zur Hautpflege bestimmt sind, hat das Berufungsgericht nicht getroffen; sie erübrigte deshalb, weil die Zubereitungen als Mittel gegen eine Fußkrankheit dienen sollten und in dieser Richtung ein Zusammenhang mit den Zwecken eines kosmetischen Mittels nicht besteht (Urt des Straffen. v. 13. April 1907 — Rev.Reg. Nr. 118/07)." Vgl. Anm. 7 und 8 zu § 1.

55. Cold-cream war in der Rechtsprechung als Gattungsname all derjenigen Salben erklärt worden, deren großer Wassergehalt das ihnen Eigentümliche und insofern Wirksame ist, als die Verdunstung des Wassers die Kühlung erzeugt. Das KG. hatte denn auch unterm 14. Mai 1899 (Springfeld S. 391) unter Hinweis auf die Abweichung des englischen Cold-cream von dem des Arzneibuches dahin erkannt, daß jede Salbe, die nach der Verkehrsanschauung als reell zubereitetes Cold-cream anzusehen ist, als freigegeben zu erachten sei. Die vorliegende Kais. Ver. hat nun den Begriff des Cold-cream dadurch genauer begrenzt, daß sie den Zusatz anfügt: „auch mit Glyzerin, Lanolin oder Vaselin". Der Ausdruck ist insofern nicht glücklich gewählt, als er zu der Auffassung verleitet hat (so Jacobsohn S. 62), daß Zusätze von Glyzerin, Lanolin, Vaselin zum fertigen Cold-cream besonders zugelassen werden sollten. Gemeint kann nur sein, daß die angeführten Stoffe zur Herstellung des Cold-cream mitverwandt werden dürfen, und zwar Glyzerin anstatt des Wassers oder neben ihm, Lanolin und Vaselin anstatt oder neben Walrat (Spermaceti), Wachs und Öl oder eines dieser Fette. Durch diese Spezialisierung wäre die Verwendung anderer Substanzen ausgeschlossen, wenn gleichzeitig angegeben wäre, was als Cold-cream zu gelten hat. Da dies nicht geschehen ist und das Arzneibuch durchaus nicht als Bestandteil oder auch nur als Grundlage der Kais. Ver. in Frage kommt (vgl. KG. v. 3. Juli 1911 — I S. 495/11 — und v. 27. Nov. 1911 — I S. 944/11 —, Med.Arch. 1912 S. 227 ff.), wird man auf dem Standpunkt des zitierten Kammergerichtsurteils stehenbleiben müssen; der Zusatz kann dann nur zu dem Zwecke erfolgt sein, um die üblichen und gleichzeitig untereinander am wesentlichsten abweichenden Zubereitungen als unter den Sammelbegriff Cold-cream fallend zu erklären.

Der wirksame arzneiliche Bestandteil ist das reizmildernde Mandelöl. Mit Recht hebt der Aufsatz „Zur Auslegung der Kais. Ver. v. 22. Okt. 1901“ (Sonderabdruck der Ph. Z. 1902 Nr. 94, 95) hervor, daß Cold-cream „der Typus eines Mittels zur Pflege der Haut“ ist. Hiernach wäre eine besondere Hervorhebung als Ausnahme nicht notwendig gewesen, da solche Mittel als Kosmetika nach § 1 Abs. 2 ohnehin frei sind; man hat die ausdrückliche Hervorhebung historisch durch den Umstand erklären wollen, daß auch schon die Kais. Ver. v. 18. Jan. 1890 Cold-cream als freigegebene Ausnahme brachte. Damals waren kosmetische Heilmittel allgemein noch nicht freigegeben. Diesseits kann dies als hinreichende Erklärung nicht betrachtet werden, da ja die im Verz. A aufgeführten Ausnahmen keineswegs schematisch übernommen, sondern erheblich abgeändert, teils vermehrt, teils vermindert wurden.

Die Belassung des Cold-cream unter den ausdrücklichen Ausnahmen wird diesseits vielmehr als Beweis dafür betrachtet, daß der Begriff des kosmetischen Mittels nicht ausschließlich von seiner kosmetischen Kraft, also einer objektiven Eigenschaft, sondern von subjektiven Momenten abhängt. Wird Cold-cream bei der Behandlung einer schweren Wunde mit verwendet, so hat es nicht kosmetisch zu wirken und würde, zu solchem Zwecke abgegeben, nach OLG. München v. 13. April 1907 und v. 21. Juli 1911 (siehe Anm. 54 Schluß) nicht frei verkäuflich sein, wenn es nicht ausdrücklich unbeschränkt freigegeben wäre.

56. Die Begriffsbegrenzung des Pechpflasters führt dazu, daß es Pechpflaster geben kann, welche gar kein Pech enthalten! Das Deutsche Arzneibuch V kennt Pech als Grundmasse überhaupt nicht. Irgendwelche Zusätze, und wäre es nur auch zu Farbzwecken, heben die Verkehrsfreiheit auf; LG. Braunschweig

v. 25. März 1911 (Samml. Bd. VII S. 999) gestattet nicht den Zusatz von Kautschuk. Im übrigen aber besteht über die Mischungsverhältnisse sowie darüber, was für Pech (Teer) gewählt wird, keine Vorschrift. Es darf ebenso Pix liquida (Koniferenteer, Buchenteer usw.), Kolophonium wie auch pix alba, novales oder pix flava (Fichtenharz) Verwendung finden, ebenso eine Mischung der verschiedenen Pecharten. Daß das Ganze die Konsistenz der Pflastermasse haben muß, folgt aus dem zu Anm. 51 Dargelegten.

57. Englisches Pflaster ist ein Heftpflaster, dessen Klebemasse aus gelöster Hausenblase besteht. Mit Recht erklärte OLG. Celle am 13. Nov. 1905 — 3 S. 104/05 — (Goltd. Arch. Bd. 57, 1910, S. 239): „Heftpflaster sind auch für den Fall frei verkäuflich, daß sie heilkräftige Stoffe enthalten." Vgl. Anm. 13 zu § 1. Leukoplast ist ebenfalls ein Heftpflaster und deshalb vom LG. Verden v. 2. Okt. 1907 — 3 N. 92/07 — und vom LG. II Berlin v. 3. Okt. 1911 w/r B. — 1 e N. 127/11 — als frei verkäuflich erklärt worden (vgl. Anm. 51).

58. Hufkitt hat in frischem Zustande die Natur eines ungestrichenen Pflasters, indessen ist sein Zweck völlig abweichend von dem einer Arznei im Sinne der Ziffer 10, falls er nur mechanisch Löcher im Huf ausfüllen soll. Er wird hart und verbindet sich mit der anderen Hufmasse derart, daß er kaum noch von ihr zu unterscheiden ist. Solche Zwecke verfolgen die arzneilichen Zubereitungen des Verz. A nicht. Auch als Suppositorium oder Wundstäbchen kann Hufkitt schon deshalb nicht angesprochen werden, weil er nicht in eine natürliche Körperhöhlung eingeführt wird. Hufkitt würde hiernach überhaupt nicht ins Verz. A gehören, wenn er nicht auch Träger arzneilich wirksamer Stoffe sein dürfte. In dieser Eigenschaft wäre seine Unterstellung sowohl unter den Pflaster- wie unter den Salbengriff möglich, so daß sich dieserhalb die ausdrückliche Freigabe rechtfertigt.

59. Pappelpomade soll einen Auszug aus den Pappelknospen enthalten. Es genügt auch, wenn sie Pappelöl oder Pappelharz enthält. Indessen genießt eine Zubereitung nur deshalb, weil sie mißbräuchlicherweise unter dem Namen einer

Pappelpomade in den Handel gebracht wird, ohne irgend etwas mit der Pappel zu tun zu haben, keineswegs Verkehrsfreiheit. So LG. Liegnitz am 30. April 1910, bestätigt vom OLG. Breslau am 16. Juli 1910 (Samml. Bd. VII S. 926).

60. Als Salizyltalg läßt Springfeld (V S. 391) jede Salbe frei, welche ungefähr die Konsistenz des Talges hat und außer einem Salizylsäurepräparat keine anderen zu inkorporierenden Arzneistoffe enthält. So viel auch de lege ferenda für den Standpunkt Springfelds spricht, so kann er diesseits de lege lata nicht gebilligt werden. Die vorliegende Kais. Ver. zeigt hier das Streben nach genauer Bezeichnung der von ihr zuzugelassenen Stoffe. Das zeigt mit besonderer Deutlichkeit die dem Salizyltalg unmittelbar folgende Ausnahme des Senfleinen. Die Kais. Ver. v. 27. Jan. 1890 hatte bereits Senfpapier freigegeben. Senfleinen unterscheidet sich von diesem ganz ausschließlich dadurch, daß der indifferente Träger des Senfpulvers hier Leinen, dort Papier ist. Trotzdem hat die vorliegende Kais. Ver. beide Zubereitungen für so verschieden gehalten, daß ihre Freigabe einzeln erfolgte. Talg und Vaseline sind aber voneinander durchaus nicht weniger verschieden wie Papier von Leinen. Hätte deshalb die Kais. Ver. auch Salizylvaselin freigeben wollen, so hätte sie dies ausgesprochen; wäre es ihr überhaupt gleich, durch welche indifferente Substanz ein Salizylsäurepräparat zur salbenartigen Anwendung gebracht wird, so hätte sie schlechthin Salizylsalbe freigegeben. Das LG. Berlin hatte in dem bei Springfeld V S. 444 ff. abgedruckten, vom KG. am 7. April 1898 gebilligten Urteil im Anschluß an das übereinstimmende Gutachten der Sachverständigen angenommen, daß „Salizyltalg" ein Kollektivbegriff sei, zu welchem Salizylvaselin auch gehört, und es hatte dementsprechend Salizylvaselin für frei verkäuflich erklärt. Dieser Auffassung kann nicht beigetreten werden; selbstverständlich ist Salizylvaselin dann frei, wenn es als kosmetisches Heilmittel in Frage kommt (§ 1 Abs. 2 Ziffer a). So OLG. Marienwerder v. 29. März 1912 in Verbindung mit LG. Danzig v. 13. Mai 1912 (Samml. Bd. VII S. 872).

61. Terpentinsalbe ist hier nur zum Gebrauch für Tiere freigegeben, während das gestrichene wie ungestrichene Terpentinpflaster (vgl. Anm. 56) auch als Heilmittel für Menschen dem freien Verkehr überlassen ist! Da Terpentinöl äußerlich „als Antiparasitikum z. B. gegen Krätze" von Kronka bei Liebreich Bd. III S. 789 empfohlen wird, könnte auch Terpentinsalbe als Desinfektionsmittel in Frage kommen und in dieser Eigenschaft auch als Heilmittel für Menschen frei verkäuflich sein.

62. Als Kosmetikum ist Zinksalbe auch zum Gebrauche für Menschen frei verkäuflich (vgl. Anm. 54 und § 1 Anm. 7).

63. Arzneistoffe, welche durch den Mund in den Magen gelangen und dort der Verdauungstätigkeit überlassen werden sollen, gehören zu den sog. innerlichen Heilmitteln; Arzneistoffe, welche auf die der Regel nach mit Haut bedeckten Körperteile durch Auflegen, Verreiben und dergl. wirken sollen, dienen den sog. äußerlichen Heilzwecken. Suppositorien wirken innerhalb der Körperhöhlen, in welche sie in festem Aggregatzustand eingeführt werden, damit sie in diesen teils durch Schmelzung kraft der Körperwärme, teils durch Lösung im Sekret der die Höhlung bekleidenden Schleimhäute flüssig werden und sich auf die den Hohlraum begrenzenden Flächen verteilen und dort heilend wirken. Nach dem Arzneibuch S. 504 sind „Suppositoria, Globuli, Suppositorien walzen-, kegel-, ei- oder kugelförmige Zubereitungen, die zur Einführung in den Körper bestimmt sind". Als Beispiel werden vom Arzneibuch Stuhlzäpfchen und Vaginakugeln angegeben. Der Begriff ist hiernach in der Kais. Ver. insofern enger als in dem D. Arzneibuch, als er in letzterem nicht arzneiliche Grundmasse fordert, während dies für die Kais. Ver. angenommen werden muß. Hierfür spricht, wenn auch in begrenztem Maße, der Umstand, daß Suppositorien aus Nordseetangen, Tupeloholz und dergl. durch Ver. v. 21. April 1921 besonders verboten (dem Verz. B eingereiht) wurden. Dietrich, Pharm. Manuale, gibt S. 538 Kakaoöl und Glyzerin als Grundmasse der Stuhlzäpfchen an.

64. Wundstäbchen heißen diejenigen Suppositorien, welche Stäbchenform besitzen und deshalb der Regel nach für Hohlräume bestimmt sind, welche als Kanäle oder Gänge bezeichnet werden, weil ihre Querachse an Größe erheblich von der Längsachse übertroffen wird. Instrumente, welche nur dazu bestimmt sind, Medikamente in Körperteile hineinzubringen, ohne daß sie in diesen selbst zur Auflösung kommen sollen, sind keine Suppositorien. Anderer Meinung nur Resemann (S. 60), welcher auch Antrophore mit federndem Drahtgewinde zu den Suppositorien rechnet. Zubereitungen, welche, in die weibliche Scheide eingeführt, die Empfängnis verhüten sollen, sind keine Heilmittel.

Das Arzneibuch behandelt S. 69 Wundstäbchen, cereoli, unter dem übergeordneten Begriff der Bacilli, Arzneistäbchen, und erklärt sie als „Zubereitungen in Stäbchenform, die zur Einführung in den Körper ... bestimmt sind". Daß das Arzneibuch zu den Arzneistäbchen auch noch die zum Ätzen bestimmten Styli caustici, Ätzstifte, zählt, interessiert hier nicht (vgl. Anm. 2). Salbenstifte sind also keine Suppositorien und keine Cereoli, weil diese beiden gemeinsam die Bestimmung haben, in den Körper eingeführt zu werden, Salbenstifte aber nur der Betupfung oder Anreibung einer regelmäßig auf den Außenseiten des Körpers liegenden umschriebenen wunden Stelle dienen (vgl. Anm. 52). Mit Gelatine überzogen sind sie Suppositorienkapseln im Sinne der Ziffer 6 und alsdann auch verboten (vgl. Anm. 40). Der Zusatz „in jeder Form" bezieht sich nur auf die räumliche Beschaffenheit, wie deutlich aus dem erklärenden Klammervermerk folgt: „Kugeln, Stäbchen, Zäpfchen oder dergleichen."

65. Nach Rapmund S. 1299 gehören zu den Abkömmlingen von Acetanilidura: Pyramidon, Salophen, Antipyrin, Äthylenpräparat, Heroin.

66. Durch Kais. Ver. v. 31. März 1911 eingefügt.

67. Der Verkehr mit Opium und anderen Betäubungsmitteln (Morphin, Kokain usw.) ist geordnet durch Ver. des R.Min. des Innern v. 20. Juli 1920 (RGBl. S. 1464 und Min.Bl. f. Volks-

wohlfahrt S. 201), v. 15. Dez. 1918 (RGBl. S. 1447), Gef. v. 30. Dez. 1920 (RGBl. S. 2), Gef. v. 21. März 1924 (RGBl. I S. 290), Ver. v. 5. Juni 1924 (RGBl. S. 638). Ver. des R.Min. d. Innern v. 1. Juli 1924 gibt sieben Zubereitungen ohne Bezugsschein und ohne Erlaubnis frei (Ph. Z. 1924 S. 662/63). Das Rundschreiben des Min. f. Landw. v. 7. Juni 1921 (Berliner Tierärztl. Wochenschrift und Ph. Z. v. 6. Juli 1921 S. 562) hebt hervor, daß auch für Apotheken und dispensierende Tierärzte die Beibringung des Bezugsscheins unerläßlich ist.

68. Digalen wird im Urt. des LG. Wiesbaden v. 23. Jan. 1913 — 4 N. 95/12 — als Abkömmling von Digitalin bezeichnet. Es ist aber eine Lösung, also eine pharmazeutische, vom § 2 nicht erfaßte Zubereitung von Digitoxin, einem kristallisierten Bestandteil der Fingerhutpflanze, nach Kobert ein Digitalisextrakt.

69. Eisensomatose ist ein chemisches Präparat, hier nicht genannt, also frei verkäuflich. So Medizinalkollegium von Hannover am 25. Sept. 1900, LG. Hirschberg am 23. Jan. 1909 (bei Räuber S. 134), LG. Stuttgart am 29. Okt. 1913 (Ph. Z. v. 22. April 1914). Eisenschokolade ist eine Zubereitung von ferrum reductum mit Schokolade; sofern diese Zubereitung nicht in verbotener Form, z. B. als Schokoladenpastille, verabreicht wird, ist sie frei verkäuflich. Daß Verbindungen von Eisen mit Malzextrakt, auch mit Malzextrakt und Lebertran frei verkäuflich sind, ist in Anm. 8 dargelegt. Dagegen ist der Eisenzusatz zu Lebertran allein nur als Nährmittel frei verkäuflich (vgl. Anm. 34). Darüber, ob überhaupt ein Nährmittel, auch wenn es Heilwirkungen dadurch indirekt erzielt, daß es den Körper kräftigt und ihn zur Selbsthilfe befähigt, als Heilmittel im Sinne der Kais. Ver. anzusprechen ist, siehe Anm. 2 zum § 1.

70. Überzuckerter Zitwersamen, confectio cinae, ist eine Z u b e r e i t u n g von Zitwersamen, also frei.

71. Alle anderen hier nicht aufgeführten Quecksilberpräparate sind frei verkäuflich. Das gleiche gilt von pharmazeutischen Zubereitungen, so daß auch hydrargyrum sulfuratum rubrum (D.

Arzneibuch S. 275) cinnabaris, Zinnober, frei verkäuflich ist, während in der Bekanntm. v. 22. Juni 1896, betreffend stark wirkende Gifte, die Zubereitung für Apotheken der Rezepturpflicht unterstellt wird. Vgl. die Bekanntm. v. 22. Juni 1896 Anm. 15 zu hydrargyri praeparata postea non nominata und Giftordnung Anlage 1 Abt. 1 Anm. 69 zu „Quecksilberpräparate", S. 311.

72. Natrium benzoicum ist vom Preuß. Min. als Konservierungsmittel für Obstzubereitung empfohlen (Ph. Z. 1916 Nr. 66). Es ist gleichwohl in Substanz dem Apothekenmonopol unterstellt. In Tablettenform ist es aber frei. In Tabletten von je 1 Gramm kommt es unter dem Namen „Gedrovan-Einmach-Tabletten" in den Handel und ist völlig frei verkäuflich trotz gegenteiliger Auffassung des Sächs. Ministeriums des Innern v. 24. Aug. 1917 (vgl. Ph. Z. v. 15. Sept. 1917 S. 515/16).

73. Siehe Anm. 67.

74. Protargollösung ist ein Desinfektionsmittel, daher auch als Heilmittel frei, sofern die Heilwirkung im Zusammenhang mit der Desinfektionskraft steht. In der Real-Enzyklopädie der ges. Pharm. Bd. X S. 425 wird es von Prof. Dr. E. Bäumer als Prophylaxe gegen drohende Gonorrhöe empfohlen (Drogenhändler v. 25. Dez. 1913 S. 785).

75. Radix Rhei ist chinesischer Rhabarber. Der sog. deutsche Rhabarber, die Rhapontikawurzel, ist frei verkäuflich. Sie ist die getrocknete Wurzel von rheum rhaponticum, einer in Österreich-Ungarn kultivierten Polygonen. So Crakau S. 874. Auch rheum officinale, Rhabarber, gehört zur Familie Polygonaecae. Offizinell ist nur chinesischer und russischer Rhabarber, welch letzterer aber kaum noch in den Handel kommt (Schustan S. 127), obwohl er von dorther, vom Flusse Rha, d. i. Wolga, in Verbindung mit dem griechischen barbaros, fremd, seinen Namen hat (Pietsch S. 180).

76. Reichspräs.-Ver. v. 31. Juli 1922 (RGBl. S. 710), Erl. des Min. f. Volkswohlf. v. 12. April 1922, verpflichtet die Ärzte,

die „Operationsnummer" schriftlich anzumerken und im Falle von Schädigungen dem Kreismedizinalrat zu berichten. Richtlinien sind vom Reichsgesundheitsamt am 15. Nov. 1921 erschienen.

77. Führt auch die Bezeichnung: albuminium tannicum.

78. Die Stoffe waren bereits durch Kais. Ver. v. 31. März 1911 eingefügt. Adalin ist kein Veronalsalz.

79. Zincum sulfuricum impurum (technicum) ist frei verkäuflich.

80. Die Bestandteile der in den Abt. A, B, C des Verz. C aufgeführten Waren sind, von wenigen Ausnahmen abgesehen, von der Ph. Z. v. 9. Mai 1925 S. 606 bis 608 und v. 13. Mai 1925 S. 625 bis 627 angegeben.

IIa.

Bekanntmachung vom 22. Juni 1896, betreffend die Abgabe stark wirkender Arzneimittel sowie die Beschaffenheit und Bezeichnung der Arzneigläser und Standgefäße in den Apotheken

(Min.Bl. f. d. i. Verw. S. 123),

ergänzt[1]) durch die Ministerialverordnungen vom 19. April 1898 (Min.Bl. f. d. i. Verw. S. 88), vom 4. November 1899 (Min.Bl. f. d. i. Verw. S. 231), vom 10. Januar 1906 — M. 8852 —, vom 29. Februar 1908 — M. 5580 — (Min.Bl. f. Med.-Ang. S. 12), vom 6. Juni 1908 — M. 7389 —, vom 10. Mai 1910 — M. N. 10781 —, Reichsratsbeschluß vom 12. Februar 1920 (§ 148 der Protokolle), Verordnung des Preußischen Ministers für Volkswohlfahrt vom 18. Januar 1922 — 1 M. II 11 — (Min.Bl. S. 59), Ministerialerlasse vom 31. Juli 1923 (Volkswohlf. S. 404), vom 28. November 1923 (Volkswohlf. S. 518), Bekanntmachung des Preußischen Ministers für Volkswohlfahrt vom 10. Dezember 1924 — I M. II 3103 — (Min.Bl. 1925 S. 18).

Der Bundesrat hat in der Sitzung vom 13. Mai d. Js. (§ 293 der Protokolle) beschlossen, die Vorschriften über die Abgabe stark wirkender Arzneimittel sowie die Beschaffenheit und Bezeichnung der Arzneigläser und Standgefäße in den Apotheken, veröffentlicht im Reichs- und Staatsanzeiger vom 12. Dezember 1891 (Nr. 293 1. Beilage), abzuändern.

Unter Hinweis auf § 367 Ziffer 5 des Reichsstrafgesetzbuches erlasse ich die folgenden Vorschriften zur Nachachtung; die Änderungen sind durch fetten Schriftdruck kenntlich gemacht:

Vorschriften,[2]) betreffend die Abgabe stark wirkender Arzneimittel sowie die Beschaffenheit und Bezeichnung der Arzneigläser und Standgefäße in den Apotheken.

§ 1.

Die in dem beiliegenden Verzeichnis (Anl. a) aufgeführten Drogen und Präparate sowie die solche Drogen oder Präparate enthaltenden Zubereitungen dürfen nur auf schriftliche, mit Datum und Unterschrift versehene Anweisung (Rezept)[3]) eines Arztes, Zahnarztes oder Tierarztes — in letzterem Falle jedoch nur zum Gebrauch in der Tierheilkunde — als Heilmittel an das Publikum abgegeben[4]) werden.

§ 2.

Die Bestimmungen im § 1 finden nicht Anwendung auf solche Zubereitungen, welche nach den auf Grund des § 6 Absatz 2 der Gewerbeordnung (RGBl. 1883 S. 177) erlassenen Kaiserlichen Verordnungen auch außerhalb der Apotheken als Heilmittel feilgehalten und verkauft werden dürfen (vgl. § 1 der Kaiserlichen Verordnung vom 27. Januar 1890 — RGBl. S. 9 — und Artikel 1 der Kaiserlichen Verordnung vom 25. November 1895[5]) — RGBl. S. 455 —).

§ 3.

Die **wiederholte**[6]) Abgabe von Arzneien zum inneren[7]) Gebrauch, **welche** Drogen oder Präparate der im § 1 bezeichneten Art enthalten, ist unbeschadet der Bestimmungen in

§§ 4 und 5 ohne jedesmal erneute ärztliche oder zahnärztliche Anweisung nur gestattet,

1. insoweit die Wiederholung in der ursprünglichen Anweisung für zulässig erklärt und dabei vermerkt ist, wie oft und bis zu welchem Zeitpunkte sie stattfinden darf, oder
2. wenn die Einzelgabe aus der Anweisung ersichtlich ist und deren Gehalt an den bezeichneten Drogen und Präparaten die Gewichtsmenge, welche in dem beiliegenden Verzeichnis für die betreffenden Mittel angegeben ist, nicht übersteigt.

§ 4.

Die wiederholte Abgabe von Arzneien zum inneren Gebrauch, welche Chloralhydrat, Chloralformamid, Morphin,[8]) Kokain, Paraldehyd, Sulfonal, Trional, Urethan oder Veronal enthalten, darf nur auf jedesmal erneute, schriftliche, mit Datum und Unterschrift versehene Anweisung eines Arztes oder Zahnarztes erfolgen.

Jedoch ist die wiederholte Abgabe von Morphin oder dessen Salzen zum inneren Gebrauch ohne erneute ärztliche Anweisung gestattet, wenn diese Mittel nicht in einfachen[9]) Lösungen oder einfachen Verreibungen, sondern als Zusatz zu anderen arzneilichen Zubereitungen verschrieben sind und der Gesamtgehalt der Arznei an Morphin oder dessen Salzen 0,03 Gramm nicht übersteigt. Auf Arzneien, welche zu Einspritzungen unter die Haut bestimmt sind, findet dies keine Anwendung.

§ 5.

Die wiederholte Abgabe von Arzneien in den Fällen der §§ 3 und 4 Absatz 2 ist nicht gestattet, wenn sie von dem Arzte oder Zahnarzte durch einen auf der Anweisung beigesetzten Vermerk untersagt worden ist.[10])

§ 6.

Die wiederholte Abgabe von Arzneien auf Anweisungen der Tierärzte zum Gebrauch in der Tierheilkunde ist den Beschränkungen der §§ 3 bis 5 nicht unterworfen.

§ 7.

Homöopathische[11]) Zubereitungen in Verdünnungen oder Verreibungen, welche über die dritte Dezimalpotenz hinausgehen, unterliegen den Vorschriften der §§ 1 bis 5 nicht.

Die Abgabe der im § 1 bezeichneten Arzneimittel hat auch auf Anweisungen der vor dem Geltungsbeginn der Gewerbeordnung approbierten Zahnärzte und der Wundärzte zu erfolgen und finden auf solche Anweisungen die Bestimmungen der §§ 1 bis 5 ebenfalls Anwendung.

§ 8.

Die Vorschriften über den Handel mit Giften werden durch die Bestimmungen der §§ 1 bis 7 nicht berührt.

§ 9.

Die von einem Arzte, Zahnarzte oder Wundarzte zum inneren Gebrauch verordneten flüssigen Arzneien dürfen nur in runden Gläsern mit Zetteln von weißer Grundfarbe, die zum äußeren Gebrauch verordneten flüssigen Arzneien dagegen nur in sechseckigen Gläsern, an welchen drei nebeneinander liegende Flächen glatt und die übrigen mit Längsrippen versehen sind, mit Zetteln von roter Grundfarbe abgegeben werden.[12])

Flüssige Arzneien, welche durch die Einwirkung des Lichtes verändert werden, sind in gelbbraun gefärbten Gläsern abzugeben.

§. 10.

Die Standgefäße sind, sofern sie nicht stark wirkende Mittel enthalten, mit schwarzer Schrift auf weißem Grunde, sofern sie Mittel enthalten, welche in Tabelle B des Arzneibuchs für das Deutsche Reich aufgeführt sind, mit weißer Schrift auf schwarzem Grunde, sofern sie Mittel enthalten, welche in Tabelle C ebenda aufgeführt sind, mit roter Schrift auf weißem Grunde zu bezeichnen.

Standgefäße für Mineralsäuren, Laugen, Brom und Jod dürfen mittels Radier- oder Ätzverfahrens hergestellte Aufschriften auf weißem Grunde haben.

§ 11.

Arzneien, welche zu Augenwässern, Einatmungen, Einspritzungen unter die Haut, Klistieren oder Suppositorien dienen sollen, werden hinsichtlich der Zulässigkeit der wiederholten[13]) Abgabe (§§ 3 und 4) den Arzneien für den i n n e r e n Gebrauch, hinsichtlich der Beschaffenheit und Bezeichnung der Abgabegefäße (§ 9) den Arzneien für den ä u ß e r e n Gebrauch gleichgestellt.

§ 12.

Alle diesen Vorschriften entgegenstehenden älteren Bestimmungen, insbesondere die Verfügung vom 4. Dezember 1891 (Min.Bl. f. d. i. Verw. S. 217) werden aufgehoben.

§ 13.

Die vorstehenden Bestimmungen treten am 1. Oktober 1896 in Kraft.

Berlin, den 22. Juni 1896.

Der Minister der geistlichen usw. Angelegenheiten.
Im Auftrage: v. B a r t s c h.

a) Verzeichnis.

Acetanilidum .... Antifebrin 0,5 g,

Acetum Digitalis .... Fingerhutessig 2,0 g,

Acidum carbolicum .... Karbolsäure 0,1 g,
ausgenommen zum äußeren Gebrauch;

Acidum hydrocyanicum et ejus salia .... Zyanwasserstoffsäure (Blausäure) und deren Salze 0,001 g,

Acidum osmicum et ejus salia .. Osmiumsäure und deren Salze 0,001 g,

Aconitinum, Aconitini derivata et eorum salia .... Akonitin, die Abkömmlinge des Akonitins und deren Salze 0,001 g,

Aether bromatus .... Äthylbromid 0,5 g,

Aethyleni praeparata .... Die Äthylenpräparate 0,5 g,
ausgenommen zum äußeren Gebrauch in Mischungen mit Öl oder Weingeist, welche nicht mehr als 50 Gewichtsteile des Äthylenpräparats in 100 Gewichtsteilen Mischung enthalten;

Aethylidenum bichloratum ...... Zweifachchloräthyliden 0,5 g,

Agaricinum .... Agarizin 0,1 g,

Amylenum hydratum .... Amylenhydrat 4,0 g,

Amylium nitrosum .... Amylnitrit 0,005 g,

Antipyreticum compositum[14]) ... Amylnitrit 1,1 g,

Antipyrinum .... Antipyrin 1,0 g,

Apomorphinum et ejus salia .... Apomorphin und dessen Salze 0,02 g,

Aqua Amygdalarum amararum .. Bittermandelwasser 2,0 g,

Aqua Lauro-cerasi .... Kirschlorbeerwasser 2,0 g,

Arecolinum und seine Salze (19. Dez. 1924),	
Argentum nitricum	Silbernitrat 0,03 g, ausgenommen zum äußeren Gebrauch;
Arsenium et ejus praeparata....	Arsen und dessen Präparate 0,005 g,
(Liquor Kalii arsenicosi	Fowlersche Lösung 0,5 g),
Atropinum et ejus salia	Atropin und dessen Salze 0,001 g,
Auro-Natrium chloratum	Natriumgoldchlorid 0,5 g,
Bromoformium	**Bromoform** 0,3 g,
Brucinum et ejus salia	Bruzin und dessen Salze 0,01 g,
Butyl-chloralum hydratum......	Butylchloralhydrat 1,0 g,
Cannabinonum	Kannabinon 0,1 g,
Cannabinonum tannicum	Gerbsaures Kannabin 0,1 g,
Cantharides	Spanische Fliegen 0,05 g,
Cantharidinum	Kantharidin 0,001 g,
Chloralum formamidatum	Chloralformamid 4,0 g,
Chloralum hydratum	Chloralhydrat 3,0 g,
Chloroformium	Chloroform 0,5 g, ausgenommen zum äußeren Gebrauch in Mischungen mit Öl oder Weingeist, welche nicht mehr als 50 Gewichtsteile Chloroform in 100 Gewichtsteilen Mischung enthalten;
Cocainum et ejus salia	Kokain u. dessen Salze 0,05 g,
Codeinum et ejus salia omniaque alia alcaloidea Opii hoc loco non nominata eorumque salia.....	Kodein und dessen Salze und alle übrigen nicht besonders aufgeführten Alkaloide des Opiums nebst deren Salzen 0,1 g,

Coffeinum et ejus salia .... Koffein und dessen Salze 0,5 g,
ausgenommen in Zeltchen, welche nicht mehr als je 0,1 g Koffein enthalten;

Colchicinum .... Kolchizin 0,001 g,

Coniinum et ejus salia .... Koniin und dessen Salze 0,001 g,

Cuprum salicylicum .... Kupfersalizylat 0,1 g,
ausgenommen zum äußeren Gebrauch;

Cuprum sulfocarbolicum .... Kupfersulfophenolat 0,1 g,
ausgenommen zum äußeren Gebrauch;

Cuprum sulfuricum .... Kupfersulfat 1,0 g,
ausgenommen zum äußeren Gebrauch;

Curare et ejus praeparata ...... Kurare und dessen Präparate 0,001 g,

Daturinum .... Daturin 0,001 g,

Dicodit (Dihydrokodeinon) und seine Salze 0,03 g (31. Juli 1923),

Digitalinum, Digitalini derivata et eorum salia .... Digitalin, die Abkömmlinge des Digitalins und deren Salze 0,001 g,

Emetinum et ejus salia .. Emetin und dessen Salze 0,005 g,

Extractum Aconiti .... Akonitextrakt 0,02 g,

Extractum Belladonnae .... Belladonnaextrakt 0,05 g,
ausgenommen in Pflastern und Salben;

Extractum Calabar Seminis .... Kalabarsamenextrakt 0,02 g,

Extractum Cannabis Indicae .... Indischhanfextrakt 0,1 g,
ausgenommen zum äußeren Gebrauch;

Extractum Colocynthidis .... Koloquintenextrakt 0,05 g,

Extractum Colocynthidis compositum .... Zusammengesetztes Koloquintenextrakt 0,1 g,
Extractum Conii .... Schierlingextrakt 0,2 g,
ausgenommen in Salben;
Extractum Digitalis .... Fingerhutextrakt 0,2 g,
ausgenommen in Salben;
Extractum Hydrastis .... Hydrastisextrakt 0,5 g,
Extractum Hydrastis fluidum ... Hydrastis-Fluidextrakt 1,5 g,
Extractum Hyoscyami .... Bilsenkrautextrakt 0,2 g,
ausgenommen in Salben;
Extractum Ipecacuanhae .... Brechwurzelextrakt 0,3 g,
Extractum Lactucae virosae .... Giftlattichextrakt 0,5 g,
Extractum Opii .... Opiumextrakt 0,15 g,
ausgenommen in Salben;
Extractum Pulsatillae .... Küchenschellenextrakt 0,2 g,
Extractum Sabinae .... Sadebaumextrakt 0,2 g,
ausgenommen in Salben;
Extractum Scillae .... Meerzwiebelextrakt 0,2 g,
Extractum Secalis cornuti ...... Mutterkornextrakt 0,2 g,
Extractum Secalis cornuti fluidum Mutterkorn-Fluidextrakt 1,0 g,
Extractum Stramonii .... Stechapfelextrakt 0,1 g,
Extractum Strychni .... Brechnußextrakt 0,05 g,
Folia Belladonnae .... Belladonnablätter 0,2 g,
ausgenommen in Pflastern und Salben und als Zusatz zu erweichenden Kräutern;
Folia Digitalis .... Fingerhutblätter 0,2 g,
Folia Stramonii .... Stechapfelblätter 0,2 g,
ausgenommen zum Rauchen und Räuchern;
Fructus Colocynthidis .... Koloquinten 0,5 g,

Fructus Colocynthidis praeparati . Präparierte Koloquinten 0,5 g,

Fructus Papaveris immaturi .... Unreife Mohnköpfe 3,0 g,

Fructus Papaveris maturi 0,3 g (28. Nov. 1923),

Gutti .... Gummigutt 0,5 g,

Herba Conii .... Schierling 0,5 g,
ausgenommen in Pflastern und Salben und als Zusatz zu erweichenden Kräutern;

Herba Hyoscyami .... Bilsenkraut 0,5 g,
ausgenommen in Pflastern und Salben und als Zusatz zu erweichenden Kräutern;

Homatropinum et ejus salia .... Homatropin und dessen Salze 0,001 g,

Hydrargyri praeparata[15]) postea non nominata .... Alle Quecksilberpräparate, welche hierunter nicht besonders aufgeführt sind, 0,1 g,
ausgenommen als graue Quecksilbersalbe mit einem Gehalt von nicht mehr als 10 Gewichtsteilen Quecksilber in 100 Gewichtsteilen Salbe, sowie Quecksilberpflaster;

Hydrargyrum bichloratum ...... Quecksilberchlorid 0,02 g,

Hydrargyrum bijodatum ...... Quecksilberjodid 0,02 g,

Hydrargyrum chloratum ...... Quecksilberchlorür 1,0 g,

Hydrargyrum cyanatum .... Quecksilberzyanid 0,02 g,

Hydrargyrum jodatum .... Quecksilberjodür 0,05 g,

Hydrargyrum nitricum (oxydulatum) .... Quecksilber- (Oxydul-) Nitrat 0,02 g,

Hydrargyrum oxydatum .... Quecksilberoxyd 0,02 g,
ausgenommen als rote Quecksilbersalbe mit einem Gehalt von nicht mehr als 5 Gewichtsteilen Quecksilberoxyd in 100 Gewichtsteilen Salbe;

Hydrargyrum praecipitatum album .... Weißes Quecksilberpräzipitat 0,5 g,
ausgenommen als weiße Quecksilbersalbe mit einem Gehalt von nicht mehr als 5 Gewichtsteilen Präzipitat in 100 Gewichtsteilen Salbe;

Hyoscinum (Duboisinum) et ejus salia .... Hioscin (Duboisin) und dessen Salze 0,0005 g,

Hyoscyaminum (Duboisinum) et ejus salia .... Hyoscyamin (Duboisin) und dessen Salze 0,0005 g,

Insuline und andere entsprechende aus der Bauchspeicheldrüse (Pankreas) hergestellte Präparate, wie Pankreashormon Norgina usw., sofern sie zu Einspritzungen unter die Haut bestimmt sind (19. Dez. 1924),

Jodum .... Jod 0,02 g,

Kalium dichromicum .... Kaliumdichromat 0,01 g,

Kreosotum .... Kreosot 0,2 g,
ausgenommen zum äußeren Gebrauch in Lösungen, welche nicht mehr als 50 Gewichtsteile Kreosot in 100 Gewichtsteilen Lösung enthalten;

Lactucarium .... Giftlattichsaft 0,3 g,

Liquor Kalii arsenicosi ...... **Fowlersche Lösung 0,5 g,**

Migraeninum .... Migränin 1,1 g,

Morphinum et ejus salia .... Morphin und dessen Salze 0,03 g,

Natrium salicylicum .... Natriumsalizylat 2,0 g,

Nicotinum et ejus salia .... Nikotin und dessen Salze 0,001 g,
ausgenommen in Zubereitungen zum äußeren Gebrauch bei Tieren;

Nitroglycerinum .... **Nitroglyzerin 0,001 g,**

Oleum Amygdalarum aethereum. Ätherisches Bittermandelöl 0,2 g,
sofern es nicht von Zyanverbindungen befreit ist;

Oleum Chenopodii anthelminthici 0,5 g (28. Nov. 1923),

Oleum Crotonis .... Krotonöl 0,05 g,

Oleum Sabinae .... Sadebaumöl 0,1 g,

Opium .... Opium 0,15 g,
ausgenommen in Pflastern und Salben;

Paraldehydum .... Paraldehyd 5,0 g,

Phenacetinum .... Phenazetin 1,0 g,

Phosphorus .... Phosphor 0,001 g,

Physostigminum et ejus salia ... Physostigmin und dessen Salze 0,001 g,

Picrotoxinum .... Pikrotoxin 0,001 g,

Pilocarpinum et ejus salia ...... Pilokarpin und dessen Salze 0,02 g,

Plumbum jodatum .... Jodblei 0,2 g,

Pulvis Ipecacuanhae opiatus .... Dowersches Pulver 1,5 g,

Radix Ipecacuanhae .... Brechwurzel 1,0 g,

Resina Jalapae .... Jalapenharz 0,3 g,
ausgenommen in Jalapenpillen, welche nach Vorschrift des Arzneibuchs für das Deutsche Reich angefertigt sind;

Resina Scammoniae .... Skammoniaharz 0,3 g,

Rhizoma Veratri .... Weiße Nieswurzel 0,3 g,
ausgenommen zum äußeren Gebrauch für Tiere;

Santoninum	Santonin 0,1 g,
ausgenommen in Zeltchen, welche nicht mehr als je 0,05 g Santonin enthalten (5. Sept. 1924);	
Scopolaminum hydrobromicum	**Skopolaminhydrobromid 0,0005 g,**
Secale cornutum	Mutterkorn 1,0 g,
Semen Colchici	Zeitlosensamen 0,3 g,
Semen Strychni	Brechnuß 0,1 g,
Serum antidiphtheriticum	Diphtherieheilserum,
Serum antitetanicum	Tetanusheilserum,
Strychninum et ejus salia	Strychnin und dessen Salze 0,01 g,
Sulfonalum	Sulfonal **2,05 g,**
Sulfur jodatum	Jodschwefel 0,1 g,
Summitates Sabinae	Sadebaumspitzen 1,0 g,
Tartarus stibiatus	Brechweinstein 0,2 g,
Thallinum et ejus salia	Thallin und dessen Salze 0,5 g,
Theobrominum natriosalicylicum	**Diuretin 1,0 g,**
Tinctura Aconiti	Akonittinktur 0,5 g,
Tinctura Belladonnae	Belladonnatinktur 1,0 g,
Tinctura Cannabis Indicae	Indischhanftinktur 2,0 g,
Tinctura Cantharidum	Spanischfliegentinktur 0,5 g,
Tinctura Colchici	Zeitlosentinktur 2,0 g,
Tinctura Colocynthidis	Koloquintentinktur 1,0 g,
Tinctura Digitalis	Fingerhuttinktur 1,5 g,
Tinctura Digitalis aetherea	Ätherische Fingerhuttinktur 1,0 g,
Tinctura Gelsemii	Gelsemiumtinktur 1,0 g,
Tinctura Ipecacuanhae	Brechwurzeltinktur 1,0 g,
Tinctura Jalapae resinae	Jalapentinktur 3,0 g,

Tinctura Jodi .... Jodtinktur 0,2 g,
ausgenommen zum äußeren Gebrauch;

Tinctura Lobeliae .... Lobelientinktur 1,0 g,

Tinctura Opii crocata .... Safranhaltige Opiumtinktur 1,5 g,
ausgenommen in Lösungen, die in 100 Gewichtsteilen nicht mehr als 10 Gewichtsteile safranhaltige Opiumtinktur enthalten;

Tinctura Opii simplex .... Einfache Opiumtinktur 1,5 g,
ausgenommen in Lösungen, die in 100 Gewichtsteilen nicht mehr als 10 Gewichtsteile einfache Opiumtinktur enthalten;

Tinctura Scillae .... Meerzwiebeltinktur 2,0 g,

Tinctura Scillae kalina .... Kalihaltige Meerzwiebeltinktur 2,0 g,

Tinctura Secalis cornuti .... Mutterkorntinktur 1,5 g,

Tinctura Stramonii .... Stechapfeltinktur 1,0 g,

Tinctura Strophanti .... Strophantustinktur 0,5 g,

Tinctura Strychni .... Brechnußtinktur 1,0 g,

Tinctura Strychni aetherea .... Ätherische Brechnußtinktur 0,5 g,

Tinctura Veratri .... Nieswurzeltinktur 3,0 g,
ausgenommen zum äußeren Gebrauch;

Trionalum .... **Trional 1,0 g,**

Tubera Aconiti .... Akonitknollen 0,1 g,

Tubera Jalapae .... Jalapenknollen 1,0 g,
ausgenommen in Jalapenpillen, welche nach Vorschrift des Arzneibuchs für das Deutsche Reich angefertigt sind;

Urethanum .... Urethan 3,0 g,

Veratrinum et ejus salia .... Veratrin und dessen Salze 0,005 g,

Veronalum (Urea diaethyl-malonylica. Acidum diaethylbarbituricum)	Diäthylmalonylharnstoff, Diäthylbarbitursäure 0,5 g (29. Febr. 1908),
Vinum Colchici	Zeitlosenwein 2,0 g,
Vinum Ipecacuanhae	Ipecacuanhawein 5,0 g,
Vinum stibiatum	Brechwein 2,0 g,
Zincum aceticum	Zinkazetat 1,2 g,
Zincum chloratum	Zinkchlorid 0,002 g,
Zincum lacticum omniaque zinci salia hoc loco non nominata, quae sunt in aqua solubilia ..	Zinklaktat und alle übrigen hier nicht besonders aufgeführten, in Wasser löslichen Zinksalze 0,05 g,
Zincum sulfocarbolicum	Zinksulfophenolat 0,05 g,
Zincum sulfuricum	Zinksulfat 1,0 g,

ausgenommen bei Verwendung der vorgenannten und der übrigen in Wasser löslichen Zinksalze zum äußeren Gebrauch.

IIb.

Ministerialerlaß vom 23. Februar 1920

(Min.Bl. f. Med.Ang. S. 90).

Die Vorschriften vom 22. Juni 1896 über die Abgabe stark wirkender Arzneimittel sowie die Beschaffenheit und Bezeichnung der Arzneigläser und Standgefäße in den Apotheken werden auf die in der anliegenden Liste aufgeführten Stoffe mit der Maßgabe ausgedehnt, daß für diese Stoffe an Stelle der §§ 4 und 5 nachstehende Bestimmungen gelten:

1. Die wiederholte Abgabe von Arzneien zum inneren Gebrauche, welche die in der anliegenden Liste aufgeführten Stoffe enthalten, darf nur auf jedesmal erneute schriftliche, mit Datum und Unterschrift versehene Anweisung eines Arztes oder Zahnarztes erfolgen.

Jedoch ist die wiederholte Abgabe von Eucodal, Laudanon, Narcophin, Pantopon und allen ähnlichen, Opiumkaloide enthaltenden Zubereitungen (z. B. Glycopon, Holopon), Paracodin, Paralaudin und Paramorfan (Dihydromorphium) gestattet, wenn diese Mittel nicht in einfachen Lösungen oder einfachen Verreibungen, sondern als Zusatz zu anderen arzneilichen Zubereitungen verschrieben sind und der Gesamtgehalt der Arznei an

Eucodal . .	. 0,03 g,
Laudanon .	. 0,03 g,
Narcophin	. 0,03 g,
Pantopon oder allen ähnlichen, Opiumalkaloide enthaltenden Zubereitungen (z. B. Glycopon, Holopon)	. 0,06 g,
Paracodin . .	. . 0,03 g,
Paralaudin	. 0,03 g,
Paramorfan (Dihydromorphium)	. 0,03 g

nicht übersteigt. Auf Arzneien, welche zu Einspritzungen unter die Haut bestimmt sind, findet dies keine Anwendung.

2. Die wiederholte Abgabe von Arzneien in den Fällen der Nr. 1 Abs. 2 ist nicht gestattet, wenn sie von dem Arzt oder Zahnarzt durch einen auf der Anweisung beigesetzten Vermerk untersagt worden ist.

Liste.

Acidum aethylphenylbarbituricum et ejus salia	Äthylphenylbarbitursäure und deren Salze.
Acidum diaethylbarbituricum et ejus salia	Diäthylbarbitursäure und deren Salze.
Acidum diallylbarbituricum et ejus salia	Diallylbarbitursäure und deren Salze.
Acidum dibrompropyldiaethylbarbituricum et ejus salia	Dibrompropyldiäthylbarbitursäure und deren Salze.
Acidum dipropylbarbituricum et ejus salia	Dipropylbarbitursäure und deren Salze.
Aleudrin	Aleudrin.
Amylenchloralum	Amylenchloral.
Choralose	Chloralose.
Dial et ejus salia	Dial und dessen Salze.
Dihydromorphium	Dihydromorphin.
Diogenal et ejus salia	Diogenal und dessen Salze.
Medinal	Medinal.
Narcophin	Narcophin.
Natrium diaethylbarbituricum	Diäthylbarbitursaures Natrium.
Nirvanol	Nirvanol.
Optochin, jusque salia et derivata	Optichin, dessen Salze und Abkömmlinge.

Pantopon omniaque similia praeparata, quae alcaloidea Opii continent (Glycopon, Holopon, etc.)	Pantopon und alle ähnlichen, Opiumalkaloide enthaltenden Zubereitungen (z. B. Glycopon, Holopon).
Paracodin	Paracodin.
Paralaudin	Paralaudin.
Paramorfan	Paramorfan.
Proponal et ejus salia	Proponal und dessen Salze.
Tetronal	Tetronal.
Urea aethylphenylmalonylica et ejus salia	Äthylphenylmalonylharnstoff und dessen Salze.
Urea diaethylmalonylica et ejus salia	Diäthylmalonylharnstoff und dessen Salze.
Urea diallylmalonylica et ejus salia	Diallylmalonylharnstoff und dessen Salze.
Urea dibrompropyldiaethylmalonylica et ejus salia	Dibrompropyldiäthylmalonylharnstoff und dessen Salze.
Urea dipropylmalonylica et ejus salia	Dipropylmalonylharnstoff und dessen Salze.
Veronal et ejus salia	Veronal und dessen Salze.

1. Die ergänzenden Ministerialverordnungen und Reichsratsbeschlüsse gelangen, abgesehen von dem Min.Erl. v. 28. Febr. 1920, nicht gesondert zum Abdruck, sind aber wortgetreu in die Liste hineingearbeitet. Mit der Rezepturpflicht beschäftigen sich auch die Vorschriften über den Verkehr mit Geheimmitteln und ähnlichen Arzneimitteln, Bundesratsbeschlüsse v. 23. Mai 1903, v. 27. Juni 1907 und Reichsratsbeschlüsse v. 21. Dez. 1922, v. 13. Nov. 1924, insbesondere § 3. „Ärztliches Erfordern" ist nach Min.Erl. v. 31. Jan. 1910 (MBl. S. 79) Bedingung für Abgabe von Impfstoff. Nur auf ärztliches Rezept sind abzugeben Diphtherieheilserum nach Min.Erl. v. 25. Febr. 1895 (Min.Bl. f. d. i. Verw. S. 41), auf ärztliche oder tierärztliche Verordnung Tetanusheilserum nach Min.Erl. v. 10. Mai 1910 (MBl. S. 206), auf ärztliche schriftliche Verordnung Tuberkulin nach Min.Erl. v. 29. Jan. 1923 (Volkswohlf. S. 111).

2. Diese Vorschriften sind als landesrechtliche Ministerialverordnungen verkündet, stimmen aber in allen Bundesstaaten überein, weil sie sich den vom Bundesrat, später vom Reichsrat beschlossenen Mustern getreu anschließen. Sie wirken also praktisch wie ein Reichsgesetz, stehen aber im Falle eines Konfliktes mit einem solchen diesem nach, wie im Falle Anm. 71 zum Verz. B und Anm. 15 zu „hydrargyri praeparata postea non nominata".

3. Ob ein Rezept für eine bestimmte Person ausgestellt sein muß, ob die Unterschrift eigenhändig erfolgt sein muß, darüber gibt § 1 keine Auskunft. Das Pr. OVG. führt im Urt. v. 8. März 1915 — III A 30/13 — (MBl. 1915 S. 198—200) wörtlich aus: „Es handelt sich um die sog. Arztrezepte, d. h. solche Anweisungen auf Abgabe von Heilmitteln, die die Ärzte nach Prüfung des Spezialfalls für einzelne Heilbedürftige ausstellen. Hieraus ergibt sich, daß es völlig unzulässig wäre, wenn Ärzte Anweisungen dahin erteilten, daß stark wirkende Arzneimittel oder Gifte an Zahntechniker zur Verwendung in ihrem Gewerbe an Menschen, die noch nicht bestimmt sind und hinsichtlich deren der Arzt die Notwendigkeit oder Zweckmäßigkeit der Anwendung des Heilmittels gar nicht geprüft hat, abgegeben werden sollen."

Das OLG. München v. 9. Okt. 1900 — Rev.Reg. Nr. 192/1900 — meint unter Berufung auf RG. Bd. 15 S. 5, Stenglein, Zeitschr. XIII S. 131, Dr. Kuby, Die Medizinalgesetzgebung in Bayern III S. 478: „Mit der Definition des § 1 stimmt im wesentlichen überein die von der Rechtsprechung bezüglich der Rezepte im allgemeinen gegebene Begriffsbestimmung." Die letztgedachte Entscheidung beschäftigt sich mit den eingangs aufgestellten Fragen überhaupt nicht. Die Entscheidung des OVG. ist wohl begründet in den ärztlichen Standespflichten, gilt für die subjektive Seite des ärztlichen Rechts zur Ausstellung, schafft aber kein objektives Merkmal des Rezeptbegriffes. Es ist durchaus denkbar, daß ein Tierarzt bei einer ausgebrochenen Seuche dem Besitzer getrennter Stallungen in Vorrat Rezepte gibt, damit dieser beim Überspringen der Seuche vom einen Stall zum andern ohne Zeitverlust die erforderliche Arznei in der Apotheke erhält; es kommt auch vor, daß er solche Rezepte bei einer dörflichen Filialapotheke niederlegt. Standeswidrige Herstellung eines Rezeptes nimmt diesem nicht seinen objektiven Rezeptcharakter.

Daß Rezepte nicht Geschäftspapiere im Sinne des § 14 des Warenzeichengesetzes sind, haben in Sachen w/r H. u. Gen. am 26. Sept. 1912 das LG. Stuttgart, am 10. Juli 1913 das RG. anerkannt. Wohl aber sind Rezepte Urkunden.

4. Nach Pr. OVG. v. 8. März 1915 — III A 30/13 — (MBl. 1915 S. 200) „bezieht sich" § 1 „überhaupt nicht auf die Abgabe stark wirkender Arzneimittel an solche Personen, die jene nicht als Heilmittel an sich selbst oder ihre Angehörigen oder Pflegebefohlenen, sondern in ihrem Geschäft oder Gewerbebetriebe verwenden wollen" (Grotefend, Ges.Mat. 1915 S. 271).

Den Begriff „abgeben" legt das RG. ungemein ausdehnend am 5. Sept. 1924 — 1 S. 798/24 — aus, indem es eine „Abgabe" in der Ausdispensierung einer von X. dem Apotheker gebrachten größeren Kokainmenge in Pulver zu 1 Gramm und Einzelrückgabe unter Berechnung der Arbeitsgebühren, weil hiermit der Apotheker das Kokain erst verwendbar machte und das zu verhüten gerade der Zweck des Gesetzes sei.

5. An die Stelle der hier zitierten Kais. Ver. v. 27. Jan. 1890 und 25. Nov. 1895 sind die Kais. Ver. v. 22. Okt. 1901 und 31. März 1911 getreten, ferner die Ver. v. 8. Febr. 1920, 21. April 1921, 31. Juli 1922, 13. Jan. 1923, 21. Juni 1923, 16. Nov. 1923, 9. Dez. 1924, 24. Dez. 1924, 27. März 1925.

6. Die gleichzeitige Abgabe der mehrfachen Menge unterscheidet das RG. am 7. Nov. 1912 — I S. 933/12 — (Gew.Arch. Bd. 12, Jahrg. 1913, S. 388) von der wiederholten Abgabe und erklärt sie auch in dem Falle, in welchem die Wiederholung erlaubt ist, für unzulässig, erblickt hierin einen Verstoß gegen § 1. Die Entscheidung wird vom Wortlaut des Gesetzes getragen und wird — wenn auch nicht ausnahmslos — dem Gesetzeszwecke gerecht.

7. Die Tabelle A der Anlage 5 zum D. Arzneibuch V von 1910 setzt hinter die Worte „zum inneren Gebrauch" in Klammern den erklärenden Zusatz „zum Einnehmen". Es kann keinem Zweifel unterliegen, daß in der vorliegenden Bekanntmachung der gleiche Sinn mit den Worten „zum inneren Gebrauch" nicht verbunden ist, da § 11 ausdrücklich Abweichendes bestimmt.

8. Vgl. Anm. 67 zum Verz. A.

9. Der Begriff der einfachen Lösung oder Verreibung ist durch Bekanntmachung des RGesA. v. 28. Juli 1896 dahin erklärt, daß als solche nur diejenigen Zubereitungen aufzufassen sind, bei denen die Zusätze im wesentlichen nur die Lösungs- und Verreibungsmittel für das Morphin bilden. Sind Morphium oder dessen Salze andern Arzneimitteln in geringfügigen Mengen lediglich in der Absicht zugesetzt worden, neben der Wirkung der andern Arznei auch noch die beruhigenden und schmerzlindernden Wirkungen des Morphins dem Patienten zu verschaffen, so liegt keine „einfache" Lösung oder Verreibung vor, so daß auf ihre wiederholte Abgabe die erschwerenden Bestimmungen des § 4 nicht zutreffen.

10. Das Verbot der Wiederholung auf dem Rezept bindet den Apotheker nicht, berechtigt ihn nicht einmal zur Verweigerung, falls es sich um eine überhaupt nicht rezepturpflichtige oder um die Wiederholung einer an sich rezepturpflichtigen, aber nur zum

äußeren Gebrauch bestimmten Arznei handelt. Vgl. Drogenhändler v. 14. Juni 1920, der sich auf die Apothekerzeitung und die Münchener Med. Wochenschrift bezieht.

11. Der Begriff der homöopathischen Zubereitung ist amtlich nicht festgelegt. Im Einzelfall muß der Sachverständige die nach Wissenschaft und Brauch gebotene Entscheidung treffen und begründen.

12. Signatur von roter Grundfarbe ist auch für Schachteln mit Arzneien zu äußerlichem Gebrauch durch Min.Erl v. 8. Mai 1899 vorgeschrieben.

13. Die Gleichstellung erfolgt also nur für die wiederholte Abgabe, nicht auch für die erste Abgabe; das ergibt eigenartige Folgen. Es darf z. B. argentum nitricum als Bestandteil eines Augenwassers ohne ärztliches Rezept abgegeben werden, da dies nur zum inneren Gebrauch ausweislich des Verz. a dem Rezeptzwang unterstellt ist. Wird aber ein solches Augenwasser vom Arzt verordnet, so wäre die wiederholte Anfertigung den Beschränkungen des § 3 unterworfen, weil gemäß § 11 hinsichtlich der Zulässigkeit der wiederholten Abgabe Augenwässer den Arzneien für den inneren Gebrauch gleichstehen. Arzneien, die zur Einführung in die Nase bestimmt sind, gelten als äußerliche Arzneien, dagegen „Suppositorien" als innerliche Arzneien im Sinne der Ausführungsbestimmungen v. 5. Juni 1924 zum Opiumgesetz v. 30. Dez. 1920 und 21. März 1924 (Pharm. Kal. 1926 S. 310/11).

14. Durch Min.Erl. v. 6. Juni 1908 — M. 7389 — (M21. S. 260) ist festgestellt, daß das Präparat der Firma J. D. Riedel „Antipyreticum compositum" in seiner Zusammensetzung dem Migränin gleicht, also auch dem Rezepturzwang unterstehe.

15. Laux (Preußische Apothekerordnung S. 30) nimmt mit Recht an, daß hydrargyrum sulfuratum (Zinnabaris) vom Rezepturzwang frei sei. Vgl. dazu Anm. 71 zum Verz. B der Kais. Ver. v. 22. Okt. 1901. Die Freigabe durch die Kais. Ver. läßt keinen Raum für landesrechtlichen Rezepturzwang (§ 2 dieser Bekanntmachung).

III.

Die den gewerbsmäßigen Handel mit Giften regelnden Vorschriften.

1. Vorbemerkungen.

Durch Bundesratsbeschluß v. 29. Nov. 1894 wurde der Wortlaut einer Giftverordnung festgesetzt, welche meistens wörtlich in allen Bundesstaaten als Polizeiverordnung erlassen wurde. Nachdem der Bundesrat am 17. Mai 1901, 1. Febr. 1906 und 29. Okt. 1914 (RGBl. S. 397) einige Änderungen vorgenommen hatte, erhielten auch diese mittels landespolizeilichen Verordnungsrechts in allen Bundesstaaten verbindliche Kraft. Preußen hat in der Polizeiverordnung über den Handel mit Giften v. 22. Febr. 1906 und ihrer Ergänzungen den Inhalt der drei Bundesratsbeschlüsse unter strenger Wahrung ihres Textes redaktionell zusammengefaßt. Es wird deshalb die preußische Ministerialverordnung hier zum Abdruck gebracht und zur Grundlage für die Kommentierung gemacht. Die Giftverordnungen sind, trotzdem sie sich auf Bundesratsbeschlüsse zurückführen, Landesgesetze. Ihre Rechtsgültigkeit gründet sich nicht auf § 367 Ziffer 5 StGB., denn diese reichsgesetzliche Bestimmung enthält nur einen Vorbehalt, nicht aber eine Delegation (vgl. KG. v. 15. Febr. 1915, Samml. VII S. 1107). Soweit der Inhalt einer Verordnung unter den Strafschutz des § 367 Ziffer 5 gestellt ist, gründet sich ihre Geltung ausschließlich auf das in ihrem Bundesstaat herrschende Bundesstaatsrecht (Rosin, Polizeiverordnungsrecht, S. 74, § 14 und Anm. 19). Soweit indessen die Verordnung darüber Bestimmung trifft, welche Stoffe als Gifte anzusehen sind, ruht sie auf der im § 34 Abs. 3 RGO. ausgesprochenen Delegation (RG. v. 1. Okt. 1894 S. 602/94, Johow Bd. 16 S. 467) und erfaßt insofern zwar nicht formell, wohl aber materiell das ganze Reichsgebiet.

Reichsgesetzlich kommen für den Gifthandel in Betracht: § 367 Ziffer 3 und 5 StGB., §§ 34 Abs. 3, 155 Abs. 1, 40, 53 Abs. 1 und 2, 143 Abs. 1, 56 Abs. 2, 42a Abs. 1, 47 Abs. 1, 151 und 147 Abs. 1 RGO.

Für die einzelnen Bundesstaaten treten hinzu:

Anhalt.

Verordnung v. 8. April 1895, den Verkehr mit Giftwaren betreffend (Nr. 934 der Ges.Samml.).

Ergänzungsverordnung v. 23. Okt. 1901 (Nr. 1136 der Ges.-Samml.).

Ergänzungsverordnung v. 25. Febr. 1906 (Nr. 1232 d. Ges.Samml.).

Ergänzungsverordnung v. 14. Jan. 1926 (Jahrg. 163 Nr. 7 S. 27, Amtsbl. f. Anhalt).

Baden.

§ 83 Bad. Pol.StGB. (Art. 3 III d. Ges. v. 23. Dez. 1871, Ges.- u. VBl. S. 431).

Verordnung v. 27. Febr. 1895, den Verkehr mit Giften betreffend (Ges.- u. VBl. S. 67).

Ergänzungsverordnung v. 25. Juni 1901 (Ges.- u. VBl. S. 439).

Ergänzungsverordnung v. 3. März 1906 (Ges.- u. VBl. S. 76).

Ergänzungsverordnung v. 27. Jan. 1926 (Ges.- u. VBl. S. 28).

Bayern.

Verordnung v. 16. Juni 1895 (Ges.- u. VBl. Nr. 21).

Ergänzungsverordnung v. 26. Juni 1901 (Ges. u. VBl. Nr. 31).

Bekanntmachung, betr. Giftverkehr, v. 13. März 1906 (Ges.- u. VBl. Nr. 12). Auch Verordnung v. 22. Juli 1896 (Ges.- u. VBl. S. 517) und Verordnung v. 15. Jan. 1926 (Ges.- u. VBl. S. 222).

Verordnung v. 9. Febr. 1926 (GS. S. 252).

Braunschweig.

Gesetz, betr. den Handel mit Giften, v. 9. Juni 1895 (Ges.- u. Verord.-Samml. 1895 Nr. 35).

Ergänzungsverordnung v. 5. März 1906 (Ges.- u. Verord.-Samml. 1906 Nr. 17).

Bekanntmachung des Herzogl. Staatsministeriums v. 18. Febr. 1897 zur Ausführung der Gesetze v. 9. Juni 1895, betr. den Handel mit Giften (Ges. u. Verord.-Samml. 1897 Nr. 7), und v. 26. Nov. 1896, betr. die Besichtigung der Drogen- und ähnlichen Handlungen (Ges.- u. Verord.-Samml. 1897 Nr. 17).

Gesetz v. 23. Aug. 1901 wegen Abänderung des Gesetzes v. 9. Juni 1895, betr. den Handel mit Giften (Ges.- u. Verord.-Samml. 1901 Nr. 45).

Gesetz v. 1. Febr. 1926 (Ges.- u. VBl. S. 14).

Bremen.

Verordnung, betr. den Handel mit Giften, v. 21. April 1895 (Brem. GBl. S. 179 f.).

Ergänzungsverordnung v. 14. Juni 1901 (Brem. GBl. S. 117/118).

Ergänzungsverordnung v. 28. Febr. 1906 (Brem. GBl. S. 9/10).

Hamburg.

Giftgesetz v. 29. Nov. 1895 (Amtsblatt Nr. 160).

Verordnung, betr. den Handel mit Giften, v. 29. Nov. 1895 (Amtsblatt Nr. 161).

Ergänzungsverordnung v. 13. Jan. 1896 (Amtsblatt Nr. 8).

Ergänzungsverordnung v. 27. Jan. 1896 (Amtsblatt Nr. 18).

Ergänzungsverordnung v. 19. Juni 1901 (Amtsblatt Nr. 82).

Ergänzungsverordnung v. 26. März 1903 (Amtsblatt Nr. 47).

Ergänzungsverordnung v. 7. Okt. 1903 (Amtsblatt Nr. 146).

Ergänzungsverordnung v. 23. Febr. 1906 (Amtsblatt Nr. 29).

Medizinalordnung v. 29. Dez. 1899 — speziell § 8 — (Amtsblatt 1900 Nr. 4).

Verordnung v. 1. März 1926 (Ges.- u. VBl. S. 101).

Hessen.

Art. 342 d. Hess. Polizeistrafgesetzes v. 30. Okt. 1855.

Gesetz, den Handel mit Giften betreffend, v. 28. Okt. 1905 (Reg.Bl. S. 295).

Großherzogliche Verordnung zum Vollzug des Gesetzes, den Handel mit Giften betreffend, v. 28. Okt. 1909 (Reg.Bl. S. 296).

Ministerialverordnungen, betr. den Verkehr mit Giften, v. 17. April 1895 (Reg.Bl. S. 33), v. 15. Juni 1901 (Reg.Bl. S. 377) und 26. Febr. 1906.

Verordnung v. 10. Febr. 1926 (Amtsbl. d. Min. d. J. S. 6726).

Lippe-Detmold.

Verordnung, betr. den Handel mit Giften, v. 30. April 1895 (Land.Ver. Bd. 21 S. 588).

Ergänzungsverordnung v. 12. Juni 1901 (Land.Ver. Bd. 23 S. 285).

Ergänzungsverordnung v. 6. März 1906 (Land.Ver. Bd. 24 S. 320).

Ergänzungsverordnung v. 13. Aug. 1906 (Land.Ver. Bd. 24 S. 564).

Ergänzungverordnung v. 9. Juli 1907 (Land.Ver. Bd. 24 S. 700).

Ergänzungsverordnung v. 9. Febr. 1926 (Lipp. Ges.Samml. S. 253).

Lippe-Schaumburg:

Polizeiverordnung, betr. den Handel mit Giften und giftigen Farben, v. 16. Dez. 1912 (Schaumburg-Lippesche Land.Ver. S. 375). Sie hält die Polizeiverordnung v. 27. Dez. 1894 nebst ihrer Anlage (Vorschriften, betr. den Handel mit Giften) mit Ausnahme des § 1 aufrecht.

Verordnung v. 27. Jan. 1926 (Land.Ver. S. 22).

Lübeck.

Senatsverordnung v. 26. Jan. 1895 (Samml. d. Lüb. Ver. u. Bek. Nr. 10).

Nachtragsverordnung v. 16. Aug. 1899 (Samml. d. Lüb. Ver. u. Bek. Nr. 41).

Nachtragsverordnung v. 12. Juni 1901 (Samml. d. Lüb. Ver. u. Bek. Nr. 42).

Nachtragsverordnung v. 14. Febr. 1906 (Samml. d. Lüb. Ver. u. Bek. Nr. 11).

Vgl. Oldenburg.

Ergänzungsverordnung v. 6. Febr. 1926 (Ges.- u. VBl. S. 39).

Mecklenburg-Schwerin.

Landesverordnung, betr. den Verkehr mit Giften, v. 13. April 1895.

Landesverordnung v. 15. Dez. 1901.

Ministerialverordnung v. 16. Febr. 1906.

Bekanntmachung zur Verordnung v. 13. April 1895, v. 7. Jan. 1926 (Reg.Bl. S. 14).

Mecklenburg-Strelitz.

Verordnung v. 13. April 1895, betr. den Verkehr mit Giften (Offizieller Anzeiger 1895 Nr. 16).

Ergänzungsverordnung v. 15. Dez. 1901 (Offizieller Anzeiger 1902 Nr. 1).

Bekanntmachung v. 25. Febr. 1906 (Offizieller Anzeiger 1906 Nr. 12).

Siehe Schwerin.

Oldenburg.

Bekanntmachung d. Staatsministeriums v. 1. Febr. 1895, betr. den Handel mit Giften (GBl. f. d. Herzogtum Oldenburg).

Ergänzungsbekanntmachung v. 26. Juni 1901 (GBl. f. d. Herzogtum Oldenburg).

Ergänzungsbekanntmachung v. 17. Febr. 1906 (GBl. f. d. Herzogtum Oldenburg).

Für die zum Großherzogtum Oldenburg mit gehörigen Fürstentümer Lübeck und Birkenfeld sind die gleichen Verordnungen von den Großherzoglichen Regierungen zu Eutin und Birkenfeld ergangen.

Oldenburg, Landesteil Oldenburg. Bekanntmachung v. 16. Jan. 1926 (GBl. S. 451).

Oldenburg, Landesteil Lübeck. Reg.Bekanntmachung v. 20. Jan. 1926 (GBl. S. 279).

Oldenburg, Landesteil Birkenfeld. Bekanntmachung v. 22. Jan. 1926 (Ges.Bl. S. 339).

Preußen.

Gesetz v. 13. Aug. 1895, betr. Aufhebung des Abschnitts 1 des Anhangs zur revidierten Apothekerordnung v. 11. Okt. 1801 (GS. S. 519).

Polizeiverordnung d. Ministerien d. geistl. usw. Angelegenheiten, des Innern, für Handel und Gewerbe v. 22. Febr. 1906 — M. Nr. 5606 (S. 114 ff. d. MBl.), II b 605 (S. 42 d. MBl. f. d. i. Verw.), II b 1565 Min. f. Handel usw. —.

Ministerialerlaß v. 6. April 1906 (MBl. f. d. i. Verw. S. 210).

§ 49 der Preußischen Gewerbeordnung in der Fassung v. 22. Juni 1861 (GS. S. 472 ff.).

Oberpräsidialverordnung für Hannover v. 24. Mai 1898 und 18. März 1902.

Oberpräsidialverordnung für Hessen-Nassau v. 20. April 1899 und 23. Mai 1902.

Oberpräsidialverordnung für Schleswig-Holstein v. 5. Juli 1898 und 6. Jan. 1902.

Ministerialerlaß v. 7. Jan. 1910, betr. Giftprüfung — M. 8878 (MBl. Nr. 3 S. 67), Min. f. Handel II b 1234, Min. d. Inn. II e 3375 —.

§ 56 der Dienstanweisung für die Kreisärzte v. 1. Sept. 1909 (MBl. d. Inn. S. 397).

Nr. 50 Abs. 2 der Ausführungsanweisung v. 1. Mai 1904 z. RGO. (MBl. S. 231).

Verordnung vom 9. Febr. 1926 (Min.Bl. f. d. i. Verw. S. 136).

Reuß ältere Linie.

Reg.Ver. v. 16. März 1895, betr. den Handel mit Giften (GS. Nr. 2 S. 11 ff.).

Reg.Ver. v. 15. Juni 1901 (GS. Nr. 7 S. 85).

Reg.Ver. v. 26. Febr. 1906 (GS. Nr. 3 S. 19).

Reuß jüngere Linie.

Landesherrliche Verordnung, betr. den Handel mit Giften, v. 6. April 1895 (GS. Bd. 21 S. 369 ff.).

Nachtragsverordnung v. 18. Febr. 1906 (GS. Nr. 25 S. 299).

Sachsen.

Ministerialverordnung v. 6. Febr. 1895, betr. den Handel mit Giften,
Ministerialverordnung v. 20. Juli 1895,
Ministerialverordnung v. 10. Aug. 1905,
Ministerialverordnung v. 23. Sept. 1905,
Ministerialverordnung v. 22. Febr. 1906.
(275. Band der Juristischen Handbibliothek: Kunz-Krause, Die Apothekengesetzgebung im Königreich Sachsen, Leipzig 1908.)

Verordnung v. 28. Jan. 1926 (Ges.Bl. S. 16).

Sachsen-Altenburg.

Verordnung, den Gifthandel betreffend, v. 22. Mai 1895 (Herzogl. Altb. GS. Stück V S. 80 ff.).

Verordnung v. 24. Juni 1901 (Herzogl. Altb. GS. Stück VII S. 109).

Verordnung v. 21. März 1906 (Herzogl. Altb. GS. Stück V S. 35 ff.).

Sachsen-Koburg-Gotha.

Koburg.

Gesetz v. 24. Nov. 1895.
Ministerialverordnung v. 25. Nov. 1895.
Ministerialverordnung v. 14. Juni 1901.
Ministerialverordnung v. 16. März 1906.

Gotha.

Ministerialverordnung v. 20. Juli 1895.
Ministerialverordnung v. 14. Juni 1901.
Ministerialverordnung v. 15. Febr. 1906.

Sachsen-Meiningen.

Gesetz v. 9. Mai 1885 (Reg.Bl. Bd. 22 S. 22).
Ausschreiben v. 28. Jan. 1895 (Reg.Bl. Bd. 10 S. 503).
Ausschreiben v. 19. Juni 1901 (Reg.Bl. Bd. 12 S. 247).
Ausschreiben v. 20. Aug. 1903 (Reg.Bl. Bd. 12 S. 645).
Ausschreiben v. 16. Febr. 1906 (Reg.Bl. Bd. 13 S. 569).
Gesetz v. 20. März 1895.

Sachsen-Weimar.

Ministerialverordnung v. 21. März 1895 (Reg.Bl. f. d. Großherzogtum Sachsen S. 111).
Ministerialverordnung v. 1. April 1895 (Reg.Bl. f. d. Gr. Sachsen).
Ministerialverordnung v. 13. Juli 1901 (Reg.Bl. f. d. Gr. Sachsen).
Ministerialverordnung v. 6. Juni 1906 (Reg.Bl. f. d. Gr. Sachsen S. 220).

Soweit die Seitenzahl des Reg.Bl. hier nicht angegeben ist, finden sich die Bestimmungen im „Handbuch der med. Gesetzgebung des Großherzogtums Sachsen-Weimar-Eisenach" von Dr. med. Walter Michael, Ilmenau, Aug. Schröters Verlag 1900, und zwar von S. 273 bis S. 290.

Schwarzburg-Lippe.

Polizeiverordnung v. 27. Dez. 1894 (Land.Ver. Bd. 17 S. 41).
Polizeiverordnung v. 8. Juni 1901 (Land.Ver. Bd. 20 S. 114).
Polizeiverordnung v. 14. Febr. 1906 (Land.Ver. Bd. 21 S. 177).

Schwarzburg-Rudolstadt.

Polizeiverordnung v. 9. April 1895, betr. den Gifthandel (GS. S. 9).
Abänderungsverordnung v. 12. Juli 1901 (GS. S. 111).
Abänderungsverordnung v. 22. Febr. 1906 (GS. S. 9).

Schwarzburg-Sondershausen.

Verordnung, betr. den Handel mit Giften, v. 17. April 1895.
Verordnung v. 20. Juni 1901.
Verordnung v. 15. Febr. 1906.

Thüringen.

Verordnung v. 8. März 1926 (Ges.Samml. f. Thüring. Nr. 6 S. 27).

Waldeck.

Bekanntmachung, betr. die Vorschriften über den Handel mit Giften, v. 2. Jan. 1895 (Reg.Bl. Nr. 2).
Bekanntmachung v. 17. April 1895 (Reg.Bl. Nr. 9).
Bekanntmachung v. 8. Juni 1901 (Reg.Bl. Nr. 10).
Bekanntmachung v. 15. Febr. 1906.
Verordnung v. 7. Jan. 1926 (Reg.Bl. S. 3).

Württemberg.

Ministerialverfügung v. 4. Juni 1895 (Reg.Bl. Nr. 14 S. 178).
Ministerialverfügung v. 19. Juni 1901 (Reg.Bl. Nr. 15 S. 150).
Ministerialverfügung v. 17. Febr. 1906 (Reg.Bl. Nr. 5 S. 22).
Ministerialverfügung v. 19. Sept. 1908 (Reg.Bl. Nr. 18 S. 220).
Verordnung v. 29. Okt. 1914 (Reg.Bl. S. 397).
Verordnung v. 21. Febr. 1918 (Reg.Bl. Jahrg. 1918).
Verordnung v. 3. Febr. 1926 (Reg.Bl. Nr. 6 S. 42).

---

2. Polizeiverordnung über den Handel mit Giften.

Auf Grund des § 136 Absatz 3 des Gesetzes über die allgemeine Landesverwaltung vom 30. Juli 1883 (GS. S. 105 ff.) wird unter Bezugnahme auf die Beschlüsse des Bundesrats vom 29. November 1894, 17. Mai 1901 und 1. Februar 1906 die nachstehende Polizeiverordnung erlassen:

§ 1. Der gewerbsmäßige Handel[1]) mit Giften unterliegt den Bestimmungen der §§ 2 bis 18.

Als Gifte im Sinne der Bestimmungen gelten die in Anlage I aufgeführten Drogen, chemischen Präparate und Zubereitungen.[2])

Aufbewahrung der Gifte.

§ 2. Vorräte von Giften müssen übersichtlich geordnet, von anderen Waren getrennt und dürfen weder über noch unmittelbar[3]) neben Nahrungs- oder Genußmitteln aufbewahrt werden.[4])

§ 3. Vorräte von Giften, mit Ausnahme der auf abgeschlossenen Giftböden verwahrten giftigen Pflanzen und Pflanzenteile (Wurzeln, Kräuter usw.), müssen sich in dichten, festen Gefäßen befinden, welche mit festen, gut schließenden Deckeln oder Stöpseln versehen sind.

In Schiebladen[5]) dürfen Farben sowie die übrigen in den Abteilungen 2 und 3 der Anlage I aufgeführten festen, an der Luft nicht zerfließenden oder verdunstenden Stoffe aufbewahrt werden, sofern die Schiebladen mit Deckeln versehen, von festen Füllungen umgeben und so beschaffen sind, daß ein Verschütten oder Verstäuben des Inhalts ausgeschlossen ist.

Außerhalb der Vorratsgefäße[6]) darf Gift, unbeschadet der Ausnahmebestimmung im Absatz 1, sich nicht befinden.

§ 4. Die Vorratsgefäße müssen mit der Aufschrift[7]) „Gift" sowie mit der Angabe des Inhalts unter Anwendung der in der Anlage I enthaltenen Namen,[8]) außer denen nur noch[9]) die Anbringung der ortsüblichen Namen in kleinerer Schrift gestattet ist, und zwar bei Giften der Abteilung 1 in weißer Schrift auf schwarzem Grunde, bei Giften der Abteilungen 2 und 3 in roter Schrift auf weißem Grunde, deutlich und dauerhaft[10]) bezeichnet sein. Vorratsgefäße für Mineralsäuren, Laugen, Brom und Jod dürfen mittels Radier- und Ätzverfahrens hergestellte Aufschriften auf weißem Grunde haben.

Diese Bestimmung findet auf Vorratsgefäße in solchen Räumen, welche lediglich dem Großhandel dienen, nicht Anwendung, sofern in anderer Weise für eine Verwechselungen ausschließende Kennzeichnung gesorgt ist. Werden jedoch aus derartigen Räumen auch die für eine Einzelverkaufsstätte des Geschäftsinhabers bestimmten Vorräte entnommen, so müssen, abgesehen von der im Geschäfte sonst üblichen Kennzeichnung, die Gefäße nach Vorschrift des Absatzes 1 bezeichnet sein.

§ 5. Die in Abteilung 1 der Anlage I genannten Gifte müssen in einem besonderen, von allen Seiten durch feste Wände umschlossenen Raume (Giftkammer)[11]) aufbewahrt werden, in welchem andere Waren als Gifte[12]) sich nicht befinden. Dient als Giftkammer ein hölzerner Verschlag,[13]) so darf derselbe nur in einem vom Verkehrsraume getrennten Teile des Warenlagers angebracht sein.[14]) Die Giftkammer muß für die darin vorzunehmenden Arbeiten ausreichend durch Tageslicht[15]) erhellt und auf der Außenseite der Tür[16]) mit der deutlichen und dauerhaften Aufschrift „Gift" versehen sein.

Die Giftkammer darf nur dem Geschäftsinhaber und dessen Beauftragten[17]) zugänglich und muß außer der Zeit des Gebrauches verschlossen sein.[18])

§ 6. Innerhalb der Giftkammer müssen die Gifte der Abteilung 1 in einem verschlossenen Behältnisse (Giftschrank)[19]) aufbewahrt werden.

Der Giftschrank muß auf der Außenseite der Tür mit der deutlichen und dauerhaften Aufschrift „Gift" versehen sein.

Bei dem Giftschranke muß sich ein Tisch oder eine Tischplatte[20]) zum Abwiegen der Gifte befinden.

Größere Vorräte von einzelnen Giften der Abteilung 1 dürfen außerhalb des Giftschrankes aufbewahrt werden, sofern sie sich in verschlossenen Gefäßen[21]) befinden.

§ 7.[22]) Phosphor und mit solchem hergestellte Zubereitungen müssen außerhalb des Giftschrankes, sei es innerhalb oder außerhalb der Giftkammer, unter Verschluß an einem frostfreien[23]) Orte in einem feuerfesten[24]) Behältnisse, und zwar gelber (weißer) Phosphor unter Wasser, aufbewahrt werden. Ausgenommen sind Phosphorpillen; auf diese finden die Bestimmungen der §§ 5 und 6 Anwendung.[25])

Kalium und Natrium sind unter Verschluß, wasser- und feuersicher und mit einem sauerstofffreien Körper (Paraffinöl, Steinöl oder dergl.) umgeben aufzubewahren.[26])

§ 8. Zum ausschließlichen Gebrauch für die Gifte der Abteilung 1 und zum ausschließlichen Gebrauch für die Gifte der Abteilung 2 und 3 sind besondere Geräte (Wagen, Mörser, Löffel und dergl.) zu verwenden, welche mit der deutlichen und dauerhaften Aufschrift „Gift" in den dem § 4 Absatz 1 entsprechenden Farben versehen sind.[27]) In jedem zur Aufbewahrung von giftigen Farben dienenden Behälter muß sich ein besonderer Löffel befinden.[28]) Die Geräte dürfen zu anderen Zwecken nicht gebraucht werden und sind mit Ausnahme der Löffel für giftige Farben stets rein zu halten. Die Geräte für die im Giftschranke befindlichen Gifte sind in diesem aufzubewahren. Auf Gewichte finden diese Vorschriften nicht Anwendung.

Der Verwendung besonderer Wagen bedarf es nicht, wenn größere Mengen von Giften unmittelbar in den Vorrats- oder Abgabegefäßen gewogen werden.[29])

§ 9.*) Hinsichtlich der Aufbewahrung von Giften in den Apotheken greifen nachfolgende Abweichungen von den Bestimmungen der §§ 4, 5 und 8 Platz.

(Zu **§ 4.**) Die Bestimmungen in § 4 gelten für Apotheken nur insoweit, als sie sich auf die Gefäße für Mineralsäuren, Laugen, Brom und Jod beziehen. Im übrigen bewendet es hinsichtlich der Bezeichnung der Gefäße bei den hierüber ergangenen besonderen Anordnungen.

(Zu **§ 5.**) Die Giftkammer darf, falls sie in einem Vorratsraume eingerichtet wird, auch durch einen Lattenverschlag hergestellt werden. Kleinere Vorräte von Giften der Abteilung 1 dürfen in einem besonderen, verschlossenen und mit der deutlichen und dauerhaften Aufschrift „Gift" oder „Venena" oder „Tabula B" versehenen Behältnisse im Verkaufsraume oder in einem geeigneten Nebenraume aufbewahrt werden. Ist der Bedarf an Gift so gering, daß der gesamte Vorrat in dieser Weise verwahrt werden kann, so besteht eine Verpflichtung zur Einrichtung einer besonderen Giftkammer nicht.

(Zu § 8.) Für die im vorstehenden Absatz bezeichneten kleineren Vorräte von Giften der Abteilung 1 sind besondere Geräte zu verwenden und in dem für diese bestimmten Behältnisse zu verwahren. Für die in den Abteilungen 2 und 3 bezeichneten Gifte, ausgenommen Morphin, dessen Verbindungen und Zubereitungen, sind besondere Geräte nicht erforderlich.

Abgabe der Gifte.

§ 10. Gifte dürfen nur von dem Geschäftsinhaber oder den von ihm hiermit Beauftragten[30]) abgegeben werden.[31])

§ 11. Über die Abgabe der Gifte der Abteilungen 1 und 2 sind in einem mit fortlaufenden Seitenzahlen versehenen, gemäß Anlage II eingerichteten Giftbuche die daselbst vorgesehenen Eintragungen zu bewirken.[32]) Die Eintragungen müssen sogleich nach Verabfolgung der Waren von dem Verabfolgenden selbst, und zwar immer in unmittelbarem Anschluß an die nächstvorhergehende Eintragung, ausgeführt werden. Das Giftbuch ist zehn Jahre nach der letzten Eintragung aufzubewahren.[33])

Die vorstehenden Bestimmungen finden nicht Anwendung auf die Abgabe der Gifte, welche von Großhändlern[34]) an Wiederverkäufer, an technische Gewerbetreibende[35]) oder an staatliche Untersuchungs- oder Lehranstalten[36]) abgegeben werden, sofern über die Abgabe dergestalt Buch geführt wird, daß der Verbleib der Gifte nachgewiesen werden kann.

§ 12. Gift darf nur an solche Personen abgegeben werden, welche als zuverlässig bekannt sind[37]) und das Gift zu einem erlaubten gewerblichen, wirtschaftlichen, wissenschaftlichen oder künstlerischen Zwecke benutzen wollen.[38]) Sofern der Abgebende von dem Vorhandensein dieser Voraussetzungen sichere Kenntnis nicht hat, darf er Gift nur gegen Erlaubnisschein abgeben.[39])

Die Erlaubnisscheine werden von der Ortspolizeibehörde nach Prüfung der Sachlage gemäß Anlage III ausgestellt.[40]) Dieselben werden in der Regel nur für eine bestimmte Menge, ausnahmsweise auch für den Bezug einzelner Gifte während eines ein Jahr nicht übersteigenden Zeitraumes gegeben. Der Erlaubnisschein verliert mit dem Ablaufe des vierzehnten Tages nach dem Ausstellungstage seine Gültigkeit, sofern auf demselben etwas anderes nicht vermerkt ist.

An Kinder unter 14 Jahren dürfen Gifte nicht ausgehändigt werden.[41])

§ 13. Die in Abteilung 1 und 2 verzeichneten Gifte dürfen nur gegen schriftliche Empfangsbescheinigung (Giftschein) des Erwerbers verabfolgt werden. Wird das Gift durch einen Beauftragten abgeholt,[42]) so hat der Abgebende (§ 10)[43]) auch von diesem sich den Empfang bescheinigen zu lassen.[44])

Die Bescheinigungen sind nach dem in Anlage IV vorgeschriebenen Muster auszustellen, mit den entsprechenden Nummern des Giftbuches zu versehen und zehn Jahre lang aufzubewahren.[45])

Die Empfangsbestätigung desjenigen, welchem das Gift ausgehändigt wird, darf auch in einer Spalte des Giftbuches abgegeben werden.[44])

Im Falle des § 11 Absatz 2 ist die Ausstellung eines Giftscheines nicht erforderlich.[46])

§ 14. Gifte müssen in dichten, festen und gut verschlossenen Gefäßen abgegeben werden; jedoch genügen für feste, an der Luft nicht zerfließende oder verdunstende Gifte der Abteilungen 2 und 3 dauerhafte Umhüllungen jeder Art, sofern durch dieselben ein Verschütten oder Verstäuben des Inhalts ausgeschlossen wird.

Die Gefäße oder die an ihre Stelle tretenden Umhüllungen müssen mit der im § 4 Absatz 1 angegebenen Aufschrift und Inhaltsangabe sowie mit dem Namen des abgebenden Geschäfts[47]) versehen sein. Bei festen, an der Luft nicht zerfließenden oder verdunstenden Giften der Abteilung 3 darf an Stelle des Wortes „Gift" die Aufschrift „Vorsicht" verwendet werden.

Bei der Abgabe an Wiederverkäufer, technische Gewerbetreibende und staatliche Untersuchungs- oder Lehranstalten genügt indessen jede andere, Verwechselungen ausschließende Aufschrift und Inhaltsangabe; auch brauchen die Gefäße oder die an ihre Stelle tretenden Umhüllungen nicht mit dem Namen des abgebenden Geschäftes versehen zu sein.[48])

§ 15. Es ist verboten, Gifte in Trink- oder Kochgefäßen oder in solchen Flaschen oder Krügen abzugeben, deren Form oder Bezeichnung die Gefahr einer Verwechselung des Inhalts mit Nahrungs- oder Genußmitteln herbeizuführen geeignet ist.[49])

§ 16. Auf die Abgabe von Giften als Heilmittel in den Apotheken finden die Vorschriften der §§ 11 bis 14 nicht Anwendung.[50])

Besondere Vorschriften über Farben.

§ 17. Auf gebrauchsfertige Öl-, Harz- oder Lackfarben, soweit sie nicht Arsenfarben[51]) sind, finden die Vorschriften der §§ 2 bis 14 nicht Anwendung.[52]) Das gleiche gilt für andere giftige Farben, welche in Form von Stiften, Pasten oder

Steinen oder in geschlossenen Tuben zum unmittelbaren Gebrauch fertiggestellt sind, sofern auf jedem einzelnen Stück oder auf dessen Umhüllung entweder das Wort „Gift" bezw. „Vorsicht" und der Name der Farbe oder eine das darin enthaltene Gift erkennbar machende Bezeichnung deutlich angebracht ist.[53])

Gewerbebetrieb der Kammerjäger.

§ 18. Bei der Abgabe der unter Verwendung[54]) von Gift hergestellten Mittel gegen schädliche Tiere (sogenannte Ungeziefermittel)[55]) ist jeder Packung eine Belehrung über die mit einem unvorsichtigen Gebrauche verknüpften Gefahren beizufügen. Der Wortlaut der Belehrung kann von der zuständigen Behörde vorgeschrieben werden.[56])

Arsenhaltiges Fliegenpapier darf nur mit einer Abkochung von Quassiaholz oder Lösung von Quassiaextrakt zubereitet in viereckigen Blättern von 12:12 cm, deren jedes nicht mehr als 0,01 g arsenige Säure enthält und auf beiden Seiten mit drei Kreuzen, der Abbildung eines Totenkopfes und der Aufschrift „Gift" in schwarzer Farbe deutlich und dauerhaft versehen ist, feilgehalten oder abgegeben werden. Die Abgabe darf nur in einem dichten Umschlage erfolgen, auf welchem in schwarzer Farbe deutlich und dauerhaft die Inschriften „Gift" und „Arsenhaltiges Fliegenpapier" und im Kleinhandel außerdem der Name des abgebenden Geschäftes angebracht ist.[57])

Andere arsenhaltige Ungeziefermittel dürfen nur mit einer in Wasser leichtlöslichen grünen Farbe vermischt[58]) feilgehalten oder abgegeben werden;[59]) sie dürfen nur gegen Erlaubnisschein (§ 12) verabfolgt werden.[60])

Strychninhaltige Ungeziefermittel[61]) dürfen nur[62]) in Form von vergiftetem Getreide, welches in tausend Gewichtsteilen höchstens fünf Gewichtsteile salpetersaures Strychnin enthält und dauerhaft dunkelrot gefärbt ist, feilgehalten oder abgegeben werden.

Vorstehende Beschränkungen können zeitweilig außer Wirksamkeit gesetzt werden, wenn und soweit es sich darum handelt, unter polizeilicher Aufsicht außerordentliche Maßnahmen zur Vertilgung von schädlichen Tieren, z. B. Feldmäusen, zu treffen.*)

Ungeziefermittel.

§ 19. Personen, welche gewerbsmäßig schädliche Tiere vertilgen (Kammerjäger), müssen ihre Vorräte von Giften und gifthaltigen Ungeziefermitteln unter Beachtung der Vorschriften in den §§ 2, 3, 4, 7 und, soweit sie die Vorräte nicht bei Ausübung ihres Gewerbes mit sich führen, in verschlossenen Räumen, welche nur ihnen und ihren Beauftragten zugänglich sind, aufbewahren. Sie dürfen die Gifte und die Mittel an andere nicht überlassen.[63])

§ 20. Diese Polizeiverordnung tritt mit dem 1. März 1906 in Kraft, mit Ausnahme der Bestimmungen über den Verkehr mit arsenhaltiger und arsenfreier Salzsäure und Schwefelsäure, die erst am 1. Juli 1906 Geltung erlangen. Alle entgegenstehenden Verordnungen, insbesondere die Polizeiverordnung vom 24. August 1895 (MBl. f. d. i. Verw. S. 265) und die Bekanntmachung vom 16. Oktober 1901 (MBl. S. 263) werden von dem gleichen Zeitpunkte ab aufgehoben.[64])

§ 21. Die für Apotheken über den Handel mit Giften bestehenden weitergehenden Vorschriften bleiben auch ferner in Kraft.[65])

§ 22. Zuwiderhandlungen gegen diese Polizeiverordnung werden, soweit in den bestehenden Gesetzen nicht höhere Strafen vorgesehen sind, nach § 367 Nr. 5 des Strafgesetzbuches[66]) mit Geldstrafe bis zu einhundertundfünfzig Mark oder mit Haft bestraft.

Elaterin, dessen Verbindungen und Zubereitungen.
Erythrophleum.
Euphorbium.
Fingerhutblätter, -essig, -extrakt, -tinktur.
Fluorwasserstoffsaure (flußsaure) Salze, neutrale, lösliche und deren Zubereitungen.[73])
Gelsemiumwurzel, -tinktur.
Giftlattichextrakt, -kraut, -saft (Laktukarium).
Giftsumachblätter, -extrakt, -tinktur.
Gottesgnadenkraut, -extrakt, -tinktur.
Gummigutti, dessen Lösungen und Zubereitungen.
Hanf, indischer, -extrakt, -tinktur.
Hydroxylamin, dessen Verbindungen und Zubereitungen.
Jalapenharz, -knollen, -tinktur.
Kieselfluorwasserstoffsäure (Kieselflußsäure) deren Salze und Zubereitungen.
Kirschlorbeeröl.
Kodein, dessen Verbindungen und Zubereitungen.
Kokkelskörner.[74])
Kotoin.
Krotonöl.
Morphin, dessen Verbindungen und Zubereitungen.
Narcein, dessen Verbindungen und Zubereitungen.
Narkotin, dessen Verbindungen und Zubereitungen.
Nieswurz (Helleborus), grüne, -extrakt, -tinktur, -wurzel.
Nieswurz (Helleborus), schwarze, -extrakt, -tinktur, -wurzel.
Nitrobenzol (Mirbanöl).
Opium und dessen Zubereitungen, mit Ausnahme von Opiumpflaster und -wasser.
Oxalsäure (Kleesäure, sog. Zuckersäure).
Paraldehyd.
Pental.
Pilokarpin, dessen Verbindungen und Zubereitungen.
Sabadillextrakt, -früchte, -tinktur.[75])
Sadebaumspitzen, -extrakt, -öl.
Sankt-Ignatius-Samen, -Tinktur.
Santonin.
Schierling (Conium-) Kraut, -Extrakt, -Früchte, -Tinktur.
Senföl, ätherisches.
Skammoniaharz (Scammonium), -wurzel.

Anlage I.

Verzeichnis der Gifte.

Abteilung 1.

Akonitin, dessen Verbindungen und Zubereitungen.

Arsen, dessen Verbindungen und Zubereitungen, auch Arsenfarben.

Atropin, dessen Verbindungen und Zubereitungen.

Bruzin, dessen Verbindungen und Zubereitungen.

Curare und dessen Präparate.

Cyanwasserstoffsäure (Blausäure), Cyankalium, die sonstigen cyanwasserstoffsauren Salze und deren Lösungen mit Ausnahme des Berliner Blau (Eisencyanür) und des gelben Blutlaugensalzes (Kaliumeisencyanür).[67])

Daturin, dessen Verbindungen und Zubereitungen.

Digitalin, dessen Verbindungen und Zubereitungen.

Emetin, dessen Verbindungen und Zubereitungen.

Erythrophlein, dessen Verbindungen und Zubereitungen.

Fluorwasserstoffsäure (flußsaure) Salze, saure und deren Salze, saure und deren Zubereitungen.[68])

Homatropin, dessen Verbindungen und Zubereitungen.

Hyoszin (Duboisin), dessen Verbindungen und Zubereitungen.

Hyoszyamin (Duboisin), dessen Verbindungen und Zubereitungen.

Kantharidin, dessen Verbindungen und Zubereitungen.

Kolchizin, dessen Verbindungen und Zubereitungen.

Koniin, dessen Verbindungen und Zubereitungen.

Nikotin, dessen Verbindungen und Zubereitungen.

Nitroglyzerinlösungen.

Phosphor (auch roter, sofern er gelben Phosphor enthält) und die damit bereiteten Mittel zum Vertilgen von Ungeziefer.

Physostigmin, dessen Verbindungen und Zubereitungen.

Pikrotoxin.

Quecksilberpräparate, auch Farben, außer Quecksilberchlorür (Kalomel) und Schwefelquecksilber (Zinnober).[69])
Salzsäure, arsenhaltige.[70])
Schwefelsäure, arsenhaltige.[70])
Skopolamin, dessen Verbindungen und Zubereitungen.
Strophantin.
Strychnin, dessen Verbindungen und Zubereitungen, mit Ausnahme von strychninhaltigem Getreide.
Uransalze, lösliche, auch Uranfarben.
Veratrin, dessen Verbindungen und Zubereitungen.

Abteilung 2.

Acetanilid (Antifebrin).
Adoniskraut.
Äthylenpräparate.
Agarizin.
Akonitextrakt, -knollen, -kraut, -tinktur.
Amylenhydrat.
Amylnitrit.
Apomorphin.
Belladonnablätter, -extrakt, -tinktur, -wurzel.
Bilsenkraut, -samen, Bilsenkrautextrakt, -tinktur.
Bittermandelöl, blausäurehaltiges.[71])
Brechnuß (Krähenaugen), sowie die damit hergestellten Ungeziefermittel, Brechnußextrakt, -tinktur.
Brechweinstein.[72])
Brom.
Bromalhydrat.
Bromäthyl.
Bromoform.
Butylchloralhydrat.
Calabarextrakt, -samen, -tinktur.
Cardol.
Chloräthyliden, zweifach.
Chloralformamid.
Chloralhydrat.
Chloressigsäuren.
Chloroform.
Chromsäure.
Cocain, dessen Verbindungen und Zubereitungen.
Convallamarin, dessen Verbindungen und Zubereitungen.
Convallarin, dessen Verbindungen und Zubereitungen.

Spanische Fliegen und deren weingeistige und ätherische Zubereitungen.

Stechapfelblätter, -extrakt, -samen, -tinktur — ausgenommen zum Rauchen oder Räuchern —.

Strophantusextrakt, -samen, -tinktur.

Strychninhaltiges Getreide.[76])

Sulfonal und dessen Ableitungen.

Thallin, dessen Verbindungen und Zubereitungen.

Urethan.

Veratrum (weiße Nieswurz), -tinktur, -wurzel.

Wasserschierlingkraut, -extrakt.

Zeitlosenextrakt, -knollen, -samen, -tinktur, -wein.

Abteilung 3.

Antimonchlorür, fest oder in Lösung.

Baryumverbindungen, außer Schwerspath (schwefelsaurem Baryum).[77])

Bittermandelwasser.

Bleiessig.[78])

Bleizucker.

Brechwurzel (Ipecacuanha), -extrakt, -tinktur, -wein.

Farben, welche Antimon, Baryum, Blei, Chrom, Gummigutti, Kadmium, Kupfer, Pikrinsäure, Zink oder Zinn enthalten, mit Ausnahme von: Schwerspat (schwefelsaurem Baryum), Chromoxyd, Kupfer, Zink, Zinn und deren Legierungen als Metallfarben, Schwefelkadmium, Schwefelzink, Schwefelzinn (als Musivgold), Zinkoxyd, Zinnoxyd.

Goldsalze.

Jod und dessen Präparate, ausgenommen zuckerhaltiges Eisenjodür und Jodschwefel.

Jodoform.

Kadmium und dessen Verbindungen, auch mit Brom oder Jod.

Kalilauge, in 100 Gewichtsteilen mehr als 5 Gewichtsteile Kaliumhydroxyd enthaltend.

Kalium.

Kaliumbichromat (rotes chromsaures Kalium, sogenanntes Chromkali).

Kaliumbioxalat (Kleesalz).

Kaliumchlorat (chlorsaures Kalium).[79])

Kaliumchromat (gelbes chromsaures Kalium).

Kaliumhydroxyd (Ätzkali).

Karbolsäure, auch rohe, sowie verflüssigte und verdünnte, in 100 Gewichtsteilen mehr als 3 Gewichtsteile Karbolsäure enthaltend.

Kirschlorbeerwasser.

Koffein, dessen Verbindungen und Zubereitungen.

Koloquinthenextrakt, -tinktur.

Kreosot.

Kresole und deren Zubereitungen (Kreosolseifenlösungen, Lysol, Lysosolveol usw.) sowie deren Lösungen, soweit sie in 100 Gewichtsteilen mehr als 1 Gewichtsteil der Kresolzubereitung enthalten.[80])

Kupferverbindungen.

Lobelienkraut, -tinktur.

Meerzwiebelextrakt, -tinktur, -wein.[81])

Mutterkornextrakt (Ergotin).

Natrium.

Natriumbichromat.

Natriumhydroxyd (Ätznatron, Seifenstein).

Natronlauge, in 100 Gewichtsteilen mehr als 5 Gewichtsteile Natriumhydroxyd enthaltend.

Paraphenylendiamin, dessen Salze, Lösungen und Zubereitungen.

Phenazetin.

Pikrinsäure und deren Verbindungen.

Quecksilberchlorür (Kalomel).

Salpetersäure (Scheidewasser), auch rauchende.

Salzsäure, arsenfreie,[82]) auch verdünnte, in 100 Gewichtsteilen mehr als 15 Gewichtsteile wasserfreie Säure enthaltend.

Schwefelkohlenstoff.

Schwefelsäure, arsenfreie,[82]) auch verdünnte, in 100 Gewichtsteilen mehr als 15 Gewichtsteile Schwefelsäuremonohydrat enthaltend.

Silbersalze, mit Ausnahme von Chlorsilber.[83])

Stephans- (Staphisagria-) Körner.

Zinksalze, mit Ausnahme von Zinkkarbonat.[84])

Zinnsalze.[85])

Anlage II.

Giftbuch.

Laufende Nr.	Bezeichnung des Erlaubnisscheins nach Behörde und Nummer	Tag der Abgabe	Des Giftes		Zweck, zu welchem das Gift vom Erwerber benutzt werden soll	Des Erwerbers		Des Abholenden		Name des Verabfolgenden	Eigenhändige Namensunterschrift des Empfängers
			Name	Menge		Name und Stand	Wohnort (Wohnung)	Name und Stand	Wohnort (Wohnung)		

Anlage III.

(Name der ausstellenden Behörde.)

Nr. ......

Erlaubnisschein
zum Erwerb von Gift.

Der (Name, Stand) .... zu (Wohnort und Wohnung) ....
Die Firma ....
wünscht (Menge) .... (Name des Giftes) .... zu erwerben, um damit (Zweck, zu welchem das Gift benutzt werden soll) ....

Gegen dieses Vorhaben ist diesseits nach stattgefundener Prüfung nichts zu erinnern.

.........., den ....ten .... 19....

(Bezeichnung der ausstellenden Behörde.)

(Namensunterschrift.)

(Siegel.)

Dieser Schein macht die Ausstellung einer Empfangsbescheinigung (Giftschein) gemäß § 13 nicht entbehrlich. Er verliert mit dem Ablauf des 14. Tages nach dem Ausstellungstage seine Gültigkeit, sofern etwas anderes oben nicht ausdrücklich vermerkt ist.

Anlage IV.

Nr....... (des Giftbuchs).

Giftschein.

Von (Firma des abgebenden Geschäftes) .... zu (Ort).................. bekenne ich hierdurch (Menge)...... (Name des Giftes).................. zum Zwecke de.. wohl verschlossen und bezeichnet erhalten zu haben.

Der aus einem unvorsichtigen Gebrauche des Giftes entstehenden Gefahren wohl bewußt, werde ich dafür Sorge tragen, daß dasselbe nicht in unbefugte Hände gelangt und nur zu dem vorgedachten Zwecke verwendet wird.

Das Gift soll durch .... abgeholt werden.

(Wohnort, Tag, Monat, Jahr und Wohnung.) (Name und Vorname, Stand oder Beruf des Erwerbers.)

(Eigenhändig geschrieben.)

(Zusatz, falls das Gift durch einen anderen abgeholt wird.)

Das oben bezeichnete Gift habe ich im Auftrage des .... (Namen des Erwerbers) in Empfang genommen und verspreche, dasselbe alsbald unversehrt an meinen Auftraggeber abzuliefern.

(Ort, Tag, Monat, Jahr.) (Name und Vorname, Stand oder Beruf des Abholenden.)

(Eigenhändig geschrieben.)

Name der Farbe:	Bestandteile:
Bremer Blau	s. Kupferblau.
Bremer Grün	s. Kupferblau, Schattierung.
Breslauer Braun	s. Kupferbraun.
Brixner Grün	s. Schweinfurter Grün.
Casselmanns Grün	basisch schwefelsaures Kupfer.
Cassiusscher Goldpurpur	zinnsaures Goldoxydul.
Chemisch-Braun	s. Kupferbraun.
China-Gelb	s. Auripigment.
Chromblau	chromsaures Baryum und Magnesia.
Chrombraun	chromsaures Kupfer.
Chrombronze	Chromchlorid.
Chromgelb	chromsaures Blei; s. auch Baryumchromat und Zinkgelb.
Chromgrün	Chromoxyd; wenn rein, nicht giftig; wenn mit Blei vermischt, giftig. Dieselben Namen werden auch Gemischen von Chromgelb mit Berliner Blau beigelegt; s. Ölgrün.
Chromocker	gelbe Erdfarbe, giftig, wenn mit Chromgelb gemischt.
Chromorange	s. Chromrot.
Chromrot	basisches chromsaures Bleioxyd.
Chromkupferschwarz	chromsaures Kupfer.
Chromzinnober	s. Chromrot.
Citronengelb	s. Chromgelb.
Deckgrün	s. Schweinfurter Grün, auch Chromgrün.

---

den beiden ersten Fällen gehört es zu Abt. 1, sonst zu 3 (Lebbin, Farbwaren S. 8). Von Raymund S. 1316 der Abt. II zugezählt.

*) Nur giftig mit Kupferoxydchlorid oder Chromhydroxyd als Bestandteil; aber ungiftig mit Chromoxyd.

Übersicht der giftigen Farben.

Die fett gedruckten Farben gehören zur Abteilung 1 und demzufolge in den Giftschrank.

Name der Farbe:	Bestandteile:
Acajoubraun	s. Kupferbraun.
Ägyptisch-Blau	Kupfersilikat.
Aerugo	essigsaures Kupferoxyd.
Alexandergrün	s. Kupfergrün.
Algarotpulver	Antimonoxyd mit Antimotrichlorid.
Altonaer Grün	s. Schweinfurter Grün.
Amerikanisch-Gelb	s. Chromgelb.
Amerikanisch-Grün	s. Chromgrün.
Antimonblau	cyansaures Antimonoxyd.
Antimonblüte	s. Algarotpulver.
Antimonbraun	s. Metallsafran.
Antimongelb	antimonsaures Blei.
Antimonorange	Antimonsulfid.
Antimonrot	oxydiertes Schwefelantimon.
Antimonschwarz	Schwefelantimon.*)
Antimonweiß	s. Algarotpulver.
Antimonzinnober	s. Antimonrot.
Antizinnober	s. Chromrot.
Apfelgrün	Gemisch von Chromgelb (s.) und Kupfergrün (s.).
Apollogrün	s. Kupfergrün.
Arnaudonsgrün	phosphorsaures Chrom.

---

*) Antimonschwarz (Schwefelantimon, Spießglanz, Stibium sulfurat. nigr.) kann nicht zu den Farben gezählt werden und gehört zu den indifferenten Mitteln; so auch Raymund, welcher dies gar nicht als Farbe aufführt, S. 35.

Name der Farbe:	Bestandteile:
Arsenblei *)	arsenigsaures Blei.
Arsenglas, gelbes	s. Auripigment.
Arsenglas, rotes	s. Realgar.
Arsenikrubin	desgl.
Aschengrün	s. Scheelsches Grün.
Auripigment	Arsentrisulfid, Schwefelarsen.
Azurblau	basisches Kupferkarbonat.
Barytumchromat	chromsaures Barytum.
Barytgelb	s. Barytumchromat.
Barytgrün	geglühtes chromsaures Barytum.
Baseler Grün	s. Schweinfurter Grün.
Bergblau	s. Kupferblau.
Berggrün	s. Kupfergrün.
Berliner Weiß	s. Bleiweiß.
Bleibraun	Bleisuperoxyd.
Bleibronze	Bleijodid.
Bleigelb	s. Chromgelb.
Bleiglätte	Bleioxyd.
Bleigrau	unreines Bleioxyd.
Bleirot	s. Mennige.
Bleischwarz	Schwefelblei.
Bleivitriol	schwefelsaures Blei.
Bleiweiß	basisches kohlensaures Blei.
Bleizinnober	s. Mennige.
Böttgersgrün	s. Mangangrün.
Bolleysgrün	s. Borgrün.
Borgrün	borsaures Kupfer.
Braunschweiger Grün **)	s. Scheelsches Grün.

*) Von Raymund nicht als giftige Farbe aufgeführt.

**) Solches enthält bald Kupferarsenitazetat, bald Kupferarsenit, bald Kupferkarbonat, bald Bleichromat mit Berliner Blau. In

Name der Farbe:	Bestandteile:
Deckweiß	s. Bleiweiß.
Ecarlat	s. Jodinrot.
Eisenacher Grün	s. Schweinfurter Grün.
Eisenbahngrün	s. Chromgrün.
Eisengelb	s. Chromgelb.
Elsners Grün	s. Kuhlmanns Grün.
Englisch-Blau	s. Kupferblau (als Indigolack ungiftig.)
Englisch-Gelb	s. Kasseler Gelb.
Englisch-Grün	s. Schweinfurter Grün.
Erdgrün	s. Scheelsches Grün, auch Kalkgrün.
Erlaer Grün	Kupfervitriol und chromsaures Kali.
Flohbraun	s. Bleibraun (als Manganoxyd = Manganbraun ungiftig).
Gelber Schwefelarsenik ..	s. Auripigment.
Gentèles Grün	s. Zinngrün.
Giftfreies Grün *)	s. Chromgrün, auch Kuhlmanns Grün.
Giftfreies Kupfergrün ...	s. Borgrün.
Giftgrün	s. Schweinfurter Grün.
Glätte	s. Bleiglätte.
Glanzgrün	s. Kupfergrün.
Goldgelb	s. Chromgelb.
Goldglätte	s. Bleiglätte.
Gothaer Gelb	s. Chromgelb.
Gothaer Grün	s. Chromgrün.
Granatrot	s. Mennige.
Grüner Zinnober	s. Chromgrün.
Grundiergrün	s. Schweinfurter Grün.
Grünspan	s. Aerugo.
Guignetsgrün	s. Chromgrün (als Chromhydrooxyd und Borsäure nicht giftig).

Name der Farbe:	Bestandteile:
Gummigutti	Pflanzenextrakt.
Hamburger Blau	s. Kupferblau.
Hamburger Gelb	s. Kupfergelb.
Hamburger Weiß	s. Bleiweiß.
Hatchettsbraun	s. Kupferbraun.
Hautgelb	s. Chromgelb.
Hochgrün	s. Schweinfurter Grün.
Hörmanns Grün	desgl.
Holländer Weiß	s. Bleiweiß.
Jasmingrün	s. Schweinfurter Grün.
Jasnügengrün	desgl.
Indisch-Gelb	chromsaures Zink.
Jodblei	s. Bleibronze.
Jodgelb	desgl.
Jodinrot	Quecksilberjodid.
Jungferngrün	s. Pelletiergrün.
Kaisergelb	s. Chromgelb.
Kaisergrün	s. Schweinfurter Grün.
Kalkblau	s. Kupferblau.
Kalkchromgelb	chromsaurer Kalk.
Kalkgrün	arsenigsaures Kupferoxyd und Gips, auch salpetersaures Kupfer und Gips.
Kasseler Blau	s. Kupferblau.
Kasseler Gelb	Bleijodid.
Kasseler Grün	s. Schweinfurter Grün, auch Mangangrün.
Kirschberger Grün	s. Schweinfurter Grün.
Kobaltarsenrot	arsensaures Kobaltoxydul.
Kobaltrosa	phosphorsaures und arsensaures Kobaltoxydul (ohne Arsen nicht giftig).

Name der Farbe:	Bestandteile:
Kölner Gelb	s. Chromgelb.
Königsgelb	s. Auripigment, auch Merkurgelb, auch Chromgelb, auch Bleiglätte.
Königsgrün	s. Schweinfurter Grün.
Kremnitzer Weiß	Bleikarbonat.
Kremserweiß	s. Bleiweiß.
Kuhlmanns Grün	Kupferoxydchlorid.
Kupferblau	kohlensaures Kupfer und Kupferoxydhydrat.
Kupferbraun	Ferrocyankalikupfer; s. auch Kupferbraunrot.
Kupferbraunrot	Kupferoxyd, Eisenoxyd und Tonerde; s. auch Kupferbraun.
Kupfergrün	kohlensaures Kupfer; s. auch Vorgrün.
Kupferlasur	basisches Kupferkarbonat.
Kupferrot	Kupferoxydul.
Kupferschwarz	Schwefelkupfer.
Kurrersgrün	s. Schweinfurter Grün.
Lackiergrün	desgl.
Laubgrün	s. Chromgrün.
Leipziger Gelb	Chromgelb.
Leipziger Grün	s. Schweinfurter Grün.
Lithargyrum	s. Bleiglätte.
Maigrün	s. Schweinfurter Grün.
Malachitgrün	s. Kupfergrün (als Bittermandel-, Solid-Grün, Teerfarbstoff nicht giftig).
Mangangrün	s. mangansaures Baryum.
Massicot	s. Bleiglätte.
Meergrün	s. Schweinfurter Grün.
Mengel	s. Kasseler Gelb.

Name der Farbe:	Bestandteile:
Mennige	Bleioxyd und Bleisuperoxyd.
Merkurgelb	basisches schwefelsaures Quecksilber.
Metallsafran	Schwefelantimon.
Mineralblau	s. Kupferblau (als Berliner Blau = Ferrocyaneisen nicht giftig).
Mineralgelb	s. Kasseler Gelb.
Mineralgrün	s. Kupfergrün, auch Scheelsches Grün.
Mineralrot	s. Realgar.
Minium	s. Mennige.
Mitisgrün	s. Schweinfurter Grün.
Mittlers Grün	s. Arnaudons Grün.
Molybdänblau	molybdänsaures Zinnoxydul.
Montpelliers Gelb	s. Kasseler Gelb.
Moosgrün	s. Schweinfurter Grün, auch Chromgrün.
Mühlhauser Weiß	s. Vitriolbleiweiß.
Münchener Grün	s. Schweinfurter Grün.
Myrtengrün	s. Chromgrün.
Nachtgrün	Erdfarbe (giftig, wenn aus Teerfarbstoffen mit Arsen und Pikrinsäure hergestellt).
Napoleonsgrün	s. Kupfergrün.
Naturgrün	s. Chromgrün.
Neapelgelb	s. Antimongelb, auch Kasseler Gelb.
Neapelgrün	s. Chromgrün.
Neubergblau	s. Kupferblau.
Neublau	s. Kupferblau (nicht giftig als Berliner Blau und Indigolack).
Neugelb	s. Chromgelb, auch Bleiglätte.
Neugrün	s. Schweinfruter Grün.
Neuwiederblau	s. Kupferblau.

Name der Farbe:	Bestandteile:
Neuwiedergrün	s. Scheelsches Grün.
Nossener Blau	Kupferammoniumsilikat.
Nürnberger Grün	s. Kupfergrün.*)
Ölblau	s. Kupferblau (als Berliner Blau ungiftig).
Ölgrün	s. Kupfergrün, auch Chromgrün.
Operment	s. Auripigment.
Originalgrün	s. Schweinfurter Grün.
Pannetiers Grün	s. Arnaudons Grün.
Papageiengrün	s. Schweinsutter Grün.
Pariser Gelb	s. Chromgelb, auch Kasseler Gelb.
Pariser Grün	s. Schweinfurter Grün.
Pariser Rot	s. Mennige.
Patentgelb	s. Kasseler Gelb.
Patentgrün.............	s. Schweinfurter Grün.
Patentweiß, englisch	basisches Bleioxydchlorid.
Pattisons Weiß	s. Patentweiß.
Pelletiers Grün	borsaures Chromoxyd.**)
Perlweiß	s. Bleiweiß (als Wismutweiß nicht giftig).
Permamentbronze	s. Chrombronze.
Permamentgrün	s. Chromgrün.
Permamentrot	s. Mennige.
Persisch-Gelb	s. Auripigment.
Persisch-Rot	s. Chromrot (als Oxydrot, Eisenoxyd nicht giftig).
Pickelgrün	s. Schweinfurter Grün.
Pikrinsäure	organische Säure.

*) Als reines Chromoxyd ungiftig.

**) Weder Borsäure noch Chromoxyd zählen zu den Giften. Die Verbindung gehört demnach zu den indifferenten Farbstoffen.

Name der Farbe:	Bestandteile:
Pink. colour	zinnsaures Chromoxyd.
Plessys Grün	s. Arnaudons Grün.
Rauschgelb	s. Auripigment.
Rauschrot	s. Realgar.
Realgar	Arsendisulfit.
Resedagrün	s. Schweinfurter Grün.
Rosenstiehlsgrün	s. Mangangrün.
Roter Schwefelarsenik	s. Realgar.
Rubinschwefel	desgl.
Saalfelder Grün	s. Schweinfurter Grün.
Scarlet	s. Jodinrot.
Scharlachrot	desgl.
Scheelsches Grün	arsenigsaures Kupfer.
Schiefergrün	s. Kupfergrün.
Schieferweiß	s. Bleiweiß.
Schneeweiß	s. Bleiweiß (als Barytweiß und Zinkweiß ungiftig).
Schnitzersgrün	s. Arnaudosgrün.
Schobergrün	s. Schweinfurter Grün.
Schöngrün	s. Schweinfurter Grün, auch Chromgrün.
Schwedisches Grün	s. Scheelsches Grün.
Schweinfurter Grün	essig-arsenigsaures Kupfer.
Seidengrün	s. Chromgrün.
Seladongrün	s. Schweinfurter Grün.
Sideringelb	chromsaures Eisen.
Silberglätte	s. Bleiglätte.
Silberrot	chromsaures Silber.
Silberweiß	s. Bleiweiß.
Smaragdgrün	s. Chromgrün, auch Arnaudonsgrün, chromsaures Zinkoxyd.
Spanisch-Gelb	s. Auripigment.

Name der Farbe:	Bestandteile:
Spilsburgweiß	antimonsaures und antimonigsaures Blei.
Spießglanz, grauer	s. Antimonschwarz.
Staubgrün	s. Kupfergrün.
Steinblau	s. Kupferblau.
Steinbühlergelb	s. Zinkgelb.
Stempelgelb	basisches Bleiantimoniat.
Straßburger Grün	s. Schweinfurter Grün.
Strontiumgelb	chromsaures Strontium.
Tapetenbronze	s. Chrombronze.
Thessies Blau	s. Wolframblau.
Türkisch-Grün	s. Chromgrün.
Turners Gelb	s. Kasseler Gelb.
Turpeth, mineralischer ...	**s. Merkurgelb.**
Tiroler Grün	s. Kupfergrün.
Ultramaringelb	s. Baryumchromat.
Ungarisch-Grün	s. Kupfergrün.
Urangelb	**uransaures Natrium od. Ammoniak.**
Van-Dyk-Rot	s. Kupferrot.
Venetianer Weiß	s. Bleiweiß.
Verdeter	**s. Kalkgrün.**
Verdit	s. Aerugo.
Vernets Blau	s. Kupferblau.
Veroneser Gelb	s. Kasseler Gelb.
Viktoriagrün	s. Chromgrün (als reines Chromoxyd ungiftig).
Bittermandelölgrün	Teerfarbstoff.
Violetter Lack	chromsaures Zink.
Vitriolbleiweiß	schwefelsaures Blei.
Wasserblei	s. Bleischwarz (als Graphit ungiftig).

Name der Farbe:	Bestandteile:
Wassergrün	s. **Kupfergrün.**
Weltersches Bitter	s. **Pikrinsäure.**
Wiener Grün	s. Schweinfurter Grün.
Wiesengrün	s. Schweinfurter Grün, auch Kupfergrün.
Wismutgelb	chromsaures Wismut; s. auch Antimongelb.
Wolframblau	wolframsaures Zinnoxydul.
Wolframweiß	wolframsaures Blei.
Würzburger Grün	s. Schweinfurter Grün.
Zinkgelb	chromsaures Zink.
Zinngrün	zinnsaures Kupfer.
Zinnoberersatz	s. Chromrot.
Zinnober, künstlicher	desgl.
Zinnober, grüner	s. Chromgrün.
Zwickauer Gelb	s. Chromgelb.
Zwickauer Grün	**Kupferarsennitrat.** *)

---

1. Die Giftordnung gilt sowohl für den Großhandel wie auch für den Kleinhandel mit Giften, für die Apotheken wie auch für alle andern Gifthandlungen, und zwar ohne jede Rücksicht darauf, welchen Zwecken das abzugebende Gift dienen soll. Insbesondere untersteht auch der Handel mit Giften zu photographischen Zwecken den Bestimmungen der Giftordnung, wie er auch dort konzessionspflichtig ist, wo Gifthandel schlechthin der Genehmigung bedarf (Erlaß der Pr. Ministerien des Innern und der geistlichen Angelegenheiten v. 5. Okt. 1907 — II b 3933 bezw. M. 7778 U 4 —, MBl. S. 376). Die Verordnung gilt aber nur für den g e w e r b s m ä ß i g e n Handel mit Giften. Die Beschränkung auf den gewerbsmäßigen Handel ist nicht ohne prak-

*) Fehlt bei Raymund.

tische Bedeutung. So haben ein Beschluß der 2. Strafkammer des LG. München II v. 27. Mai 1909 i. S. w/r L. — Ang. Verz. N. 639/09, Beschwerde Rev. 64/II. 09 — und Urteil des Schöffengerichts Weilheim gegen denselben Ang. — Verz. 639 v. 23. Juni 1909 — etwa folgendes ausgeführt: „Bayern verlangt in der Allerhöchsten Ver. v. 29. März 1892 zu § 34 III RGO. durch § 16: „Zum Handel mit Giften ist die Genehmigung der Distriktsverwaltungsbehörde erforderlich." In der Schlußbestimmung dieser Ver. § 54 heißt es, daß die besonderen Bestimmungen in bezug auf die Zubereitung und Abgabe von Giften vorbehalten bleiben; als solche besondere Bestimmung ist die Allerhöchste Ver. v. 16. Juni 1895 anzusehen, welche für die nicht gewerbsmäßige Abgabe von Giften der ersten und zweiten Abteilung ebenfalls Genehmigung erfordert, nicht aber für die dritte Abteilung. Letztere ist nur genehmigungspflichtig, wenn sie die Allerhöchste Ver. v. 29. März 1892 berührt, also gewerbsmäßig erfolgt." Hieraus folgt, daß in Bayern die nichtgewerbsmäßige Abgabe von Giften der ersten und zweiten Abteilung der Konzessionspflicht aber nicht dieser Verordnung, die nichtgewerbsmäßige Abgabe von Giften der dritten Abteilung weder der Konzessionspflicht, noch dieser Verordnung untersteht. Als nicht gewerbsmäßiger Handel, ja überhaupt nicht als Handel wird vom LG. München I 5. Strafk. v. 3. Febr. 1922 — Ber. Reg. Nr. 30/22 — (JW. 1922 S. 725) angesehen „Pfandvertrag über ein Arzneilager und Veräußerung zur Realisierung des Pfandrechts". OLG. Düsseldorf v. 20. Sept. 1922 — S. 196/22 —: „Pfandverkauf kein Handel." Der Gifthandel muß bereits begonnen haben, er muß über die Vorbereitungshandlungen hinaus sein. KG. v. 15. Febr. 1915 (Samml. Bd. VII S. 1606/07). Vgl. Anm. 11, 33, 45, 66.

Die Giftverordnung gilt nur für diejenigen, welche den Handel befugterweise ausüben. In dieser Beziehung hat das OVG. (Bd. 37, 1901, S. 331), im Urt. v. 17. März 1900 — Rep. III C. 98/99 — ausgeführt: „. . . so ist dem Beklagten zuzugeben, daß die Polizeiverordnung an sich nicht für den unbefugten Handel mit Giften gelte. Was in dem Urt. des KG. v. 19. April 1894

(Johow Bd. 15 S. 342) gegenüber der damals in Betracht kommenden Reg.-Ver. v. 16. Aug. 1878, betreffend die Aufbewahrung und Verabfolgung von Giftware, und dem § 367 Nr. 5 RStGB. ausgeführt ist: „Es konnten für Personen, welche unbefugt Gift feilhalten, Vorschriften über die Aufbewahrung nicht gegeben werden, diese Personen würden vielmehr eben nur wegen des unbefugten Feilhaltens bestraft", trifft auch für die Ver. v. 24. Aug. 1895 zu. (Vgl. Springfeld, Die Rechte und Pflichten der Gift- und Farbenhändler, S. 83)." Ebenso RG. v. 15. Febr. 1915 (Samml. Bd. VII S. 1106/07) und v. 14. März 1924 — 1 S. 133/24 —, OLG. München v. 19. April 1923 — Rev.Reg. II Nr. 101/23 —.

2. Nur das ist Gift, was in Anlage I aufgeführt ist. Chemische Präparate oder Zubereitungen aus Gift sind nur dann selbst Gift, wenn dem bezüglichen Stoff der Anlage I dortselbst der Zusatz beigefügt ist: „dessen Verbindungen und Zubereitungen", oder „dessen Präparate", oder „dessen Salze und deren Lösungen" und sie von einer der zugefügten Begriffsbezeichnungen mitgetroffen werden. (So KGUrt. v. 15. Febr. 1897 — S. 1199/96 — bei Goltdammer Bd. 45 S. 60; v. 2. Juni 1898 — S. 319/98 — in der DJZ. Jahrg. 1898 S. 495; OLG. Rostock v. 29. Okt. 1909 w/r H. in G. — H. a 133 — (Mecklenburg. Zeitschrift 1910 Bd. 48 S. 118 ff.); RG. v. 6. Sept. 1907 (Samml. Bd. VI S. 427) und v. 26. Febr. 1924 — I S. 648/24 —, auch v. 8. April 1924, letzteres nach Ph. Z. v. 3. Dez. 1924 S. 1255.) Die Pr. Wissenschaftliche Deputation für das Medizinalwesen führt in einem Gutachten über das „Arsa-Lecin" am 8. Juli 1914 (MBl. S. 289; Med.Arch. S. 528 ff.) aus: „Die Giftpolizeiverordnung stellt aber sowohl in § 2 . . . als auch in § 15 . . . die Gifte in direkten Gegensatz zu den Nahrungs- und Genußmitteln." Das Gutachten zieht daraus den Schluß: „Deshalb kann man diese Zubereitung auch dann, wenn sie wesentlich nährende und kräftigende Eigenschaften besäße, schwerlich als „Gift" ansehen." Die Schlußfolgerung ist, nicht richtig; jedes Heilmittel jedes Nährmittel, das Arsen, sei es in chemischer oder pharma-

zeutischer Verbindung, enthält, ist im Sinne der Verordnung „Gift". Nach dem Sprachgebrauch der Ver., besonders der Anlage I, werden dort unter „Präparaten und Verbindungen" die chemischen Präparate zum Unterschied von den „Zubereitungen", d. s. die pharmazeutischen Präparate, verstanden. Dies ergibt sich z. B. daraus, daß die Anlage I Abs. 2 als Gift bezeichnet: „Opium und dessen Zubereitungen, mit Ausnahme von Opiumpflaster und -wasser" und Abs. 3: „Jod und dessen Präparate, ausgenommen zuckerhaltiges Eisenjodür und Jodschwefel". Es sind nämlich Opiumpflaster und -wasser Zubereitungen (pharmazeutisch-technische Präparate), während Eisenjodür und Jodschwefel chemische Präparate sind. Deshalb ist das Saatbeizmittel Upsulun kein Gift, weil es nur eine pharmazeutische Zubereitung des Giftes Chlorphenol-Quecksilber ist. (Ph. Z. v. 1. Nov. 1919 S. 595 und KG. v. 8. Aug. 1924 [Ph. Z. v. 16. Dez. 1925 S. 173 und v. 14. April 1926 S. 460]). Vgl. auch den ebenso urteilenden Aufsatz von Juckenak in der Zeitsch. f. Untersuchung der Nahrungs- und Genußmittel Bd. 47 Heft 1/2 (Ph. Z. 1924 Nr. 32).

3. Das Wort „unmittelbar" bezieht sich nur auf das Wort „neben", nicht etwa auch auf das Wort „über". Über Nahrungs- oder Genußmitteln dürfen deshalb Gifte niemals verwahrt werden, auch wenn eine noch so große Trennung stattfindet. Dagegen ist die Verwahrung von Giften unterhalb der Nahrungs- und Genußmittel völlig unbeschränkt, sofern nur eine Trennung vorliegt; die wird vollkommen hinreichend dadurch erreicht, daß ein festes — nicht etwa durchlochtes — Brett sich zwischen den Waren befindet. Die Unmittelbarkeit, die bei der Verwahrung von nebeneinander lagernden Giften und Nahrungsmitteln verboten ist, wird durch jedes zwischen befindliche öffnungslose Brett beseitigt. Das KG. entschied am 6. Sept. 1907 w/r B. — 1 S. 740/06 —: „Stehen die Waren zwar in einem und demselben Schrank, aber in verschiedenen Abteilungen, so sind sie nicht „unmittelbar" nebeneinander." Die Verwahrung von Giften unmittelbar neben Gebrauchsgegenständen, z. B. Flaschen, Tassen

und dergleichen, ist nicht verboten. Nicht einmal ist verboten, Gifte unmittelbar neben den Arzneien aufzustellen, welche weder als Genuß- noch als Nahrungsmittel zu betrachten sind. Allerdings hat das RG. am 13. Juli 1881 (Bd. IV S. 395) Arzneimittel schlechthin als Genußmittel erklärt, da der Begriff des Genießens im Sinne des Gesetzes, betr. den Verkehr mit Nahrungsmitteln, Genußmitteln und Gebrauchsgegenständen, v. 14. Mai 1879 nicht Wohlgeschmack, sondern nur das „Insichaufnehmen, und zwar auf dem Wege durch den Mund, bedeute"; aber am 9. Okt. 1902 w/r H. — D. 285/08 — (Goltd.Arch). 1903 Bd. 50 S. 103) führte der Dritte Strafsenat wörtlich aus: „Arznei kann, aber muß nicht Genußmittel sein; letzteres wird zwar nicht zur eigentlichen Ernährung, wohl aber zum Zwecke der Bereitung angenehmer Sinnesempfindung oder sonstigen Genusses dem Körper zugeführt." Am 19. April 1915 erklärt das RG. I. StS. (Bd. 49 S. 223 bis 225): „Heilmittel sind an sich keine Nahrungs- oder Genußmittel, weil sie nicht dazu bestimmt sind, zur Ernährung oder zum Genusse des Menschen" zu dienen. Wenngleich das Giftgesetz die ungetrennte Verwahrung von Giften mit Arzneien nicht verbietet, würde gleichwohl aus solcher Verwahrungsweise unter Umständen — man denke auch an äußerlich anzuwendende, an Suppositorien, Wundstäbchen, Augenwässer — ein Schluß im Sinne des § 35 Abs. 4 der RGO. dahin gezogen werden können, daß die Handhabung des Gewerbetriebes Leben und Gesundheit von Menschen gefährdet.

4. Die Ausstellung von Giften, insbesondere von giftigen Farben, in Schaufenstern ist oft genug anzufinden. Die Ausstellung von Giften erster Abteilung in Schaufenstern ist unzulässig, weil § 5 Verwahrung in der Giftkammer und im Giftschrank fordert. Eine Ausnahme bilden Farben der im § 17 gekennzeichneten Art. Diese dürfen, auch wenn sie zur Abteilung I gehören, im Schaufenster ausgestellt werden und sogar auch ohne Beachtung der Vorschriften des § 2. Gifte der zweiten und dritten Abteilung dürfen zur Ausstellung im Schaufenster gelangen, sofern nur § 2 beachtet wird.

Die Auffassung, daß die Verwahrung von Giften im Schaufenster insoweit unbeschränkt sei, als es sich nur um Ausstellungsgegenstände handelt, die nicht feilgehalten werden, weil sie nicht zum Verkaufe bestimmt sind, ist irrig, denn die Ausstellung erfolgt „bei Ausübung der Befugnis zur Feilhaltung" und die Giftverordnung selbst macht — anders im § 45 der Pr. GO. — keinen Unterschied zwischen feilgehaltenen und anderen Giften. Im Keller verwahrte Gifte gelten nicht als feilgehalten, unterliegen gleichwohl den Vorschriften der Giftverordnung. Der § 367 Ziffer 5 StGB. bedroht den mit Strafe, welcher „bei Ausübung der Befugnis zur Feilhaltung" die deshalb ergangenen Verordnungen nicht befolgt.

5. Die Schiebladen stehen hier nicht im Gegensatz zu den „Gefäßen" des Abs. 1, sind vielmehr eine besondere Art von Gefäßen. Dies geht aus Abs. 3 des § 2 hervor, wo als Ausnahme von der grundsätzlichen Pflicht zur Aufbewahrung des Giftes in Gefäßen nur die Verwahrung auf Giftböden, nicht auch die in Schiebladen hervorgehoben ist. (A. M. Springfeld VI S. 106/07, der seine Auffassung gelegentlich der Kommentierung des § 4 — S. 109, 110 — preisgeben muß.) In Hamburg gilt die Vorschrift nur für giftige Farben. In Württemberg ist zugefügt: „Soweit nach den bestehenden Vorschriften einzelne der in den Abteilungen 2 und 3 der Anlage I aufgeführten Stoffe in Apotheken nicht in Schubladen aufbewahrt werden dürfen, hat es hierbei sein Bewenden."

6. Vorratsgefäße sind alle Behältnisse, in welchen Vorräte an Gift verwahrt werden, auch wenn sie dem Kunden gegenüber als Abgabegefäße dienen sollen. Auch die Originalemballagen, Fässer, Ballons, Kruken können als Vorratsgefäße dienen, sofern sie der Anforderung des Abs. 1 gemäß dicht und fest sind und auch feste, gut schließende Deckel aufweisen. Es ist nicht notwendig, daß die Deckel nach Abnahme wieder gut schließend aufgesetzt werden können. Vorratsgefäße aber, welche, wie z. B. Fässer, nach der ersten Öffnung mit ihrem Deckel nicht mehr fest und gut verschlossen werden können, dürfen nur bis zu ihrer ersten Öffnung als Vor-

ratsgefäße Verwendung finden. Flüssigkeitsbehälter mit Abflußhähnen genügen stets, solange der Stöpsel im Hahn gut schließt.

7. Die Aufschrift „Gift“ muß in deutscher Sprache und in deutschen oder lateinischen Lettern erfolgen. Sie braucht nicht an dem Gefäß unmittelbar angebracht zu sein; vielmehr dürfen auch Anhängeschilder in vorgeschriebener Farbenzusammenstellung verwendet werden (so auch Baumann 1901 Anm. zu § 4 S. 8).

8. Handelt es sich um ein Gift, welches zu einer in der Anlage I aufgeführten Gattung gehört, ohne daß es selbst dort mit Namen aufgeführt ist, so empfiehlt es sich, kann aber nicht gefordert werden — vorbehaltlich der im § 17 gedachten Fälle —, durch einen Zusatz die Zugehörigkeit der betreffenden Gattung erkennbar zu machen. Das kann bei Farben Schwierigkeiten machen, weil für diese die verschiedenartigsten Namen gebräuchlich sind. Zur Feststellung des der Farbe eigentümlichen Giftes leistet das durch den Regierungspräsidenten in Merseburg veröffentlichte Verzeichnis giftiger Farben gute Dienste. Es ist mit einigen als solche kenntlich gemachten Ergänzungen im Anschluß an diese Giftverordnung zum Abdruck gebracht, und zwar dergestalt, daß die zur Abteilung 1 und deshalb in den Giftschrank gehörigen Farben durch Fettdruck hervorgehoben sind. Nach einer Entscheidung des KG. v. 29. April 1909 braucht grün gefärbter Arsenik die Bezeichnung „grün gefärbt“ nicht zu tragen.

9. Die Worte „nur noch“ stehen an unrichtiger Stelle; sie gehören hinter die Worte „der ortsüblichen Namen“ und vor die Worte „in kleinerer Schrift“. Es soll die Angabe des Inhalts nicht auf die Anwendung des offiziellen und des ortsüblichen Namens beschränkt werden, vielmehr wird die vollständige Angabe des Inhalts unter Anwendung des offiziellen Namens verlangt. Damit dieser nicht durch den ortsüblichen Namen verdrängt werde, ist die Anwendung des letzteren „nur noch in kleinerer Schrift gestattet“. Neben den beiden Namen sind Zusätze wie „chemisch rein“ oder „zu technischen Zwecken, „gepulvert“ usw. durchaus gestattet, was nicht der Fall wäre, wenn „nur noch“ dort stehen

sollte, wo es jetzt versehentlich steht. So Baumann S. 8 und Lebbin S. 287.

10. Das Erfordernis der Dauerhaftigkeit ist nicht absolut, sondern relativ zu verstehen, da ja doch unbegrenzte Dauerhaftigkeit nicht zu schaffen ist. Als hinreichend dauerhaft werden in der Praxis lackierte Papierschilder, eingebrannte und Ölfarbenschrift angesehen. Sofern nicht unmittelbar das Gefäß, sondern ein besonderes Schild beschrieben ist, muß auch die Verbindung des Schildes mit dem Gefäß (relativ) dauerhaft sein. Je nach der Art des Giftes, für welches das Gefäß bestimmt ist, kann ein und dieselbe Aufschrift das eine Mal dem Erfordernis der Dauerhaftigkeit genügen, im anderen Falle die wünschenswerte Dauerhaftigkeit vermissen lassen. Bei Gefäßen für trockene — nicht ätzende — Gifte können geringere Ansprüche gestellt werden als bei solchen für Flüssigkeiten, insbesondere ätzender Natur. Wird ein Giftbehälter ausgebessert, oder soll ein neuer angeschafft werden, so werden an das Interimsgefäß bezüglich der Dauerhaftigkeit geringere Ansprüche zu stellen sein, weil das Bedürfnis der Dauerhaftigkeit ja zeitlich beschränkt ist; man wird prüfen müssen, ob die fragliche Aufschrift die Zwischenzeit (ein oder mehrere Tage) zu überdauern fähig ist, auch wenn sie dem Einfluß des Giftes in dem üblichen Maße ausgesetzt ist.

Aus der Vorschrift der Dauerhaftigkeit folgt auch, daß für den Fall der Benutzung von Anhängeschildern (vgl. Anm. 7) diese eine zuverlässige Verbindung mit dem Vorratsgefäß erhalten müssen. Aus der Forderung der Deutlichkeit in Verbindung mit der ersten Silbe des Wortes Aufschrift folgt auch, daß die Anbringung am Boden des Standgefäßes nicht ausreicht, wohl aber der Regel nach die auf dem Deckel.

11. Wer Gifte der Abteilung 1 nicht führt, bedarf keiner Giftkammer. Die bloße Konzession verpflichtet ihn noch nicht, wie überhaupt nur der die Verordnung strafbar verletzen kann, der nicht nur die Konzession besitzt, sondern auch wirklich schon den Handel begonnen hat. So KG. am 15. Febr. 1915 (Samml. Bd. VII S. 1606/07). Vgl. Anm. 1.

12. Es dürfen also auch Gifte der Abteilung 2 und 3 in der Giftkammer verwahrt werden; denn es sind von der Giftkammer nach ausdrücklicher Bestimmung nur „andere Waren als Gifte“ fernzuhalten. Daß der Gesetzgeber hier nicht sagen wollte „andere Waren als Gifte der ersten Abteilung“, geht auch aus § 6 Abs. 1 hervor, wo bestimmt ist, daß innerhalb der Giftkammer die Gifte der Abteilung 1 in den Giftschrank gehören: die Gifte der zweiten und dritten Abteilung sind also zwar außerhalb des Giftschrankes zu verwahren, indessen innerhalb der Giftkammer zulässig. (So auch Lebbin S. 291; a. M. Nesemann S. 97 § 5 b und Baumann S. 9.)

13. Unter einem „hölzernen Verschlag“ kann man sehr wohl auch einen sog. Lattenverschlag verstehen. Auch dem Erfordernis der „festen Wände“ wird durch eine Lattenwand Genüge geleistet, denn den festen Wänden stehen doch nur die beweglichen Wände (spanische Wände, Vorhänge und dergl.) gegenüber. Gleichwohl zwingt der § 9 Abs. 3 zu der Auslegung, daß dem Gifthändler schlechthin Lattenverschläge nicht gestattet sind, weil sich anderenfalls die besondere Vergünstigung für Apotheker erübrigen würde, welche im § 9 Abs. 3 dahin gewährt wird, daß Giftkammern, die in einem Vorratsraum der Apotheke eingerichtet werden, auch durch einen Lattenverschlag hergestellt werden dürfen. (Ebenso Nesemann S. 97 und Baumann S. 9, während Springfeld VI S. 101 und Lebbin S. 289 und 290 Lattenverschläge außerhalb des Verkaufsraumes zulassen; auch Verfügung des Obersanitätskollegiums von Braunschweig v. 14. Nov. 1898.) Auch eine Lattentür ist unzulässig, wie mit Recht das KG. am 17. Okt. 1904 (Gesundh.Samml. Bd. IV S. 605) ausführt. Raymund (S. 1309 Anm. 2) hält Lattentüren für zulässig, wenn sich die Giftkammer in einem vom Verkaufsraume abgetrennten Teile befindet. Das ist nur dann richtig, wenn sich dieser als Teil des Warenlagerraumes darstellt.

14 Ein hölzerner Verschlag ist also nur in einem Lagerraume gestattet, während eine aus andern festen Wänden (Mauer, Eisen usw.) gebildete Giftkammer sich auch im Verkaufsraum

und sonstwo befinden darf. Die Annahme des Drog.-Jahrb. 1911 S. 84, daß eine Giftkammer mit Lattenwänden nicht vom Verkaufsraum aus zugänglich sein darf und nur vom Warenlager aus, insbesondere auch nicht vom Flur aus zugänglich sein soll, hat weder im Text hinreichende Unterlage, noch spricht der Zweck der Bestimmung für diese beengende Auffassung. Zwar spricht man davon, daß zwei Räume durch eine Tür miteinander verbunden werden, aber die Trennung der Räume wird dadurch nicht aufgehoben. Würde die Verordnung eine Türverbindung ablehnen wollen, so würde in dieser Beziehung doch sicherlich eine Tür in einer Mauerwand genau so behandelt werden wie eine Tür in einer Holzwand.

Es besteht kein begründetes Bedenken, einen als Giftkammer dienenden hölzernen Verschlag vom Flur oder vom Verkaufsraum aus zugänglich zu machen, z. B. dergestalt, daß man aus dem Verkaufsraum zunächst in den Teil des Warenlagers gelangt, der zur Giftkammer hergerichtet ist. Läßt sich dies vermeiden, so wird bei der Zweifelhaftigkeit der Auslegung zweckmäßigerweise die strengere Auffassung zu beachten sein. Zu beachten ist, daß die Waren der Giftkammer nicht als feilgehalten gelten, sofern nicht auf ihre Führung das Publikum ausdrücklich, sei es durch Anschriften auf den Schildern oder durch Plakate oder Zeitungsinserate, hingewiesen wird. Vgl. Anm. 4 zu § 1 der Kais. Ver. v. 22. Okt. 1901. Das ergibt eine eigenartige Folge. Das KG. hat nämlich in der Entsch. v. 4. Juli 1898 (bei Johow Bd. 19 S. 255) angenommen, daß nur der Gifthändler der Konzession bedürfe, welcher Gift feilhält (§ 49 der Pr. GO. v. 22. Juni 1861, GS. S. 472). Der Begriff des Feilhaltens hatte nach der damaligen Auffassung des KG. nicht nur die Verkaufsbereitschaft zur Voraussetzung, sondern auch, daß die Waren gerade an demjenigen Orte lagerten, welcher dem Publikum zugänglich ist. Diesen Standpunkt hat das KG. später dahin abgeschwächt, daß es genüge, wenn das Publikum auf die in der Nähe zum Verkaufe bereitgehaltene Ware ausdrücklich hingewiesen wird. Daß sich jemand als Händler von Drogen-

und Apothekerwaren bezeichnet, wurde bisher als hinreichender Hinweis des Publikums auf eine bestimmte Ware nicht betrachtet. Dies ist mit Bezug auf erlaubte Waren nicht begründet, wohl aber bei Waren, deren Abgabe dem Drogisten verboten ist. Niemand ist befugt, aus dem Umstande, daß jemand Drogen und Apothekerwaren anbietet, zu folgern, daß er auch zu unerlaubten Zwecken oder schlechthin verbotene Waren feilhält. Anders liegt es, wenn sich jemand als Gifthändler auf dem Schilde bezeichnet oder Gifte sonstwie öffentlich anbietet. Dann würde man hierin einen ausreichenden Hinweis auf die Gifte in der Giftkammer zu finden haben, soweit es sich nicht etwa um die im freien Verkehr beschränkten Gifte handelt. Der Inhalt der Giftkammer kann aber dann unmöglich als feilgehalten betrachtet werden, wenn der Drogist nach außen nicht kundtut, daß er einen Gifthandel betreibt. Hiernach würde ein Drogist, welcher ohne Konzession Gifte in der Giftkammer verwahrt, nicht wegen unerlaubten Feilhaltens bestraft werden können, denn er hält eben nicht feil. Es würde aber auch der Verkauf von Giften ohne voraufgegangenes Feilhalten, was begrifflich sehr wohl möglich ist und praktisch oft genug vorkommt, in solchem Falle nicht strafbar sein, weil Konzessionspflicht nur für das Feilhalten, nicht für Verkauf in § 49 Pr. GO. vorgeschrieben ist. Der § 367 Ziffer 3 StGB. droht dem Strafe an, welcher ohne polizeiliche Erlaubnis Gift verkauft, d. h. ohne die vorgeschriebene Erlaubnis.

Soweit die Landesgesetzgebung von dem ihr nach § 34 Abs. 3 der RGO. zustehenden Recht, besondere Genehmigung für den Gifthandel zu fordern, keinen Gebrauch gemacht hat, gilt auch für den Verkehr mit Giften — soweit nicht die Kais. Ver. v. 22. Okt. 1901 oder andere Spezialgesetze im Wege stehen — der im § 1 der RGO. ausgesprochene Grundsatz der Verkehrsfreiheit. Wird in Preußen Konzession nur für das Feilhalten gefordert, so sind alle andern Tätigkeiten, der Verkauf im großen wie im kleinen, von der Konzessionspflicht frei, so daß aus § 367 Ziffer 3 derjenige nicht bestraft werden kann, der Gift ohne „besondere Genehmigung“ verkauft, weil er nach dem geltenden Landesrecht einer solchen nicht bedarf. Vgl. Anm. 4 und 5 zum § 1 der Kais. Ver. Ein solcher Drogist würde aber den Bestimmungen dieser Giftverordnung unterliegen, da ja sein gewerbsmäßiger Handel, trotzdem er der Konzession entbehrt, kein unbefugter wäre. Vgl. Anm. 1.

15. Für Hamburg sind hinter Tageslicht die Worte „oder durch künstliches Licht" eingeschoben. Daß die Belichtung mittels eines Fensters erfolgt, ist nicht vorgeschrieben; es genügt, daß hinreichendes Licht durch die Tür in den Raum gelangt. Eine Tür mit Glasfenstern ist zwar nicht unerlaubt, aber der Regel nach unzweckmäßig, falls nicht etwa die Glasscheibe einen Schutz in der üblichen Form eines Metallnetzes oder entsprechender Stäbe erhält. Es genügt, wenn die Kammer nur bei bereits geöffneter Tür hinreichend hell ist. Das folgt daraus, daß nur soviel Tageslicht vorgeschrieben ist, als für die darin vorzunehmenden Arbeiten ausreicht. Während der Arbeit darf die Tür offen stehen, denn nach dem zweiten Absatz des § 5 muß die Tür nur verschlossen sein, wenn in der Kammer nicht gearbeitet wird.

16. Viele Giftkammern, insbesondere die mit Zugang vom Hofe oder dem Flur aus, sind mit Doppeltüren versehen. In solchem Falle ist es gesetzlich gleichgültig, ob die Aufschrift „Gift" auf der Außenseite der inneren oder der äußeren Tür angebracht ist.

17. Der „Beauftragte" ist nicht gleichbedeutend mit dem „Stellvertreter" im Sinne des § 47 Abs. 1 der RGO. (Syllwaschy S. 115). Die für ihren Fall zutreffende Entsch. des KG. v. 11. Nov. 1912 — 1 S. 960. 12. 1172 — (MBl. 1913 S. 44; Med.Arch. 1913 S. 47 ff.; Samml. Bd. VII S. 1094) leidet an dem Mangel der Unterscheidung zwischen dem Beauftragten und dem Stellvertreter. Es handelte sich dort um einen Filialleiter, also einen Stellvertreter. Mit Recht führt das Urt. aus: „Der § 10 bedeutet nur, daß unbeschadet der erforderlichen Erlaubnis die Gifte nur von dem Geschäftsinhaber oder dessen Beauftragten abgegeben, also ausgehändigt werden dürfen." Die Konzessionspflicht für Stellvertreter ist im § 45 RGO. aus-

drücklich vorgeschrieben. Eine Konzessionspflicht für Gehilfen ist nicht angeordnet. Wegen des Unterschiedes zwischen Stellvertreter und Gehilfen siehe OVG. v. 21. Dez. 1885 — I B. 66/85 — (Bd. XII S. 339). Vgl. Anm. 1 zu § 45 RGO. Ob überhaupt eine Stellvertretung zulässig ist, entscheiden nicht § 5 und § 10 der Giftverordnung, sondern nach § 47 Abs. 1 RGO. die konzessionierende Behörde. Diese ist aber nur zuständig für die Frage der Stellvertreter, nicht dafür, ob sich der Konzessionsinhaber einen Gehilfen zu seiner Unterstützung halten darf. Letzteres untersteht keiner gesetzlichen Beschränkung (§ 41 RGO. Den Gehilfen darf der Geschäftsinhaber Aufträge gemäß §§ 5 und 10 der Giftverordnung geben, ohne daß diese einer Konzession bedürfen. Aus der weitreichenden zivil- und strafrechtlichen Verantwortung für Versehen der Beauftragten (vgl. § 151 RGO.) ergibt sich aber, daß dringend empfohlen werden muß, auch solche Aufträge nur geprüften, zuverlässigen Gehilfen zu erteilen. Jeder, der im besonderen oder im allgemeinen Auftrage des Gifthändlers tätig wird, ist der Beauftragte im Sinne dieses § 5 und auch des § 10. (So auch Springfeld VI S. 103, anderer Meinung Lebbin S. 298.) Für die Versehen eines ungeeigneten Beauftragten (z. B. eines Lehrlings) ist der Gifthändler strafrechtlich nur dann nicht verantwortlich, wenn er den Mangel dieses Beauftragten in bezug auf Kenntnisse oder Zuverlässigkeit nicht kannte, diese Unkenntnis auch nicht durch Fahrlässigkeit verschuldet war. Der Gifthändler hat aber auch dem Beauftragten gegenüber eine Pflicht zur Beaufsichtigung. Allerdings ist diese Pflicht nicht unbegrenzt. Das RG. hat am 7. März 1889 (Entsch. Bd. 19 S. 204) wörtlich ausgeführt: „Es kann vom strafrechtlichen Standpunkt aus auch nicht eine allgemeine, unter allen Umständen vorliegende Pflicht des Auftraggebers zu unausgesetzter Kontrollierung und Nachprüfung der Arbeiten seiner Beauftragten und eine unbedingte strafrechtliche Verantwortlichkeit desselben für fahrlässige Delikte unterstellt werden." Diesen Standpunkt hat das RG. im Urt. v. 19. Dez. 1896 (GoltdArch. Bd. 44 S. 399) aufrechterhalten (vgl. § 151 RGO.).

18. In Gebrauch ist die Giftkammer nur solange, als in derselben jemand mit Giften oder Giftgerätschaften, Behältnissen und dergl. beschäftigt ist. Außerhalb dieser Zeit muß sie verschlossen — nicht nur geschlossen —, ihr Schlüssel verwahrt sein; es genügt nicht, daß die Tür des Raumes, in welchem sich die Giftkammer befindet, abgeschlossen ist. (A. M. Springfeld VI S. 103 Abs. 3.)

19. Die Verwahrung der Gifte der Abt. 2 und 3 im Giftschrank ist unzulässig (LG. I Berlin v. 22. Sept. 1899, D. Drog.Z. Nr. 10 von 1900). Als Giftschrank ist nicht etwa jeder Schrank, der Gifte enthält, zu verstehen, sondern ausschließlich der, in welchem Gifte der ersten Abteilung verwahrt werden. Der Schlüssel des Giftschranks darf außerhalb der Zeit der Inanspruchnahme des letzteren nicht im Schloß stecken.

20. Gemeint ist eine zum Abwiegen der Gifte benutzbare Tischplatte, also z. B. ein Klapptisch oder eine Auszugplatte. Sie muß sich innerhalb der Giftkammer befinden (Raymund S. 1309 Anm. 3).

21. Unter „verschlossenen" Gefäßen sind nicht die mit Schloß und Schlüssel zu verstehen, sondern alle geschlossenen Gefäße. Wegen des Begriffs der „größeren" Vorräte siehe Anm. 29.

22. Von Phosphorpillen abgesehen, gehören alle anderen der Vertilgung des Ungeziefers dienende Zubereitungen, z. B. Phosphorlatwerge, in den Phosphorschrank. Phosphorpräparate, welche nicht als Ungeziefermittel dienen, sind überhaupt kein Gift (§ 1 Abs. 2 und Anlage 1 Abt. 1 unter „Phosphor"), gehören also auch nicht in die Giftkammer, so z. B. amorpher Phosphor, Phosphorsäure, Phosphorsalz. Zündwaren aus weißem oder gelbem Phosphor dürfen nicht hergestellt und nicht feilgehalten werden (RG., betr. Phosphorzündwaren, v. 10. Mai 1903, RGBl. S. 217).

23. Unsere Keller sind der Regel nach frostfrei. Als feuerfeste Behältnisse müssen auch Kasten aus Eisen oder starkem Blech gelten. (So AG. I Berlin bei Lebbin S. 295.)

Dr. Windisch, seinerzeit Hilfsarbeiter im Kaiserlichen Gesundheitsamt, veröffentlichte Begründung der Giftverordnung für die diesseitige Auffassung spricht.)

30. Siehe Anm. 17.

31. Ob das „Abgeben" entgeltlich oder unentgeltlich erfolgt, ist unerheblich; es ist gleichbedeutend mit „Aushändigen".

Der Gehilfe eines Drogisten, welcher ohne Auftrag seines zum Gifthandel befugten Chefs Gift abgibt, macht sich hiernach gemäß § 367 Ziffer 3 StGB. strafbar, selbst wenn es vorher vom Chef verkauft und verpackt war.

32. Das KG. führt im Urt. v. 6. Sept. 1907 w/r B. — 1 S. 740/07 — aus, daß das Giftbuch vorhanden sein müsse „sofort nach Eröffnung der Gifthandlung und ehe überhaupt ein Gift der Abt. 1 und 2 verkauft wird". Freilich ist nicht die bloße Tatsache eines Vorrats von Giften hinreichender Verpflichtungsgrund, vielmehr verlangt das KG. Prüfung, „ob der Angeklagte das Gift zum Zwecke der Abgabe an andere oder zu anderen Zwecken vorrätig gehalten hat. Nur im erstgedachten Falle wäre er zur Haltung des Giftbuches bereits verpflichtet." Vgl. Anm. 27.

33. Bei Geschäftsübergängen auf einen Nachfolger haftet der Geschäftsverkäufer für die zehnjährige Aufbewahrung des Giftbuches. Überläßt er es dem Käufer, so empfiehlt es sich, diesem im schriftlichen Vertrage die zehnjährige Aufbewahrung als besondere Vertragspflicht aufzuerlegen. Ob die Verletzung der Verwahrungspflicht gegen denjenigen strafrechtlich verfolgt werden kann, welcher sie zu einer Zeit begeht, da er nicht mehr Gifte „aufbewahrt oder befördert", auch nicht mehr die „Befugnis zur Zubereitung oder Feilhaltung" ausübt, erscheint nach dem Wortlaute des § 367 Ziffer 5 StGB. sehr fraglich und wird diesseits verneint; es liegt hier also eine lex imperfecta vor. Vgl. Anm. 66.

34. Die Erleichterung ist hier nicht geknüpft an den Akt des Großhandels, sondern an die Person des Großhändlers; es kommt also nicht darauf an, ob große Mengen zu Engrospreisen abgegeben

24. Phosphor in luftdicht verschlossenen (verlöteten) Büchsen bedarf keines weiteren feuerfesten Behältnisses, denn die verlötete Büchse selbst ist ein solches. Selbst bei Verletzung der Lötstellen kann der Phosphor nie mit heller Flamme brennen, also auch Brandschaden nicht veranlassen.

25. Phosphorpillen gehören also nicht nur in die Giftkammer, sondern auch in den Giftschrank — nicht aber in den Phosphorschrank.

26. Da Kalium und Natrium Gifte der dritten Abteilung sind, gehören sie nicht in den Giftschrank; sie müssen aber in einem eigenen verschließbaren Behältnis verwahrt werden.

27. Es sind also nur zwei Garnituren Geräte erforderlich. Das Bd. IV S. 704 KGesA. abgedruckte Urt. des KG. v. 16 Febr. 1905 w/r W. läßt nicht klar erkennen, ob dort etwa drei Garnituren gefordert werden; das wäre irrig. Die vorhandenen Geräte dürfen nur für die Giftabteilungen verwandt werden, für welche sie bestimmt sind, also dürfen auch die Geräte der Abt. 2 nicht für die Gifte der Abt. 1 Verwendung finden. Die Geräte müssen vorhanden sein, sobald mit dem gewerbsmäßigen Handel begonnen ist. Der bloße Besitz der Giftkonzession und die Anschaffung der Waren verpflichtet noch nicht zum Besitz der Geräte, da beides nur Vorbereitungshandlungen sind. Vgl. KG. v. 15. Febr. 1915 (Samml. Bd. VII S. 1106/07). Wegen Giftbuches anders KG. v. 6. Sept. 1907 — I S. 740/07 —.

28. Auch die Farbenlöffel müssen signiert sein (a. M. Baumann S. 12), denn sie sind nur eine besondere Art der im Satz 1 des § 8 bezeichneten Giftlöffel. Daß sich in noch nicht geöffneten Originalbehältnissen (Fässern) für Farben Löffel befinden, ist nicht zu fordern.

29. Für Anhalt ist dem Abs. 2 angefügt: „Es genügt hier eine mit „Gift" bezeichnete Tarier- oder Dezimalwage."

Für Hamburg lautet der Abs. 2 dieses § 8:

„Für die Gifte der Abt. 2 und 3 bedarf es nur in dem Falle besonderer Wagen, daß Waren dieser Gruppen ohne besondere Umhüllungen gewogen werden."

Das ist wohl auch der Sinn der vom Bundesrat festgestellten, für Preußen geltenden Fassung des Abs. 2. Es soll der gesamte Gifthandel eine Erleichterung erfahren, sofern diese ungefährlich ist. Kommen die Gifte mit der Wageschale in unmittelbare Berührung, so wäre die Benutzung dieser Wagen für andere Waren bedenklich. Werden kleinere Giftmengen, z. B. flüssige, in den Abgabegefäßen gewogen, so erfolgt zwar nicht notwendig eine Berührung der Wage mit dem Gift, indessen liegt die Gefahr nahe, weil der Regel nach der Verkäufer die Flüssigkeit aus dem Vorratsgefäß in das Abgabengefäß träufelt, während dieses auf der Wiegeschale steht; es geschieht das zum Zwecke des genauen Abwägens. Daß hierbei die Flüssigkeit leicht verschüttet wird — wenn auch nur tropfenweise —, ist eine Erfahrung, durch welche die Vorschrift besonderer Giftwagen geboten erscheint. Anders liegt es bei „größeren Mengen". Werden diese in den Vorratsgefäßen selbst abgewogen, so ist eine Berührung des Giftes mit der Wage ausgeschlossen, sofern, was doch vorausgesetzt werden muß, das Gefäß den Anforderungen des § 2 in bezug auf Dichtheit und Festigkeit genügt. Aber auch bei dem Abwiegen größerer Mengen in Abgabegefäßen wird das gefährliche Zugießen oder Zuschütten während des Abwiegens nur sehr selten vorkommen; wird bei größeren Mengen vom Käufer ein Abgabegefäß mitgebracht, so dient ihm dies der Regel nach als Hohlmaß, er wünscht es „voll", und das Abwiegen besorgt der Verkäufer nur, um seinerseits den Preis zu berechnen. Hätte der Gesetzgeber nur den Großhandel begünstigen wollen, so hätte er diesen ebenso wie im § 4 Abs. 2, § 11 Abs. 2 benannt. Wo das Gesetz von „größeren" Mengen oder Vorräten spricht, wie § 8 Abs. 2 und § 6 Abs. 4, handelt es sich um verhältnismäßig größere Mengen. Im § 6 Abs. 2 sind größere Vorräte solche, welche sich nicht recht im Giftschrank üblicher Größe unterbringen lassen, und im § 8 Abs. 2 hat man unter den größeren Mengen solche zu verstehen, welche sich auf den für Gifte üblichen Handwagen nicht mehr gut abwiegen lassen, sondern größere Wagen beanspruchen. (A. M. Lebbin S. 298, während die von werden, sondern nur, ob der Verkäufer als Großhändler schlechthin angesprochen werden kann. In Anlehnung an die vom Handelsgesetzbuch im § 1 angegebene Erklärung des Begriffes „Kaufmann" wird man sagen dürfen: „Großhändler ist der, welcher ein Großhandelsgeschäft (Großgeschäft) betreibt." Daraus folgt, daß die einmalige Abgabe großer Giftmengen zu Engrospreisen seitens desjenigen, der überhaupt nicht Kaufmann oder nur Detaillist ist oder z. B. eine Pfändung durchführen will, der Vergünstigung des Abs. 2 § 11 nicht teilhaftig macht. Aber keineswegs ist etwa erforderlich, daß der Abgebende nur Großkaufmann oder auch nur hauptsächlich Großkaufmann sei. Auch derjenige, welcher in erster Linie ein Detailgeschäft betreibt, gleichzeitig aber, wenn auch nur periodisch, Großhandelsgeschäfte abschließt, kann für die letzteren — aber auch nur für diese — die Erleichterungen des zweiten Absatzes für sich in Anspruch nehmen.

35. Die an technische Gewerbetreibende abzugebenden Gifte brauchen sich keineswegs gerade auf den Betrieb des Käufers zu beziehen, wenngleich dies als die Regel vorausgesetzt wird. Ob die Waren überhaupt an diese technischen Gewerbetreibenden abgegeben werden dürfen, beantwortet nicht dieser Absatz, sondern § 12 Abs. 1. Das KG. erklärt im Urt. v. 25. Juni 1914 — 1 S. 291/14 — (MBl. v. 23. Juni 1915 S. 211 ff.) als technische Gewerbetreibende solche, „die unter Anwendung von Grundsätzen der Technik ein bestimmtes Produkt durch Verarbeitung regelmäßig herstellen wollen". Vgl. Meyers Konvers.-Lex., 6. Aufl., Bd. 19 S. 364 unter Technik." Es zählt Kammerjäger nicht zu den technischen Gewerbetreibenden. Im übrigen siehe wegen Kammerjäger Anm. 63.

36. Eine staatliche Untersuchungs- oder Lehranstalt ist eine solche, welche die Rechte einer Behörde genießt. Vgl. Anm. 4 zu § 3 der Kais. Ver.

37. Nicht die Zuverlässigkeit des Abholenden kommt hier in Frage, sondern die des Erwerbenden. Siehe Springfeld VI S. 114.

Der Käufer muß nach dem Wortlaut des Gesetzes im allgemeinen als zuverlässig gelten und es muß hiervon auch der Verkäufer „sichere Kenntnis“ haben. Wenn das KG. im Urt. v. 1. Nov. 1900 (D. Drog.Z. Nr. 46 Jahrg. 1900 und Baumann S. 15) das „zuverlässig bekannt“ für gleichbedeutend mit „persönlich bekannt“ erklärt, so faßt es die gesetzliche Forderung in der einen Richtung zu eng, in der anderen zu weit; zu eng insofern, als es nach diesseitiger Auffassung nicht genügt, daß der Käufer dem Verkäufer persönlich bekannt ist, zu weit deshalb, weil die persönliche Bekanntschaft nicht erforderlich ist. Wenn sich z. B. jemand als Chemiker und als Inhaber eines technischen Staatsamts ausweist, so berechtigt das den Gifthändler zur Abgabe, auch wenn er den Betreffenden persönlich nicht kannte. (Vgl. Lebbin S. 306 und dessen Beispiele: Ein Maler im Arbeitskittel verlangt eine giftige Farbe, ein Klempner Salzsäure usw.).

Auch dort, wo man die allgemeine Zuverlässigkeit nicht mit Sicherheit beurteilen kann — was selbst guten Bekannten gegenüber recht häufig vorkommt —, ist die Abgabe ohne Erlaubnisschein zulässig, wenn eine relative Zuverlässigkeit vorliegt, d. h. eine solche mit Bezug auf das gerade in Frage stehende Gift. Eine solche relative Zuverlässigkeit wird man bei jedem voraussetzen dürfen, welcher mit dem verlangten Gift seit Jahren beruflich zu arbeiten hat. Es ist auch möglich, daß eine allgemeine Zuverlässigkeit vorhanden ist, solche aber gerade für den Sonderfall fehlt. Das scheint auch der Standpunkt des Preußischen Kultusministeriums zu sein, wenn es im am 3. April 1913 (MBl. f. Med.Ang. S. 129) aufgehobenen Erlaß v. 27. Okt. 1906 (MBl. S. 463) die Abgabe von stark wirkenden Arzneimitteln und Giften an Zahntechniker deshalb für unzulässig erachtet, weil diese nach ihrer Vorbildung nicht als hinreichend zuverlässig für die Anwendung der Gifte am menschlichen Körper gelten. Vgl. hierzu Anm. 40. Den gleichen Standpunkt vertritt ein Rundschreiben des Hamburger Medizinalamts v. 21. Aug. 1900. Er kommt auch in dem Preußischen Ministerialerlasse v. 7. Febr. 1905

(MBl. S. 121) zum Ausdruck, wenn ganz allgemein die Abgabe von Sublimatpastillen an Hebammen ohne Erlaubnisschein gestattet wird. Bauer (Giftgesetz S. 536) meint: „Personen, welche berechtigterweise die Jagd ausüben, müssen als zuverlässig gelten, weil schon der Besitz eines Jagdscheines solchen Grad von Zuverlässigkeit voraussetzt." Bauer nimmt für die Inhaber eines Jagdscheins die Berechtigung in Anspruch, Giftbrocken gegen für die Jagd schädliche Tiere ohne Erlaubnisschein beziehen zu dürfen. Der Jagdschein beweist aber keineswegs eine Zuverlässigkeit im Umgange mit Giften, wenn nicht der jahrelange Besitz einer Jagd hinzukommt. Beschränken sich die Rechte des Jagdpächters auf das Abschießen des Wildes, so würde das zur Zuverlässigkeit im Sinne des § 12 erforderliche Maß von Kenntnissen, betreffend das Auslegen von Giftbrocken gegen Wildschädlinge, auch nicht ohne weiteres anzunehmen sein. Der blanke Jagdschein beweist nur eine allgemeine Zuverlässigkeit, soweit keine Spezialkenntnisse erforderlich sind, und außerdem eine Zuverlässigkeit in der Handhabung einer Schußwaffe und in der Behandlung der zugehörigen Munition.

Wenn das RG. am 5. Juni 1909 nach Nr. 36 des Drog.-Händl. meint, daß längeres Kennen einer Person die Giftabgabe ohne Erlaubnisschein rechtfertigt, so sollte damit wohl nur eine Art der Möglichkeit, die Zuverlässigkeit zu ermitteln, bezeichnet werden.

Daß Kindern unter 14 Jahren Gifte überhaupt nicht ausgehändigt werden dürfen, schreibt der letzte Absatz vor. Aber auch jungen Menschen von wenig über 14 Jahren wird der Regel nach hinreichende Zuverlässigkeit fehlen. Macht aber z. B. der Schüler einer höheren Lehranstalt glaubhaft, daß er das betreffende Gift für physikalische oder chemische, unter Anleitung des Lehrers vorzunehmende Experimente benutzen soll, so wird eine für den Umgang mit solchem Gift hinreichende Zuverlässigkeit der Regel nach angenommen werden dürfen. Ein strafloser Irrtum über die Zuverlässigkeit ist möglich; man denke an gefälschte Legitimationspapiere. Vgl. auch OLG. München v. 27. Nov. 1922 — Rev.-Reg. II Nr. 357/22 — (DJZ. 1923 Sp. 376), woselbst es für das

„sich vergewissern“ des § 20 Weinsteuerges. entschuldbaren Irrtum zuläßt, obwohl das Urteil „sich vergewissern“ erklärt als „sich Gewißheit verschaffen“.

Die am 10. Aug. 1917 ergangene Abänderung des § 12 ist am 5. Okt. 1921 außer Kraft gesetzt.

38. Die Frage, ob Gifte zu Heilzwecken ohne Erlaubnisschein abgegeben werden dürfen, ist vom KG. mehrfach, aber zu Unrecht, verneint worden (KGUrt. v. 30. Jan. 1899, v. 8. Mai 1899, bei Lebbin S. 303 und 305, in der D. Drog. Z. Jahrg. 1899 Nr. 24; auch v. 6. Juni 1910, Gew.Arch. Bd. 10 S. 60; Nr. 27 Spruchb. DJZ. 1912 Sp. 113, Med.Arch. I S. 365). Anders OVG., s. Anm. 40. Wenn der wirtschaftliche Zweck dem gewerblichen insofern gegenübersteht, als im letzteren Fall der Erwerb, im ersteren die Führung des Haushalts gefördert werden soll, so wird man die Anschaffung eines Heilmittels zur Heilung eines Familienmitgliedes als wirtschaftlichem Zwecke dienend ansehen. Daß ein Heilzweck sich gar nicht als ein aliud gegenüber den im § 12 aufgeführten Zwecken darstellt, läßt am besten die Verwendung der Arzneimittel in der Tierheilkunde erkennen. Die Verwendung für Tiere eines Gewerbebetriebes dient gewerblichen, die für in dem Haushalt gepflegte Haustiere wirtschaftlichen, die für Versuchstiere in wissenschaftlichen Anstalten wissenschaftlichen Zwecken. Auch die Heilbehandlung von Menschen dient teils wirtschaftlichen, teils gewerblichen, teils wissenschaftlichen Zwecken. Verneint man dies, so ist durch die Bestimmung des § 12 der Heilmittelverkehr außerhalb der Apotheken nicht nur einer Beschränkung unterstellt, sondern völlig verboten, was als Widerspruch gegen die Kais. Ver. v. 22. Okt. 1901 unzulässig ist. Eine Beschränkung wäre nicht zu beanstanden. Es liegt aber nicht, wie die 2. Auflage dieses Buches annahm, eine Beschränkung dahin vor, daß für die Abgabe zu Heilzwecken Erlaubnisschein gefordert wird; vielmehr würde man, wenn man den Heilzweck als außerhalb der im § 12 angeführten Zwecke stehend ansprechen wollte, die Verwendung zu Heilzwecken schlechthin als verboten betrachten müssen. Denn der Erlaubnisschein soll nach dem klaren Wortlaut nicht gegeben werden, wenn ein anderer Zweck klar vorliegt, sondern zur Ergänzung der mangelnden Erkenntnis, daß einer der vier Zwecke vorliegt. Der Gesetzgeber hatte gar nicht den Willen, Gifte vom Heilmittelverkehr auszuschließen. Das ist auch der Standpunkt der Kais. Ver., betreffend den Verkehr mit Arzneimitteln außerhalb der Apotheken. Es wäre nicht zu verstehen, daß sie künstliche Mineralwässer ausdrücklich nur unter der Bedingung freigibt, daß sie Arsen nicht enthalten, wenn Gifte zu Heilzwecken ohnehin nicht abgegeben werden dürften. Da Arsen nicht nur in Substanz, sondern auch in allen Zubereitungsformen „Gift" ist, muß ein künstliches Mineralwasser mit Arsen auch „Gift" sein. Sein Verbot braucht also nicht besonders ausgesprochen zu werden. Andererseits gibt die Kais. Ver. als Ausnahme Pastillen aus künstlichen Mineralquellsalzen ohne jede Einschränkung frei, also auch mit Giften, durch die sie selbst, gesetzestechnisch betrachtet, zu Giften werden.

Aus den in Anm. 40 mitgeteilten Entscheidungen der Verwaltungsgerichte und den sich anschließenden ministeriellen Anordnungen ergibt sich auch, daß die Abgabe von Giften an Dentisten grundsätzlich erlaubt ist, auch wenn sie von diesen zu Heilzwecken verwandt werden sollen. Zwar beschäftigen sich die Urteile nur mit der Frage, ob Erlaubnisscheine verweigert werden dürfen, aber ihre Begründung hebt ausdrücklich hervor, daß die Verwendung von Giften zu Heilzwecken erlaubt ist. Das OLG. Frankfurt a. M. hat am 28. Mai 1906 (Berichte des D. Drog.-Verb. 1908/09 S. 80) die Abgabe von Kali chloricum zu Heilzwecken unbeanstandet gelassen, insbesondere zu kosmetischen Zwecken als frei verkäuflich erklärt. Sollte es sich dort nur um Kali-chloricum-Pastillen handeln, so würde das für die vorliegende Frage allerdings nichts bedeuten, weil Kali-chloricum-Pastillen eine Zubereitung von Kali chloricum und deshalb nicht selbst Gift sind. Aus § 16 der Ver. folgt nur, daß die Abgabe von Giften als Heilmittel außerhalb der Apotheken an die Vorschriften der §§ 11 bis 14 gebunden ist (a. M. Böttger, Giftvorsch. Anm. 4 zu 16 S. 9). Ein Gift, welches im Verz. B der Kais. Ver.

v. 22. Okt. 1901 aufgeführt ist, darf freilich überhaupt nicht außerhalb der Apotheken verkauft werden; der Apotheker ist in dem Verkauf von Giften als Heilmittel auch durch die Bekanntmachung des Ministers der geistlichen usw. Angelegenheiten v. 22. Juni 1896, betr. die Abgabe stark wirkender Arzneimittel, beschränkt. Sie gilt formell nicht für die Drogisten, beschäftigt sich aber fast ausschließlich mit Stoffen, die durch Verz. B der Kais. Ver. dem Kleindrogisten entzogen sind oder nur in Zubereitungen verwendbar werden, die wiederum durch Verz. A der Kais. Ver. dem Kleinhandel außerhalb der Apotheken vorenthalten sind. Der Standpunkt Thoms I S. 104, ein Heilzweck sei kein wirtschaftlicher oder wissenschaftlicher sondern ein „praktischer Zweck", entbehrt völlig wissenschaftlicher Schlüssigkeit.

39. Stets darf Gift auch ohne Erlaubnisschein und ohne Kenntnis von der Zuverlässigkeit des Empfängers abgegeben werden, wenn es sich um einen Ausnahmefall des § 17, also um die dort näher bezeichneten gebrauchsfertigen Öl-, Harz- oder Lackfarben, Farbenstifte, Farbenpasten, Farbensteine usw., handelt, oder wenn es sich um das in dem § 18 Abs. 2 Satz 1 bezeichnete arsenhaltige Fliegenpapier handelt. Dies ist ausdrücklich im Erlaß des Min. d. geistl. usw. Ang. v. 15. Juni 1903 (MBl. S. 289) hervorgehoben. Dagegen dürfen nie ohne Erlaubnisschein, und zwar selbst dann, wenn die Zuverlässigkeit des Käufers feststeht, „andere arsenhaltige Ungeziefermittel" abgegeben werden, wie der letzte Satz des Abs. 2 des § 18 bestimmt.

Die Vorschriften des Abs. 1 § 12 gelten auch für den Großhandel. Wer Gifthandel betreibt, wird für den Verkehr mit den in Frage kommenden Giften als hinreichend zuverlässig gelten dürfen, und zwar nicht bloß dann, wenn er Kleinhandel auf Grund besonderer Genehmigung betreibt, sondern auch, wenn er ohne solchen, aber erlaubterweise Großhändler ist.

Ob der Erlaubnisschein nur vorzulegen oder dem Gifthändler zu überlassen ist, kann zweifelhaft sein. Der Gebrauch des Wortes „gegen" Erlaubnisschein spricht für die zweite Alternative. Gegen sie spricht der Umstand, daß die Erlaubnisscheine nicht immer für eine bestimmte Menge, sondern auch auf Zeit bis zu einem Jahre ausgestellt werden. Dem Inhaber eines solchen Dauerscheines kann nicht zugemutet werden, seinen Ausweis schon bei der ersten kleinen Entnahme aus den Händen zu geben. Es kommt hinzu, daß eine Aufbewahrungspflicht nirgends vorgeschrieben, aber der Erlaubnisschein nach Behörde und Nummer im Giftbuch zu vermerken ist. Diese Eintragung sichert der Polizei völlig die Kontrolle. Diesseits wird deshalb die Abnahmepflicht beziehentlich des Erlaubnisscheines verneint. Da sich aber in der Literatur auch die andere Auffassung vertreten findet (so bei Lebbin S. 306), empfiehlt es sich, den Schein dem Käufer abzufordern.

40. Der Gifthändler darf auch Gift auf solche polizeilichen Erlaubnisscheine verkaufen, welche in unvorschriftsmäßiger Weise ausgestellt sind, sofern nur nicht die Echtheit irgendwie zweifelhaft erscheint. Gegen Versagung ist das Verwaltungsstreitverfahren zulässig. Es besteht ein Anspruch auf den Erlaubnisschein, wenn die Zuverlässigkeit nachgewiesen ist. So nach Raymund S. 1311 Anm. 2 OVG. vom 20. Mai 1904. Das OVG. führt im Urt. v. 11. April 1910 (Bd. 57 S. 421; Samml. Bd. VII S. 629/30) aus: „Der vorliegende Rechtsstreit betrifft nicht die Frage, ob und inwieweit die genannten Gifte von den Gifthändlern oder wegen ihrer Aufnahme in das Verz. B der Kais. Ver. v. 22. Okt. 1901 nur in Apotheken und als stark wirkende Arzneimittel gemäß der Bekanntm. v. 22. Juni 1896 nur auf Anweisung eines Arztes abgegeben werden dürfen. ... Wenn nun in § 12 Abs. 2 a. a. O. vorgeschrieben ist, daß die Polizeibehörde ..., so ist damit gesagt, daß sie die Prüfung nach denselben Gesichtspunkten vorzunehmen hat, wie dies den Gifthändlern in Abs. 1 daselbst zur Pflicht gemacht ist. Demgemäß hat auch die Polizeibehörde den Erlaubnisschein nur solchen Personen zu erteilen, die ihr als zuverlässig bekannt sind und das Gift zu einem erlaubten Zwecke verwenden wollen. ... Die Ausübung der Heilkunde ist nach geltendem Recht freigegeben und kann deshalb auch in der von den Klägern angegebenen Art unter Verwendung der streitigen Gifte ausgeübt werden. Der beabsichtigte Verwendungszweck stellt sich also als ein erlaubter gewerblicher dar. ... Zuverlässigkeit ist eine Charaktereigenschaft. ... Es ist nicht angängig, sie auf Grund allgemeiner Erwägungen für eine an sich erlaubte gewerbliche Tätigkeit einer ganzen Klasse von Gewerbetreibenden ohne Prüfung der in Betracht kommenden einzelnen Persönlichkeiten abzusprechen." Ebenso entschieden das Sächs. OVG. am 10. Febr. 1914 (Samml. Bd. VII S. 655/56) und der Bad. Verwaltungsgerichtshof am 6. Juli 1915 (Samml. Bd. VII S. 660/61). Aus dem Urt. v. 10. Febr. 1914 sei folgender Satz wiedergegeben: „Infolgedessen findet die obenerwähnte Bestimmung in § 12 der Ver. v. 6. Febr. 1895 auf Dentisten uneingeschränkte Anwendung, wonach ihnen, sofern sie als)zuverlässig bekannt sind, auch die unter § 1 der Ver. v. 5. Juni 1906 (Abgabe stark wirkender Arzneimittel) fallenden Gifte ohne ärztliche Anweisung zu gewerblichen Zwecken verkauft werden dürfen." Auf Grund der Entsch. des OVG. v. 11. April 1910 veröffentlichte der Pr. Min. d. Innern am 3. April 1913 (MBl. S. 130) einen Erlaß mit folgendem Satz: „Es ist anzuerkennen, daß nach § 12 der Pol.Ver. v. 22. Febr. 1906 über den Handel mit Giften auch Dentisten zum Giftbezug berechtigt sind, soweit sie als zuverlässig bekannt sind und das Gift zu einem erlaubten gewerblichen Zweck verwenden wollen." Schließlich wird aber die Verwendung rezepturpflichtiger Gifte ohne Rezept als unerlaubt bezeichnet, weil die Bekanntmachung über stark wirkende Arzneimittel „offensichtlich den Zweck" habe, Verwendung ohne Rezept zu verhindern. Daraufhin hielt das OVG. am 8. März 1915 — III A. 30/13 — (MBl. 1915 S. 198 bis 200) seine Entscheidung v. 11. April 1910 mit eingehender Begründung aufrecht.

41. Es ist zu beachten, daß Gifte an Kinder unter 14 Jahren nicht nur nicht abgegeben, sondern auch nicht ausgehändigt werden dürfen; sie sind also auch als Boten einer mit Erlaubnisschein ausgerüsteten erwachsenen Person zurückzuweisen. In Hamburg sind von dieser Beschränkung giftige Farben der Abt. 3 befreit, überall auch die Farben des § 17.

Unrichtig ist die Annahme des LG. Leipzig v. 2. Juli 1914

(Samml. Bd. VII S. 1166) daß die Abgabe eines Giftes an ein Kind dann zulässig seinsoll, wenn es als Heilmittel verabfolgt wird.

42. Der Abholende darf, wie zu 41 dargelegt ist, kein Kind unter 14 Jahren sein; im übrigen aber fordert die Giftverordnung eine Prüfung der Zuverlässigkeit des Abholenden nicht. Das schließt nicht aus, daß die allgemeinen Strafgesetze Anwendung finden, wenn etwa in der Aushändigung von Giften an einen Abholenden eine Fahrlässigkeit gefunden werden kann. Das wäre dann z. B. der Fall, wenn ein Geistesschwacher oder Trunkener als Bote benutzt wird oder wenn der Abholende vor den Augen des Verkäufers trotz der Warnung grob unvorsichtig mit dem Gift umgeht. Würde in solchem Falle der Gifthändler die Aushändigung nicht verweigern, so hätte er eine etwa hieraus folgende Körperverletzung zu verantworten. Die Giftverordnung schreibt auch keine Prüfung der Legitimation des Beauftragten vor. Jedem, der den Giftschein eines Auftraggebers vorlegt, darf Gift ausgehändigt werden; nach dem Formular für Giftscheine bringt der Käufer nicht zum Ausdruck, ob er das Gift persönlich oder durch einen Boten abholt. Aber selbstverständlich darf dem Inhaber eines Giftscheines dann nicht das Gift ausgehändigt werden, wenn der Verkäufer weiß oder wenigstens den dringenden Verdacht hat, daß der Inhaber des Giftscheins auf unrechtem Wege in den Besitz gelangte. Fraglich ist es, wie zu verfahren ist, wenn sich der Käufer das Gift in seine Wohnung oder seine Geschäftsräume kommen läßt und daselbst nicht angetroffen wird. Man wird in solchem Falle den als Beauftragten des Bestellers ansprechen dürfen, welcher den Giftschein vorlegt. Daß ein solcher Stellvertreter wie ein Abholender zu behandeln ist, also auch Quittung zu leisten hat, ist anzunehmen, wenngleich eine ausdrückliche Vorschrift fehlt. Wird der Giftschein von einem Kinde unter 14 Jahren präsentiert, so ist das Gift nicht auszuhändigen.

43. Hinter den Worten „der Abgebende" fügt der Text in Klammern „§ 10" hinzu. Hiermit ist klargestellt, daß der Abgebende nicht der Inhaber des Geschäftes sein muß, nicht derjenige, der das Gift im zivilrechtlichen Sinne verkauft, sondern welcher die „Übergabe" des Giftes vollzieht. Hat ein Käufer gleich beim Abschluß des Kaufvertrages noch vor Empfang der Ware den Giftschein dem Verkäufer ausgehändigt, so berechtigt dies jeden anderen in dem Geschäft Tätigen zur Aushändigung des Giftes, falls er der „Beauftragte" (§ 10) ist.

44. Wird das Gift nicht vom Erwerber persönlich abgeholt, so sind zwei Empfangsbescheinigungen erforderlich; die des Erwerbers muß stets auf besonderem Giftschein erfolgen, während die des Abholenden entweder auf dem Giftschein oder im Giftbuch zu erfolgen hat. Daraus ergibt sich, daß die letzte Spalte des Giftbuchformulars nicht obligatorisch ist. (So auch Urt. des LG. I Berlin v. 23. Jan. 1897 in Nr. 27 der D. Drog.Z. Jahrg. 1897 und bei Lebbin S. 316 bis 318.) Für Schwarzburg-Rudolstadt, Sachsen-Weimar, Sachsen-Meiningen, Sachsen-Altenburg, Reuß j. L., Mecklenburg, Lübeck, Lippe und Hamburg ist der dritte Absatz ganz gestrichen.

45. Siehe Anm. 33 und 66.

46. Im Verkehr der Großhändler mit Wiederverkäufern, technischen Gewerbetreibenden, staatlichen Untersuchungs- und Lehranstalten ist ebensowenig wie ein Giftbuch die Ausstellung eines Giftscheins erforderlich. Dagegen ist ein Erlaubnisschein vorgeschrieben, falls die Zuverlässigkeit des Empfängers dem Großhändler nicht bekannt ist. Bestandteile des „Giftscheins" sind je eine Empfangsbescheinigung des Käufers und des Abholenden. Da nach letztem Absatz des § 13 der „Giftschein" entbehrlich ist, so entfallen beide im ersten Absatz des § 13 vorgeschriebenen Bescheinigungen.

47. Es ist der Firmenname, nicht der Privatname des Inhabers anzugeben. Eine bestimmte Farbenzusammenstellung ist nicht vorgeschrieben, aber es ist recht empfehlenswert, auch für die Anschrift des Namens die Farbenvorschriften des § 4 Abs. 1 zu beachten.

48. Die Erleichterungen dieses dritten Absatzes gelten nicht nur dem Großhändler, sondern jeder Abgabe an die hier bezeich-

neten Gruppen. Dafür sprechen der Wortlaut des Gesetzes und der aus der Eigenschaft der Abnahme hergeleitete Grund zur Erleichterung. Die abweichende Auffassung von Böttger, Giftvorsch., Anm. 2 S. 8, ist irrig. Vgl. auch Anm. 38.

49. Es sind also beispielsweise verboten: Bier-, Branntwein-, Likör-, Mineralwasser-, Wein- und ähnliche Flaschen sowie Krüge, Schüsseln, Tassen, Töpfe und dergl. Diese Vorschrift ist streng zu beachten, weil der sie Verletzende strafrechtlich für einen Todesfall haftet, welcher etwa dadurch erfolgt, daß ein Kind oder sonst jemand, durch die Form des Gefäßes verleitet, von dem darin befindlichen Gift trinkt.

Auch für den Fall des Konzessionsentziehungsverfahrens legt mit Recht das OVG. einer Verfehlung gegen § 15 eine sehr erhebliche Bedeutung bei. Das LG. Schneidemühl erklärte am 2. Jan. 1904 (KGesA. IV S. 719), daß eine runde Medizinflasche als Abgabegefäß für Gifte gestattet sei, weil die Ortssitte, solche als Schnapsflasche zu benutzen, eine Unsitte sei, welche den Verkäufer nicht belaste. Nach diesseitigem Dafürhalten belastet sie ihn dann, wenn er die Unsitte und ihre große Ausbreitung kannte. Vgl. RG. v. 28. Febr. 1907 ·/. S. in KGesA. X S. 553.

50. Maßgebend für die Apotheken sind vor allem die Vorschriften über die Abgabe stark wirkender Arzneimittel (Ministerialbekanntmachung v. 22. Juni 1896 im Min.Bl. f. d. i. Verw. S. 123), nach Raymund S. 1312 aber nicht für den Handverkauf, sondern nur für Rezeptur. Der § 15 ist nach dem klaren Wortlaut des § 16 auch für Apotheken bindend. Wenn Böttger, Anm. 4 zu § 16 S. 9 seiner Vorschriften über den Handel mit Giften, im § 16 einen Beweis dafür erblickt, daß Gifte als Heilmittel außerhalb der Apotheken nicht abgegeben werden dürften, so irrt er. Vgl. Anm. 38. Die Befreiung erklärt sich daraus, daß für den Apotheker noch strengere Vorschriften bestehen und daß, soweit dies nicht der Fall ist, die Vorbildung des Apothekers und die Apothekenordnung gewisse Erleichterungen ungefährlich erscheinen lassen — finden solche doch auch in gewissen Richtungen dem Großhandel gegenüber statt.

51. Arsenfarben sind nicht solche, welche nur geringe Spuren von Arsen als Verunreinigung enthalten, sondern nur die Farben, deren gewollter und verhältnismäßig erheblicher Bestandteil Arsen ist.

52. Wohl aber besteht Konzessionspflicht auch für die Händler von Buntstiften, sofern diese giftig sind, z. B. nach Abt. 3 (Farben, welche Antimon usw. enthalten); so K.Ges.Amt v. 28. Juni 1909 (Drogenhändler Nr. 31). Nicht jede Verwendung von Gift zur Herstellung eines Buntstiftes macht diese selbst giftig; dies ist vielmehr nur dann der Fall, wenn nach dem Giftverzeichnis ein Stoff nicht nur in Substanz, sondern auch in seinen Zubereitungen als Gift zu gelten hat.

53. Es genügt also z. B. die Bezeichnung „Chromgelb", „Bleiweiß" usw. (LG. I Berlin v. 22. Sept. 1899 in D. Drog. Z. Jahrg. 1900 Nr. 10). Das erscheint aber nicht bedenkenfrei, weil „das darin enthaltene Gift" eine Mehrheit von Giften sein kann. Z. B. enthält Chromgelb neben Chromsäure auch Blei, so daß aus dem Farbennamen zwar ein in der Farbe enthaltenes Gift, aber nicht ihre Gesamtheit erkennbar ist. Es empfiehlt sich deshalb mehr, den Farbennamen neben dem Worte „Gift" oder „Vorsicht" anzubringen.

54. Alle Ungeziefermittel, zu deren Herstellung ein Gift verwendet worden ist, unterliegen den Beschränkungen des § 18 auch dann, wenn sie selbst gar nicht als Gift anzusprechen sind. In letzterem Falle unterliegen sie nicht den Beschränkungen der Giftverordnung im übrigen, es sei denn, daß sie sich in der Hand eines Kammerjägers befinden, der durch § 19 verpflichtet wird, die §§ 2, 3, 4, 7 zu beachten, die gifthaltigen Mittel auch nicht an andere zu überlassen. Will man dies letztgedachte Verbot nicht als einen Verstoß gegen die Gewerbefreiheit ansprechen, so muß man es dahin auslegen, daß dem Kammerjäger als solchem die sog. Giftkonzession fehlt, und daß durch die §§ 18 und 19 alle gifthaltigen Waren zu Giften erklärt sind, sobald sie gegen schädliche Tiere Verwendung finden.

55. Der Klammerzusatz „sogenannte Ungeziefermittel" schränkt den Begriff der „Mittel gegen schädliche Tiere" ein. Nicht alle solche Mittel, sondern nur die, welche man als Ungeziefermittel zu bezeichnen pflegt, werden vom § 18 getroffen. Der Begriff Ungeziefer ist nicht unbedingt feststehend. Daß als solches nicht nur Läuse, Flöhe, Wanzen, sondern auch Feldmäuse anzusprechen sind, folgt unmittelbar aus dem letzten Absatz des § 18. Man wird Ungeziefer als schädliche Tiere bezeichnen können, welche teils als Schmarotzer ihr Leben auf einem anderen organischen Gebilde zubringen und diesem Schaden zufügen oder doch sich von organischen Abfällen nähren, wie Mäuse, Ratten und dergl., und mindestens als Plage empfunden werden, teils ihre Nahrung direkt von Warmblütern holen, wie z. B. Blutegel, ohne sie zu töten. Allem Ungeziefer ist eine gewisse Kleinheit wesentliches Merkmal. Tiere, welche dadurch schädlich werden, daß sie andere, dem Menschen nützliche Warmblüter verzehren, sind Raubzeug, nicht aber Ungeziefer. Daß gewisse Tiere, wie z. B. die Ratte, ihre Nahrung teils wie Ungeziefer, teils wie Raubzeug wählen, zeigt, daß es keine feste Grenze zwischen Ungeziefer und Raubzeug gibt. Auch die Grenze zwischen Schmarotzern und Ungeziefer ist nicht gesichert. Man wählt deshalb zweckmäßig für alle Lebewesen, welche den Menschen, den Tieren, den Pflanzen gefährlich oder mindestens lästig werden, die Bezeichnung Schädlinge. Vgl. Ver. über die Schädlingsbekämpfung mit hochgiftigen Stoffen in der Fassung v. 17. Juli 1922 (RGBl. I S. 630) und Rundschreiben des Reichsmin. f. Ernährung und Landw. an die Landesregierungen v. 10. Aug. 1922 — III 2. 1316 — (Min.Bl. f. Volkswohlf. S. 490 ff.), betr. Neufassung der Ausf.Ver. über die Schädlingsbekämpfung mit hochgiftigen Stoffen. Vgl. ferner Entschließung des Bayr. Staatsministeriums des Inn., betr. Verkehr mit Giften, v. 24. Sept. 1913 (ABl. S. 737; Med.Arch. 1914 S. 60/61), woselbst vergiftete Köder gegen „Füchse und sonstiges zu den jagdbaren Tieren gehöriges Raubzeug" verboten werden.

Das KG. erklärte in den Urt. v. 8. Mai 1893 (Johow Bd. 14 S. 345) und v. 8. März 1907 — S. 692/96 — (Bauer, Jagdgesetze S. 332), daß Füchse im Sinne der Hamburgischen Ministerialverordnung v. 2. Juli 1862 zum Ungeziefer zählen. Das bezieht sich aber eben nur auf die Hamburgische Verordnung v. 2. Juli 1862. Aus der Entstehungsgeschichte der Verordnung wird dort berichtet: „Auf die Bemerkung des Ministers des Innern, daß „unter Ungeziefer schwerlich jemand Mäuse, sondern eher Flöhe und Wanzen verstehe", äußerte sich der Verfasser des Entwurfs dahin, daß . . . und schlug die jetzt geltende Fassung vor: „zur Vertilgung der Feldmäuse oder irgendwelchen sonstigen Ungeziefers"." Mit dieser Fassung ist allerdings zum Ausdruck gebracht, daß Mäuse als Ungeziefer zu gelten haben, und daß im Anschluß an diese Feststellung als „irgendwelches sonstiges Ungeziefer auch Tiere zuzurechnen sind, welche man nicht gerade im engsten Sinne des Begriffs als Ungeziefer zu betrachten pflegt". In dem erstangezogenen Urt. v. 8. Mai 1893 weist das KG. darauf hin, daß bei Beratung des Wildschadengesetzes v. 11. Juli 1891 im Preußischen Landtage sogar das wilde Kaninchen als ein vierbeiniges Ungeziefer bezeichnet worden ist. Dieses Zitat beweist aber keineswegs, daß man berechtigt sei, Kaninchen oder Füchse als Ungeziefer zu betrachten; schon der Zusatz „vierbeiniges" beweist des Redners Bewußtsein davon, daß die Kaninchen nicht zum Ungeziefer zählen, daß nur Übereinstimmung in bezug auf gewisse, das Ungeziefer kennzeichnende Eigentümlichkeiten vorhanden sind. So hat denn auch das OVG. im Urt. v. 12. Mai 1910 i. S. Polizeiverwaltung Sw. w/r D. — III B 50/09 — erklärt, daß Krähen und Füchse nicht zum Ungeziefer gezählt werden können. Der § 18 beschäftigt sich nur mit Ungeziefer im engeren Sinne.

56. Belehrungen sind nur vereinzelt erschienen; nach Böttger, Giftvorsch., Anm. 2 zu § 18 S. 9, nur in Bayern, Hamburg, Lippe, Württemberg und in den preußischen Regierungsbezirken Königsberg und Wiesbaden sowie für Berlin. Die vom Polizeipräsidenten Berlin unterm 22. April 1896 in der Norddeutschen

Allgemeinen Zeitung Nr. 197 veröffentlichte Bekanntmachung hat folgenden Wortlaut:

Auf Grund des § 18 der Polizeiverordnung, betreffend den Handel mit Giften, vom 24. August 1895 wird nachstehend der Wortlaut der Belehrung über die Gefahren bei Anwendung giftiger Ungeziefermittel veröffentlicht:

1. Für Arsen und arsenhaltige Präparate, insbesondere Schweinfurter Grün.

„Vorsicht!! Starkes Gift!!"

Aufbewahrung: Man kaufe nur geringe Mengen auf einmal und bewahre sie unter Verschluß fern von Nahrungs- und Genußmitteln, nie in der Küche auf.

Gebrauch: In Schlaf- und Kinderstuben nicht verwendbar. Beim Ausstreuen hüte man sich vor Einatmen des Pulvers, wasche die Hände nach dem Gebrauch und vernichte die Reste im Behälter durch Feuer.

Vergiftungszeichen: Choleraähnlich. Durst. Leibschmerz. Erbrechen. Durchfall.

Gegengift: 1. Brechmittel aller Art, Reizung des Schlundes. 2. Kalkwasser in Verbindung mit Milch und Eiweiß. 3. Das in jeder Apotheke vorrätige Arsengegengift. — Ärztliche Hilfe.

2. Für Phosphorpillen.

„Vorsicht!! Starkes Gift!!"

Aufbewahrung: Man kaufe nur geringe Mengen auf einmal und bewahre sie unter Verschluß fern von Nahrungs- und Genußmitteln, nie in der Küche auf.

Gebrauch: Zur Vertilgung von Ratten und Mäusen lege man die Pillen in die Löcher. Muß man sie offen auslegen, so wähle man Stellen, die tunlichst für Kinder unzugänglich sind, lege nur nachts aus und sammle morgens die Reste. Nach jedem Gebrauch wasche man die Hände. Reste und Behälter sind in den Abort zu werfen.

Vergiftungszeichen: Erbrechen, Durst, Leibschmerz, Durchfall, Ohnmacht. Das Erbrechen leuchtet im Dunkeln, und riecht Atemluft und Stuhl nach Knoblauch.

Gegengifte: 1. Brechmittel aller Art, Reizung des Schlundes. 2. Altes Terpentinöl vom nächsten Apotheker nach dessen Vorschrift. — Ärztliche Hilfe! — Zu vermeiden: Rizinusöl, Milch, Öle, Fette.

3. Für Phosphorpaste, Phosphorlatwerge, Phosphorbrei.

„Vorsicht!! Starkes Gift!!"

Aufbewahrung: Man kaufe nur geringe Mengen auf einmal und bewahre sie unter Verschluß, fern von Nahrungs- und Genußmitteln, nie in der Küche auf.

Gebrauch: Der Brei ist auf Brot oder Schinkenschwarte gestrichen zur Vertilgung von Ratten und Mäusen in die Löcher einzubringen. Muß man das Gift frei auslegen, so beschränke man den Gebrauch auf die Nachtstunden und auf Stellen, welche für Kinder unzugänglich sind, und sammle am Morgen die Reste. Holzspäne, Behälter und Reste werfe man in den Abort. Nach jeder Hantierung mit dem Gift wasche man die Hände.

Vergiftungszeichen: Erbrechen, Durst, Leibschmerz, Durchfall, Ohnmacht. Das Erbrechen leuchtet im Dunkeln, und riecht Atemluft und Stuhl nach Knoblauch.

Gegengifte: 1. Brechmittel aller Art, Reizung des Schlundes. 2. Altes Terpintenöl vom nächsten Apotheker nach dessen Vorschrift. — Ärztliche Hilfe! — Zu vermeiden: Rizinusöl, Milch, Öle, Fette.

4. Strychninweizen.

„Vorsicht!! Starkes Gift!!"

Aufbewahrung: Man kaufe nur geringe Mengen auf einmal und bewahre sie sorgfältig unter Verschluß, fern von Nahrungs- und Genußmitteln, nie in der Küche auf.

Gebrauch: Der Weizen ist in die Mauselöcher zu schütten. Müssen die Körner frei ausgelegt werden, so wähle man Stellen, welche Kindern unzugänglich sind, lege nur nachts aus und sammle am Morgen die Reste. Reste und Schachteln sind zu verbrennen.

Vergiftungszeichen: Unruhe, Ameisenkriechen, Kurzatmigkeit, Schlingbeschwerden, Zucken in Armen und Beinen, Steifheit der Glieder, Starrkrampf.

Gegengifte: 1. Fortwährendes Herumführen. Der Patient soll nicht ruhen. 2. Bei Starrkrampf künstliche Atmung. — Ärztliche Hilfe!!

Diese Belehrungen sind auf feuerrotem Papier gedruckt den Packungen beizugeben.

Berlin, den 22. April 1896.

Der Polizeipräsident.
von Windheim.

Soweit vorstehende Bekanntmachung sich darauf beschränkt, den Wortlaut der Belehrungen vorzuschreiben, ruht ihre Geltung auf § 18 der Giftordnung. Dagegen entbehrt der verbindlichen Kraft der Schlußsatz, in welchem für die Belehrungen Druck und feuerrotes Papier vorgeschrieben sind. Wenn überhaupt der Polizeipräsident befugt wäre, solche Vorschrift zu erlassen, was diesseits verneint wird (vgl. unten Anm. 1 zu § 22), so müßte dies in der Form einer Polizeiverordnung geschehen.

57. Arsenhaltiges Fliegenpapier zählt zu den Giften der ersten Abteilung. Seine hier vorgeschriebenen Signierungsfarben weichen aber von den sonst für Gifte erster Abteilung nach § 4 maßgebenden Farben ab. Eine weitere unterschiedliche Behandlung soll darin bestehen, daß arsenhaltiges Fliegenpapier stets ohne Erlaubnisschein verabfolgt werden dürfe, und zwar selbst dann, wenn der Käufer nicht als zuverlässig dem Verkäufer bekannt ist. Zu dieser Auffassung verführt auch der Erlaß des Ministers der geistlichen usw. Angelegenheiten v. 15. Juni 1903

(MBl. S. 289; Rapmund S. 1313 Anm. 3). Der Erlaß lautet: „Zu der Vorschrift in dem § 18 Abs. 2 der Polizeiverordnung über den Handel mit Giften v. 24. Aug. 1895 in der Fassung der Bekanntmachung v. 16. Okt. 1901 wird gegenüber hervorgetretenen Zweifeln bemerkt, daß die Verabfolgung von arsenhaltigem Fliegenpapier nicht von der Beibringung eines Erlaubnisscheines (§ 12 der Pol.Ver.) abhängig gemacht werden sollte." Es kam hinzu, daß nach der Fassung der Giftverordnung v. 16. Okt. 1901 die jetzigen Abs. 2 und 3 des § 18 einen einheitlichen Absatz bildeten, so daß man die Worte des jetzigen dritten Absatzes: „sie dürfen nur gegen Erlaubnisschein verabfolgt werden" in einen Gegensatz zum arsenhaltigen Fliegenpapier dahin brachte, daß dieses stets ohne Erlaubnisschein verabfolgt werden dürfe. Die jetzige Auseinanderziehung des früheren zweiten Absatzes in einen zweiten und einen dritten Absatz schützt vor solchem Mißverständnis. Der dritte Absatz schreibt für andere arsenhaltige Ungeziefermittel vor, daß deren Abgabe stets Erlaubnisschein zur Voraussetzung habe, daß dieser nicht durch die persönliche Überzeugung des Verkäufers von der Zuverlässigkeit der Käufers entbehrlich werde. Der zweite Absatz enthält gar keine weitere Bestimmung über den Erlaubnisschein, so daß die allgemeine Regel des § 12 zu gelten hat. Hiernach darf arsenhaltiges Fliegenpapier ohne Erlaubnisschein abgegeben werden, wenn dem Verkäufer der Käufer als zuverlässig bekannt ist, aber nur gegen Erlaubnisschein, wenn dem Verkäufer die sichere Kenntnis von der Zuverlässigkeit des Käufers fehlt. Ebenso Böttger, Giftvorsch., S. 10. Auch eine weitere unterschiedliche Behandlung des arsenhaltigen Fliegenpapiers von den anderen Giften erster Abteilung besteht nicht. Es gehört deshalb nicht nur, wie Böttger, Giftvorsch., Anm. 1 zu § 18 S. 10, hervorhebt, in die Giftkammer, sondern auch in den Giftschrank. Es darf nur gegen Giftschein abgegeben werden, und es muß seine Abgabe ins Giftbuch eingetragen werden. Ob Fliegenteller als Fliegenpapier zu gelten haben, hängt selbstverständlich nicht davon ab, ob der Hersteller den Abs. 2 des § 18 befolgt, vielmehr sind die Vorschriften des Abs. 2 zu befolgen, wenn Fliegenteller und Fliegenpapier miteinander identisch sind. Diesseits wird nicht Wert auf das Material — Pappe oder Papier — gelegt, sondern darauf, gegen welche Tiere es wirken soll. Bezeichnet sich selbst der Teller als Fliegenteller, so untersteht er der Vergünstigung des Abs. 2, falls er dessen Auflagen erfüllt. Erfüllt er sie nicht, so darf er überhaupt nicht gegen die Fliegenplage abgegeben werden. Das würde auch gelten, wenn statt Papier Leinen gewählt wäre. Vgl. über die in den verschiedenen Ländern streitige Frage Ph. Z. 1919 Nr. 27, 29, 35; 1924 Nr. 97 (S. 1258).

58. Auch die von Natur grünen arsenhaltigen Ungeziefermittel müssen mit einer im Wasser leicht löslichen grünen Farbe vermischt — im Freistaat Sachsen gefärbt (Verfügung v. 25. Febr. 1897) — werden. Mit Recht heben Böttger a.a.O. Anm. 2 zu § 18 S. 10 und Syllwaschy S. 123 hervor, daß Schweinfurter Grün noch besonders mit einer wasserlöslichen grünen Farbe vermischt werden muß, wenn seine Verwendung als Ungeziefermittel zulässig sein soll, da es eine zur Verwendung als Farbe bestimmte Doppelverbindung von arsenigsaurem und essigsaurem Kupfer darstelle und im Wasser nicht löslich sei. Die Auffassung, daß auf reines Arsen in Substanz die Vorschrift des Abs. 3 des § 18 keine Anwendung finde, weil es kein arsenhaltiges Ungeziefermittel sei, bekämpft das KG. im Urt. v. 25. Juni 1914 — 1 S. 291/14 — (MBl. v. 23. Juni 1915 S. 211 ff.; Samml. Bd. VII S. 1101). Vgl. Anm. 62. Schöffen- und Strafkammerurteile hatten Arsenik mit Arsen verwechselt; Arsenik ist ein arsenhaltiges Präparat. Daß Arsenik, um es zum Ungeziefermittel tauglich zu machen, noch vom kaufenden Kammerjäger mit Zucker und Wasser vermischt werden müsse, hält das KG. für unerheblich. Das Urteil regt Bedenken an: Die Frage, was ein Ungeziefermittel ist, beantwortet sich nicht ausschließlich nach der Verwendungsabsicht, sondern gleichzeitig nach objektiven Eigenschaften des Gifts. Verkauft jemand Arsen zur Verarbeitung zum Mittel gegen Ungeziefer, so findet § 18 nicht Anwendung, weil Arsen objektiv kein Ungeziefermittel ist. Bestrafung könnte aus § 12 erfolgen, weil die vom Kammerjäger nach dem Urteils-

tatbestand beabsichtigte ungegrünte Verwendung keinen erlaubten Zweck darstellt.

59. Ein Erlaß der Minister der geistlichen usw. Angelegenheiten und für Landwirtschaft v. 10. Juni 1907 — M. 6404, 1 Ge 5948 — macht darauf aufmerksam, daß Coopers Schafwaschpulver zur Vertreibung von Ungezieser und Verhütung von Räude und Krätze arsenhaltig, nicht aber mit einer leichtlöslichen grünen Farbe vermischt sei, so daß es vom Handel ausgeschlossen werden müsse.

60. Also auch dann ist Erlaubnisschein erforderlich, wenn der Empfänger dem Verkäufer als zuverlässig bekannt ist.

61. Strychninhaltige Zubereitungen zu anderen Zwecken (vgl. OLG. Breslau v. 26. Mai 1908 — 7. 3. S. 134/08 —) sind frei verkäuflich (Rapmund S. 1313 Anm. 5). Reines Strychnin darf außerhalb der Apotheken im Kleinhandel nicht abgegeben werden (§ 2 der Kais. Ver. v. 22. Okt. 1901).

62. Reines Strychnin gilt dem KG., auch wenn es zur Vertilgung von Mäusen abgegeben wird, nicht als strychnin h a l t i g e s Ungeziefermittel, bedarf daher nicht der Beigabe der Belehrungen und untersteht nicht der Beschränkung des dritten Absatzes des § 18. So KG. v. 28. März 1898 — S. 107/98 — in der DJZ. S. 389 Jahrg. 1899 und KGesA. Bd. 2 S. 317. Diese Entsch. ist nicht unbedenklich, denn Abs. 4 fordert nicht eine strychninhaltige Zubereitung, sondern ein strychninhaltiges Ungeziefermittel. Erstere würde freilich im Gegensatz zur Substanz Strychnin stehen, letzteres aber nicht. Ein Ungeziefermittel, das n u r Strychnin enthält, ist eben auch ein strychninhaltiges Ungeziefermittel. Vergl. Anm. 58. Diesseits wird die Rechtsgültigkeit des ganzen Abs. 4 verneint. Nach § 2 der Kais. Ver. v. 22. Okt. 1901 in Verbindung mit dem Verz. B der Verordnung darf reines Strychnin im Kleinhandel nur durch Apotheken abgegeben werden, strychninhaltige Zubereitungen sind aber dem freien Verkehr überlassen. Da im § 6 der RGO. der Kais. Ver. das Recht übertragen ist, zu bestimmen, welche Apothekerwaren dem freien Verkehr zu überlassen sind, und da von diesem Recht die Kais. Ver. v. 22. Okt. 1901 zugunsten

der strychninhaltigen Zubereitungen Gebrauch gemacht hat, ist kein Landesgesetz zu einer widersprechenden Bestimmung befugt.

Die Art des Handels mit den durch Kais. Ver. freigegebenen Mitteln darf freilich auf dem Wege landesrechtlicher Bestimmungen geregelt werden. Hier aber handelt es sich nicht um eine Regelung der Verkehrsweise, sondern darum, daß alle strychninhaltigen Ungeziefermittel, abgesehen von Strychninweizen, verboten werden. Damit greift die Giftverordnung in ein der Reichsgesetzgebung überlassenes und von ihr auch tatsächlich durch die Kais. Ver. v. 22. Okt. 1901 behandeltes Gebiet über und entbehrt deshalb insoweit der verbindlichen Kraft. Dieses Bedenken hat dem Dritten Senat des OVG. in dem Prozeß der Polizeiverwaltung Sw. w/r D. Veranlassung gegeben, das Verfahren zu unterbrechen, um dem Minister Gelegenheit zu gewähren, zu der Frage eines Konfliktes zwischen Reichsrecht und Landesrecht Stellung zu nehmen. Nachdem der Minister von dieser Möglichkeit keinen Gebrauch gemacht hatte, vermied auch das OVG. eine Entsch. der Frage mit der Begründung, daß diese entbehrlich sei, weil schon aus anderen Gründen die Klage der Polizeiverwaltung abgewiesen werden müßte. Das OVG. hielt hiernach offensichtlich die diesseitigen Bedenken für beachtlich, traf aber keine Entscheidung. Das Urt. erging am 12. Mai 1910 zum Aktenzeichen III B. 50/09. In der Hamburger Verordnung ist „salpetersaures Strychnin" ersetzt durch „eines Strychninsalzes".

63. Daraus folgt auch, daß der Gewerbebetrieb der Kammerjäger nicht konzessionspflichtig ist, denn sie halten die Gifte nicht feil (§ 49 der Pr. Gew.O. v. 17. Jan. 1845 in der Fassung v. 22. Juni 1861, GS. S. 472), sie überlassen sie auch keinem anderen, sind vielmehr Selbstverbraucher. Vgl. Anm. 5 zu § 1 der Kais. Ver. v. 22. Okt. 1901 S. 76 und RG. v. 16. Juni 1910 Bd. 33 Reg. 1677/00. Das KG. v. 22. Jan. 1912 — 1 S. 1196/11 — (Med.Arch. 1912 S. 225 ff.; Samml. Bd. VII S. 189) und v. 25. Juni 1914 — I S. 291/14 — MinBl. f. Med.Ang. v. 23. Juni 1915 S. 211 ff. erblicken im § 19 eine erschöpfende Regelung des Gewerbes der Kammerjäger und erklären deshalb

a) frühere die Ausübung dieses Gewerbes betreffende Polizeiverordnungen für beseitigt,

b) daß sie nicht unter die für technische Gewerbetreibende geltenden Sondervorschriften der §§ 13 Abs. 4 und 11 Abs. 2 fallen.

64. Nur die Verordnungen sind aufgehoben, welche der vorliegenden Giftverordnung entgegenstehen. Die Bekanntmachung des Hannoverschen Ministeriums v. 2. Juli 1862, insbesondere die §§ 1 und 2 gelten noch, weil ihre Bestimmung, daß außerhalb der Gebäude Strychnin und Arsenik und deren Zubereitungen gegen Ungeziefer nicht ausgelegt werden dürfen, der Giftverordnung v. 22. Febr. 1906 nicht entgegensteht. So Bauer, Jagdgesetze, S. 537 und Johow Bd. 14 S. 345.

Auch die Polizeiverordnung von Frankfurt a./O. v. 15. Mai 1861, welche vorhergehende polizeiliche Erlaubnis für das Auslegen von Strychninbrocken „zur Vertilgung von Raubtieren in freiem Forst und Feld" fordert, ist nach der Entsch. des OVG. v. 13. Nov. 1902 rechtsgültig (Bauer, Jagdgesetz, S. 537/38); nach Berger Bd. 40 Nr. 4 der Deutschen Jägerzeitung ist die Rechtsgültigkeit sehr zweifelhaft. Das KG. steht in der zu 63 bezeichneten Entsch. v. 16. Juni 1910 auf einem andern Standpunkt mit folgender Begründung: „Wie § 22 erkennen läßt, sind unter den nach § 21 aufgehobenen entgegenstehenden Verordnungen — wie auch sonst vielfach in der Verordnungssprache — nicht nur diejenigen begriffen, welche mit der neuen in Widerspruch stehen, sondern alle, welche den gleichen Gegenstand anderweit regeln, insbesondere die, deren Bestimmungen weitere Beschränkungen auferlegen, als sie in der Giftpolizeiverordnung enthalten sind. Ebenso ergibt die Überschrift des § 19: „Gewerbebetrieb der Kammerjäger", daß dieser Gewerbebetrieb damit erschöpfend und unter Beseitigung anderweiter Beschränkungen geregelt werden sollte." Dem ist zuzustimmen. Das schließt aber nicht aus, daß Gebiete, die zwar verwandt, aber nicht identisch sind, eine Sonderregelung zulassen. Dies gilt von der Ordnung des Kampfes gegen Raubzeug in Forst und Feld in all den Ländern, in denen die Giftverordnung sich hierüber nicht ausspricht. Vgl. Anm. 65 Abs. 2.

Der ganze § 20 ist in Reuß ä. L. gestrichen, ebenso in Sachsen.

65. Weitergehende Vorschriften sind vor allem die über die Rezepturpflicht erlassenen. Ob für den Giftverkehr außerhalb der Apotheken von der Ortspolizei weitergehende Vorschriften erlassen werden dürfen, hängt davon ab, ob sich diese Vorschriften in Widerspruch zur Ministerialverordnung setzen, oder ob sie sich nur auf einen ihnen gewährten Spielraum beschränken. Im ersteren Falle wären die Vorschriften unwirksam, im letzteren sind sie gültig. Würde z. B. eine Polizeiverordnung noch andere Stoffe als die in Anlage 1 aufgeführten als Gift erklären, so würde dies dem Abs. 2 des § 1 widersprechen und rechtsungültig sein. Würde eine Ortspolizeiverordnung verlangen, daß auf den Vorratsgefäßen der Gifte neben dem in der Anlage 1 enthaltenen Namen des Giftes auch seine Farbe angegeben werden muß, so hinge die Gültigkeit von der Bedeutung der Worte „nur noch" in § 4 der Verordnung ab. Gehören diese Worte, wie diesseits in Nr. 9 angenommen ist, zwischen die Worte „Name" und „in", so wäre die Polizeiverordnung zulässig. Gehören die Worte „nur noch" dem Sinne nach dorthin, wo sie gegenwärtig stehen, so wäre solche Polizeiverordnung ungesetzlich Vgl. KG. v. 1. Okt. 1894 — S. 602/94 — bei Johow Bd. 16 S. 467.

In Sachsen ist § 21 ersetzt durch Ministerialverordnung v. 20. Juli 1895. In Baden lautet § 21: „Das Legen von Arsenik zum Töten von Tieren in Wohnungen, auf Feldern und in Waldungen ist untersagt." Wegen Bayern s. Anm. 66.

66. Es handelt sich hier nicht um eine selbständige Strafandrohung, sondern nur um einen Hinweis auf § 367 Ziffer 5 StGB. Es kann also nicht jede Zuwiderhandlung gegen diese Ministerialverordnung, sondern nur die bestraft werden, welche gleichzeitig den Tatbestand des § 367 Ziffer 5 StGB. erfüllt. Also sind z. B. straffrei die Handlungen, die nicht bei der Ausübung der Befugnis zum Feilhalten usw., sondern vor dem Beginn des Feilhaltens usw. oder beim unbefugten Feil-

halten begangen werden. Vgl. OVG. v. 17. März 1900 — Rep. III. C. 98/99 — (Bd. 37 S. 331) und Urt. des KG. v. 19. April 1894 — S. 239/94 — (bei Johow Bd. 15 S. 342). Vgl. auch Anm. 1 zu § 1 sowie Anm. 33 zu § 11 Abs. 1 und Anm. 45 zu § 13 Abs. 2. Verstöße gegen die Aufbewahrungsvorschriften sind auch dem unbefugten, aber gewerbsmäßigen Händler gegenüber zu bestrafen. Vgl. Anm. 10 zu § 367 Ziffer 5 StGB. Das ergibt folgende Erwägung: § 367 Ziffer 5 StGB. bedroht zwei Tatbestände:

a) den, der bei Ausübung der Befugnis zur Zubereitung oder Feilhaltung,

b) den, der bei der Aufbewahrung oder Beförderung

„die deshalb ergangenen Verordnungen nicht befolgt".

Zu a ist also „Befugnis" Voraussetzung zur Anwendung der Giftverordnung. Zu b ist „Befugnis" nicht vorausgesetzt. Zu a und b gilt § 1 der Giftverordnung, inhalts welcher die Verordnung nur für den gewerbsmäßigen Handel mit Giften bestimmt ist. Wer gewerbsmäßig, befugt oder unbefugt, mit Giften handelt, muß die Vorschriften über Verwahrung oder Beförderung beachten. Auf den Lagerverwalter, Frachtführer, Spediteur findet die Verordnung keine Anwendung, da diese mit den Giften nicht handeln.

In Bayern lautet der § 22:

Von der Bestimmung des § 21 sind ausgenommen:

1. Inhaber von Apotheken einschließlich der Hand- und Hausapotheken sowie die Ärzte und Tierärzte nach Maßgabe der besonderen für ihre Befugnis bestehenden Bestimmungen;
2. die Besitzer von Berg- und Hüttenwerken, welche Gifte durch den Betrieb dieser Werke als Haupt- oder Nebenproduktion gewinnen;
3. die Besitzer von chemischen Fabriken sowie von solchen Fabriken und Gewerben, bei deren Betrieb sich Gifte als Nebennutzung ergeben;

4. Personen, welche mit der Vertilgung von Ungeziefer sowie von Ratten und Mäusen sich gewerbsmäßig befassen, in bezug auf die Gifte, die bei der Zubereitung der zu ihren Geschäften erforderlichen und zugelassenen Mittel in Verwendung kommen;
5. Personen, welche mit dem Einsammeln giftiger Kräuter, Samen und Wurzeln sowie der Kanthariden sich gewerbsmäßig befassen.

67. Daß auch das rote Blutlaugensalz (Kaliumeisenzyanid) ungiftig ist, erkannte das Sächsische Medizinalkollegium d. d. Dresden, den 25. Juli 1896, mit dem Bemerken an, daß bei nächster Gelegenheit dies berücksichtigt werden soll (Berichte des D. Drog.-Verb. 1908/09 S. 129). So auch Rapmund S. 1314 unter Bezugnahme auf Ministerialerlaß v. 12. Juni 1908.

Rhodanammonium und Rhodankalium sind nicht Gifte. Bescheid des Preußischen Kultusministers auf Anfrage v. 27. März 1909 (Bericht des D. Drog.-Verb. S. 130).

68. Min.Bl. f. d. innere Verw. S. 136, Min.Verf. v. 9. Febr. 1926 (auch RGesBl. 1926 S. 282 u. 283). Nach den Technischen Erläuterungen im Amtsbl. d. Min. f. Volkswohlfahrt S. 192 als Desinfektionsmittel gegen Ungeziefer. Vgl. Anm. 73.

69. Das metallische Quecksilber ist also kein Gift, ebensowenig die sogenannte graue Salbe, weil sie eine Zubereitung, nicht aber ein chemisches Präparat von Quecksilber ist. So auch OLG. Rostock, Urt. v. 29. Okt. 1909 w/r H. in G. — Ha. 133 — (Meckl. Zeit. 1910). Ebenso nach Rapmund S. 1314 Anm. 3, KG. v. 6. Sept. 1907. Sublimatpastillen sind Gift. Dagegen ist nach Ph. Z. v. 11. Sept. 1919 S. 695, v. 3. Dez. 1924 S. 1255, v. 16. Dez. 1925 S. 1731, KG. v. 8. Aug. 1924 ebendort und v. 26. Febr. 1924 — I S. 648/24 — Uspulun, ein Saatbeizmittel, kein Gift, weil es eine Zubereitung aus dem Quecksilberpräparat Chlorphenol-Quecksilber sei. Der Sächs. Min.Erl. v. 15. Sept. 1919 (ebenfalls in der Ph. Z. v. 11. Sept. 1919 abgedruckt) erklärte Uspulun als Gift; ebenso der Min.Erl. d. Min. d. Innern in Bayern v. 10. März 1926 (Drogenhändler v. 16. April 1926 S. 749/50),

weil Bayern mit der Ver. v. 16. Juni 1895 die Zahl der Gifte vermehren wollte, unter das alte Verzeichnis v. 25. April 1877 aber „Stoffe und ihre giftigen Präparate" fielen. Daß unter „Präparate" nicht nur chemische Verbindungen fallen, folge daraus, daß „zuckerhaltiges Eisenjodür" in Abt. 3 auch keine chemische Verbindung, sondern eine Zubereitung sei. Das kann nicht bedingungslos anerkannt werden, vielmehr liegt ein einheitlicher Stoff vor, bei dem eine fortgesetzte aktuelle gegenseitige chemische Beziehung zwischen Eisensalz und Milchzucker sich geltend macht. Zuckerhaltiges Eisenjodür steht hiernach in der Mitte zwischen physikalischer Zubereitung und chemischem Präparat. Es unterscheidet sich wesentlich von einem rein physikalischen trockenen Gemenge von Eisenjodür und Milchzucker. Vgl. Drogenhändler Nr. 34 v. 28. April 1926.

70. Salzsäure und Schwefelsäure gelten als arsenhaltig, wenn 1 ccm der Säure, mit 3 ccm Zinnchlorürlösung versetzt, innerhalb 15 Minuten eine dunklere Färbung annimmt.

71. Das durch Pressung der bittern Mandel gewonnene Mandelöl ist ungiftig. Das giftige blausäurehaltige Bittermandelöl wird aus den Preßrückständen gewonnen. Das künstliche Bittermandelöl (reines Benzaldehyd) ist blausäurefrei, also kein Gift.

72. Zubereitungen und chemische Präparate des Brechweinstein sind kein Gift, weshalb das KG. im Urt. v. 15. Febr. 1897 (Goltd.Arch. Bd. 45 S. 60) erklärte, daß zum Handel mit Fliegenpapier, welches mit Brechweinstein bereitet war, eine Giftkonzession nicht erforderlich ist.

73. Am 9. Febr. 1926 eingefügt. In Abt. 1 handelt es sich um die sauren, hier in Abt. 2 um die neutralen und gleichzeitig löslichen Salze. Flußspat (Kalziumfluorid) ist neutral aber nicht löslich, deshalb kein Gift. Vgl. Anm. 68.

74. Cocculus als Fischfangmittel durch § 100 Pr. Fischereiges. v. 11. Mai 1916 (Gesetzsamml. S. 55) verboten.

75. Sabadillessig ist auch eine Tinktur, weil die Auszugsflüssigkeiten im wesentlichen Weingeist und Wasser sind; Essig-

säure ist weniger als 6 Prozent vorhanden. Vgl. D. Arzneibuch V S. 516/17 in Verbindung mit S. 5 und 2. Immerhin kann es zweifelhaft sein, ob Sabadillessig als Tinktur anzusprechen ist, weil das Arzneibuch nur Sabadillessig und nicht Sabadilltinktur kennt, und weil das Giftverzeichnis Fingerhutessig besonders neben Fingerhuttinktur aufführt. Die Kais. Ver. v. 22. Okt. 1901 unterstellt Himbeeressig den Tinkturen (Ziffer 3 des Verz. A) und aromatischen Essig den flüssigen Gemischen und Lösungen (Ziffer 5 des Verz. A). Wegen Essigsäure siehe Kais. Ver. v. 14. Juli 1908 (RGBl. S. 475). Essigessenz ist kein Gift aber lebensgefährlich.

76. Dem Kleinhandel mit Strychninweizen außerhalb der Apotheken steht § 2 der Kais. Ver. v. 22. Okt. 1901 nicht entgegen, weil Strychninweizen weder ein Salz noch ein Abkömmling von Strychnin ist. Unzutreffend ist daher die Entsch. des KG. v. 12. Juli 1894 (D. Drog.Z. Nr. 30 Jahrg. 1894 und bei Springfeld V S. 108 bis 112), richtig dagegen Urt. des OLG. Celle v. 6. Juni 1896 bei Goltdammer Bd. 44 S. 174 und OLG. Breslau v. 26. Mai 1908 — 7. 3. S. 134/08 —.

77. Weizen, mit Bariumnytrat getränkt (Baritweizen), ist kein Gift, weil hier keine chemische Verbindung, sondern eine Zubereitung vorliegt.

78. Bleiwasser ist kein Gift.

79. Siehe Anm. 38 zu § 12 und Anm. 50 zu § 16.

80. Kreolin ist nach Ansicht des Landesmedizinalkollegiums und des KGesA. nicht als zu den Giften gehöriges Kresolpräparat anzusehen und somit frei verkäuflich. Dresden, den 3. Aug. 1907, Min. des Inn., ebenso Lippe, Min.Erl. v. 13. Aug. 1907: Kresolfreies Kreolin ist kein Kresolpräparat. Auch ein Pr. Min.Erl. v. 6. April 1906 soll nach Rapmund S. 1316 Anm. 1 Gleiches ausgesprochen haben. Kreolin ist nicht mit Kresolin zu verwechseln, welch letzteres zu den Kresolpräparaten gehört. Als weitere Kresolzubereitungen bezeichnet Rapmund a. a. O. z. B. Automors, Bazillol, Kresylol, Kresylsäure, Lysitol, Phenolin, Saprokerbol, Saprol, Solutol, Solveol, Trikosol.

Lysol ist den Hebammen durch Erlaß v. 12. Mai 1922 — I M. II 3130/21 — (Min.Bl. f. Volksw. S. 319) gestattet. Ebenso schon vorher (11. Febr. 1911 — A. J. 284 — und 10. Dez. 1913, MBl. S. 375 und Med.Arch. 1914 S. 61) Kresolseife zum Bezug von Nichtapotheken, aber unter Beachtung der Giftverordnung.

81. Aus der Interpunktion folgt, daß Meerzwiebel in Substanz nicht zu den Giften zählt. So auch LG. Memel StK. 3 v. 19. April 1909 w/r J. — Nr. 201/08 —. Also ist Meerzwiebellatwerge nicht giftig. Im Verz. B der Kais. Ver. v. 22. Okt. 1901 ist getrocknete Meerzwiebel dem freien Verkehr entzogen. Frische Meerzwiebel ist frei. (So auch Rapmund S. 1295 zur Vertilgung von Nagetieren.) Die Zubereitungen aus Meerzwiebel sind nach der Kais. Ver. auch frei, indessen ist Meerzwiebeltinktur (tinctura Scillae) für Apotheken rezepturpflichtig.

82. Rohe Salzsäure ist arsenhaltig, gehört deshalb in Abt. 1 (vgl. Anm. 70).

83. Höllensteinlösung und höllensteinhaltige Zubereitungen sind kein Gift. So KG. v. 2. Juni 1898, D. Drog.Z. Nr. 28 Jahrg. 98.

84. Zinkweiß (Zinkoxyd) ist bei der Gruppe Farben in Abt. 3 als ungiftig ausgenommen. Reines Zinkstearat (Metallsalz der Stearinsäure) ist ungiftig (Ph. Z. 1926 S. 422).

85. Zinnchlorür, Stennochlorid, Pinksalz sind Zinnsalze, dienen als Färbereibeize.

IV.

Bestimmungen des Reichsstrafgesetzbuchs

A. über Verstöße gegen

a) die Kaiserlichen Verordnungen, betreffend den Verkehr mit Arzneimitteln vom $\frac{\text{22. Oktober 1901,}}{\text{31. März 1911,}}$

b) die den Gifthandel regelnden Vorschriften,

B. über das Recht auf Titel.

---

§ 367.

Mit Geldstrafe bis zu einhundertfünfzig Mark oder mit Haft wird bestraft: [1])

3. wer ohne polizeiliche Erlaubnis [2]) Gift [3]) oder Arzneien,[4]) soweit [5]) der Handel mit denselben nicht freigegeben ist, zubereitet,[6]) feilhält,[7]) verkauft [8]) oder sonst an andere überläßt; [9])

5. wer bei der Aufbewahrung [10]) oder bei der Beförderung [10]) von Giftwaren,[11]) Schießpulver oder Feuerwerken oder bei der Aufbewahrung,[10]) Beförderung,[10]) Verausgabung [10]) oder Verwendung [10]) von Sprengstoffen [11]) oder anderen explodierenden Stoffen oder bei Ausübung der Befugnis [12]) zur Zubereitung oder Feilhaltung dieser Gegenstände sowie der Arzneien die deshalb ergangenen Verordnungen [13]) nicht befolgt.

1. a) Rechtsgrundsätzlich schützt Gesetzesunkenntnis nicht vor Bestrafung, während ein nicht fahrlässiger Irrtum über den Tatbestand nach § 59 StGB. Bestrafung ausschließt. Das OLG.

München hatte bereits am 3. Dez. 1910 (Z. f. R. Bayern 1911, 120; Seuff.Arch. 76, 247; Reger 31, 141; DJZ. 1912, 105; Samml. Bd. VII von 1920 S. 957 ff.) folgenden von dem mitgeteilten Rechtsgrundsatz abweichenden Standpunkt eingenommen: „Handelt es sich um Gesetze, die Sondergebiete regeln, so kann sich der Zweifel einstellen, ob deren Kenntnis bis in alle Einzelheiten jedem zugemutet werden kann. In besonderem Maße gilt dies aber dann, wenn als nicht entlastender Irrtum nicht bloß die Unkenntnis des Bestehens eines solchen Gesetzes und seines Inhalts, sondern auch die seiner jeweiligen Auslegung in seinem ganzen Umfange angerechnet wird. Für solche Fälle ist ausnahmsweise eine Abweichung von der Regel „Error iuris nocet" statthaft." Die Fülle der während des Weltkrieges erlassenen Gesetze und Verordnungen nötigte zum Erlaß der sog. Irrtumsverordnung v. 18. Jan. 1917 (RGBl. S. 58), inhaltswelcher unverschuldeter Irrtum über das Bestehen oder die Anwendbarkeit einer übertretenen Vorschrift vor Strafe schützt, wenn diese sich auf § 3 des Gesetzes v. 4. Aug. 1914 (RGBl. S. 327) über die Ermächtigung des Bundesrats zu wirtschaftlichen Maßnahmen usw. stützt.

Zwar werden bei dem Abbau der wirtschaftlichen Notgesetze die Anwendungsfälle der Irrtumsverordnung mehr und mehr schwinden, aber der Gedanke, daß unverschuldeter Rechtsirrtum vom Richter nicht unbeachtet gelassen werden darf, hat sich Bahn gebrochen, findet in dem Entwurf eines neuen Strafgesetzbuchs, wenn auch in beschränktem Maße, Ausdruck (vgl. § 13 Amtl. Entwurf eines Allg. Deutschen Strafgesetzbuchs 1925) und scheint im Anschluß an die oben mitgeteilte Entsch. des OLG. München v. 3. Dez. 1910 auch bereits in der Rechtsprechung sich durchzusetzen.

Daß die Verfehlungen gegen § 367 StGB. vorsätzlich begangen werden, fordert das Gesetz nicht; Fahrlässigkeit genügt zur Bestrafung. Für den strafrechtlichen Begriff der Fahrlässigkeit kommt es nach der Entsch. des RG. v. 9. Mai 1922 — 1 D. 1777/21 — (JW. 1922 S. 1587/88 Ziff. 9) „abweichend von

§ 276 BGB. überall nur auf die Außerachtlassung der von dem Handelnden nach seiner Persönlichkeit und nach der obwaltenden besonderen Sachlage vernünftigerweise zu fordernden Sorgfalt und Umsicht an. Die in dieser Beziehung zu stellenden Anforderungen dürfen nicht unzulässigerweise überspannt werden." Strenger ist OLG. Frankfurt a. M. — S. 164/25 — v. 6. Okt. 1925, wonach Fahrlässigkeit nicht Außerachtlassung der üblichen, sondern der erforderlichen Sorgfalt erfordert, weshalb ein Großhändler fahrlässig handle, wenn er sich nicht über die Zusammensetzung eines Markenartikels erkundigt oder, falls Lieferant nicht als einwandsfrei bekannt ist, Stichproben untersuchen läßt. OLG. Frankfurt a. M. — S. 47/24 — v. 6. März 1924 erklärt den Krämer für nicht verpflichtet, eine Ware in Originalpackung untersuchen zu lassen, falls nicht besonderer Anlaß vorliegt.

b) Der Tatbestand des § 367 Ziff. 3 StGB. deckt sich zum Teil mit dem des § 147 Ziff. 1 RGO. Da aber letzterer die Haft nur für den Fall des Unvermögens anstatt der Geldstrafe androht, während § 367 StGB. die Haft auch als eine prinzipale Strafe zuläßt, ist dort, wo beide Strafbestimmungen verletzt sind, gemäß § 73 StGB. nur der § 367 StGB. zur Anwendung zu bringen. So Olshausen, StGB., 8. Aufl., Anm. g zu § 367 Nr. 3. Da eine Verfehlung gegen § 367 StGB. nur eine Übertretung darstellt, verjährt das Recht zur Strafverfolgung gemäß § 67 StGB. binnen drei Monaten. Der § 147 RGO. droht eine Geldstrafe bis zu 300 Mark an, so daß ein Verstoß gegen die bezeichnete Bestimmung ein Vergehen darstellt. Aber auch dieses verjährt auf Grund der Sonderbestimmung des § 145 Abs. 2 RGO. binnen drei Monaten. Einen anderen Standpunkt nimmt das OLG. Hamburg am 27. Febr. 1911 ein (Samml. Bd. VII S. 1172), welches nicht Idealkonkurrenz, sondern Gesetzeskonkurrenz annimmt; der Tatbestand des § 367 Ziff. 3 StGB. sei in dem des § 147 Ziff. 1 RGO. enthalten — nicht auch umgekehrt —, deshalb sei § 147 Ziff. 1 RGO. anzuwenden, wenn sein im Verhältnis zu § 367 Ziff. 3 StGB. „spezieller umschriebener Tatbestand" erfüllt sei.

Nach § 68 StGB. wird die Verjährung durch jede richterliche Handlung, welche wegen der begangenen Tat gegen den Täter gerichtet ist, unterbrochen. Sofort nach der richterlichen Handlung beginnt die gleiche Verjährungsfrist von neuem zu laufen. Der Versuch einer Verfehlung ist straflos, sowohl wenn er sich gegen § 367 StGB., wie auch wenn er sich gegen § 147 RGO. richtet. Eine Anstiftung ist beiden Strafbestimmungen gegenüber möglich und nach § 48 StGB. ebenso zu bestrafen wie die Tat selbst. Eine strafbare Anstiftung liegt aber dann nicht vor, wenn der Käufer einer nicht freigegebenen Ware dem Verkäufer „nur die Gelegenheit zur Betätigung des bereits in jenem vorhandenen Vorsatzes zu fortgesetztem strafbaren Verkauf hat bieten, nicht aber einen Vorsatz zu strafbarer Handlung durch irgendwelche Mittel erst hat in ihm erzeugen wollen". So wörtlich LG. Dresden v. 2. April 1904 w/r S. zu D. (RGesA. Bd. IV S. 650). Würde dagegen eine Polizeiagentin durch besonderes Zureden den Drogisten veranlassen, eine Zubereitung herzustellen, deren Einzelbestandteile der Drogist wohl führen durfte, so läge eine strafbare Anstiftung vor.

Der Gehilfe im Sinne des § 49 StGB. an einer Verfehlung gegen § 367 StGB. bleibt straffrei; der Gehilfe an einem Verstoß gegen § 147 RGO. macht sich dagegen strafrechtlich verantwortlich, weil nach § 49 StGB. der als Gehilfe bestraft werden kann, welcher dem Täter zur Begehung eines Verbrechens oder Vergehens — nicht aber einer Übertretung — durch Rat oder Tat wissentlich Hilfe geleistet hat. Der Handlungsgehilfe des Drogisten, welcher nicht im eigenen Namen, sondern in dem seines Chefs die gesetzlich nicht freigegebene Ware zubereitet, verkauft oder sonst an andere überläßt, erscheint nicht als strafloser Gehilfe im Sinne des § 49 StGB., sondern als selbständiger strafbarer Täter. Dagegen wird man nicht annehmen können, daß die vom Geschäftsinhaber feilgehaltenen Waren auch von seinem Gehilfen feilgehalten werden, sofern der Wille des Gehilfen ohne Einfluß auf die Anschaffung und Bereithaltung der Waren bleibt. Es bestehen erhebliche Bedenken gegen die Entsch. des OLG. Köln v. 20. Juli 1904 w/r E. — S. 127/04 — in welcher wörtlich ausgeführt wird: „Hat der Angeklagte am 13. Dez. 1903 den J. E. auch nur aus Gefälligkeit vertreten und seinen Käuferkreis bedient oder zu dessen Bedienung bereitgestanden, so hat er dessen Waren feilgehalten." Wer aus Gefälligkeit einen Geschäftsinhaber für einen Tag vertritt, soll dessen Verkäufertätigkeit ersetzen; im Feilhalten bedarf der Geschäftsinhaber keiner Vertretung, wünscht sie sicherlich auch nicht, da dem Gefälligkeitsvertreter gewiß nicht das Recht eingeräumt sein soll, darüber Bestimmung zu treffen, welche Waren zum Feilhalten gelangen sollen; seine Aufgabe beschränkt sich im Regelfalle darauf, daß er die vom Publikum verlangte Ware verabfolgt. Ebenso verhält es sich der Regel nach bei den unselbständigen Handlungsgehilfen, während die Filialleiter, zum Teil auch die sogenannten ersten Gehilfen, mannigfach mit dazu berufen sind, zu bestimmen, welche Waren in dem Verkaufsraum, in dem Schaufenster oder sonstwie dem Publikum kenntlich gemacht werden sollen. Das RG. hat am 31. März 1922 — 1 S. 57/22 — verneint, daß sich der „Lehrling oder Gehilfe", der Flaschen im Giftschrank ordnungswidrig umstellte, neben dem Apothekenvorstand strafbar gemacht habe. Vgl. § 151 RGO. Die strafrechtliche Verantwortlichkeit des gesetzlichen Vertreters einer juristischen Person (Geschäftsführer einer G. m. b. H., Vorstand einer Aktiengesellschaft) für Handlungen dieser ist nur vorhanden, wenn in seiner Person der gesamte Tatbestand einer Verfehlung erfüllt ist. So nach früher abweichender Auffassung jetzt auch RG. am 6. Mai 1925 — 1. S. 270/25 — (Goltdammer 1925 S. 50 ff.).

Die Frage, ob und inwieweit der Geschäftsinhaber für Verstöße seines Handlungsgehilfen strafrechtlich haftet, ist aus § 59 StGB. zu beantworten. Verkauft ein Gehilfe Waren des Verzeichnisses B oder C, die der Geschäftsinhaber zum Zwecke der Veräußerung in Substanz angeschafft hatte, so haftet für den Verkauf auch der Geschäftsinhaber, weil der Gehilfe in diesem Falle nur der Vollstrecker seines Willens ist. Stellt der Gehilfe aus an sich frei verkäuflichen Waren eine verbotene Zubereitung her, so haftet der Geschäftsherr nur dann, wenn aus seinem Gesamtverhalten der Schluß gerechtfertigt ist, daß er solche Verfehlungen der Gehilfen gutheißt oder wenigstens fahrlässig duldet. Der Geschäftsinhaber hat die Pflicht, seine Angestellten zu überwachen, doch darf diese Forderung nicht überspannt werden. Das RG. erklärt im Urt. v. 7. März 1889 — E. XIX 204 — wörtlich: „Es kann vom strafrechtlichen Standpunkt aus auch nicht eine allgemeine, unter allen Umständen vorliegende Pflicht des Auftraggebers zu unausgesetzter Kontrollierung und Nachprüfung der Arbeiten seiner Beauftragten und eine unbedingte strafrechtliche Verantwortlichkeit desselben für fahrlässige Delikte der Beauftragten unterstellt werden."

Dieser Standpunkt ist vom Reichsgericht aufrechterhalten im Urt. I v. 19. Dez. 1896 in Goltd.Arch. 44 S. 399. Auf derselben Grundanschauung ruht ein Urteil des LG. Dresden vom November 1906 (abgedruckt in der Ph. Z. v. 22. Dez. 1906), welches für Verfehlungen der Angestellten nicht den Inhaber eines Warenhauses, sondern den Abteilungsleiter in Anspruch nimmt.

2. Ob zum Gifthandel eine polizeiliche Erlaubnis erforderlich ist, bestimmen die Landesgesetze auf Grund der Ermächtigung im Abs. 3 des § 34 RGO. Zum Handel mit Arzneien werden besondere Genehmigungen nicht erteilt, doch hebt mit Recht das RG. im Urt. v. 3. Jan. 1913 (Bd. 47 S. 20 und Med.Arch. 1913 S. 534) hervor: „Polizeiliche Genehmigung zum Verkauf von Arzneien ist nach dem Gesetz an sich zulässig (Apothekenkonzession)." Ebendeshalb ist auch die Entsch. des OLG. Jena v. 15. Jan. 1913 (Thür. Bl. f. Rechtspflege Bd. 60 S. 189 und Med.Arch. 1913 S. 517 ff.) im Ergebnis richtig. Dort wird es mit Recht für gesetzlich zulässig erklärt, daß das Landesrecht dem Tierarzt die Befugnis gibt, ein trockenes Gemenge nicht nur selbst zu verwenden, sondern dem Klienten zu überlassen. Dies ist aber nicht, wie das Urteil meint, deshalb zulässig, weil der Verkehr mit Arzneimitteln durch die Reichs-

gesetze nicht erschöpfend geregelt (§ 2 EG. z. StGB.), deshalb landesrechtliche Bestimmung „nicht in jeder Beziehung ausgeschlossen" sei, sondern weil die Erlaubnis an den Tierarzt nicht die Überlassung an den „freien Verkehr", sondern die im § 6 RGO. der Landesgesetzgebung zustehende Gewährung eines Dispensierrechts bedeutet. Wegen Dispensierung der Tierärzte vgl. Apotheker-Zeitung 1925 S. 162; v. Gneist S. 399; Handbuch des Deutschen Apothekervereins 1920 S. 59. Hiervon abgesehen, bestimmt gemäß § 6 Abs. 2 RGO. die Kais. Ver., welche Apothekerwaren dem freien Verkehr überlassen sind. Sofern aber einem Kaufmann der Handel mit Drogen und chemischen Präparaten, welche zu Heilzwecken dienen, gemäß § 35 RGO. untersagt wurde, ist nach dem sechsten Absatz des angezogenen § 35 eine spätere Genehmigung seitens der Landeszentralbehörde oder einer von ihr zu bestimmenden Stelle Voraussetzung für den Handel mit Arzneien. Ein Irrtum darüber, ob polizeiliche Erlaubnis vorliegt, kann tatsächlicher Natur sein und deshalb unter dem Schutze des § 59 StGB. stehen. So RG. IV v. 20. März 1903 — 5907/02 — (JW. Jahrg. 32 S. 325). Verwandt mit dem dieser Entscheidung unterliegenden Grundgedanken ist auch die Johow Bd. 42 S. 425 abgedruckte Entsch. des KG., inhaltswelcher ein Irrtum über die Verkehrsanschauung, betreffend die zulässige Zusammensetzung einer Ware, ein Tatsachenirrtum ist. Im Zusammenhang hiermit gewinnt auch Bedeutung, daß das KG. am 21. April 1913 — I S. 243/13 — (Med.Arch. 1913 S. 385) ausführt, „nach den Anschauungen der pharmakologischen Wissenschaft und des reellen Verkehrs außerhalb der Apotheken", nicht nach dem Arzneibuch müsse „geprüft werden, was unter den einzelnen Bezeichnungen der Kais. Ver. zu verstehen ist". Hält man diese Entscheidungen zusammen, so ergibt sich, daß ein Irrtum über die Freiverkäuflichkeit einer Zubereitung als Tatsachenirrtum unter dem Schutze des § 59 StGB. steht, wenn er sich auf die irrige Annahme gründet, daß die Zubereitung nach der Verkehrsanschauung unter den Gattungsbegriff einer freigegebenen Ausnahme des Verz. A falle, oder aber nicht mehr einem im

Verz. C genannten Stoffe oder Präparat zugezählt werden könne.

3. Als Gift gelten nur die in Anlage I der Giftverordnung bezeichneten Stoffe. Vgl. Anm. 2 zu § 34 RGO. sowie § 1 Abs. 2 der Giftverordnung und die zugehörige Anm. 2.

4. Wegen des Begriffes „Arzneien" vgl. Anm. 1 zur Kais. Ver. Doch vgl. auch Thoms Bd. 4 S. 929, wo Mittel aus der Gruppe der sog. „restituierenden Organotherapie" als Nährmittel und S. 945 Vitamine oder Nutramine als freiverkäufliche sog. „akzessorische Nährstoffe" dargelegt werden (z. B. Humagsolan).

5. Soweit der **Handel** nicht freigegeben ist, wird es verboten, Arzneien zuzubereiten, feilzuhalten, zu verkaufen oder sonst an andere zu überlassen. Das Wort „denselben" und hiermit das ganze Zwischensätzchen „soweit" bis „ist" bezieht sich nur auf Arzneien, nicht auch auf Gifte. Andererseits können die Worte „ohne polizeiliche Erlaubnis" nur auf „Gifte" Anwendung finden. Das folgt daraus, daß zur Zeit der Schaffung des § 367 StGB. der Gifthandel von polizeilicher Genehmigung abhängig, der Arzneihandel ohne solche indessen in begrenztem Umfange freigegeben war. — In letzterer Beziehung hat erst die Novelle zu § 35 RGO. die in Anm. 2 dargelegte Änderung gebracht. — Landmann (Anm. 3 zu § 1 RGO.) findet insofern einen Widerspruch zwischen § 367 Ziff. 3 StGB. und der Reichsgewerbeordnung, als letztere im § 1 auch für Gifte — anders bezüglich des Handels mit Apothekerwaren (§ 6) — Gewerbefreiheit einführt und im § 34 der Landesgesetzgebung nur das Recht vorbehält, den Gifthandel von einer Konzession abhängig zu machen; der § 367 Ziff. 3 StGB. aber dehne die landesrechtliche Beschränkung des Handels mit Giften auch auf das Zubereiten usw. aus. Letzteres ist indessen durchaus nicht der Fall, denn der den Giftverkehr regelnde Teil der Ziffer 3 lautet nur: „wer ohne polizeiliche Erlaubnis Gift . . . zubereitet, feilhält, verkauft oder sonst an andere überläßt". Soweit die Landes-

gesetzgebung von dem ihr im § 34 RGO. gewährten Rechte, den Gifthandel für konzessionspflichtig zu erklären, keinen Gebrauch gemacht hat, ist eine besondere polizeiliche Erlaubnis nicht erforderlich, sie ist dann eben allen von der Landesgesetzgebung erteilt; der Handel ohne Einzelkonzession ist dann nicht rechtswidrig. Das Landesrecht ist auch wohl befugt, eine Erscheinungsform des Gifthandels für konzessionspflichtig zu erklären und andere freizulassen. Wenn z. B. in Alt-Preußen die Preuß. Gewerbeordnungsnovelle v. 22. Juni 1861 (GS. S. 442) unter Abänderung der AllgGewO. v. 17. Jan. 1845 (GS. S. 41) nur den Gewerbebetrieb derjenigen für genehmigungsbedürftig erklärt, welche Gifte „feilhalten", so bleibt der Verkauf von Giften, welchem kein Feilhalten vorausgeht, so der Großhandel, wenn das Publikum keinen Zutritt zu den Räumen hat, aus welchen das Gift verabfolgt wird, nach dem Urt. des KG. v. 4. Juli 1898 — S. 460/98 — (DJZ. 1899 S. 2) frei von jeder Konzessionspflicht. Das KG. fordert jetzt nicht mehr, daß das Publikum Zutritt zum Aufbewahrungsraum haben müsse, wohl aber „das dem Publikum e r k e n n b a r e Bereithalten und Z u g ä n g l i c h m a c h e n der Ware zum Verkauf". Urt. v. 19. Febr. 1912 in Samml. Bd. VII S. 889/90. Im Urt. v. 26. Jan. 1914 (ebendort S. 902) führt das KG. aus: „Feilhalten im Sinne des Reichsrechts ist ein dem Publikum erkennbares Bereithalten zum Verkauf und zur s o f o r t i g e n Ü b e r g a b e. . . . Ein bloßes Vorrätighalten eines Arzneimittels in den Betriebsräumen ist daher kein Feilhalten; vielmehr muß dem Publikum das Vorhandensein dieser Waren in dem betreffenden Geschäft erkennbar gemacht sein. Das kann dadurch geschehen, daß die Mittel im Verkaufsraum oder sonst für das Publikum s i c h t b a r aufbewahrt werden, oder dadurch, daß in irgendeiner Weise (z. B. durch Zeitungsanzeigen, Reklamen an öffentlichen Orten, Mitteilungen in der Drogerie selbst) auf die Verkäuflichkeit der Gegenstände hingewiesen wird." Die beiden Urteile berufen sich für diesen Standpunkt auf folgende Entscheidungen: RG. Bd. 4 S. 275, 42 S. 180, OLG. Oldenburg v. 23. April 1906, OLG. Düsseldorf v. 25. Aug.

1911, OLG. Celle v. 17. Nov. 1902, Bay.OLG. v. 15. März 1910. Vgl. Anm. 4 zu § 1 Kais. Ver. Ob nach dem gegenwärtigen Stande der kammergerichtlichen Rechtsprechung auch der Großhändler, welcher dem Publikum zwar nicht die Besichtigung der Warenvorräte gewährt, aber doch auf ihr Vorhandensein in Schildern, Plakaten, Inseraten hinweist, feilhält, wird im Gegensatz zu der in der letzten Auflage dieses Buches vertretenen Auffassung verneint, weil der Regel nach — und diese ist für juristische Begriffsbestimmungen maßgebend — der Großhändler die Waren nicht „sofort übergibt"; auch nach der gegenwärtigen Rechtsprechung des Kammergerichts bleibt das „Feilhalten" eine Form des Kleinhandels. Das OVG. erklärte am 18. Okt. 1899 — III 1665 — (DJZ. 1900 S. 255) den Giftfabrikanten für konzessionspflichtig, weil nach § 49 Preuß. GewO. „der Handel mit Giften allgemein an die polizeiliche Genehmigung gebunden, also nicht freigegeben" sei. Diese Auffassung wird auch unter Abdruck dieser Entscheidungsgründe von Rohrscheidt (Komm. z. RGO., Leipzig 1901, Anm. 19 zu § 34 RGO. S. 189) geteilt. Die Begründung ist indessen irrig, weil nicht der Handel schlechthin, sondern nur das Feilhalten für konzessionsbedürftig in § 49 Preuß. GewO. bezeichnet wird. Die Entscheidung selbst ist nur insoweit zutreffend, als das Zubereiten zum Zwecke des Feilhaltens erfolgt. Wer Gifte zubereitet, um sie ohne Feilhaltung, z. B. im Wege des Versands, zu verkaufen oder um sie in eigener Feld- und Waldwirtschaft zu verwenden, bedarf kraft des Wortlauts des § 49 Preuß. GewO. keiner Konzession, seit durch § 1 der Gewerbeordnung für den Norddeutschen Bund v. 21. Juni 1869 (BGBl. S. 245) der Betrieb aller nicht ausdrücklich als konzessionspflichtig bezeichneten Gewerbe freigegeben ist. Der Kammerjäger hält seine Gifte nicht feil, ist deshalb auch nicht konzessionspflichtig; so auch Marrinowski, Anm. 3 zu § 34 RGO. und KG. v. 15. Jan. 1912 (Samml. Bd. VII S. 189). — Auch bezüglich des Handels mit Arzneien liegt kein Widerspruch zwischen § 367 StGB. und der RGO. Nach § 6 RGO. bestimmt die Kais. Ver., welche Apothekerwaren dem freien Verkehr überlassen werden. Die Kaif. Ver. verbietet nur bezüglich eines Teiles Arzneien deren Feilhalten und Verkauf. Würde § 367 Ziff. 3 StGB. bezüglich derselben Arzneien auch das Zubereiten und das sonstige Überlassen an andere schlechthin verbieten, so würde allerdings das Verbot des Strafgesetzbuches weiter reichen als das der RGO. in Verbindung mit der Kaif. Ver. Indessen ist dies gar nicht der Fall. Unsere Stelle verbietet ja nicht das Zubereiten, Feilhalten usw., wenn, sondern soweit der Handel nicht freigegeben ist. Deshalb ist die Zubereitung einer Arznei zum Zwecke des Feilhaltens oder Verkaufens dann unerlaubt, wenn dieser Zweck verboten ist. In solchen Fällen ist nämlich das Zubereiten bereits ein Teil des nicht freigegebenen Handels. Dagegen ist die Zubereitung einer solchen Arznei zum Zwecke des Eigenverbrauchs erlaubt. Ebenso verhält es sich mit dem Überlassen an andere. Nur soweit dies eine Erscheinungsform des Handels ist, kann es bezüglich der Ware als verboten erachtet werden, deren Feilhalten und Verkauf untersagt ist,

6. Der Begriff des Zubereitens ist im weitesten Sinne, nicht nur im pharmazeutisch-technischen aufzufassen.

7. Wegen des Begriffes Feilhalten vgl. Anm. 4 zu § 1 Kaif. Ver. und Anm. 5 zu § 367 StGB.

8. Vgl. Anm. 5 zu § 1 Kaif. Ver. Der Begriff des Verkaufens hier ist nicht identisch mit dem im § 9 des Sprengstoffgesetzes v. 9. Juni 1884; dort wird auch der getroffen, welcher den Erwerb von Sprengstoff vermittelt, ohne selbst in den Besitz gelangt zu sein; so RG. v. 21. Febr. 1910 — III 17/10 — in der DJZ. 1910 Nr. 13 S. 767/68 (Entsch. Bd. 15 S. 242). Obwohl nach herrschender Auffassung der Gehilfe, der nicht im eigenen Namen, sondern für fremde Rechnung verbotene Sachen verkauft, sich selbst strafbar macht (OLG. München v. 15. März 1910 — N. 48 ·/. L. 26 II 1910 —), ist die Frage der Rechtswidrigkeit der Tätigkeit des Handlungsgehilfen nicht aus seiner Person, sondern aus der des Geschäftsherrn zu beurteilen. Der in einer Apotheke angestellte Drogist macht sich nicht strafbar, wenn er

an die Kundschaft die im Verkehr beschränkten Waren abliefert (vgl. Anm. 1 b zu § 367 StGB.).

Das KG. erkannte am 12. Dez. 1910 — 1 S. 987/10 — (Samml. Bd. VII S. 705), daß auch die nicht freigegebenen Arzneien von Nichtapothekern vom Rezeptiertisch aus dem Kunden übergeben werden dürfen. Dem widersprach nicht das Urt. des KG. v. 27. Sept. 1909 (Med.Arch. Bd. 1 S. 219), welches den Apothekenvorstand für straffällig erklärt, wenn er Monopolware durch Nichtapotheker abgeben läßt, ohne diese in Gemäßheit der Apothekenbetriebsordnung (§ 48 Abs. 2) dem Kreisarzt angemeldet zu haben. Allerdings kommt letzteres in den Urteilsgründen nicht klar zum Ausdruck, vielmehr betrachten diese die Beschäftigung des Angestellten als dessen Ausbildung im Apothekenbetriebe und deshalb ihn selbst als Lehrling, den zu halten dem Apotheker die Erlaubnis fehlte. Das LG. Meseritz hat in einem Urt. v. 4. März 1911 (Samml. Bd. VII S. 717/18) schlechthin für zulässig erklärt, daß sich der Apotheker seiner Familienmitglieder zur Verabfolgung der von ihm selbst hergestellten Arzneien bediene. Diese Rechtsprechung schließt den Gedanken ein, daß auch der Angestellte nicht rechtswidrig handelte.

9. a) Auch das sonstige Überlassen an andere ist in bezug auf Gifte nur strafbar, wenn polizeiliche Genehmigung von der Landesgesetzgebung gerade hierfür vorgeschrieben ist, aber fehlt. Wo, wie in Alt-Preußen, nur das Feilhalten konzessionspflichtig ist, muß das Überlassen an andere als erlaubt gelten (vgl. Anm. 5). Bei der Abgabe sind auch nicht die Vorschriften der §§ 10 ff. der Giftverordnung zu beachten, weil § 367 Ziff. 5 StGB. Befolgung des Giftgesetzes nur für die Aufbewahrung oder Beförderung von Giftwaren von allen fordert; die anderen Bestimmungen der Giftverordnung binden nur den konzessionierten Gifthandel. Vgl. Anm. 1 zur Giftverordnung und KG. v. 15. April 1915 (Samml. Bd. VII S. 1106).

b) Das sonstige Überlassen von Arzneien an andere ist nur soweit strafbar, als der Handel nicht freigegeben ist; es wird also nur als Teilbetätigung innerhalb des

Handels untersagt (vgl. Anm. 5). Ein Überlassen an andere außerhalb jeder Handelsbetätigung muß hiernach als erlaubt gelten. Indessen darf der Begriff des Handels nicht zu eng ausgelegt werden. Nach § 6 Abs. 2 bestimmt die Kais. Ver., welche Apothekerwaren dem freien Verkehr zu überlassen sind. Wenn nun die Kais. Ver. das Feilhalten und Verkaufen gewisser Waren verbietet, so will sie hiermit den Begriff des „freien Verkehrs" in seiner wesentlichen Erscheinungsform bezeichnen und den gesamten Verkehr treffen. Es liegt kein Grund vor, anzunehmen, daß sie andere Formen des Verkehrs freilassen wollte. Daß sie aber nur dem gewerblichen Verkehr Grenzen ziehen wollte, folgt zwingend aus der Erwägung, daß ja die Kais. Ver. ihre rechtliche Grundlage ausschließlich im § 6 RGO. hat, diese sich aber überhaupt nur mit gewerblicher Betätigung beschäftigt. Allerdings genügt es, daß der von der RGO. betroffene Akt in Abhängigkeit vom gewerblichen Leben steht, er muß keineswegs selbständig gewerblichen Charakter haben. Es regelt ja die GewO. auch die von den Innungen für Gesellen und Lehrlinge aufzuwendende Fürsorge, obwohl die Fürsorgehandlungen zwar in den Rahmen des gewerblichen Lebens gehören, aber doch nicht selbst ein Gewerbe bedeuten. Die Kais. Ver. trifft deshalb in Verbindung mit dem § 367 Ziff. 3 StGB. jegliches Überlassen an andere, welches dem Verkehr der Arznei im gewerblichen Leben dient. Das KG. vertritt im Urt. v. 10. Nov. 1898 — S. 825/98 — (JW. 1899 S. 158 und Goltd.Arch. 46, 356) im wesentlichen den gleichen Standpunkt, wenn es wörtlich ausführt: „Unter diesem „Überlassen an andere" ist nicht ganz allgemein jedes „Übertragen der Verfügungsgewalt" zu verstehen. Vielmehr erfordert es die ratio der Bestimmung, daß das Überlassen restriktiv als „inverkehrbringen" zu interpretieren ist." Indessen wird hier der Begriff insofern zu eng gefaßt, als das KG. ein Inverkehrbringen fordert, während ein Imverkehrhalten, ein den Verkehr selbständiges, unmittelbares Fördern völlig ausreicht. Auf Grund dieser Begriffseinengung gelangte in der angezogenen Entsch. das KG. auch zu dem irrigen, von ihm selbst später preisgegebenen Ergebnis, daß der Lagerverwalter eines homöopathischen Vereins ungestraft die en gros erworbenen Arzneien an die Vereinsmitglieder abgeben dürfe, weil er „die bereits durch ihren Bezug aus der Apotheke „in Verkehr gebrachten" Arzneimittel" nicht seinerseits in Verkehr bringe. Verfolgte, was doch anzunehmen ist, die Einrichtung eines Warenlagers die Erreichung wirtschaftlicher Vorteile, bezog der Lagerverwalter wie jeder Verkäufer eines Geschäftes Gehalt, sollte die ganze Einrichtung an die Stelle der schwerer zugänglichen Apotheke treten, also gegen Entgelt — gleichgültig, in welcher Form oder auf welchem Umwege — die Vermittelungsstelle zwischen dem gewerbetreibenden Produzenten und dem Konsumenten bilden, so hatte der Lagerverwalter den Verkehr des Arzneihändlers mit der Kundschaft als selbständiges Mittelglied zu fördern; er hielt nicht feil, verkaufte nicht, überließ aber zum Zwecke des gewerblichen Verkehrs zwischen Erzeuger und Verbraucher dem letzteren die Waren des ersteren; er erfüllte sonach den Tatbestand der Strafbestimmung. Im wesentlichen nimmt den diesseitigen Standpunkt auch das OLG. Köln im Urt. v. 22. Mai 1909 ·/. B. — S. 85/09 — mit der Ausführung ein, daß zwar nicht jegliche Überlassung der tatsächlichen Verfügungsgewalt vom Gesetze betroffen werde, wohl aber die, durch welche ein Inverkehrbringen an das arzneibedürftige Publikum und ein dem Apothekenverkehr gleichartiger oder ihm angenäherter Verkehr bewirkt wird. Im Urt. v. 28. April 1913 — I S. 291/13 — (Med.-Arch. 1913 S. 215 ff. und MBl. v. 2. Juli 1913 S. 209 ff.) verweist das KG. unter den Begriff des Überlassens an andere die Abgabe aus den Beständen von Personengesamtheiten, aber nicht die Aushändigung des Beauftragten an den Auftraggeber, des Verwahrers an den Eigentümer, des Haushaltungsvorstandes an ein Familienmitglied oder einen Dienstboten. Dem ist durchaus beizutreten; diese „Ausnahmen" lassen sich nur durch die Erwägung rechtfertigen, daß sie teils keine gewerbliche Betätigung sind, teils die Selbständigkeit, die rechtsgeschäftliche Natur innerhalb gewerblicher Betätigung entbehren. A. M.

mit unzulänglichen Gründen RG. v. 14. März 1922 — 1 S. 124/22 — und OLG. Frankfurt a. M. v. 1. März 1923 — S. 7/23 —. Mit sehr beachtenswerter Begründung führt das OLG. München am 15. Juni 1916 — Rev.Reg. Nr. 179/16 — (Samml. Bd. VII S. 1153) unter Abweichung von seiner Entsch. v. 8. Okt. 1907 — Rev.Reg. 315/07 — aus: „Die tatsächliche Verfügungsgewalt über eine Sache ist mehr als das bloße tatsächliche Innehaben derselben. Wer eine Sache einem andern aushändigt, der unter seiner ständigen Aufsicht steht und deshalb über sie weder verfügen will noch kann, verliert die tatsächliche Verfügungsgewalt nicht." Auch diese Erwägung rechtfertigt den Standpunkt des RG. v. 28. April 1913. Eine gleichartige Erwägung findet sich auch im Urt. des RG. v. 24. Nov. 1911 (Z. f. R. Bayern 265; DJZ. 1912 Nr. 26 S. 18), woselbst ein Überlassen an andere in der Benutzung der Dienste eines Boten nicht gefunden wird, weil dieser nicht „Besitz zu eigener Verfügung oder eigenem Gebrauch" erhalte. Der Standpunkt, daß es sich bei dem Überlassen an andere um das „arzneibedürftige Publikum" handeln müsse, führt zu bedeutsamen Folgen und wird mannigfach vertreten. So im Urt. des LG. Mainz v. 3. März 1913 (Hessische Rechtsprechung Jahrg. 1914 Sp. 179 und Med.Arch. 1914 S. 55 ff.), wo unentgeltliche Abgabe von Proben giftiger Stoffe an Ärzte und Zahnärzte zwecks Feststellung ihrer Heilwirkung als kein Verstoß gegen § 367 Ziff. 3 StGB. erklärt wird, weil Ärzte und Zahnärzte nicht zum arzneibedürftigen Publikum gehören, also nicht „andere" im Sinne des Gesetzes seien. Die Tätigkeit ist vom Badensischen Min. durch Bekanntm. v. 2. Aug. 1905 als erlaubt anerkannt, in Sachsen durch Min.Ver. v. 31. Dez. 1909 als unzulässig erklärt. Das Urteil des Thüringischen OLG. 2. Str.-Sen. v. 8. Jan. 1924 (Ph. Z. 1924 S. 506) erklärte die Überlassung von Salvarsanvorräten der Thüringischen Gemeinschaft zur Bekämpfung von Geschlechtskrankheiten an die dieser Gemeinschaft angehörenden Krankenkassen als zulässig, weil dies kein „Überlassen an andere" im Sinne des § 367 Ziff. 3 StGB. darstelle, steht also auf dem Boden des LG. Mainz.

c) Am 22. April 1910 entschied das LG. III Berlin — 16 A. 3 N. 47/10 —, daß ein Drogist, welcher aus Gefälligkeit ein Rezept in der Apotheke anfertigen, die Arznei durch seinen Angestellten abholen und an den Besteller befördern lasse, sich nicht strafbar mache, weil nur ein gewerbsmäßiges Überlassen an andere mit Strafe bedroht sei, wie auch Olshausen (1910) Note e zu Ziff. 3 d § 367 StGB. und hinsichtlich des Zubereitens ebenso Oppenhoff (1896) Note 23 zu § 367, Franck Note 1 b zu § 367 Ziff. 3, Rotering, Polizeiübertretungen (1888) S. 80 annehme, und das Urteil fügt einen weiteren bedeutsamen Grund für den Freispruch hinzu: Die Apotheke habe die Arznei in der Absicht ausgehändigt, den Besitz daran der im Rezept benannten Person zu beschaffen. Die Tätigkeit des Drogisten sei nur ein Hilfsakt an der bezeichneten Besitzübertragung; solche Hilfsakte Dritter bei einer derartigen, auf einen anderen Urheber zurückzuführenden Besitzübertragung könnten als selbständige Verstöße gegen § 367 Ziff. 3 StGB. keineswegs in Betracht kommen, und zwar „selbst dann nicht, wenn sie — was hier nicht vorliegt — eine unzulässige Besitzübertragung befördern". Das LG. III Berlin erblickt in solchem Tatbestande mit Recht nur die Tätigkeit eines Gehilfen im Sinne des § 49 StGB. Die Rechtmäßigkeit solcher Handlung richtet sich nach der des Haupttäters, ist also bedenkenfrei, wenn die Apotheke liefern durfte, und bleibt straffrei, wenn der Haupttäter sich nur einer Übertretung schuldig machte. Die Entscheidung des KG. v. 26. Jan. 1926 — 1 S. 1289/25 — erklärt zu Unrecht die Lieferung an Personen, die den Auftrag zur Besorgung erteilten, als ein Überlassen an andere.

d) Daß das Überlassen an andere kein Veräußerungsgeschäft voraussetzt, sondern mit der Einräumung tatsächlicher Verfügungsgewalt erfüllt sei, nimmt das RG. im Urt. v. 22. Nov. 1906 (Goltd.Arch. Bd. 54 S. 80, JW. S. 415, Seuff.Arch. Bl. 72, 389) für das Sprengstoffgesetz an; es stehe deshalb nichts entgegen, in der Übertragung der Verwaltung eines Vorrats von Sprengstoffen durch den Betriebsleiter an einen beauftragten Stellvertreter ein „Überlassen" zu finden. Diese Auffassung des

Begriffs „Überlassen" ist für § 367 Ziff. 3 StGB. nicht angängig. Nach der dargelegten Geschichte der Kais. Ver. und deren Bedeutung für § 367 Ziff. 3 StGB. sollen der Handel oder handelsähnliche Verfügungen über Arzneimittel geregelt werden. Deshalb ist für den Begriff des Überlassens die Übertragung von Eigentum und Gewahrsam erforderlich; so RG. v. 16. Juni 1900 (Bd. 33 S. 305); so württembergische Min.Verf. v. 23. Okt. 1909 nach Rapmund S. 1279 und OLG. Dresden v. 29. Aug. 1906 — III 173/06 — (Goltd.Arch. Bd. 54 S. 438). Das KG. führt im Urt. v. 19. Juni 1899 (DJZ. 1900 S. 75) aus, es sei ein Überlassen an andere „nur dann anzunehmen, wenn jemand die rechtliche oder tatsächliche Verfügungsgewalt über eine Sache aufgibt und dieselbe gleichzeitig einem andern einräumt". Deshalb hat mit Recht das kammergerichtliche Urteil einen Schmied freigesprochen, welcher den von ihm behandelten Pferden Arzneimittel inkorporierte. Ebenso RG. v. 16. Juni 1900 (Bd. 33 S. 305), auch Württemberg. Min.-Verf. v. 23. Okt. 1909 bei Rapmund S. 1279.

e) Auch der Begriff der „anderen", an welche die Überlassung erfolgt, hat verschiedenartige Auslegung gefunden. Das OLG. Frankfurt a. M. führt im Urt. v. 15. Jan. 1896 (Springfeld S. 159 ff., Wehmer, Med. Ges., Berlin 1902, S. 352) aus, „daß der andere eine Person sein muß, welche dem Überlassenden dergestalt fremd gegenübersteht, daß sie im Verhältnis zu ihm dem Publikum angehört". Diese Begrenzung des Begriffes „andere" hat weder im Sprachgebrauch noch in einer erkennbaren Absicht des Gesetzes eine Unterlage. Das OLG. führt zur Begründung seiner Entscheidung nur an: „Denn es wird z. B. nicht angenommen werden können, daß der Hausherr, welcher von einem für seinen persönlichen Gebrauch aus der Apotheke bezogenen Quantum Antipyrin seiner Ehefrau, seinem Hauskind oder seinem Dienstboten bei eintretender Erkrankung etwas abgibt, hierdurch gegen § 367 Ziff. 3 a. a. O. verstoße, obgleich nach dem strikten Wortlaut eine Überlassung an andere immerhin vorliegt." Diese Ausführungen enthalten aber gar keinen Grund für den zu beweisenden Satz; denn daß eine angebliche Konsequenz des gegenteiligen Standpunktes hart und unerwünscht erscheint, widerlegt diesen noch nicht. Es kann nicht anerkannt werden, daß die Bestrafung des Ehemannes, Vaters, Hausherrn die notwendige Folge wäre, wenn man die Erklärung des OLG. Frankfurt ablehnt. Zwar hat das RG. am 8. Mai 1882 (Rechtspr. IV S. 448) und RG. II v. 27. Okt. 1882 (Rechtspr. IV S. 768) in der Überlassung an Angehörige des Haushalts ein „Inverkehrbringen" gefunden, indessen steht die Abgabe von Vater an Kind, Ehemann an die Frau und dergl. so sehr im Gegensatz zu den von der GewO. geregelten Betätigungen, daß die Anwendung des § 367 Ziff. 3 StGB. auf die bezeichneten Fälle als grundsätzlich ausgeschlossen gelten muß. Auch das Gesinde, das in der Apotheke Arzneien holt und dem Hausherrn abliefert, macht sich keines Verstoßes schuldig, weil, wie oben ausgeführt ist, das Gesinde für den Verkehr zwischen Apotheke und Herrschaft nur als unselbständiger Gehilfe in Tätigkeit getreten ist. Das OLG. Köln erklärt im Urt. v. 22. Mai 1909 w/r B. — S. 85/09 —, man könne die Frage, ob die Verabfolgung von Arzneien aus der Hausapotheke an die Familie oder an die Dienstboten als ein Überlassen an andere zu betrachten sei, verneinen, „weil es sich hier nicht wie im Falle des § 12 des Nahrungsmittelgesetzes um ein Inverkehrbringen schlechthin, sondern um ein solches an das arzneibedürftige Publikum handle, und weil hiermit ein dem Apothekenverkehr gleichartiger oder ihm angenäherter Verkehr gemeint sein solle, nicht etwa die Verabfolgung innerhalb eines engen, auf persönliche Fürsorge und Hilfe der Zugehörigen angewiesenen Kreises". Von praktischer Bedeutung kann auch die Ausführung des RGUrt. v. 28. Jan. 1907 (Goltd. Arch. § 4 S. 291, Seuff.Bl. 72, 391) werden, die dahin geht, daß, wie im § 246 StGB., das Bestehen eines Abhängigkeitsverhältnisses den Begriff des Besitzes beim Besitzdiener ausschließen kann. Die Auffassung des OLG. Frankfurt a. M. wird vom OLG. Braunschweig im Urt. v. 23. Juni 1889 (Springfeld S. 154) als „willkürlich" bezeichnet, und Braunschweigs Auffassung wird vom OLG. Hamm im Urt. v. 17. April 1899 geteilt. Alle Schwierigkeiten werden durch die diesseitige Auffassung gelöst, daß eine gewerbliche, rechtsgeschäftliche, selbständige Betätigung vorliegen muß, um im Verkehr mit Giften und Arzneien den Tatbestand des Überlassens an andere zu erfüllen. Vgl. auch Anm. 9 Buchst. b.

f) Die Frage, ob die Überlassung einer Arznei an deren Miteigentümer, ob die seitens des Vorstandes eines Vereins an dessen Mitglieder, seitens des Vorstandes einer Krankenkasse an die Versicherten den Tatbestand des § 367 Ziff. 3 StGB. erfüllt, ist in der Rechtspr. wie folgt beantwortet worden: KG. erklärt am 12. Jan. 1903 ·/. Bl. — 15 S. 1195/02 — die Verabfolgung einer Arznei aus den vom Vorstande einer Ortskrankenkasse für diese angeschafften Vorräten an die einzelnen Kassenmitglieder für ein „Überlassen an andere", weil die einzelnen Mitglieder nicht Miteigentümer der Vorräte waren, auch nicht die tatsächliche Verfügungsgewalt besaßen. Dies nimmt OLG. Dresden v. 26. Sept. 1889 (Annal. 11, 129) auch dann an, wenn die Arznei in gemeinschaftlichem Eigentum der Mitglieder einer Genossenschaft oder eines Vereins steht. Übereinstimmend erklärt das Urt. des OLG. Köln v. 22. Mai 1909 — S. 85/09 — die Abgabe für unerlaubt, weil ein Inverkehrbringen an das arzneibedürftige Publikum vorliege. Dagegen gestattet dasselbe OLG. Köln im Urt. v. 6. Juli 1907 die Abgabe des Kassenvorsitzenden (Min.Bl. 1908 S. 305; Rhein. Arch. 104,183; Reger 28, 129; 14. Spruchs. der DJZ. 1909 S. 65 zu § 367 Ziff. 3 StGB.) mit der Begründung, die Mitglieder der Krankenkasse seien im Sinne des Gesetzes keine „andern", gleichviel, ob sie zivilrechtlich als Miteigentümer an den Vorräten zu betrachten seien. Den gleichen Standpunkt vertreten OLG. Oldenburg v. 12. Mai 1924 (Goltd. Arch. Bd. 56 S. 116 und Ph. Z. v. 3. Dez. 1924 S. 1254), OLG. Köln im Urt. v. 23. April 1897 (Ph. Z. 1898 Nr. 38), KG. v. 20. Juni 1901 (Ph. Z. 1901 Nr. 52 S. 514 und Berichte des D. Drog.-Verb. 1900/01 Nr. 21 S. 73 bis 75), OLG. Breslau v. 29. Aug. 1900, OLG. Celle v. 29. Mai 1899 (Goltd.Arch.

Bd. 48 S. 145 und Bd. 49 S. 331) und v. 23. April 1912 — 3 S. 44/12 — (Med.Arch. 1914 S. 53 ff. und Goltd.Arch. Bd. 61 S. 165) und KG. v. 4. Juli 1924 (Abgabe innerhalb eines biochemischen Vereins) — 1 S. 313/24 — (Ph. Z. v. 3. Dez. 1924 S. 1254), KG. v. 11. Febr. 1925 — 2 S. 15/25 —. Das OLG. Düsseldorf unterscheidet im Urt. v. 13. März 1911 — S. 36/11 — zwei Fälle: a) der Schrankverwalter verabfolgt dem Vereinsmitgliede ein Mittel, das von diesem bei ihm vor Anschaffung bestellt war; b) der Schrankverwalter gibt aus seinen ohne Bestellung angeschafften Beständen Mittel an Mitglieder ab. Im Falle a hält das Urteil die Maßnahme selbst dann für zulässig, wenn die Bestellung des Mitgliedes nur für den Fall späteren Bedarfseintritts erfolgte, weil dann der Schrankverwalter nur Mittelsperson sei. Im Falle b wird Unzulässigkeit angenommen, weil der Verein „keinen besonders engen, auf persönliche Fürsorge und Hilfe angewiesenen Kreis bildet, wie ihn z. B. die Familie darstellt". Diese letztere Erwägung wird diesseits für ausschlaggebend erachtet. Auf sie würde einzugehen sein bei der Besprechung des im Ergebnis durchaus zutreffenden, in der Begründung verfehlten Urteils des KG. v. 23. Mai 1924 — 1 S. 380/24 —. Dort wird ausgeführt: „Das KG. hat die Anwendbarkeit des § 367 Ziff. 3 StGB. wiederholt (Johow Bd. 5 S. 39; Goltd.Arch. Bd. 40 S. 352 zu b, Bd. 46 S. 356) in Fällen verneint, in denen ein Verein Arzneien, die er in Apotheken angekauft hatte, an seine Mitglieder, die daran von vornherein Miteigentum erworben hatten, im Bedarfsfalle verabfolgt. Aber auch Krankenkassen dürfen die von G r o s s i s t e n u n d A p o t h e k e n bezogenen Arzneien an die Mitglieder abgeben, w e n n dies auf Grund ärztlicher Verordnungen geschehe; sie seien „in Verkehr gebracht bereits durch Verkauf an die Krankenkasse; und durch die Einschaltung der ärztlichen Verordnung sei der vom § 367 StGB. erstrebte Gesundheitsschutz gewährleistet. Letzteres habe in dem vom OLG. Oldenburg (Goltd.-Arch. Bd. 56 S. 116) gegenteilig entschiedenen Falle gefehlt." In dem oben bereits inhaltlich mitgeteilten Urt. v. 4. Juli 1924 legt das KG. Wert darauf, daß diese eine Verurteilung des Vorsitzenden eines biochemischen Vereins billigende Entscheidung deshalb nicht im Widerspruch zu der v. 23. Mai 1924 stehe, weil in dem Fall, der am 23. Mai 1924 vorlag, die Mittel nur auf ärztliches Rezept abgegeben wurden!

Diese Rechtsprechung wollte die Gesetzgebung durch Einfügung des § 2 b in die Kais. Ver. gegenstandslos machen. Die Rechtsgültigkeit des § 2 b unterstellt, bleibt unberührt die Frage, ob der Vorsitzende, der Schrankverwalter zur Abgabe an Miteigentümer oder an die, welche die Ware auf Abruf bestellten, bevor sie angeschafft war, berechtigt ist. Nach den obigen Darlegungen werden diese Fragen, wie folgt, zu beantworten sein: Auszuscheiden ist der Gesichtspunkt der Gesetzesumgehung. Stellt sich der Verkehr als ein gewerbsmäßiger Handel oder als eine handelsähnliche Betätigung des Abgebenden dar, so ist § 367 StGB. anwendbar. Mindestens liegt eine handelsähnliche Betätigung bei einem Vereinsbeamten vor (§ 383 HGB.), denn er gibt die Ware zwar im eigenen Namen, aber doch sicherlich für Rechnung des Vereins ab, der Gewinn für seine Mitglieder erstrebt; das Mitglied erhält die Ware gegen Entgelt in Höhe des Einkaufspreises zuzüglich aller Nebenspesen, und auch der Beamte erzielt seinen Gewinn, sei es provisionsmäßig, sei es durch ein festes Gehalt. Anders liegt es beim Angestellten einer Krankenkasse. Zwar könnte auch dieser im eigenen Namen für Rechnung der Krankenkasse handeln. Da aber bei der Krankenkasse Zwangsversicherte keinerlei Zahlung für die Arzneien zu leisten haben, wäre der Verabfolger in Wahrheit ausschließlich Werkzeug der Krankenkasse, diese wäre der wirkliche Verabfolger, die Abgabe würde hiernach unter 2 b fallen. Darüber, ob aber § 2 b Rechtsgeltung beanspruchen kann, vgl. Anm. 2 zu § 2 b. Nach Ph. Z. 1926 S. 582 erklärte KG. am 20. März 1926, daß die Ver., betreffend Abgabe seitens Krankenkassen keinen neuen Rechtszustand schuf, sondern nur der Beseitigung aufgetretener Zweifel diente. Am 17. März 1926 (Ph. Z. 1926 S. 582) erachtet KG. die Auslieferung von im Auftrage einer dritten Person aus einer Apotheke bezogenen Waren für kein „Überlassen an andere", wohl aber die Verteilung der aus größeren Sammelbestellungen stammenden Arzneimittel.

10. Während Ziff. 3 des § 367 StGB. den Mangel der Befugnis zur Handelsbetätigung mit Giften und Arzneien mit Strafe bedroht, unterscheidet Ziff. 5 folgende strafbaren Tatbestände, und zwar Verstöße gegen Verordnungen: a) bei Aufbewahrung, Beförderung von Giften, Schießpulver, Feuerwerken, Sprengstoffen oder anderen explodierenden Stoffen, b) bei Verausgabung oder Verwendung von Sprengstoffen oder anderen explodierenden Stoffen, c) bei Ausübung der Befugnis zur Zubereitung oder Feilhaltung dieser Gegenstände (Gift, Schießpulver, Feuerwerk, Sprengstoffe und andere explodierende Stoffe) sowie von Arzneien. Hiernach ist für Bestrafung aus Ziff. 5 Befugnis zur Ausübung des Gewerbes nur Voraussetzung bei Verstößen in bezug auf Zubereiten und Feilhalten; befugte Gewerbebetätigung ist nicht Voraussetzung für Bestrafung wegen Zuwiderhandlung gegen Verordnungen über Aufbewahrung und Beförderung. Deshalb gehen zu weit RG. v. 15. April 1915 (Samml. Bd. VII S. 1106/07 („Eine strafbare Übertretung der Giftverordnung hat sowohl die Erlaubnis wie die Ausübung des Handels zur Voraussetzung"), RG. v. 14. März 1924 — 1 S. 133/24 — („Der Min.Pol.Ver. v. 22. Febr. 1906 unterstehen nur die, denen die Erlaubnis zum Gifthandel erteilt ist"). Das gleiche gilt auch vom Urt. des OLG. München v. 19. April 1923 — Rev.-Reg. II N. 101/23 —, wenn dort schlechthin Befugnis zum Feilhalten und Zubereiten als Voraussetzung der Bestrafung aus § 367 Ziff. 5 bezeichnet wird. Diese Voraussetzung gilt nur für Bestrafung wegen Zuwiderhandlungen gegen die Ordnung des Feilhaltens und Zubereitens. Richtig ist aber, daß Ausübung des Handels Voraussetzung auch für eine Bestrafung aus Ziff. 5 wegen Verstößen bei Aufbewahrung, Beförderung, Verausgaben und Verwendung von Giften ist. Das folgt daraus, daß die Giftverordnung in ihrem § 1 ihre Geltung ausdrücklich auf den „gewerbsmäßigen Handel" beschränkt; daß er auch er-

laubt sein müsse, sagt sie keineswegs. Die Frage, ob auch ein gelegentliches Handelsgeschäft als Voraussetzung ausreiche, ist mit dem RG. v. 1. Juni 1923 — I S. 260/23 — und mit dem LG. München I 5. Strafk. v. 3. Febr. 1922 — Ber.Reg. Nr. 30/22 — (JW. 1922 S. 725) (Veräußerung eines ganzen Arzneilagers zur Realisierung eines Pfandrechts) sowie dem OLG. Düsseldorf v. 20. Sept. 1922 — S. 196/22 — (Pfandverkauf) zu verneinen. Diese Entscheidungen beschäftigen sich mit dem Handelsbegriff der Verordnung über Fernhaltung unzuverlässiger Personen vom Handel v. 23. Sept. 1915 und der v. 22. März 1917, gelten aber erst recht für den „gewerbsmäßigen Handel" des § 1 der Giftverordnung.

Wer verbotswidrig Gifthandel treibt und die Gifte verordnungswidrig aufbewahrt, macht sich zweier Verfehlungen mit verschiedenem Tatbestande schuldig. Das kann praktisch Bedeutung erlangen: Wenn z. B. ein entschuldbarer Tatirrtum bezüglich des Vorhandenseins polizeilicher Erlaubnis eine Bestrafung aus Ziff. 3 ausschließt (RG. v. 20. März 1903 — IV 5907/02 —, JW. Bd. 32 S. 325), dann könnte sehr wohl eine Bestrafung aus Ziff. 5 erfolgen.

11. Der Begriff der Giftwaren ist der gleiche wie in Ziff. 3 der Begriff der Gifte (vgl. Anm. 3). Als Giftwaren sind nicht etwa auch solche Waren zu verstehen, zu deren Herstellung Gifte mit verwandt wurden, ohne daß das fertige Erzeugnis unter die Anl. 1 der Giftverordnung fällt. Ebenso gelten als Sprengstoffe nicht mehr diejenigen, welche die Sprengfähigkeit zwar früher besessen, aber dann verloren haben; so RG. v. 23. Febr. 1903 — III S. 6277/02 — (JW. Bd. 32 S. 325). Vgl. JW. Bd. 58 S. 276 (Unterscheidung zwischen §§ 1 und 5 Sprengstoffges.)

12. Wegen Verfehlungen gegen Vorschriften, betreffend das Zubereiten oder Feilhalten von Giften, Arzneien usw. können aus Ziff. 5 nur die bestraft werden, welche befugterweise zubereiten oder feilhalten. Wem hierzu überhaupt das Recht fehlt, untersteht nur der Bestrafung aus Ziff. 3. Vgl. Anm. 10. Nach OLG. München v. 13. Mai 1911 (Med.Arch. 1912 S. 237 ff.)

und v. 27. März 1922 — Rev.Reg. II Nr. 38/1922 — bezieht sich Ziff. 5 nicht auf die nach § 1 RGO. jedermann zustehende Befugnis zur gewerbsmäßigen Zubereitung oder Feilhaltung der dem freien Verkehr überlassenen Arzneien. München folgert daraus, daß ein Münchener Bader nicht aus Ziff. 5 bestraft werden kann, wenn er Heftpflaster abgibt, das er entgegen der Vorschrift der bayrischen Min.-Bekanntm. v. 4. April 1899 nicht aus einer Apotheke bezogen hat. Anselmino folgert hieraus (Apothekerzeitung 1919 Nr. 26), daß der Apotheker nicht an das Arzneibuch gebunden sei, soweit es sich um freigegebene Sachen handele. Diese Auffassung wird von der Ph. Z. v. 7. Mai 1919 mit Recht bekämpft.

13. Unter „Verordnungen" sind Gesetze und alle behördlichen Erlasse zu verstehen, welche allgemeine Regelungen enthalten, von der zuständigen Stelle ausgehen und in der gesetzlich gebotenen Form verkündet sind. — Olshausen (Anm. a zu § 367 Ziff. 5) erachtet nur Gesetze und Polizeiverordnungen für „Verordnungen" im Sinne des § 367 Ziff. 5, indessen ohne Angabe von Gründen. Alle einschlägigen Verordnungen, welche nach Reichs- oder Landesstaatsrecht verbindlich sind, finden hier ihren strafrechtlichen Schutz; es ist nicht abzusehen, weshalb z. B. nicht auch die Verletzung einer vom Bundesrat kraft seines Aufsichtsrechts über das Gesundheitswesen erlassenen Reichsverordnung aus § 367 Ziff. 5 strafrechtlich verfolgt werden dürfte. (So auch Urt. des RG. v. 24. Sept. 1900 — S. 694 — bei Johow Bd. 20 Nr. 48 C S. 122.) Indessen ist zu beachten, daß § 367 Ziff. 5 StGB. keine Delegation, sondern nur einen Vorbehalt enthält, daß er nicht das Recht zur Regelung des Arzneimittelhandels einer Behörde überträgt, sondern nur ein vorhandenes Recht zur Regelung seiner Strafandrohung als Norm vorbehält. Deshalb ruht eine solche Verordnung nicht auf § 367 Ziff. 5 StGB., ihre Geltung hängt vielmehr davon ab, ob sie an sich nach Reichs- oder Landesstaatsrecht bestehen kann (Rosin, Das Polizeiverordnungsrecht in Preußen, 2. Aufl., J. Guttentag, 1895, S. 73). RG. v. 25. Sept. 1925 (Ph. Z. S. 78

und 1730): Eine Polizeiverordnung, die Ankündigung nicht freigegebener Arzneien verbietet, ist ungültig. Vorschriften, die die Ankündigung der dem Rezepturzwang unterliegenden Mittel oder eine Anzeige von Heilmitteln gegen besonders gefährliche Krankheiten verbieten, sind gültig.

B. § 360.

Mit Geldstrafe bis zu einhundertfünfzig Mark oder mit Haft wird bestraft:

8. wer unbefugt[1]) . . . Titel,[2]) Würden . . . annimmt.[3])

1. Unbefugt führt der einen Titel, dem er überhaupt nicht oder von einer nicht zuständigen Seite verliehen ist. Ein Irrtum über die Zuständigkeit der verleihenden Stelle ist nicht strafrechtlicher, sondern verfassungsrechtlicher Natur und deshalb rechtserheblich. Da vorsätzliches Handeln gefordert wird (Olshausen StGB. § 360 Anm. 8c und Entsch. des RG. in Strafs. Bd. 33 S. 305), kann nur Strafe eintreten, wenn der Angeklagte gewußt hat, daß es ein Titel ist, den er sich beilegte; so OLG. Köln v 4. Juli 1907 c/a R. — S. 111/07 —.

2. Über die Frage, was ein Titel sei, spricht sich das OLG. Köln im Urt. v. 14. Dez. 1903 c/a M. — S. 161/03 — wie folgt aus: „Die in der Rechtsprechung und Wissenschaft früher ziemlich allgemein anerkannte Definition des „Titels" als einer der amtlichen Stellung einer Person entsprechenden, dieses Amt bezeichnenden oder auf die Bekleidung eines Amtes hinweisenden Benennung ist in wiederholten Entscheidungen der neueren Zeit (vgl. Entsch. des KG. v. 29. April 1901, Entsch. des OLG. Köln v. 12. März 1901) mit Recht in dieser Beschränkung nicht aufrechterhalten, vielmehr . . . angenommen worden, daß ein staatlicher Titel auch vorliege, wenn eine vom Staate, d. h. nicht nur vom Staatsoberhaupte selbst, sondern auch von den verfassungsmäßig berufenen Organen des Staates in Ausübung eines diesen übertragenen Teiles der Staatshoheit, gewählte Bezeichnung für eine von ihm geschaffene — nicht notwendig ein Amt darstellende — öffentlich-rechtliche Stellung dazu benutzt werde, um durch dieselbe eine bestimmte Person vor anderen, welche auf diese Benennung keinen Anspruch haben, hervorzuheben." Das OLG. München erklärt am 4. April 1911 (Samml. XI, 172 und Med.Arch. 1912 S. 39) Titel als „die Benennung, die jemand sich beilegt, oder die ihm beigelegt wird, um eine von ihm ausgeübte wissenschaftliche oder gewerbliche Tätigkeit zu bezeichnen" (Entsch. des RG. in Strass. 31, 164). Diese Begriffserklärung macht sich auch das KG. im Urt. v. 6. Juni 1912 — I S. 445/12 — (Med.Arch. 1912 S. 354) zu eigen. OLG. Braunschweig im Urt. v. 16. Jan. 1913 — 2 L. 55/12 —: „Zu den verliehenen Titeln und Würden im Sinne der §§ 33, 360 StGB. rechnen auch die sog. akademischen Würden, die von einer im Deutschen Reiche bestehenden Körperschaft oder Anstalt unter staatlicher Autorität verliehen sind." Nur die hier gekennzeichneten Titel von öffentlich-rechtlichem Charakter genießen den Schutz des § 360 Ziff. 8 StGB., der auch auf ausländische gleichartige Titel Anwendung findet; so OLG. Köln v. 27. Nov. 1901 c/a M. — S. 148/01 —. Das KG. vertritt in den Urteilen v. 17. Nov. 1922 — I S. 797/22 —, v. 15. Dez. 1922 — I S. 820/22 —, v. 5. Sept. 1925 — 2 S. 492/25 — (Goltd. Arch. 1926 S. 208/209) den Standpunkt, daß der Führung ausländischer akademischer Titel Art. 109 Abs. 6 Reichsverfassung entgegenstehe. Dem kann nicht beigetreten werden. Ein im Ausland erworbener Titel darf nicht so weit abgekürzt werden, daß er mit einem deutschen Titel verwechselt wird; so OLG. Dresden am 10. April 1902 in Goltd.Arch. Bd. 49 S. 342 und Anm. 23 S. 415. Strenger ist der Bad. Verwaltungsgerichtshof am 24. Sept. 1913 — Nr. 3014 — (Bad. Verw.Zeitschr. Jahrg. 45 S. 257 und Med.Arch. 1914 S. 80ff.) mit der Forderung, daß ein in Pennsylvanien verliehener Titel eines „Doctor of dental Sugery" nur in diesem Wortlaut und nicht in deutscher Übersetzung angewandt werden darf. In der Entsch. des KG. 1. Strassen. v. 18. Nov. 1912 (MBl. 1913 S. 22, Med.Arch. 1913 S. 75 ff. und Samml. VII

S. 637) wird eingehend die Rechtsprechung über die Frage zusammengestellt, ob auch dem untersagt ist, sich als Arzt zu bezeichnen, der nicht in Deutschland, wohl aber außerhalb Deutschlands als Arzt anerkannt ist und dies deutlich zum Ausdruck bringt. Das KG. bejaht diese Frage und erklärt die Bezeichnung „in Rußland approbierter Zahnarzt“ als einen im § 147 Ziff. 3 RGO. verbotenen arztähnlichen Titel. Mit Recht gegenteilig das vom KG. zitierte OBG. und OLG. München (10. Nov. 1910; Samml. der Entsch. des 1. Straffen. Bd. 10 S. 359; Samml. VII S. 650/51) und RG. Letzteres führt im Urt. v. 21. Nov. 1913 — 2 D. 574/13 — (Recht XVIII. Jahrg. S. 304; Med.Arch. 1914 S. 80) überzeugend aus: „Die Bezeichnung „in Amerika approbierter Zahnarzt“ ist nicht zu beanstanden. Denn darin ist die Bezeichnung „Zahnarzt“ nicht als der im § 29 GO. vorgesehene Titel verwendet, sondern der Beruf als Zahnarzt wahrheitsgemäß in einer Weise bezeichnet, daß der Anschein, es werde der inländische Titel in Anspruch genommen, vermieden ist. Nur der Titel ist eben geschützt. Das Gesetz verfolgt nicht etwa den Zweck, die Berufsausübung zugunsten deutscher Zahnärzte einzuschränken.“ Im übrigen vgl. Anm. zu § 147 Ziff. 3 RGO. Über die Frage, ob „Apotheker“ ein Titel ist, vgl. Anm. 1 zu § 29 Abs. 1 RGO. Die Bezeichnung „Chemiker“, „geprüfter“ oder „examinierter Drogist“ ist kein geschützter Titel. Auch die unberechtigte Führung solcher Bezeichnung verstößt sonach nicht gegen § 360 StGB., kann aber aus dem Gesetz wider den unlauteren Wettbewerb strafbar werden. Titel können in Verbindung mit den bürgerlichen Ehrenrechten abgesprochen werden. Ein Gnadenakt, der den Verlust der bürgerlichen Ehrenrechte beseitigt, hat mangels ausdrücklicher Erklärung nicht den Umfang, daß er auch den verwirkten Doktortitel wieder verleiht. So OLG. Braunschweig v. 16. Jan. 1913 — 2 L. 55/12 —.

3. „Annehmen“ ist gleichbedeutend mit „Führen“. Wer etwa nur eine unbefugte Titelverleihung entgegennimmt, vielleicht auch noch die Annahme bestätigt, verletzt § 360, 8 nicht, sofern er sich nicht auch des Titels bedient.

Die Führung akademischer Grade ist für Preußen durch folgende Verordnung v. 30. Sept. 1924 beschränkt:

§ 1. Preußische Staatsangehörige, die einen akademischen Grad einer Hochschule außerhalb Preußens erworben haben, bedürfen zur Führung dieses Grades in Preußen der Genehmigung des Ministers für Wissenschaft, Kunst und Volksbildung. Diese Genehmigung kann hinsichtlich der akademischen Grade bestimmter außerpreußischer Hochschulen allgemein erteilt werden. Eine Genehmigung ist nicht erforderlich, wenn es sich um den akademischen Grad einer deutschen Hochschule handelt, der auf Grund einer schon vor dem 1. Januar 1923 bestehenden Satzung verliehen worden ist.[1])

§ 2. Für nichtpreußische Reichsangehörige und für Ausländer, die sich in Preußen aufhalten, gilt die Bestimmung des § 1 mit der Maßgabe, daß es, sofern sie sich nur vorübergehend und nicht zu Erwerbszwecken oder ausschließlich im amtlichen Auftrag in Preußen aufhalten, genügt, wenn sie nach dem Rechte ihres Heimatstaats zur Führung des akademischen Grades befugt sind.[2])

§ 3. Diese Verordnung tritt mit dem Tage der Verkündung in Kraft. Gleichzeitig tritt die Königliche Verordnung, betreffend die Führung der mit akademischen Graden verbundenen Titel, vom 7. April 1897 außer Kraft.

Berlin, den 30. September 1924.

Das Preußische Staatsministerium.
Braun. Boelitz.

1. Interessant OLG. Köln v. 8. Febr. 1918 — S. 106/17 —, daß ein Oldenburger, der in Preußen fremden Titel führt, weder preußischer Genehmigung bedarf, weil er kein Preuße ist, noch oldenburgischer, weil er sich dort des Titels nicht bedient.

2. Der Annahme von Titeln einer ausländischen Regierung steht auch Art. 109 Abs. 6 der Reichsverfassung v. 11. Aug. 1919

entgegen. Das RG. 1. Strafsen. v. 15. Dez. 1922 — I S. 820/22 — (JW. 1923 S. 527) erklärt, daß ein im Rahmen staatlicher Ermächtigung erteilter Titel (Professor) als von der Regierung selbst gegeben anzusehen sei. Zu den akademischen Graden zählt das RG. unter Berufung auf OVG. 37, 359, RG. v. 17. Nov. 1922 — I S. 797/22 — den Professortitel nicht. Das OVG. untersagte am 17. Mai 1915 (Samml. VII S. 806 ff.) Führung der Bezeichnung „französischer Universitätsprofessor" und am 18. Nov. 1915 (Samml. VII S. 808 ff.) Führung der Bezeichnung: „In Amerika als Arzt i. J. 1899 registriert".

Der, welcher auf Grund von Täuschungshandlungen im Examen einen Titel erlangt und ihn führt, ist nicht aus § 360, 8 zu bestrafen. Sein Titelbesitz ist zwar anfechtbar, solange solche Anfechtung aber nicht erfolgreich durchgeführt ist, kann die Benutzung des Titels nicht als eine unbefugte gelten.

V.

Die Bestimmungen der Reichsgewerbeordnung über den Handel mit Arzneien und Giften.

§ 1 Abs. 1.

Der Betrieb eines Gewerbes [1]) ist jedermann gestattet,[2]) soweit nicht durch dieses Gesetz Ausnahmen oder Beschränkungen vorgeschrieben oder zugelassen sind.

1. Professor Franz Dochow erklärt in der Zeitschrift „Gesellschaftswesen" 25, 75: „Als Gewerbe ist die selbständige, für die Dauer bestimmte (oder nachhaltig betriebene) Tätigkeit zum Erwerb (oder gegen Entgelt) zu bezeichnen." (Zitiert nach „Das Recht" 1925 S. 125.) Die herrschende Meinung verlangt Streben nach Gewinnerzielung. Vgl. „Die Reichsgewerbeordnung", erläutert von Dr. Fr. Hoffmann, Wirkl. Geh. Oberregierungsrat, Berlin 1925, Carl Heymanns Verlag; Anm. 1 S. 3 ff. Es kommt aber nicht darauf an, daß der Unternehmer seinen persönlichen Vorteil erstrebt, auch Gewinnerzielung zugunsten eines gemeinnützigen Zweckes steht begrifflich nicht entgegen. S. 3 a. a. O.

2. Das schließt nicht aus, daß die Art des Betriebes polizeilich geregelt wird, auch wenn hierdurch die Verkehrsfreiheit eine Beschränkung erfährt; diese darf indessen nicht so weit gehen, daß sie „eine derartige Einengung der Ausübung eines erlaubten Gewerbebetriebes in sich schließt, daß dieser im Erfolge ganz vereitelt wird". So OLG. Dresden 11. Okt. 1906 (Sächs. Arch. 2, 282; 12. Spruchs. der DJZ. 1908 S. 111) und Sächs. OVG. v. 9. Juli 1925 (Ph. Z. S. 58 und S. 1731).

§ 6 (auszugsweise).

... Auf ... den Verkauf von Arzneimitteln [1]) findet ... das gegenwärtige Gesetz nur insoweit Anwendung, als dasselbe ausdrückliche Bestimmungen darüber enthält.

Durch Kaiserliche Verordnung [2]) wird bestimmt, welche Apothekerwaren [1]) dem freien Verkehre zu überlassen sind. [3])

1. Wegen des Begriffes Arzneimittel und Apothekerwaren vgl. Anm. 1 zur Kais. Ver. Vgl. die auch Verhütungsmittel erfassende Begriffserklärung im § 2 der Bekanntm. über den Handel mit Arzneimitteln v. 22. März 1917 (RGBl. S. 270 ff.). (Inzwischen aufgehoben durch Min. d. Inn. am 21. Aug. 1923, RGBl. S. 819.) Das RG. erklärte im Urt. v. 18. Juni 1914 — 1 S. 419/14 — (Med.Arch. 14 S. 369 ff.): „Arzneimittel in diesem Sinne [des § 56 Nr. 9 RGO.] sind alle Waren, welche nach ihrer vom Hersteller oder Verbreiter gegebenen, im Verkehr anerkannten Bestimmung arzneilichen, insbesondere Heil- oder Vorbeugungszwecken dienen (Urt. des RG. v. 24. Jan. 1910, Med.Arch. 1 S. 87 ff.). Mit der Frage, ob Radium ein Arzneimittel sei, beschäftigen sich in bejahendem Sinne RG. I S. 493/22, v. 19. Febr. 1923 — 2 D 561/22 — (RG. Bd. 57 S. 114) und OLG. München v. 26. Febr. 1923 — Rev.Reg. II Nr. 34/23 —. Die Entsch. des RG. v. 31. März 1925 — I 133/25 — führt nach einem Zeitungsbericht aus, daß es nach der Verordnung über Handelsbeschränkungen v. 13. Juli 1923 nicht auf Absicht oder Ansicht der Handeltreibenden, sondern auf die Beschaffenheit und Eigenschaften des gehandelten Stoffes ankomme. Diese Auffassung ist angesichts des Wortlauts des § 4 der Verordnung sehr bedenklich, beschränkt ihre Geltung auf die bezeichnete Verordnung v. 13. Juli 1923. Über das Verhältnis des Arzneimittels zum Genußmittel spricht sich RG. III. Str. v. 9. Okt. 1902 — D 2858/02 — (Goltd. Arch. 1903 Bd. 50 S. 103) dahin aus, daß Arzneien Genußmittel sein können, aber nicht sein müssen. Letztere dienen nicht zur eigentlichen Ernährung, sondern zur Bereitung angenehmer Sinnesempfindungen. Am 19. April 1915 (Bd. 49 S. 223 bis

225) erklärt RG. 1. Straffen.: Heilmittel sind an und für sich keine Nahrungs- oder Genußmittel, weil sie nicht dazu bestimmt sind, zur Ernährung oder zum Genusse des Menschen zu dienen." RG. v. 11. Juli 1913 ·/. K.: Baldrian kein Genußmittel.

2. Landesrechtliche Vorschriften, nach denen die von der Kais. Ver. freigegebenen Waren (z. B. Hoffmannstropfen) nur in Apotheken feilgehalten oder verkauft werden dürfen, sind ungültig; so KG. v. 25. Sept. 1905 — 1 S. 533/05 — bei Johow Bd. 30 C. 33. Das gleiche gilt vom Verbot des Vorrätighaltens. So KG. v. 26. Jan. 1914 — 1 S. 1021/13 — (Med.Arch). 1914 S. 226 ff. v. Landmanns abweichende Auffassung wird eingehend von Kronecker im Med.Arch. 1914 S. 6/7 auch unter Berufung auf KG. v. 6. Okt. 1910 (Med.Arch. I S. 524) widerlegt.

3. Das KG. erklärt in einem Urt. v. 14. Juni 1900— S. 453 — (Johow Bd. 20 Nr. 38 C. S. 93) eine Polizeiverordnung für rechtsgültig, welche die öffentliche Ankündigung oder Anpreisung eines Arzneimittels als Heilmittel verbietet, dessen Verkauf gesetzlich verboten oder beschränkt ist; eine solche Polizeiverordnung stehe nicht im Widerspruch mit der Kais. Ver., sie beziehe sich auch auf die Apothekenbesitzer. Dieser Standpunkt muß an sich als zutreffend anerkannt werden. Denn die Kais. Ver. bestimmt nur, was außerhalb der Apotheke verkauft werden darf, sie regelt nicht die Art des Handels (vgl. aber Anm. 35 zu Verz. A der Kais. Ver. S. 185). Hierfür bleibt die Landesgesetzgebung zuständig, da nach § 6 RGO. auf den Verkauf von Arzneimitteln die Gewerbeordnung nur sehr beschränkt Anwendung findet. Die öffentliche Ankündigung eines vom Gesetz ohne Rücksicht auf die Mischungsverhältnisse völlig freigegebenen Heilmittels ist nach KGUrt. v. 18. Mai 1890 (Goltd. Bd. 44 S. 189) nicht verboten. Ohne den formaljuristischen Boden der Entsch. v. 14. Juni 1900 zu verlassen, hat das KG. in folgerichtiger Entwickelung der Erwägungen seines Urt. v. 18. Mai 1890 in einem Urt. v. 6./13. Okt. 1913 — 1 S. 740/13 — (Johow Bd. 45 S. 452 ff., Med.Arch. 1913 S. 529 ff. und MBl. S. 343) eine Polizeiverordnung insoweit für rechtsungültig erklärt, als sie

Ankündigung der nicht rezepturpflichtigen, wenn auch im Verkehr beschränkten harmlosen Mittel oder Tierheilmittel verbietet; für ein so weitgehendes Verbot fehle die Voraussetzung des § 10 ALR. II 17. Dieser Standpunkt ist vom KG. festgehalten insbesondere am 25. Sept. 1925 — I S. 825/25 — (Ph. Z. S. 78 und 1730), woselbst das Verbot der Ankündigung von Tierheilmitteln für schlechthin unzulässig erklärt wird, das von Menschenheilmitteln nur dann, wenn sie sich unterschiedslos auf alle sog. Monopolmittel beziehen. Dagegen sind Polizeiverordnungen gültig, wenn sie sich auf das Verbot von Ankündigungen beschränken, in denen den Mitteln über ihren Wert hinausgehende Wirkungen beigelegt werden und das Publikum durch die Art der Anpreisung irregeführt wird. So RG. II. Straffen. v. 4. April 1913 (Recht XVII. Jahrg. Nr. 9, Med.Arch. 1913 S. 219 und 220), KG. v. 25. Sept. 1925 — I S. 825/25 — (Ph. Z. S. 78 und S. 1730).

§ 29.

Einer Approbation, welche auf Grund eines Nachweises der Befähigung erteilt wird, bedürfen Apotheker [1]) und diejenigen Personen, welche sich als Ärzte (Wundärzte, Augenärzte, Geburtshelfer, Zahnärzte und Tierärzte) oder mit gleichbedeutenden Titeln [2]) bezeichnen oder seitens des Staates oder einer Gemeinde als solche anerkannt oder mit amtlichen Funktionen betraut werden sollen. Es darf die Approbation jedoch von der vorherigen akademischen Doktorpromotion nicht abhängig gemacht werden.

Der Bundesrat [3]) bezeichnet mit Rücksicht auf das vorhandene Bedürfnis in verschiedenen Teilen des Reichs die Behörden, welche für das ganze Reich gültige Approbationen zu erteilen befugt sind, und erläßt die Vorschriften über den Nachweis der Befähigung. Die Namen der Approbierten werden von der Behörde, welche die Approbation erteilt, in den vom Bundesrate zu bestimmenden amtlichen Blättern veröffentlicht.

Personen, welche eine solche Approbation erlangt haben, sind innerhalb des Reichs in der Wahl des Ortes, wo sie ihr Gewerbe betreiben wollen, vorbehaltlich der Bestimmungen über die Errichtung und Verlegung von Apotheken (§ 6), nicht beschränkt.

Dem Bundesrate bleibt vorbehalten, zu bestimmen, unter welchen Voraussetzungen Personen wegen wissenschaftlich erprobter Leistungen von der vorgeschriebenen Prüfung ausnahmsweise zu entbinden sind.

Personen, welche vor Verkündigung dieses Gesetzes in einem Bundesstaate die Berechtigung zum Gewerbebetriebe als Ärzte, Wundärzte, Zahnärzte, Geburtshelfer, Apotheker oder Tierärzte bereits erlangt haben, gelten als für das ganze Reich approbiert.

1. a) Wer sich Apotheker nennt, ohne eine Approbation zu besitzen, kann zwar nicht aus § 147, 3 RGO. bestraft werden, wohl aber gegebenenfalls wegen unlauteren Wettbewerbs (RG. 4. Strafsen. v. 12. Nov. 1912, Bd. 46 S. 321 und Med.Arch. 1913 S. 370) und stets aus § 360 Ziff. 8 StGB. Allerdings erklärt es Landmann (Anm. 3 zu § 29 GewO.) für zweifelhaft, ob „Apotheker" ein Titel sei; und die von Springfeld (V S. 458) zitierten Entsch. des Preuß. Ober-Tribunals und des RG. verneinen die Frage. Indessen neigt die neuere Rechtsprechung dem bereits in der ersten und zweiten Auflage dieses vertretenen Standpunkt zu, daß auch die Bezeichnung „Apotheker" Titelcharakter hat. Vgl. oben Anm. 2 zu § 360 StGB. So spricht das Sächs. Min. im Runderlaß v. 7. Nov. 1912 (Med.Arch. 1913 S. 215) vom Apotheker*titel*.

b) Die Frage, ob ein Drogist, welcher die Approbation als Apotheker erworben hat, befugt ist, seinen Apothekertitel auf seinem Firmenschild, auf Rechnungen usw. anzubringen, ist grundsätzlich zu bejahen. Unzulässig ist der Gebrauch des erworbenen Apothekertitels nur dann, wenn er *geeignet* ist, beim Publikum den unrichtigen Glauben zu erregen, daß der Titelbesitzer Apothekenbesitzer, daß seine Drogenhandlung eine Apotheke sei. In solchem Falle hat die Polizei das Recht, die Beseitigung des Apothekertitels aus Schild und sonstigen Reklamen zu fordern (OVG.Urt v. 12. März 1898 — III B 66/97 —, Bd. 33 S. 350) und im Verwaltungsstreitverfahren zu klagen. Ob der Inhaber Täuschungs a b s i c h t hat, ist unerheblich (OVG. v. 14. Dez. 1878, Bd. 4 S. 3424). In Preußen folgt dies Recht aus § 10 II 17 ALR. zwecks Aufrechterhaltung der „Ordnung". In zahlreichen Entscheidungen hat das Preuß. OVG. nach anfänglich strengerer Auffassung den Grundsatz festgelegt, daß nur eine Verwechselungsgefahr mit einer Apotheke ein polizeiliches Einschreiten rechtfertige; es hat solche Gefahr für ausgeschlossen erklärt, wenn das Schild die darunter befindliche Handlung deutlich als Drogerie bezeichnet oder hinter „Apotheker" die Worte „nicht Apothekenbesitzer" eingefügt zeigt, oder wenn aus der gleichzeitigen deutlichen Ankündigung von „Wein, Kognak, Farben, Pinsel und dergl." oder aus der Ausstattung des Schaufensters jedem erkennbar werden muß, daß es sich um eine Apotheke nicht handeln kann. Es wird deshalb in Streitfällen die photographische Aufnahme der Außenseite des Geschäfts zweckmäßig sein. (OVG. v. 5. Mai 1892 bei Böttger S. 251, v. 22. Febr. 1899 bei Springfeld V S. 461 bezw. 470/71, v. 7. Juli 1900 — III 1272 — im Preuß. VBl. Jahrg. XXII S. 168 und bei Kunze und Kautz Erg.-Bd. 1901 S. 721 und DDZ. Nr. 42 Jahrg. 1900, v. 10. Juni 1901 in der DDZ. Nr. 26 Jahrg. 1901, v. 7. Juli 1900 in Nr. 21 der Berichte des D. Drog.-Verb. für 1900/01 S. 95; in dieser letztzitierten Entscheidung führt das OVG. unter Hinweis auf seine frühere Entscheidung Bd. 31 S. 310 wörtlich aus: „Sollte jemand doch in diesen Irrtum (Verwechselung mit einer Apotheke) verfallen, so würde es nicht mehr die Bezeichnung des Klägers als Apotheker, sondern es würden bloß die eigene Unkenntnis und Unverständigkeit sein, die den Irrtum herbeiführten.") Diese Rechtsprechung hält das OVG. im Urt. v. 25. Jan. 1915 — III A. 29/14 — in eingehender Begründung aufrecht (MBl. 1915 S. 252/53). In der von Bartel S. 205 ff. angezogenen Entsch. des Regierungspräsidenten in Erfurt v. 1. Mai 1922 wird unter

Berufung auf dieses Urt. des OVG. v. 25. Jan. 1915 auf Grund der photographischen Wiedergabe der Außenansicht jede Täuschungsgefahr als ausgeschlossen und deshalb die Bezeichnung als Apotheker für zulässig erklärt. In gleichem Sinne spricht sich auch die Verf. des Ministeriums für Elsaß-Lothringen v. 9. April 1900 aus, deren Wortlaut hier folgt:

„. . . Die Auffassung, daß nur derjenige berechtigt sei, sich Apotheker zu nennen, welcher neben der nach § 29 der GewO. für die Ausübung des Apothekengewerbes erforderlichen Approbation auch im Besitz einer konzessionierten Apotheke sich befinde, wird zwar in einer Verordnung des Königlich Sächsischen Ministeriums des Innern v. 28. März 1895 (Reger Bd. 16 S. 3) vertreten, läßt sich aber rechtlich nicht halten. Sie steht im Widerspruch mit der Tatsache, daß, wie bereits im Erl. v. 22. Febr. 1897 — I A. 1006 — erwähnt, der pharmazeutische Approbationsschein dem Empfangsberechtigten amtlich unter der Adresse „An den Apotheker Herrn N. N." zugefertigt wird. Auch die Kais. Ver. v. 14. Juli 1898 über die Errichtung eines Apothekerrats (GBl. S. 69) beruft in § 2 zu Mitgliedern dieses Rats vier aus den eine Apotheke nicht besitzenden Apothekern.

Dagegen unterliegt es keinem Bedenken, in einzelnen Fällen, in welchen der Titel Apotheker von dem zu seiner Führung an und für sich Berechtigten dazu benutzt wird, nach außen den Irrtum zu erwecken, als betreibe er eine konzessionierte Apotheke, den Gebrauch dieses Titels polizeilich zu untersagen. Auf diesem Standpunkt stehen der Erlaß des Preußischen Ministers der Medizinalangelegenheiten v. 15. Febr. 1882 sowie die Bekanntmachung des Berliner Polizeipräsidenten v. 12. Febr. 1898. Ob ein solcher Irrtum erregt wird, unterliegt der Prüfung von Fall zu Fall. Wenn z. B. ein Drogist über seine Drogenhandlung lediglich die Bezeichnung anbringen würde

„N. N., Apotheker",

so würde ein polizeiliches Einschreiten geboten sein. Ist das Geschäft jedoch als Drogenhandlung bezeichnet und auch auf dem Aushängeschild dem Namen des Drogisten der Zusatz beigefügt „diplomierter Apotheker“, so ist dieser Umstand kaum geeignet, einen Irrtum der bezeichneten Art hervorzurufen.“

Die hier vom Min. f. Elsaß-Lothringen angezogene Sächs. Min.Ver. ist von dem letzteren durch Erl. v. 7. Nov. 1912 (Med.-Arch. 1913 S. 215) unter Berufung auf ein Urt. des Sächs. OVG. v. 1. Nov. 1912 preisgegeben, weil gegen die Führung eines erworbenen Apothekertitels nur dann einzuschreiten sei, wenn „die konkrete Art des Gebrauchs der Bezeichnung „Apotheker“ die Gefahr einer Verwechselung begründet“. Das angezogene Urt. des Sächs. OVG. v. 1. Nov. 1912 (Jahrb. Bd. 19 S. 213, Med.Arch. 1913 S. 373 ff.) erklärt den approbierten Apotheker befugt, sich Apotheker zu nennen, sofern er hiermit nicht den Betrieb einer Apotheke vortäuscht; das sei nicht der Fall, wenn der „Gesamteindruck, den man beim Anblick des Geschäftsladens gewinnt, auf eine Drogenhandlung“ hinweist. Daß die Approbation ohne Apothekenkonzession zur Bezeichnung als „Apotheker“ genügt, ist auch ausgesprochen vom Pr. OVG. v. 7. Juli 1904 bei Reger, Ergänzungsband 3 S. 221 zu den Entsch. aus dem Geb. des Verwaltungsrechts, vom Bad. Verw.Ger. v. 10. März 1903 bei Reger a. a. O. 24 S. 230.

Eine Polizeiverordnung, welche die Benutzung des Apothekertitels auf den Schildern einer Drogenhandlung schlechthin, also auch dann verbietet, wenn jede Verwechselungsgefahr ausgeschlossen ist, muß als ungültig erachtet werden. So hat auch das OVG. München unterm 3. Juni 1899 im Gegensatz zum Bayrischen Ministerialerlaß v. 6. Febr. 1897 das Verbot der Benutzung des Apothekertitels seitens eines Drogisten für unzulässig erklärt. (Vgl. § 9 der Kgl. Ver. v. 15. März 1901 für Bayern.)

Das OLG. München erklärte im Urt. v. 5. Mai 1906 (Ph. Z. Nr. 54), daß die Führung des Apothekertitels und die Bezeichnung Medizinaldrogerie im Firmenschild eines Drogisten, zumal wenn noch durch den Zusatz „Keine Apotheke“ das betr. Geschäft näher charakterisiert wird, nicht zu beanstanden sei. Das OVG. erachtete im Urt. v. 7. Juli 1904 — N. III 1283; Rep. N. III B. 17/04 — (Bd. V der Samml. S. 305) die Zusammenstellung „Medizinaldrogerie, Apotheker P. Sch., chemisch-pharmazeutisches Laboratorium" als irreführend, fordert aber nur Streichung des Wortes „Apotheker" an der Außenseite der Drogenhandlung. Für die Beantwortung der Frage, ob eine Bezeichnung irreführend ist, sei nach OLG. München v. 23. Mai 1905 (Samml. 6, 9) hauptsächlich der Standpunkt des unerfahrenen Teils des Publikums maßgebend. Auch das OVG. teilt diese Auffassung im Urt. v. 12. März 1898 — Rep. III B. 66/97 — (Bd. 33). Indessen darf in der Berücksichtigung der Unerfahrenen nicht gar zu weit gegangen werden. So führt das OVG. im Urt. v. 14. März 1900 — Rep. III B. 104/99 — (Bd. 37 S. 361), wenn auch nicht in bezug auf die Bezeichnung als Apotheker, wohl aber hinsichtlich eines „arztähnlichen Titels", wörtlich aus: „. . . so würde nicht durch die vom Kläger gebrauchten Worte, sondern durch die eigene Unkenntnis und den Mangel der gebotenen Erkundigung die Täuschung herbeigeführt sein." In den Urt. des OVG. v. 7. Juli 1904 (Samml. Bd. V S. 305), v. 8. Juni 1905 (Samml. Bd. VI S. 209), v. 25. Jan. 1915 (MBl. Jahrg. 15 S. 252 und Samml. Bd. VII S. 699/700) wird ein Verbot der Titelführung auf Verpackungen, Geschäftsanzeigen und dergl. als dem Preßgesetz zuwider aufgehoben. In diesen Urteilen wird das Verbot der Titelführung auf den Schildern einer Drogenhandlung deshalb für unzulässig erklärt, weil nach der gesamten Ausstattung eine Täuschungsgefahr nicht besteht. — Auch firmenrechtlich ist die Eintragung des Apothekertitels für einen Drogisten nur im Falle der Verwechselungsgefahr zu beanstanden. Vgl. Barthel S. 209. Dagegen ist zeichenrechtlich die Bezeichnung einer Drogerie als „Apoterie" vom KG. am 29. Juni 1912 mit Recht beanstandet (Samml. Bd. VII S. 1091 ff.).

c) Bezüglich der Verwendung des Wortes „Apothekerwaren" auf Schild und Geschäftspapieren gelten etwa die gleichen Grundsätze, wie sie zu 1 b dargelegt sind. Indessen wird man hier strenger sein müssen, weil ja der Drogist nicht schlechthin Apothekerwaren, vielmehr nur einen besonders freigegebenen Teil führen darf. Dem OVG. genügt mit Recht noch nicht der Zusatz „freigegebene" oder „gesetzlich erlaubte", weil diese Zusätze zu allgemein gehalten sind und nicht ohne weiteres erkennen lassen, daß es sich nur um solche Waren handelt, welche dem Detailverkehr außerhalb der Apotheken „freigegeben“, für ihn „gesetzlich erlaubt“ sind. (Urt. des OVG. 1893 in der DDZ. Nr. 35, Jahrg. 1893.) Wenn dagegen aus der Gesamtaufschrift auf Schildern, Umhüllungen, Rechnungen und dergl. deutlich hervorgeht, daß der Geschäftsinhaber keine Apothekenkonzession besitzt, wird die Verwendung des Wortes „Apothekerwaren“ unbeanstandet bleiben müssen. So wurde der solche Benutzung einem Drogisten D. S. verbietende Senatsbeschluß der Polizei in Nürnberg v. 11. April 1900 auf Beschwerde durch Entscheidung der Kgl. Regierung zu Mittelfranken, Kammer des Innern, v. 13. Juni 1900 (abgedruckt S. 96 der Berichte des D. Drog.-Verb. für 1900/01) mit der Begründung aufgehoben, „daß aus der Gesamtaufschrift der Verpackungen niemand die Meinung gewinnen kann, daß es sich bei dem S.schen Geschäfte um eine Apotheke handle“. Ähnlich auch das OVG. v. 18. März 1899 bei Springfeld V S. 494 und v. 22. Febr. 1899 — III 286 —, Schlußsatz bei Springfeld V S. 470, 471. Die Bezeichnung als Medizinaldrogerie ist nicht zu beanstanden (OVG. 8. Juni 1905 — III 1176 — im Pr. VerwBl. 27, 773 und Kunze und Kautz, Ergänzungsband 1907/08 S. 300).

d) Daß sich ein polizeiliches Verbot nicht auf Ankündigungen in der Presse beziehen darf, ist ständige Rechtsprechung. Im Urt. v. 7. Juli 1894 — N. III 1283; Rep. N. III B. 17/04 — (Samml. Bd. V S. 305) führt das OVG. wörtlich aus: „Das Verbot, die Bezeichnungen „Apotheker“ und „Medizinaldrogerie“ in geschäftlichen Anzeigen und Anpreisungen jeder Art sowie auf Etiketten, Umhüllungen und dergl. zu führen, umfaßt auch alle Anzeigen durch die Presse und verstößt daher gegen den Art. 27 der Preuß. Verfassung und den § 1 des Reichsges. über die Presse v. 7. Mai 1874 (Entsch. des OVG. Bd. 23 S. 276, Bd. 28 S. 327, Bd. 30 S. 418).“ Vgl. auch OVG. v. 9. Juli 1900 (Pr. VerwBl. Jahrg. 22 S. 168), v. 8. Juni 1905 (Samml. Bd. VI S. 209), v. 25. Jan. 1915 (MBl. Jahrg. 15 S. 252 und Samml. Bd. VII S. 699/700).

2. Der „gleichbedeutende Titel“ bezieht sich nur auf die Bezeichnung als Arzt und den Klammerinhalt, nicht dagegen auf „Apotheker“. Ein Titel, der dasselbe bedeutet wie „Apotheker“ ist hiernach nicht an das Erfordernis der Approbation gebunden. Die Bezeichnung „Pharmazeut“ unterliegt nicht dem § 29. Wer sich unbefugt als Apotheker bezeichnet, verfällt der Bestrafung aus § 360 Ziff. 8 StGB., nicht etwa der aus § 147 RGO. (vgl. Anm. 1a zu § 29 GO. und Anm. 2 zu § 360 StGB.). Wer sich einen irreführenden apothekerähnlichen Titel beilegt, kann auch aus § 360 StGB. nicht verfolgt werden. Wohl aber kann gegen ihn aus dem Gesetze wider den unlauteren Wettbewerb v. 7. Juni 1909 oder auch wegen Verstoßes gegen die in § 18 Abs. 2 des HGB. vorgeschriebene Firmenwahrheit vorgegangen werden. OLG. Darmstadt verneint am 30. Sept. 1913 — S. 40/13 —, daß „Magnetopath“ ein arztähnlicher Titel sei. Dasselbe Gericht gestattet am 13. Okt. 1899 — Rev. 25/99 — „Homöopathie“ einem Namen anzufügen. Beide Urteile in Fuchsbergers Entscheidungen Kartothek. Die Bezeichnung als Homöopath ist ohne Zweifel ein arztähnlicher Titel.

3. An Stelle des Bundesrats ist jetzt die Reichsregierung zuständig. Vgl. Art. 77, 179 Reichsverfass. v. 11. Aug. 1919 (RGBl. S. 1383).

§ 34 Abs. 3.

Die Landesgesetze [1]) können vorschreiben, daß zum Handel mit Giften [2]) . . . besondere Genehmigung [1]) erforderlich ist. . . .

1. Für die altpreußischen Landesteile bestimmt die noch jetzt in dieser Beziehung in Kraft befindliche Preuß. Gewerbeordnungsnovelle v. 22. Juni 1861 (GS. S. 472) unter Abänderung der Allg. GewO. v. 17. Jan. 1845 (GS. S. 41):

> § 49. Denjenigen, welche Gifte feilhalten, ist der Beginn des Gewerbebetriebes erst dann zu gestatten, wenn sich die Behörden von ihrer Zuverlässigkeit in bezug auf den beabsichtigten Gewerbebetrieb überzeugt haben.

Hier ist also nicht der „Handel“ mit Giften schlechthin, sondern nur das „Feilhalten“ der Gifte für konzessionspflichtig erklärt. (A. M. anscheinend OVG. v. 18. Okt. 1899 — III 1565 — in der DJZ. 1900 S. 255; vgl. Anm. 5.) Da der Begriff des „Feilhaltens“ die Vereinigung der Verkaufsabsicht mit dem Bereithalten der Ware an einer dem Publikum zugänglichen und zum Verkaufe bestimmten Stelle fordert (vgl. Anm. 4 zu § 1 Kais. Ver.), so ist der Großhandel nicht konzessionspflichtig, bei welchem die Ware vom Kontor aus verkauft wird und dem Publikum der Zutritt zu den Lagerräumen nicht freisteht (RG. v. 4. Juli 1898 bei Johow Bd. 19 S. 255).

Wegen der veränderten Rechtsprechung über den Begriff des Feilhaltens und die daraus sich ergebenden Folgen für die Frage der Konzessionspflicht des Großhandels und der Giftfabriken vgl. Anm. 5 zu § 367 RStGB.

Für die 1866 erworbenen Landesteile erscheint es fraglich, ob dort die Pr. GewO. auch mit ihrem § 49 Geltung erlangt hat. Es sind deshalb für Hannover, Hessen-Nassau, Schleswig-Holstein Polizeiverordnungen seitens der zuständigen Oberpräsidenten ergangen, aus denen die grundlegenden Bestimmungen hier im Wortlaut (entnommen aus Springfeld VI S. 18, 19, 20) folgen:

A. Oberpräsidialverordnung für Hannover v. 24. Mai 1898.

§ 1. Die Berechtigung zum Handel mit Giften und gifthaltigen Waren außer in Ausübung des Apothekergewerbes ist sowohl für den Großhandel wie für den Kleinverkauf von einer besonderen Erlaubnis des Kreis- (Stadt-) Ausschusses abhängig. Dieselbe darf nur an Personen erteilt werden, welche in Beziehung auf den beabsichtigten Gewerbebetrieb für zuverlässig zu erachten sind. . . .

B. Oberpräsidialverordnung für Hessen-Nassau.

1. Das Feilhalten und der Verkauf der . . . Gifte ist außer den Apothekern nur denjenigen Personen gestattet, die hierzu eine besondere Genehmigung erhalten haben.

C. Oberpräsidialverordnung für Schleswig-Holstein.

§ 1. Zum Handel mit Giften, soweit derselbe nicht in Apotheken betrieben wird, ist die zuvorige Genehmigung . . . erforderlich.

Es darf zwar nur Zuverlässigkeit in bezug auf den Gifthandel gefordert werden, indessen erfaßt eine allgemeine Unzuverlässigkeit auch dieses Gebiet. Der Bad. Verwaltungsgerichtshof in Karlsruhe führte im Urt. v. 29. Sept. 1910 — N 3084 — (Fuchsbergers Entsch. Karth.-Ausg. Bd. 18, GewO., zu § 35 Abs. 1, 3) wörtlich aus: „Der Begriff der Unzuverlässigkeit im Sinne des § 35 GewO. ist kein juristisch-technischer, er ist vielmehr einzig und allein aus der Erfahrung und aus der genauen Kenntnis des Lebens, insbesondere des geschaftlichen und gesellschaftlichen Lebens, seiner Voraussetzungen und seiner Bedürfnisse heraus zu erfassen und zu erklären. In dieser Beziehung sind aber nicht die Laienmitglieder der Vorinstanz der Belehrung durch den rechtsgelehrten Beamten bedürftig, im Gegenteil, der letztere wird in ihnen besonders sachverständige Berater suchen und finden." Erweist sich jemand dadurch als unzuverlässig, daß er mit besonderer Häufigkeit strafrechtliche Bestimmungen verletzt, so liegt durchaus Grund zu der Befürchtung vor, daß er auch die Giftverordnung nicht sorgsam beachten werde. Deshalb ist mit Recht einem Handlungsgehilfen die Stellvertretungskonzession verweigert worden, weil er in den beiden voraufgegangenen Jahren in zwei Geschäften Unterschlagungen begangen hatte und zweimal dieserhalb bestraft worden war. Auch wiederholte oder besonders grobe Verstöße gegen die Kais. Ver. v. 22. Okt. 1901 können eine allgemeine Unzuverlässigkeit dartun. Andererseits führte das OVG. am 27. Febr. 1913 — III. Sen. III C. 168/12 — (Med.Arch. 1913 S. 388) aus, daß sich aus der Bestrafung wegen unbefugten Handels mit Giften „keineswegs" auf Unzuverlässigkeit in dem Umgehen mit Giften schließen lasse. Die besondere Zuverlässigkeit in bezug auf den Gifthandel erfordert Kenntnisse über das Wesen der verschiedenen Gifte, über die zur Regelung des Giftverkehrs erlassenen gesetzlichen Bestimmungen. Wer das Staatsexamen als Apotheker bestanden hat, bedarf keines weiteren Ausweises über sein Wissen. Andere haben durch das Zeugnis einer nach ihrer wissenschaftlichen Vorbildung hierzu befähigten Persönlichkeit ihre Kenntnisse zu beweisen. Der Preuß. Min.Erl. v. 1. Juni 1910 — Min. d. Inn. II e 1274, Min. f. H. u. G. II b 5765, Min. d. geistl. Ang. A 6367 — erklärt das Prüfungszeugnis jedes preußischen Kreisarztes für geeignet, die für den Gifthandel erforderliche besondere Zuverlässigkeit darzutun. Andererseits sei aber den Konzessionsbehörden zu überlassen, ob im Einzelfalle ein ihnen vorgelegtes Prüfungszeugnis ausreiche, oder ob z. B. wegen Ablaufes eines langen Zeitraumes, in welchem der Inhaber einen Gifthandel nicht betrieb, ein weiteres Zeugnis erforderlich sei. Das Abgangszeugnis der Drogistenakademie in Braunschweig ist im Schreiben des Schaumburg-Lippeschen Min. v. 11. März 1913 — N. A. 1972 — an den Direktor der Akademie als ausreichend bezeichnet worden. Durch Erl. v. 7. Jan. 1910 — Min. d. Inn. II e 3375, Min. f. H. u. G. II b 12934, Min. d. geistl. Ang. M. 8878 — wird darauf hingewiesen, daß nach Nr. 50 Abs. 2 der Ausf.Anw. v. 1. Mai 1904 zur RGO. (MBl. S. 231) dem Antragsteller aufgegeben werden darf, ein Zeugnis des Kreisarztes darüber beizubringen, „daß er die zur Erkennung und vorschriftsmäßigen Behandlung der betreffenden Gifte und gifthaltigen Stoffe erforderliche Sachkenntnis besitzt". Über den Gegenstand der Prüfung und den Inhalt des Prüfungszeugnisses trifft die auf Grund des Preuß. Gesetzes, betreffend die Dienststellung des Kreisarztes und die Bildung von Gesundheitskommissionen, v. 16. Sept. 1899 (GS. S. 172) erlassene Dienstanweisung für die Kreisärzte v. 23. März 1901 (MBl. S. 2) folgende Bestimmung:

§ 56.

„Der Kreisarzt prüft, sei es auf Ersuchen der Konzessionsbehörde oder auf direkte Meldung, diejenigen Personen, welche die Genehmigung zum Handel mit Giften nachsuchen.

Die Prüfung erstreckt sich bei Bewerbern um eine uneingeschränkte Genehmigung zum Gifthandel auf die allgemeine

Kenntnis der Vorschriften des StGB. und der GewO. über den Handel mit Giften, auf die eingehende Kenntnis der Polizeiverordnung über den Handel mit Giften v. 22. Febr. 1906 (MBl. S. 114), auf die Kenntnis der Zusammensetzung der hauptsächlich gehandelten Gifte und giftigen Farben, der landesüblichen Bezeichnung der Gifte und der Gefahren, die beim Umgang mit Giften und giftigen Farben drohen (Feuergefährlichkeit, Ätzwirkung, Schädlichkeit der Verstäubung und dergl.). Die Bestimmung einiger Proben von besonders charakteristischen Giften und giftigen Farben ist zu verlangen. — Bei Bewerbern um eine beschränkte Genehmigung zum Gifthandel (Handel mit Giften der Abt. 3, mit giftigen Farben, mit photographischen Bedarfsgegenständen und dergl.) genügt außer der Kenntnis der erwähnten Rechtsvorschriften die Kenntnis der Zusammensetzung derjenigen Stoffe, für welche die Genehmigung beantragt wird, und der beim Umgange mit ihnen drohenden Gefahren. Die Bestimmung einiger Proben von diesen Stoffen ist zu verlangen.

Bei günstigem Ausfall der Prüfung wird ein Zeugnis erteilt, in welchem, falls es sich um eine beschränkte Genehmigung handelt, diejenigen Stoffe genau einzutragen sind, für welche die Genehmigung nachgesucht wird. Eine zweite Ausfertigung des Zeugnisses ist in der Registratur aufzubewahren.

Bei ungünstigem Ausfall ist ein entsprechender Vermerk zur Registratur zu nehmen.

Auf Ersuchen des Kreis- (Stadt-) Ausschusses hat der Kreisarzt sich auch darüber zu äußern, ob eine Beschränkung der Genehmigung auf bestimmte, genau zu bezeichnende Stoffe geboten ist."

Die Prüfung hat sich nicht auf die im Verz. B der Kais. Ver. aufgeführten Gifte zu erstrecken, soweit es sich um ihre Zusammensetzung, Bezeichnung und Gefahren handelt. So auch Hoffschildt-Drechsler, Der junge Drogist, Verlag Julius Springer, 1926, S. 340 Anm. 6. Dagegen kann wegen § 18 Abs. 1 der Giftverordnung der Meinung dieses Lehrbuchs S. 342 Anm. 1 nicht zugestimmt werden, daß Kenntnis der Gegenmittel bei Vergiftungen nicht zu verlangen sei.

Nach dem Pr. Min.Erl. v. 23. Juli 1912 (MBl. 1913 S. 207) soll der Kreisarzt nur die prüfen, welche beabsichtigen, die Erlaubnis zum Gifthandel nachzusuchen. Nach dem Rd.Erl. des Min. des Inn., betr. Zulassung zur Giftprüfung, v. 17. Juni 1913 sollte mit dem Erl. v. 23. Juli 1922 die Prüfung keineswegs auf Geschäftsinhaber beschränkt werden, vielmehr seien alle zuzulassen, die einer Konzession bedürfen. Hierzu gehörten die Stellvertreter (§ 45 RGO.), aber nicht die unter Aufsicht und Leitung des Geschäftsinhabers oder seines konzessionierten Vertreters arbeitenden Gehilfen. Daß der Antrag auf Prüfung eines Gehilfen nur von seinem Chef ausgehen dürfe, wie Hoffschildt-Drechsler a. a. O. S. 341 meint, entbehrt der gesetzlichen Grundlage.

Es ist durchaus zulässig, daß die Giftkonzession auf einen Teil der Gifte beschränkt wird. Dagegen ist eine teilweise Rücknahme der Konzession nach OVG. v. 3. Juni 1901 (Bd. 40 S. 316) nicht statthaft. Der Bezirksausschuß Liegnitz erklärt im Urt. v. 24. Jan. 1914 unter Berufung auf das bez. Urt. des OVG. auch einen teilweisen Verzicht für unzulässig, weil die volle Konzession ein untrennbares Ganzes sei. Die Landesgesetze sind auch befugt, die Genehmigung von der Bedürfnisfrage abhängig zu machen (vgl. OVG. v. 3. Nov. 1902 bei Neukamp Anm. 8 zu § 34 GewO. und Gew.Arch. 2, 466 und 468). In Preußen darf auf die Bedürfnisfrage keine Rücksicht genommen werden, weil § 49 der Preuß. GewO. ausschließlich persönliche Eigenschaften des Gesuchstellers als beachtlich bezeichnet. Durch Polizeiverordnung kann diese gesetzliche Bestimmung nicht abgeändert werden. Wegen der Frage, ob eine zeitliche Beschränkung der Konzession zulässig ist, vgl. § 40 RGO. Die Konzession bezieht sich nicht auf ein bestimmtes Lokal, in welchem sie zur Zeit der Erteilung ausgeübt werden soll; sie beschränkt sich aber auf das Zuständigkeitsgebiet der erteilenden Behörde. In Preußen erteilt die Konzessionen zum Gifthandel gemäß § 114 des Zuständigkeitsgesetzes v. 1. Aug. 1883 (GS. S. 237) der Kreisausschuß, in den nicht kreisfreien Städten von mehr als 10000 Einwohnern der Magistrat und in Berlin der Stadtausschuß. Das weitere Verfahren regelt sich in Preußen nach den §§ 54, 82, 115, 126 des Landesverwaltungsgesetzes v. 30. Juli 1883 (GS. S. 195). Zu vergleichen sind §§ 20 und 21 RGO.

2. Was unter „Gift" zu verstehen ist, darüber trifft ausschließlich die Landesgesetzgebung Bestimmung. So KGUrt. v. 1. Okt. 1894 — S. 602/04 — (Johow 16 S. 467 Nr. 170) und v. 2. Juni 1898 — S. 319/98 — (DJZ. 1898 S. 495). In allen Bundesstaaten sind gleichmäßig nach einem vom Bundesrat festgestellten Muster Polizeiverordnungen erlassen, welche in Anl. I genau angeben, was als Gift anzusehen ist. Soweit dort nicht Verbindungen und Zubereitungen der daselbst genannten Gifte ebenfalls als Gifte ausdrücklich bezeichnet sind, gelten sie nicht als solche, so daß der Handel mit ihnen nicht genehmigungspflichtig ist. So KG. v. 15. Febr. 1897 in Goltd.Arch. Bd. 15 S. 60 und das oben angezogene Urt. des KG. v. 2. Juni 1898. Vgl. § 1 Abs. 2 der Giftverordnung und die zugehörige Anm. 2. Der wissenschaftliche Giftbegriff ergreift eine viel größere Zahl von Stoffen, darunter solche, die ihrer Natur nach nicht Handelsgegenstand sein können; man denke z. B. an die Zersetzungsprozesse in Nahrungsmitteln.

§ 35 Abs. 4, 6, 7.

Abs. 4. Der Handel[1]) mit Drogen und chemischen Präparaten, welche zu Heilzwecken dienen,[2]) ist zu untersagen, wenn die Handhabung des Gewerbebetriebs Leben und Gesundheit von Menschen gefährdet.[3]) . . .

Abs. 6. Ist die Untersagung erfolgt,[4]) so kann[5]) die[6]) Landeszentralbehörde oder eine andere von ihr zu bestimmende Behörde die Wiederaufnahme des Gewerbebetriebes[1]) gestatten,[7]) sofern seit der Untersagung mindestens ein Jahr verflossen ist.

Abs. 7. Personen, welche die in diesem Paragraphen bezeichneten Gewerbe[9]) beginnen, haben bei Eröffnung ihres Gewerbebetriebs der zuständigen Behörde hiervon Anzeige zu machen.

1. Nur der Handel, nur ein Gewerbebetrieb (Abs. 6) kann untersagt werden, nicht auch der nicht gewerbsmäßige Abschluß eines einzelnen Kaufabschlusses, also nicht der Verkauf des ganzen Handelsbetriebs mit allen Waren in Bausch und Bogen, auch nicht Verkauf einer als Pfand übergebenen Ware. So KG. v. 1. Juni 1923 — I S. 260/23 —, LG. München I 5. Strafk. v. 3. Febr. 1922 — Ber.Reg. Nr. 30/22 — (JW. 1922 S. 725), OLG. Düsseldorf v. 20. Sept. 1922 — S. 196/22 —. Die gegenteilige Meinung bei Hoffmann, RGO. 1925 S. 525 Anm. 3 widerspricht dem Umstand, daß die GO. sich nur auf Gewerbe bezieht. Andererseits gehört zum Begriff des Handels (Abs. 4), der „Wiederaufnahme des Gewerbebetriebes" (Abs. 6) nicht notwendig der Abschluß von Verkäufen. Was das KG. im Urt. v. 27. Juli 1921 — S. 483/21 — von der Darlegung des landgerichtlichen Urteils billigte, gilt nicht nur für das Gesetz, betreffend Handelserlaubnis, sondern auch hier, nämlich daß es nicht auf den Abschluß von Verkäufen ankomme, sondern daß als Handel jede eigennützige, auf den Güterumsatz abzielende Tätigkeit ohne Rücksicht auf den Erfolg anzusprechen sei. Allerdings wird der Begriff „eigennützig" insofern für die RGO. eng auszulegen sein, als der Handeltreibende für sich und nicht für andere die Eigennützigkeit betätigen muß, denn wer nur den Nutzen anderer erstrebt, handelt nicht eigennützig, sondern im Gegenteil uneigennützig. Deshalb ist die Entsch. des KG. v. 15. Juni 1914 — 1 S. 417/14 — (Johow Bd. 46 S. 402, MBl. v. 2. Juni 1915 S. 191) durchaus zutreffend. In ihr werden zwei Arten von Konsumvereinen unterschieden: a) solche, welche ihren Mitgliedern nur eine günstige Einkaufsgelegenheit verschaffen wollen und Überschüsse an die Kunden im Verhältnis ihrer Warenbezüge zurückzahlen, b) als andere Art werden die gekennzeichnet, welche die Überschüsse an alle Genossen nach Maßgabe ihres Geschäftsguthabens verteilen (§ 19 des Gen.-

Ges. v. 10. Mai 1897 / 12. Mai 1923, RGBl. 1898 S. 810, RGBl. 1923 S. 208 und 372). Von der Genossenschaft zu a stellt das Urteil fest, daß ein Gewerbebetrieb nicht vorliegt. Auf eine solche Genossenschaft findet deshalb § 35 keine Anwendung, auch wenn ihr Betrieb Leben und Gesundheit gefährdet! Hieran hat § 2 b der Kais. Ver. v. 22. Okt. 1901 / 27. März 1925 nichts geändert, weil dieser den Genossenschaften nur den durch die Kais. Ver. verbotenen Kleinhandel untersagt.

2. Der Handel mit Drogen und chemischen Präparaten, also nicht auch der mit Zubereitungen, mit pharmazeutischen Präparaten, ist nach dem Wortlaut getroffen. Springfeld (V S. 422) nimmt an, daß aber auch Zubereitungen im Sinne der Kais. Ver., betr. den Verkehr mit Arzneimitteln, getroffen werden sollten. Das ist sicherlich zutreffend; indessen erscheint fraglich, ob dieser gesetzgeberische Wille hinreichenden Ausdruck gefunden hat. Das ist dann zu bejahen, wenn Grund zu der Annahme vorliegt, daß hier der Sprachgebrauch des Gesetzes von dem pharmazeutisch-technischen Sprachgebrauch abweicht. Wie das RG. III. Zivilsenat im Urt. v. 4. Okt. 1907 — Rep. III 103/07 — Alte Folge (Bd. 66 S. 353 der Entsch. des RG.) ausführt, kann eine „vom allgemeinen Sprachgebrauche abweichende Bedeutung der fraglichen Worte nur dann festgestellt werden, wenn der Inhalt der einzelnen Norm, ihr Zusammenhang mit den übrigen Bestimmungen, ihr Sinn und Zweck eine solche Auslegung e r h e i s c h t". Diese Voraussetzungen treffen hier zu. Die „Zubereitungen", die pharmazeutischen, sog. galenischen Präparate spielen im Heilmittelverkehr eine so bedeutende Rolle, die rohen Drogen und chemischen Präparate treten verhältnismäßig in die zweite Reihe zurück, daß es mit dem Ziele der Bestimmung gar nicht zu vereinbaren wäre, wollte man annehmen, daß die Zubereitungen usw. frei bleiben sollten. Ebenso KG. v. 6. Juni 1912 (Samml. Bd. VII S. 1090); a. M. Hoffschildt-Drechsler, 1926, S. 317 Anm. 2. — Weil aus den Motiven und den Verhandlungen über den vierten Absatz des § 35 hervorgehe, daß es sich lediglich um eine Beschränkung des Heilmittelhandels außerhalb der Apo-

theken handele, solle die Bestimmung nach Springfeld (V S. 422) keine Anwendung auf den Arzneimittelhandel in Apotheken finden. Dem kann nicht beigetreten werden, weil solche Absicht keinerlei Ausdruck im Gesetz gefunden hat. Auch § 6 RGO. gibt keinen Anhalt für solche Auslegung. Zwar käme solches Verbot der Schließung einer Apotheke dann nahe, wenn es sich um eine unveräußerliche Konzession handelt. Indessen findet nach § 6 die GewO. nur auf Errichtung und Verlegung von Apotheken keine Anwendung, wohl aber auf Schließung einer solchen. Die Bestimmungen der GewO. über den Verkauf von Arzneimitteln gelten ausweislich des § 6 Abs. 1 auch für den Handel in Apotheken. — Darüber, daß § 35 sowohl den Klein- wie auch den Großhandel trifft, besteht in Literatur und Rechtsprechung Einigkeit. Daß er auch auf sog. Schrankdrogisten anwendbar ist, entschied der Bayr. Verwaltungsgerichtshof am 9. Mai 1913 (Reger Bd. 33 S. 387, Med.Arch. 1913 S. 526 ff.). Er richtet sich aber nur gegen den selbständigen Handel. Das Recht, als Angestellter oder als selbständiger Agent tätig zu sein, wird durch ein Verbot aus § 35 nicht mit getroffen, und zwar selbst dann nicht, wenn er nicht nur Geschäfte vermittelt, sondern Abschlußvollmacht hat. Aber freilich darf es sich nicht um einen nur verschleierten Eigenbetrieb handeln. Fraglich kann es sein, ob sich das Verbot auch gegen den gesetzlichen Vertreter, z. B. den Vater eines Minderjährigen, den Geschäftsführer einer Gesellschaft mit beschränkter Haftung, richtet. Die Frage wird diesseits bejaht, weil nach § 45 GewO. die Befugnis zum Gewerbebetrieb zwar durch Stellvertreter ausgeübt werden kann, indessen nur dann, wenn diese Stellvertreter den für das Gewerbe vorgeschriebenen Erfordernissen genügen. Vgl. Urt. des OVG. v. 25. Jan. 1906 — III 156 — (Pr. VerwBl. 28, 107; Kunze und Kautz, Erg.-Band 1907/08 S. 289), woselbst Untersagungsklage gegen die Gesellschaft mit beschränkter Haftpflicht wegen Verfehlungen des Geschäftsführers nur dann zugelassen wird, wenn sie, sei es auch nur wegen vernachlässigter Aufsicht der Gesellschaft, den Gesellschaftern zuzurechnen sind. Das gleiche wird gelten, wenn die Geschäftsführung demjenigen übertragen wird, gegen den nach Kenntnis der Gesellschaft die Untersagung rechtskräftig ausgesprochen ist. Daß sich § 45 GewO. nicht auf Gehilfen im Sinne des § 41 GewO. bezieht, ist anerkannten Rechtes. So Neukamp Anm. 5 § 45 GewO. und die von ihm angeführte Entsch. des OVG. v. 14. Okt. 1909 (Gew.Arch. 9, 423). Nur der Handel mit den Waren kann verboten werden, welche Heilzwecken dienen. Der Handel mit Drogen und Präparaten, welche technischen Zwecken dienen, bleibt hiernach trotz des Verbotes aus § 35 GewO. frei. Deshalb darf ein Urteil nicht schlechthin den Drogenhandel verbieten (OVG. v. 7. Febr. 1900 — C. 78/99 —, Entsch. Bd. XXXVII S. 318). Andererseits ist aber auch weder die Klage noch das Urteil gehalten, die zu verbietenden Waren einzeln aufzuführen (OVG. v. 17. März 1900 — III C. 98/99 —, Entsch. Bd. XXXVII S. 328). Auf welche Waren sich das Verbot bezieht, hat der Betroffene zunächst selbst zu entscheiden. Entscheidet er falsch, so untersteht er der Bestrafung aus § 148 Ziff. 4 RGO., befand er sich in einem entschuldbaren tatsächlichen Irrtum darüber, ob die von ihm gewerbsmäßig gehandelte Ware einem Heilzwecke dient, so steht ihm der Schutz des § 59 RStGB. zur Seite. Das Verbot bezieht sich auch auf die Tierheilmittel, nicht aber auf Pflanzenheilmittel. Die Bedeutung der Worte „welche zu Heilzwecken dienen" ist insofern nicht klar, als hier scheinbar die rein objektive Eignung getroffen wird, während nach dem Ziel des Gesetzes (Abs. 4) doch nur der Handel zu Heilzwecken getroffen werden soll. Dieser Auffassung steht der Wortlaut nicht zwingend entgegen, denn sollte die objektive Eignung erfaßt werden, so würde sich wohl der Gesetzgeber klarer dahin ausgedrückt haben, daß er den Handel mit den Waren verbietet, welche „geeignet sind, Heilzwecken zu dienen". Räumt man der subjektiven Eignung nicht Geltung ein, so würde ja auch der Handel mit Waren zugelassen werden müssen, welche nach der Reklame, nicht aber nach dem Stande der Wissenschaft Heilzwecken dienen; einen Freibrief hierfür wollte § 35 ganz gewiß nicht erteilen. Ein Handelsverbot aus § 35 verhindert weder den

Handel mit wirkungslosen Mitteln zu Heilzwecken noch die Abgabe von Salzsäure an einen Klempner zu Lötzwecken, wenngleich Salzsäure in geringfügigen Mengen Heilzwecken dienen könnte. Es soll nur der echte Heilmittelhandel verboten werden können.

3. Einerseits müssen Tatsachen vorliegen, welche die Gefährdung ergeben, andererseits braucht noch kein Unglück, auch noch keine Bestrafung vorausgegangen zu sein. Neben tatsächlichen Vorkommnissen können persönliche Eigenschaften des Gewerbetreibenden in Betracht kommen. So OVG. III. Senat v. 17. März 1900 in Sachen K. ·/. Polizeiverwaltung Labiau — III C. 92/99 — (Entsch. Bd. XXXVII S. 328), v. 20. Okt. 1900 (DDZ. Nr. 45) und v. 1. Febr. 1899 (Springfeld V S. 414, 415). Auch wegen der vom Vertreter mit Vorwissen des verfügungsfähigen Vertretenen begangenen Handlungen kann unter Anwendung des Grundsatzes aus § 151 RGO. die Untersagung erfolgen (OVG. v. 17. Sept. 1898 — III 1235 —, DJZ. 1899 S. 135). Stützt der Verwaltungsrichter seine Entscheidung auf ein Strafurteil, so liegt ein wesentlicher Mangel des Verfahrens vor, wenn er der Partei keine Gelegenheit gab, zu den Feststellungen des Strafurteils Stellung zu nehmen. So nach Hoffmann, RGO. S. 139 das OVG. v. 8. Juli 1915 im Preuß. Verw.Bl. 37, 119.

Unzuverlässigkeit genügt nicht; so OVG. v. 7. Febr. 1900 — III 256 — (Entsch. Bd. XXXVII S. 318). Ob ein Betrieb Leben und Gesundheit gefährdet, ist nicht nur nach Vergangenheit und Gegenwart, sondern auch nach den übersehbaren zukünftigen Verhältnissen zu beurteilen. Gründet sich z. B. der gefährdende Charakter des Betriebes auf die Vermengung mit Gifthandel, so daß bei dessen Fortfall die Gefahrquelle beseitigt erscheint, so ist hierauf Rücksicht zu nehmen. So beließ das OVG. im Urt. v. 6. Juli 1911 — III B. 18/11 — (Gew.Arch. Bd. 11 S. 481, Med.Arch. 1912 S. 65) dem Drogisten das Recht zum Drogenhandel mit der Begründung: „Von Wichtigkeit für die Beurteilung dieser Frage ist auch der künftige Fortfall des Gifthandels." Ebenso entschied es am 2. Dez. 1912 — III C. 33/12 —:

„Auch wird nicht unberücksichtigt bleiben können, daß der Gifthandel künftig wegfällt." Der gleiche Grundsatz wird anwendbar sein, wenn unzulängliche Räume oder ein Mangel an Personal oder Überlastung mit anderen Obliegenheiten die klar erkennbare Ursache der Unzuträglichkeiten waren und ein Wandel in dieser Beziehung gesichert ist. Am 27. Febr. 1913 — III C. 168/12 — (Med.Arch. 1913 S. 388) erkannte das OVG., daß aus der Bestrafung wegen unbefugten Gifthandels keineswegs auf Unzuverlässigkeit im Umgehen mit Giften zu schließen sei. Im oben angezogenen Urt. v. 6. Juli 1911 (Med.Arch. 1912 S. 65/66) wird verlangt, daß jahrzehntelange Freiheit von Bemängelungen zugunsten des Drogisten berücksichtigt werde. Mit Recht wird dort eine Gefährdung angenommen, wo Trennung zwischen Giften einerseits, Arzneien oder Genuß-, Nahrungsmitteln, Gebrauchsgegenständen andererseits unterlassen ist; so OVG. v. 3. Juni 1915 (Samml. Bd. VII S. 1082). Ein wirklich vorhandener Betrieb ist Voraussetzung für die Klage auf Untersagung. Es genügt aber, daß der Betrieb zur Zeit der Klageerhebung vorhanden war. Wenn das OVG. (Bd. XI S. 312) im Urt. v. 18. Sept. 1884 ausführt, daß auch dann eine Untersagung nicht mehr erfolgen dürfe, wenn die Einstellung des Betriebes erst nach Klageerhebung erfolgte, sofern nur „eine Wiederaufnahme nicht in Aussicht genommen" sei, so kann dem nicht beigetreten werden. Die Rechtsfolgen der Untersagung beschränken sich ja nicht auf eine bereits „in Aussicht genommene" Wiederaufnahme, sie haben vielmehr Dauerwirkung bis zur ausdrücklichen behördlichen Genehmigung einer Wiederaufnahme des Betriebes. Fällt die physische Person des Händlers etwa durch Tod fort, dann darf freilich die Untersagung nicht ausgesprochen werden. Theoretisch hielt das OVG. im Erk. v. 14. April 1896 — IV 648 — (Kunze und Kautz Bd. 2 S. 325) den Standpunkt des Urt. v. 18. Sept. 1884 fest, praktisch kam es zu einem befriedigenden Ergebnis, indem es den Untersagungsprozeß gegen den Ehemann durchführte, weil die im Laufe des Prozesses erfolgte Umschreibung auf die Ehefrau als Scheinmanöver zu erachten sei. Freilich kann solche Übertragung auch durchaus ernst gemeint sein. Vgl. Anm. zu § 45 RGO. Im Urt. v. 17. Sept. 1903 — III 1788 — (Pr. VerwBl. 25, 561 und Kunze und Kautz Erg.-Band 1905/06) und am 17. Dez. 1908 (Gew.Arch. 8, 422) erklärt das OVG., die Untersagung eines eingestellten Betriebes darf nur erfolgen, wenn die Annahme einer Wiederaufnahme durch besondere Umstände gerechtfertigt ist.

4. Die Untersagung erfolgt im Verwaltungsstreitverfahren nicht durch Verfügung der Ortspolizei. Diese hat als Kläger aufzutreten. Vgl. Preuß. Landesverwaltungsgesetz v. 30. Juli 1883 (GS. S. 195) §§ 63 ff. und Zuständigkeitsgesetz v. 1. Aug. 1883 (GS. S. 237) § 119. Mit Recht hebt das Urt. des OVG. v. 18. Okt. 1876 (Bd. 1 S. 311 und Kunze und Kautz 1898 Bd. 2 S. 269) hervor: „Eine bevorzugte Parteienstellung hat die Behörde nicht, wenn sie auch das öffentliche Interesse vertritt.“ Es ist deshalb zu beanstanden, wenn während der Beratung der erkennenden Behörde nur die Privatpartei aus dem Beratungszimmer gesandt wird, der Vertreter der Ortspolizei aber darin verbleibt. Die Untersagung wirkt nur für den Bundesstaat, von dessen Verwaltungsgericht sie ausgesprochen ist; das folgt aus dem Wesen und den Zuständigkeitsgrenzen der Verwaltungsgerichtsbarkeit. So Hamburg v. 14. Okt. 1910 (Reger, E. 31, 19; Gew.Arch. Bd. 10 S. 435; Hans. Entsch. Str. 3, 248). Vgl. Anm. 6. Andererseits ist ihre Wirkung nicht auf den Ort der Niederlassung zur Zeit der Untersagung beschränkt. (OVG. v. 12. Juli 1896 — IV B. 116/96 —, Bd. 31, 301.)

5. Während unter den Voraussetzungen des Abs. 4 der Handel untersagt werden **muß**, hat der Betroffene auf die Genehmigung zur Wiederaufnahme keinen **Anspruch**; sie „kann“ ihm gestattet werden. Selbstverständlich darf die zuständige Behörde nicht willkürlich, sondern nur nach pflichtmäßigem Ermessen ein etwaiges Gesuch bescheiden. Gegen den ablehnenden Bescheid ist zwar die Beschwerde an eine etwa vorhandene nächsthöhere Behörde zulässig, ein Klagerecht besteht aber nicht. So OVG. v. 23. Okt. 1902 bei Reger 24, 42.

6. Zuständig ist „die" Landeszentralbehörde, d. h. das Ministerium des Bundesstaats, dessen Verwaltungsgericht auf Untersagung des Handels erkannte. Es kommt nicht das Ministerium in Frage, in dessen Bezirk der Bittsteller wohnt oder sein Gewerbe betreiben will. Wünscht er außerhalb des Bundesstaats, in welchem die Untersagung erfolgte, den Handel zu betreiben, so bedarf er keiner besonderen Genehmigung, da das Verbot nicht über die Grenzen des Bundesstaats hinaus wirkt. Vgl. Anm. 4. Das Jahr läuft von der Rechtskraft der Untersagung ab.

7. Wer trotz Untersagung Handel treibt, verfällt der im § 148 Ziff. 4 GewO. angedrohten Strafe. Der Strafrichter hat zu prüfen, ob die Untersagung von einer den gesetzlichen Vorschriften entsprechenden, namentlich in der vom Gesetz vorgeschriebenen Zusammensetzung tätig gewordenen Behörde ergangen und in der vorgeschriebenen Weise eröffnet worden ist. So Hamburg v. 13. März 1908 (Hans.Entsch.Str. 3, 245; Jahrb. des Str.R. u. Proz. 1911, Beil. z. „Das Recht" S. 278 zu § 35 RGO.). Vgl. Anm. 1.

8. Daß es sich nur um den selbständigen Betrieb handelt, folgt aus der Zugehörigkeit des § 35 zum Titel II der RGO. Zu den „bezeichneten Gewerben" gehört nicht der Drogenhandel schlechthin, sondern nur der Handel mit „Drogen und chemischen Präparaten, welche zu Heilzwecken dienen". Der Handel mit technischen Drogen, z. B. mit Farben, unterliegt der Anmeldepflicht aus § 35 GewO. nicht. Der Anzeigepflicht aus § 14 GewO. ist der Handel mit technischen Drogen unterworfen, während ihr der Arzneimittelhandel gemäß § 6 Abs. 1 Satz 2 nicht untersteht. Die Anmeldepflicht des § 35 Abs. 7 findet auf den Groß- wie Kleinhandel Anwendung. Auf die Unterlassung der hier vorgeschriebenen Anzeige droht § 148 Ziff. 4 GewO. Geldstrafe bis zu 150 M. oder Haft bis zu 4 Wochen an. Die Landesgesetzgebung ist wohl befugt, der Eröffnung des Heilmittelhandels weitergehende Pflichten aufzuerlegen, z. B. Überreichung eines Lageplans und dergl. Von der Erfüllung dieser Auflagen hängt aber nicht das Recht zum Handel ab; die Polizei ist deshalb nicht befugt, den

Betrieb etwa deshalb zu schließen, weil er nicht angemeldet sei. Die Verlegung des Betriebes innerhalb desselben Gemeindebezirks ist aus § 35 GewO. nicht anzeigepflichtig; die Landesgesetze (Polizeiverordnungen) dürfen Anzeige auch bei Verlegung der Betriebsstätte vorschreiben.

§ 38 Abs. 3.

Die Zentralbehörden sind ferner befugt, Vorschriften darüber zu erlassen, in welcher Weise die im § 35 Abs. 2 und 3 [1]) verzeichneten Gewerbetreibenden ihre Bücher zu führen und welcher polizeilichen Kontrolle über den Umfang und die Art ihres Geschäftsbetriebes sie sich zu unterwerfen haben.[2])

1. Dort sind Drogisten nicht aufgeführt, wohl aber die, welche mit Sprengstoff handeln. Über den Begriff des Sprengstoffes siehe das Sprengstoffgesetz v. 9. Juni 1884 (RGBl. S. 61 ff.), insbesondere §§ 1 und 5, ferner RGStr. Bd. 58 S. 276; auch wegen Pikrinsäure Hamburger Erlaß v. 1. Juli 1913.

2. Für den Drogenhandel sind deshalb Polizeiverordnungen in der im Abs. 4 des § 38 bezeichneten Richtung unzulässig. Das KG. erklärte am 9. Jan. 1913 — I S. 668/12 — (Med.Arch. 1913 S. 54 ff.) und am 7. Mai 1914 (Samml. Bd. VII S. 908), daß Polizeivorschriften, die lediglich den Medizinalbeamten und Behörden die ihnen obliegende Kontrolle erleichtern sollen, soweit andere Gewerbe als die im § 35 Abs. 2 und 3 genannten in Frage kommen, gesetzwidrig sind (KG. Johow Bd. 21 C. S. 62, Bd. 26 C. S. 5, Bd. 27 C. S. 23, Bd. 40 C. S. 398).

§ 40.

Die in den §§ 29 bis 33a und im § 34 erwähnten Approbationen und Genehmigungen dürfen weder auf Zeit erteilt noch vorbehaltlich der Bestimmungen in den §§ 33a, 53 und 143 widerrufen werden.[1])

Gegen Versagung der Genehmigung zum Betrieb eines der in den §§ 30, 30 a, 32 bis 33 a und 34 sowie gegen Untersagung des Betriebs der in den §§ 33 a, 35 und 37 erwähnten Gewerbe ist der Rekurs zulässig. Wegen des Verfahrens und der Behörden gelten die Vorschriften der §§ 20 und 21.

1. Die Rechtsprechung nimmt an, daß eine Zeitbeschränkung im Sinne des § 40 nicht vorliege, wenn die Konzession für einen Betrieb erteilt wird, der seiner Natur nach nur periodisch in Tätigkeit tritt oder überhaupt nur vorübergehend ist. So hat das OVG. ebensowohl die Konzessionserteilung für einen nur während der Sommermonate stattfindenden Ausschank wie für die bei einem Bahnbau beschäftigten Arbeiter gestattet. Deshalb war in der ersten Auflage auch die Genehmigung zum Gifthandel in der Beschränkung auf die für die Ungeziefervertilgung (Feldmäuse usw.) übliche Zeit für zulässig erachtet. Indessen bestehen Bedenken hiergegen. Jeder hat Anspruch, die Genehmigung zum Gifthandel zu erhalten, wenn und soweit seine Zuverlässigkeit in bezug auf den beabsichtigten Gewerbebetrieb feststeht. Diese Zuverlässigkeit ist durchaus der Abstufung fähig; sie kann mit Rücksicht auf das Maß der Kenntnisse für den Handel mit Giften aller Abteilungen oder aber nur für den Handel mit den Giften der 3. Abt. oder ganz weniger Giftartikel — z. B. gegen Feldmäuse, Maulwürfe usw. — ausreichen. Alsdann ist gegen die sachliche Beschränkung der Konzession nichts einzuwenden; sie wird zur Ausübung tatsächlich nur periodisch gelangen; sie darf aber nicht von Rechts wegen nur für bestimmte Monate erteilt werden. Zu Unrecht nimmt RG. III v. 1. Okt. 1909 — 477/08 — (Recht 13 N. 3239 und Sörgel 1909 S. 891) an, daß eine zeitliche Beschränkung mit Einverständnis der Nachsuchenden statthaft sei. Vorschriften öffentlichen Rechts unterstehen keiner Parteivereinbarung. So auch OVG. v. 18. Juni 1908 (52, 374).

Fraglich erscheinen die Rechtsfolgen einer im Widerspruch zu § 40 auf Zeit erteilten Approbation oder Genehmigung. Neukamp (Anm. 3 b zu § 40 GewO.) nimmt unter Berufung auf die Anm. 11 zu § 33 zitierten Entsch. d. OVG. v. 18. Juni 1908 (52, 374) und v. 21. Jan. 1909 (GewArch. 9, 214) Nichtigkeit einer auf Zeit oder Widerruf erteilten Konzession an. Landmann (Anm. 2 b zu § 40) nimmt unter Berufung auf Urt. des OLG. Kiel v. 12. Febr. 1895 (Goltd. 43 S. 67) an, daß nur die der Konzession beigefügte Befristung als nicht vorhanden zu betrachten sei. Diese Auffassung findet in der Entstehungsgeschichte des § 40 eine Stütze. Im Regierungsentwurf lautete, wie Landmann (Anm. 2 a zu § 40) mitteilt, der Wortlaut: „Die im § . . . erwähnten Approbationen und Genehmigungen sind, vorbehaltlich . . . unwiderruflich." Die Änderung des Wortlauts war nur erforderlich, weil neben der Widerruflichkeit auch die Befristung verboten werden sollte. Wäre der ursprüngliche Wortlaut bestehen geblieben, so konnte es gar keinem Zweifel begegnen, daß die Zufügung eines Widerrufsvorbehalts als unbeachtlich zu gelten hätte, weil die Konzession als unwiderruflich vom Gesetz bezeichnet gewesen wäre. Das Verbot der Befristung will auch nicht der Konzessionsbehörde eine Anweisung erteilen, sondern die Konzession selbst jeder zeitlichen Begrenzung entziehen, so daß durch die unzulässige Zufügung einer solchen der Bestand der Konzession selbst nicht beeinflußt wird. Indessen können sowohl der Neukampsche wie der diesem entgegengesetzte Landmannsche Standpunkt zu recht unbefriedigenden praktischen Ergebnissen führen. Für das öffentliche Recht gibt es keine festen Rechtssätze darüber, welche Wirkung die Nichtigkeit eines Teiles eines Staatsaktes auf seinen Bestand ausübt. Aber aus allgemeiner Erwägung muß man die bezügliche Ordnung im bürgerlichen Recht als die auch hier anwendbare Lösung ansprechen. Es bestimmt § 134 BGB.: „Ein Rechtsgeschäft, das gegen ein gesetzliches Verbot verstößt, ist nichtig, wenn sich nicht aus dem Gesetz ein anderes ergibt." § 139 BGB.: „Ist ein Teil eines Rechtsgeschäftes nichtig, so ist das ganze Rechtsgeschäft nichtig, wenn nicht anzunehmen ist, daß es auch ohne den nichtigen Teil vorgenommen sein würde." Eine entsprechende Prüfung ist auch bezüglich einer befristeten Konzessionserteilung vorzunehmen.

In Zeiten von Seuchen kann ein erhebliches Interesse daran vorhanden sein, daß sich auf jedem Dorfe eine Niederlage von giftigen Desinfektionsmitteln befinde. Wird deshalb einem Krämer die Genehmigung zum Handel mit solchen auf Zeit erteilt, so dürfte die Annahme wohl begründet sein, daß die Genehmigung auch dann erteilt worden wäre, wenn die zuständige Behörde die Unzulässigkeit der Befristung erkannt hätte. In diesem Falle müßte die zeitliche Begrenzung zugunsten der Konzession als nicht vorhanden betrachtet werden. Auf einem ähnlichen Standpunkt scheint das Sächs. OVG. I. Sen. im Urt. v. 17. März 1911 (Fuchsbergers Entsch., Kartothek-Ausgabe Bd. 18 zu §§ 33, 40, 41 RGO.) zu stehen. Dort prüft das Kgl. Sächs. OVG. die Frage, ob die Zufügung einer Bedingung (daß der Bräutigam nicht im Schankbetriebe beschäftigt werden dürfe) nur für sich nichtig sei, oder die Schankkonzession nichtig mache. Die Entscheidung wird davon abhängig gemacht, ob die sog. Bedingung nur eine Auflage war, d. h. ob die Konzession an sich erteilt oder ob sie von der Erfüllung des Verbotes abhängig gemacht werden sollte.

2. Gegen die Gewährung der Giftkonzession steht der widersprechenden Polizei kein Rechtsmittel zu. Daran ändert auch nichts § 126 des Preuß. Gesetzes über die Allgemeine Landesverwaltung v. 30. Juli 1883. Vgl. die eine ähnliche Frage behandelnde lehrreiche Entsch. des RG. VI. Zivilsen. v. 17. Febr. 1908 i. S. G. ./. Hamb. Polizei — Rep. VI 193/07 — (Bd. 68 S. 26 ff.). A. A. Landmann Anm. 3 und 5 zu § 40 GewO. Nicht nur der selbständige Gifthandel, sondern nach § 49 Abs. 1 der Preuß. GewO. v. 22. Juni 1861 (GS. S. 441) auch Stellvertreter bedürfen der Genehmigung; es kann sich die Versagung oder das Verbot auch gegen den Stellvertreter richten. Vgl. §§ 45, 47, 151 RGO. und Urt. des KG. v. 11. Nov. 1912 (Samml. 1091), woselbst Inhaber und Stellvertreter bestraft werden, weil letzterer Gifte verkaufte, obwohl ihm Genehmigung hierfür versagt war.

§ 42a Abs. 1.

Gegenstände, welche von dem Ankauf oder Feilbieten im Umherziehen ausgeschlossen sind, dürfen auch innerhalb des Gemeindebezirkes des Wohnorts oder der gewerblichen Niederlassung von Haus zu Haus oder auf öffentlichen Wegen, Straßen, Plätzen [1]) oder an anderen öffentlichen Orten [2]) nicht feilgeboten oder zum Wiederverkauf angekauft [3]) werden. . . .

1. Ein Kaufmann, welcher unmittelbar vor seinem Geschäftslokal Straßenterrain zur Auslegung seiner Waren mitbenutzt, verstößt nicht gegen diese Bestimmung.

2. Zu den öffentlichen Orten gehören auch Gastwirtschaften, soweit dieselben nicht einer geschlossenen Gesellschaft ausschließlich überlassen sind.

3. Das Aufsuchen von Bestellungen fällt nicht hierunter.

§ 45.

Die Befugnisse zum stehenden Gewerbebetriebe können durch Stellvertreter [1]) ausgeübt werden; diese müssen jedoch den für das in Rede stehende Gewerbe insbesondere vorgeschriebenen Erfordernissen genügen. [2])

1. Das OVG. erklärt im Urt. v. 21. Dez. 1885 — I B. 66/85 — (Bd. XII S. 339, Kunze und Kautz Bd. 2 S. 290): „1. Stellvertreter eines Gewerbebetriebes ist der, welcher das Geschäft oder einzelne Zweige desselben im Namen und auf R e c h n u n g des Inhabers verwaltet, d. h. Rechtsgeschäfte f ü r denselben abschließt, und zwar nicht einzelne, ihm nur hin und wieder übertragene, sondern alle, welche den ganzen Umfang des Gewerbes oder der ihm anvertrauten Zweige desselben umfassen, einschließlich der ö f f e n t l i c h - r e c h t l i c h e n, dem Inhaber zustehenden oder obliegenden Befugnisse und Verpflichtungen (Schenkel, GewO. S. 171 Anm. 3 zu § 45; Landmann S. 202 Anm. 2a und b zu § 45; Kayser S. 104 Anm. 2 zu § 45; Seydel in Hirths Annalen 1881 S. 582 und die von diesen Schriftstellern ange-

zogenen Entscheidungen der Gerichtshöfe). — 2. Soweit die Tätigkeit des Stellvertreters öffentlich-rechtliche Verhältnisse zum Gegenstande hat, ist er der Polizeibehörde, soweit dieselbe sich auf privatrechtliche Geschäfte erstreckt, den Mitgliedern des Publikums an Stelle seines Machtgebers verantwortlich."

Der Stellvertreter unterscheidet sich also vom Gehilfen durch die größere Selbständigkeit und er gleicht ihm insofern, als er nur für Rechnung der Vertretenen gewerblich tätig ist. Auf den unselbständigen Gehilfen findet § 45 keine Anwendung. Vgl. § 151 RGO. Wegen des „gesetzlichen Vertreters" vgl. Anm. 1 b zu § 36 Pr. StGB.

2. Da nach § 6 die RGO. auf den Verkauf von Arzneimitteln keine Anwendung findet, ist § 45 nur für den Handel mit technischen Giften von Bedeutung. Der Stellvertreter im Gifthandel muß die vom selbständigen Gifthändler geforderte Zuverlässigkeit besitzen. Vgl. § 47 RGO. und § 49 Abs. 1 der Pr. GewO. v. 22. Juni 1861 (GS. S. 441). Nicht jeder „Beauftragte" im Sinne des § 5 der Giftverordnung ist als Stellvertreter anzusprechen. Die Polizei darf die Entlassung von Stellvertretern, welche keine hinreichende Zuverlässigkeit besitzen, fordern und durch Zwangsmaßregeln erzwingen (§ 151 RGO. und OVG. v. 21. Nov. 1885 — I B. 66/85 —, Bd. XII S. 339). Gehilfen gegenüber hat sie solche Befugnisse nicht. Ist einem Ehemanne die Giftkonzession wegen Unzuverlässigkeit aberkannt, so darf seine Tätigkeit als Stellvertreter im Gifthandel seiner Frau oder seines Hauskindes verhindert werden; seine Mittätigkeit als Gehilfe untersteht solcher Beanstandung nicht. Vgl. Urt. des OVG. v. 3. Juni 1907 — III B. 130/06 — (Kunze und Kautz 1907/08 S. 283).

§ 46.

Nach dem Tode eines Gewerbebetreibenden darf das Gewerbe für Rechnung der Witwe [1]) während des Witwenstandes oder, wenn minderjährige Erben vorhanden sind, für deren Rechnung durch einen nach § 54 qualifizierten Stellvertreter betrieben werden, insofern die über den Betrieb einzelner Gewerbe bestehenden besonderen Vorschriften nicht ein anderes anordnen. Dasselbe gilt während der Dauer einer Kuratel[2]) oder Nachlaßregulierung.[3])

1. Auch wenn die Witwe gar nicht Erbin ist, darf das Gewerbe für ihre Rechnung durch einen Stellvertreter fortgesetzt werden. Freilich ist diese Befugnis nur öffentlich-rechtlicher Natur und bindet nicht die, welche im Erbgang Anspruch an das Geschäft erlangen. Der Fortführung des Handels für Rechnung der Witwe und minderjähriger Erben steht ein Bedenken nicht im Wege. Die Sozietät der Witwe mit großjährigen Erben ist für die Dauer der ungeteilten Erbschaft durch den letzten Satz des § 46 gedeckt. Die Fortführung des Geschäfts ist, wenn zu den hier Privilegierten Fremde als Gesellschafter hinzutreten, mit Bezug auf letztere genehmigungsbedürftig. Verfehlungen der Witwe, welche zur Entziehung der Konzession führen, berühren nicht die Rechte der minderjährigen Erben; so OVG. v. 16. Okt. 1902 — III 1708 — im Pr. VerwBl. Jahrg. XXIV S. 537 und Kunze und Kautz, Erg.-Band 1904 S. 195; zu vergleichen sind Bd. XIV S. 319, Bd. XXXIV S. 311. Die Witwe darf das Geschäft persönlich nur fortführen, wenn sie den Ansprüchen des § 45 an einen Stellvertreter genügt. Der Verlust dieser Eigenschaft beseitigt nur ihr Recht zur Stellvertretung.

2. Die Fälle der „Kuratel" betreffen nur volljährige und noch nicht geborene Personen. Eine „Kuratel" liegt dort vor, wo das BGB. dem entmündigten Großjährigen (§§ 1896 und 1906) einen Vormund oder Großjährigen (§§ 1909 bis 1911), der Leibesfrucht (§ 1912), dem unbekannten, vielleicht noch nicht erzeugten Beteiligten (§ 1913) einen Pfleger stellt.

3. Die Nachlaßregulierung erreicht ihr Ende, sobald der Nachlaß geteilt, die Auseinandersetzung der Miterben erfolgt ist (§§ 2042 ff. BGB.).

4. Daß § 46 auch für Apotheken gilt, entschied OVG. am 14. April 1921 (Bd. 36 S. 456).

§ 47 Abs. 1.

Inwiefern für die nach den §§ 34 und 36 konzessionierten oder angestellten Personen eine Stellvertretung zulässig ist, hat in jedem einzelnen Falle die Behörde zu bestimmen, welcher die Konzessionierung oder Anstellung zusteht.[1])

1. Da der Detail-Gifthändler zu den nach § 34 konzessionierten Personen gehört, untersteht die Zubilligung eines Stellvertreters der Genehmigung der zuständigen Behörde (Stadtausschuß, Kreisausschuß). Nach der herrschenden Meinung darf die Verweigerung auch aus anderen Gründen als dem Mangel der Zuverlässigkeit erfolgen, doch ist Willkür nicht statthaft, und es wäre widerspruchsvoll, an die Person eines Stellvertreters höhere Ansprüche zu stellen als an den selbständigen Konzessionar. Vgl. § 151 RGO.

§ 53 Abs. 1 und 2.

Die in dem § 29 bezeichneten Approbationen können von der Verwaltungsbehörde nur dann zurückgenommen werden, wenn die Unrichtigkeit der Nachweise dargetan wird, auf Grund deren solche erteilt worden sind, oder wenn dem Inhaber der Approbation die bürgerlichen Ehrenrechte aberkannt sind, im letzteren Falle jedoch nur für die Dauer des Ehrenverlustes.

Außer aus diesen Gründen können die in den §§ 30, 30 a, 32, 33, 34 und 36 bezeichneten Genehmigungen und Bestallungen in gleicher Weise zurückgenommen werden,[1]) wenn aus Handlungen oder Unterlassungen des Inhabers der Mangel derjenigen Eigenschaften, welche bei der Erteilung der Genehmigung oder Bestallung nach der Vorschrift dieses Gesetzes vorausgesetzt werden mußten, klar erhellt.[2]) Inwiefern durch die Handlungen oder Unterlassungen eine Strafe verwirkt ist, bleibt der richterlichen Entscheidung vorbehalten.

1. Zuständig ist die Gewerbepolizei, nicht aber die Gesundheitspolizei; so OVG. v. 23. März 1911 (Samml. Bd. VII

S. 1071) mit dem Satze: „Die maßgebende Abgrenzung der Zuständigkeit mehrerer Ortspolizeibehörden ist weder einer Vereinbarung derselben noch der Festsetzung der Aufsichtsbehörde überlassen.“ Beachtlich ist die Ausführungsanweisung v. 1. Mai 1904 (HMBl. S. 123), wiederholt abgeändert, zuletzt am 15. Febr., 5. Juli 1922 (HMBl. S. 35, 156) und v. 8. Juni 1924 (HMBl. S. 228).

2. Die Handlungen oder Unterlassungen müssen den Mangel derjenigen Eigenschaften klar erkennen lassen, welche bei der Erteilung der Genehmigung oder Bestellung nach „diesem“ Gesetz vorausgesetzt werden mußten. Die RGO. gibt aber nicht an, welche Eigenschaften sie für die Genehmigung zum Gifthandel fordert. Es muß deshalb das Landesgesetz, welchem sie ja die Ordnung des Konzessionswesens überträgt, darüber Auskunft geben. (So OVG. v. 2. April 1884, Entsch. Bd. XI S. 302.) Die Preuß. GewO. (1861) fordert im § 49 nur „Zuverlässigkeit in bezug auf den beabsichtigten Gewerbebetrieb“. Mit diesem Wortlaut wurden die bis dahin gesetzlich geltenden Konzessionsbedingungen erheblich eingeschränkt. Es hatte nämlich die durch die bezeichnete Novelle abgeänderte Preuß. GewO. v. 17. Jan. 1845 in ihrem § 49 die Erteilung der Giftkonzession erst dann für statthaft erklärt, wenn sich die Behörden von der „Unbescholtenheit und Zuverlässigkeit“ der Gesuchsteller überzeugt hätten. Die Novelle gibt also das Erfordernis der Unbescholtenheit ganz preis und beschränkt das der Zuverlässigkeit auf eine solche „in bezug auf den beabsichtigten Gewerbebetrieb“. Es darf also die Giftkonzession nicht schon deshalb entzogen werden, weil sich der Konzessionsinhaber in irgendeinem anderen Berufe als unzuverlässig erwiesen hat, es muß vielmehr eine Unzuverlässigkeit in bezug auf den Gifthandel klar erhellen. Hat also z. B. jemand wegen Unzuverlässigkeit im Dienst ein öffentliches Amt verloren, oder hat sich jemand als Kaufmann in der Buchführung besonders unzuverlässig gezeigt und dergl. mehr, so steht das der Konzessionserteilung für den Gifthandel nicht ohne weiteres im Wege. Indessen kann für die Frage, ob jemand für die Zukunft die erforderlichen Garantien für den Gifthandel

gewährt, sehr wohl ein Verhalten in seinem sonstigen Gewerbebetriebe insofern mit in Betracht kommen, als es einen Rückschluß in der fraglichen Beziehung gestattet. (So OVG. v. 17. Nov. 1900 — III 1966 — bei Kunze und Kautz, Rechtsgrundsätze des OVG., Ergänz.-Bd. 1901 S. 225.) Es wird hierbei der Standpunkt des Bezirksausschusses v. 24. Jan. 1914 (Polizei Friedeberg gegen Tr.) als durchaus berechtigt zu werten sein, der, wie folgt, formuliert ist: „Klar erhellt, d. h. es muß nicht nur die betreffende Tatsache erwiesen sein, sondern auch zu dem Schlusse zwingen (nicht bloß berechtigen), daß die erforderlichen Eigenschaften fehlen. (Siehe Landmann, GewO., 5. Aufl., Bd. 1 S. 481.)" Aus wiederholten Verfehlungen gegen die Kais. Ver. über den Arzneimittelverkehr außerhalb der Apotheken schließt das OVG. regelmäßig auf Unzuverlässigkeit in bezug auf den Gifthandel. Dies ist in den Fällen unbedenklich, in welchen sich der Betreffende auch Verletzungen der Giftgesetze hat zuschulden kommen lassen. Unzulässig ist aber solcher Schluß dann, wenn der Gifthandel völlig tadelsfrei geführt wurde und lediglich Verfehlungen gegen die Kais. Ver. vorliegen. Das Gesetz verlangt, daß der Mangel der Zuverlässigkeit „klar erhelle". Es genügt also nicht schon ein Verdacht, es muß der Verwaltungsrichter vielmehr die volle Überzeugung gewinnen. (OVG. v. 28. Mai 1891 — III 497 —, Bd. 30 S. 334, und bei Kunze und Kautz, Ergänz.-Bd. 1899 S. 232.)

Eine teilweise Rücknahme ist nach OVG. v. 3. Juni 1901 (Bd. 40 S. 316) unzulässig. Praktischen Bedürfnissen wird dieser Standpunkt nicht hinreichend gerecht, da sehr wohl die Kenntnisse für den Handel mit Giften 1. und 2. Abt. unzulänglich, für die 3. Abt. hinreichend sein können.

§ 56 Abs. 2.

Ausgeschlossen vom Ankauf oder Feilbieten[1]) im Umherziehen[2]) sind:

6. explosive Stoffe, insbesondere Feuerwerkskörper, Schießpulver und Dynamit;[3])

7. solche mineralische und andere Öle, welche leicht entzündlich sind, insbesondere Petroleum sowie Spiritus;

9. Gifte und gifthaltige Waren,[4]) Arznei-[5]) und Geheimmittel[5]) sowie Bruchbänder.[6])

1. Das Feilbieten setzt ebenso wie das „Feilhalten" voraus, daß die Ware präsent ist. Der Verkauf einer nicht mitgeführten Ware fällt nicht unter das Verbot. Das ergibt sich auch aus einem Vergleich mit den einleitenden Worten des 3. Absatzes dieses Paragraphen, welche dahin lauten: „Ausgeschlossen vom Feilbieten und Aufsuchen von Bestellungen im Umherziehen sind ferner:" Feilbieten bedeutet ein mit Kaufangebot verbundenes Feilhalten (Landmann S. 496 und RG. v. 23. Mai 1901 bei Johow Bd. 22 Nr. 17 C. S. 51 und v. 13. Febr. 1906 in der DJZ. 14, 485; vgl. auch Neukamp, Anm. 5 zu § 55 GewO.).

2. Ein Gewerbebetrieb im Umherziehen liegt nicht nur dann vor, wenn ein wirkliches Umherziehen, d. h. ein Ziehen von einer Stelle, von einem Ort zum andern, stattfindet. Nach § 55 GewO. genügt vielmehr auch ein einzelner Akt der im § 5 Ziff. 1 bis 5 aufgeführten gewerblichen Betätigungen außerhalb des Wohnortes ohne Begründung einer gewerblichen Niederlassung. So auch Neukamp, Anm. 1 zu § 55 GewO. und die von ihm zit. Entsch. des RG. v. 3. April 1905 (Straff. 38, 32). Nach RG. v. 24. April 1925 — I S. 223/25 — (Feisenbergers HöchstR.R. 1925 S. 349) ist es keine Voraussetzung der Strafbarkeit, daß der Händler schon beim Betreten einer fremden Wohnung die Absicht hat, eine Bestellung von Waren aufzusuchen. Als Grund für diese Entscheidung wird angegeben, daß nicht nur Belästigung des Publikums, sondern auch Schädigung der ansässigen Händler verhütet werden solle. Eine solche Absicht, eine Gruppe Gewerbetreibender vor einer andern zu begünstigen, kann bei den Interessenten, nicht aber bei der Gesetzgebung vorausgesetzt werden. Die Auswahl der dem Hausierhandel entzogenen Waren zeigt, daß es sich um das öffentliche Wohl und nicht um privatrechtliche Wettbewerbsrücksichten handelt. Indessen wird die hier bekämpfte Unterstellung auch von Stenglein Neben Bd. III

S. 101 Nr. 18 und den dort angezogenen Schriftstellern vertreten. Wenn man aber dies auch als gesetzgeberisches Ziel unterstellt, so bleibt doch die Entscheidung insofern bedenklich, als sie zu der mißverständlichen Auffassung führen könnte, daß auch ein ganz gelegentlich abgeschlossener Kaufvertrag dem § 56 untersteht. Der § 56 untersteht dem Titel III mit der Überschrift „Gewerbebetrieb im Umherziehen". Der Wille des Täters muß nicht nur auf Gewerbebetrieb, sondern auch auf dessen Qualifizierung, den Hausierbetrieb gerichtet sein. Wenn ein in A. ansässiger Uhrenhändler zu einer Kindtaufe nach B. geladen ist und dort auf Grund irgendwelcher Anregung von mehreren Gästen Uhren oder Bruchsilber ankuaft oder Bestellung auf Uhren annimmt, so fällt er nicht unter die Strafbestimmung des § 148 Ziff. 7 a, weil der Titel III nicht gelegentlichen Gewerbebetrieb an fremdem Ort, sondern nur den Betrieb treffen will, dessen Regelmäßigkeit Gegenstand des Willens ist.

3. Sofern die zu 6 aufgeführten Stoffe die explosive Kraft verloren haben, können sie als solche nicht mehr angesprochen werden. So das RG. III. Sen. v. 23. Febr. 1903 — Nr. 6277 — (JW. Jahrg. 32 S. 325) mit Bezug auf „Sprengstoff" im Sinne der Ziff. 5 § 367 StGB.

4. Der Begriff der „gifthaltigen Waren" ist nicht der gleiche wie der im § 367 Ziff. 5 StGB. behandelte der „Giftwaren". Als letztere sind nur „Gifte" im Sinne des § 1 und Anl. 1 der Giftverordnung anzusprechen. Vgl. Anm. 11 zu § 367 StGB. Gifthaltige Waren sind dagegen alle die, welche Gifte enthalten und geeignet sind, auch in kleinen Mengen auf chemischem Wege erhebliche Gesundheitsstörungen der Regel nach hervorzurufen; fehlt diese Gefahr, so gilt die Ware nicht als gifthaltig.

5. Auch die im übrigen dem freien Verkehr unterstehenden Arzneimittel sind dem Hausiergewerbe entzogen. So auch OLG. München v. 7. Nov. 1905 und KG. v. 1. Juli 1912 (Samml. Bd. VII S. 891), welch letzteres Heftpflaster trotz seiner Natur als Verbandstoff als Arzneimittel im Sinne des § 56 Ziff. 9 erklärt. Das KG. faßt im Urt. v. 18. Juni 1914 (Samml. Bd. VII

S. 910) den Begriff zutreffend dahin: „Arzneimittel im Sinne des § 56 GewO. sind alle Waren, welche nach der ihnen vom Hersteller oder Verbreiter gegebenen, im Verkehr anerkannten Bestimmung arzneilichen, insbesondere Heil- oder Vorbeugungszwecken dienen." A. M. Landmann Anm. 13. Dagegen geht Neukamp (Anm. 6 zu § 56 GewO.) zu weit, wenn er dem Verbote alle „Mittel" unterstellt, denen Heilwirkung beigelegt wird. Schon der Umstand, daß Bruchbänder und Geheimmittel besonders verboten sind, nötigt dazu, den Begriff der Arzneimittel nicht ausdehnend zu interpretieren. Heilzwecken dienende Apparate sind nicht Arzneimittel. Auch Elektrizität gehört nicht zu den Heilmitteln, wenngleich die Anwendung zu Heilzwecken als Ausübung der Heilkunde im Sinne des § 6 GewO. anzusehen ist. Vgl. Min.Erl. v. 20. Juni 1907 — M. 6928 — (MBl. S. 255). Wohl aber ist Radium als Arznei im Sinne des § 56 anzusprechen, soweit es nicht zu technischen Zwecken im Einzelfall bestimmt ist (KG. I S. 493/22; RG. v. 14. April 1924 — 2 D. 576/23, IX 125/24 —; OLG. München v. 26. Febr. 1923 — Rev.Reg. II Nr. 34/23 —). Daß es bei seiner Verwendung als Heilmittel in der Menge nicht gemindert, dem zu heilenden Körper nicht einverleibt wird, wie in der Wissenschaft im Gegensatz zum Reichsgericht behauptet wird, mag Radium von den andern Arzneien unterscheiden, muß aber rechtspolitisch bedeutungslos erscheinen; Radium ist weder eine Kraft, wie etwa Wärme, Magnetismus, Elektrizität, noch ein Apparat oder Instrument, von Menschenhand zu bestimmter Verwendung hergestellt, sondern ein Leichtmetall von gesundheitlicher Einwirkung, einer Arznei, einer Apothekerware darin gleichend, daß seine Anwendung genauer Dosierung bedarf, daß sie einerseits vom Arzt verordnet, andererseits in der Apotheke — wenn auch nicht in jeder — erhältlich ist. Radium darf nicht mit seiner Emanation verwechselt werden.

6. a) Daß hier Geheimmittel neben Arzneimitteln aufgeführt sind, zeigt, daß das Gesetz in den Geheimmitteln nicht eine Spezies der Arzneimittel sieht, daß es vielmehr als „Arznei-

und Geheimmittel" zwei gleichgeordnete selbständige Begriffe bezeichnet. Indessen sind doch die Begriffe miteinander sehr verwandt. Daß Geheimmittel, welche technischen Zwecken dienen, sehr wohl denkbar, aber sicherlich hier nicht gemeint sind, wird kaum einem Zweifel begegnen. Die Verwandtschaft der gedachten Begriffe folgt aus der vom Gesetz gewählten Gruppierung, ergibt sich aber auch aus der Entstehungsgeschichte der Bestimmung. Das Hausieren mit „Geheimmitteln" wurde erst durch das Gesetz, betreffend Abänderung der GewO., v. 1. Juli 1883 verboten. Nach den Motiven (S. 44) zu dieser Novelle sollte das Verbot den „Betrügereien steuern, welche von umherziehenden Händlern durch den Verkauf von Waren, die als Geheimmittel, seien es Kur- oder Schönheitsmittel, dienen sollten, tagtäglich verübt werden". Hiernach sind unter „Geheimmitteln" im Sinne des § 56 RGO. solche Mittel zu verstehen, welche Heil- oder kosmetische Zwecke verfolgen. Dabei kann es keinen Unterschied bilden, ob die Mittel für Menschen oder Tiere zur Anwendung kommen sollen. Da auch die Pflanzenwelt Krankheiten unterworfen ist, kann es zweifelhaft seiu, ob nicht auch Mittel gegen solche unter das Verbot fallen. Indessen wird man dies doch verneinen müssen. Das Leben der Pflanze unterscheidet sich doch recht wesentlich vom tierischen Leben; schließlich käme man dazu, Zersetzungsprozesse an abgestorbenen Pflanzensubstanzen oder gar an anorganischen Stoffen, z. B. Holzschwamm, Mauerschwamm und dergl., für Krankheiten und die Mittel dagegen als Kur- oder wenigstens als Schönheitsmittel zu erklären. Ob ein Hausierverbot mit Geheimmitteln gegen Leiden oder Schönheitsmängel nichttierischer Gebilde de lege ferenda zweckmäßig erscheint, bleibt selbstverständlich für die Frage außer Betracht, was hier unter „Arznei- und Geheimmitteln", „Kur- und Schönheitsmitteln" nach Sprachgebrauch und Absicht des Gesetzgebers zu verstehen ist. Giftige Pflanzenschutzmittel sind als „gifthaltige Waren" ohnehin vom Hausierhandel ausgeschlossen. Landmann beschränkt den Begriff des Geheimmittels ebenso (Anm. 13 Abs. 2 zu § 56 GewO.), wie dies hier geschehen ist, dagegen dehnt ihn Springfeld (V S. 505 in Verbindung mit 226) auch auf sog. Pflanzenheilmittel aus. Nur Mittel in Arzneiform, nicht aber Apparate, z. B. Gehörapparate, Voltakreuze, Rheumatismusketten, sind Geheimmittel (KG. v. 12. Febr. 1891, Johow Bd. 11 S. 331, und v. 16. Dez. 1901, Johow Bd. 23 C. S. 56; OLG. Dresden v. 21. Febr. 1907 im Sächs. Arch. 1908 S. 67 und im 15. Spruchs. der DJZ. 1909 S. 190).

Die Frage, worin das „Geheime" der betreffenden Mittel zu liegen hat, ist in Praxis und Literatur sehr verschieden beantwortet. Nach der jetzt in der Rechtsprechung herrschenden Erklärung ist ein Geheimmittel „jedes Heilmittel, dessen Natur und, falls es aus mehreren Substanzen besteht, dessen Bestandteile und Zusammensetzung nicht bekannt sind (KG. v. 12. März 1900, Johow Bd. 20 C. S. 49) oder spätestens bei der Ankündigung bekanntgegeben werden" (KGUrt. v. 12. März 1900 S. 145, DJZ. 1900 S. 423). Das OVG. erklärt im Urt. v. 15. Mai 1911 — III C. 85/11 — (Med.Arch. 1912 S. 64) solche Heilmittel als Geheimmittel, deren „Bestandteile und Gewichtsmengen" nicht „in einer für jedermann erkennbaren Weise vollständig und sachentsprechend zur öffentlichen Kenntnis gebracht" werden. Daß in dieser Begriffsumschreibung eine Überspannung der Anforderungen an die Offenlegung der geschäftlichen Leistungen der pharmazeutischen Betriebe liegt, ergibt sich schon daraus, daß nach dieser Definition jede Abweichung von Rezepten des Deutschen Arzneibuches deklariert werden müßte, wofür ein Verkehrsbedürfnis durchaus fehlt. Ein „Bekanntsein" bezw. eine „Bekanntgabe" liegt vor, wenn das Mittel in die Pharmakopöe aufgenommen ist (Urt. des RG. v. 25. Mai 1882, Bd. 6 S. 331; vgl. auch Bd. 16 S. 360 der Entsch. in Straff.) oder wenn seine Bestandteile und Zusammensetzung als Inhalt einer Patentschrift vom Patentamt im Reichsanzeiger veröffentlicht sind (KG. v. 17. Okt. 1898 — S. 733 — DJZ. 1899 S. 115). Die Bestandteile, und zwar sämtliche, müssen mit ihren „im Verkehr und in der Literatur üblichen Namen" bezeichnet sein (KGUrt. v. 7. Febr. 1901 — S. 27 —, Johow Bd. 21 Nr. 31 C. S. 108). Bezeichnungen, wie sie in einzelnen Gegenden nur der Volksmund führt, sind einerseits nicht hinreichend, andererseits nicht notwendig; wohl aber ist die Angabe des üblichen Handelsnamens in Gemeinschaft mit dem wissenschaftlichen Namen erforderlich. Ist ein Mittel zum Gegenstand wissenschaftlicher Besprechungen derart geworden, daß die Kenntnis seines Wesens Gemeingut der gebildeten Welt geworden ist, so wird eine weitere Bekanntgabe seiner Zusammensetzung an das Publikum nicht gefordert werden, nachdem Pharmakopöe und patentamtliche Verkündung als hinreichende Erkenntnisquellen erklärt sind. Vgl. indessen Urt. des KG. v. 8. Juni 1898 bei Springfeld V S. 516, nach welchem Bekanntgabe an das Publikum gefordert wird und Kenntnis der medizinisch-wissenschaftlichen Welt oder einzelner Behörden nicht genügt. So auch RFinanzhof 24. Juni 1925 — PharmZ. 67 u. 1730 f. d. UmsStGes. (Luxussteuer).

OLG. Hamburg erklärte mit Recht im Urt. v. 4. Mai 1906 w/r Dr. u. Br. — R. II 29/06 —: „Daß aber die Angaben in einer für jedermann verständlichen Weise erfolgen müßten, kann nicht anerkannt werden." Der Min.Erl. v. 20. Jan. 1898 (MBl. S. 22) erklärt, daß die Bereitungsweise nicht ersichtlich zu sein brauche, weil das Publikum nur die Möglichkeit haben soll, sich über Heilkraft und Geldwert ein Urteil zu bilden, nicht aber das Mittel sich selbst anzufertigen.

b) Ein landesgesetzliches Verbot des Verkaufs von Geheimmitteln ist rechtsungültig, weil es der Kais. Ver. bezw. dem § 1 RGO. widerspricht. (So RGUrt. v. 13. Febr. 1893, Bd. 23 S. 428, und KGUrt. v. 24. Okt. 1887, Johow Bd. 7 S. 228, und dann stets gleichmäßig bis zur Gegenwart.) Gleichwohl bestehen solche Verbote noch mannigfach (siehe Pharmazeutischer Kalender 1925 von Ernst Urban, II. Teil S. 15). Auch die Regelung des Feilhaltens durch Polizeiverordnung ist für Preußen als unzulässig erklärt im Urt. des KG. v. 16. Dez. 1901 (Johow Bd. 23 C. S, 57 Nr. 17). Dagegen ist in der Rechtsprechung das landesgesetzliche Verbot der öffentlichen Ankündigung eines Geheimmittels für rechtsverbindlich erklärt worden (vgl. aber

Anm. 3 zu § 6 RGO.). Richtet sich das Verbot lediglich gegen das Annoncieren, so widerspricht es dem § 1 des Reichspreßgesetzes und ist deshalb ungültig. (So OLG. Hamburg v. 4. April 1891; OLG. Celle v. 11. Juli 1891 bei Goltd. Bd. 39 S. 196, 197, vgl. dazu OVG. v. 10. Juni 1895, Bd. 28 S. 326.) In fast allen Bundesstaaten bezw. preußischen Bezirks- und Provinzialregierungen bestehen Polizeiverordnungen etwa folgenden Wortlauts:

„Die öffentliche Ankündigung von Geheimmitteln, welche dazu bestimmt sind, zur Verhütung oder Heilung menschlicher oder tierischer Krankheiten zu dienen, ist verboten. Zuwiderhandlungen werden mit einer Geldstrafe usw. bestraft.“

Eine Zusammenstellung der einschlägigen Verordnungen nach Geltungsgebiet und Zeit des Erlasses gibt der Pharmazeutische Kalender 1925 S. 20 bis 25.

Dieses Verbot ist in einzelnen Polizeiverordnungen auch auf Geheimmittel gegen pflanzliche Krankheiten ausgedehnt. Freigeblieben sind die Geheimmittel, welche ausschließlich zu kosmetischen Zwecken angekündigt sind. Die Beantwortung der Frage, ob die Ausdehnung des Ankündigungsverbotes auf Mittel der letzteren Art statthaft ist, hängt von dem Ergebnis der folgenden Erwägungen ab: Es ist zunächst zu prüfen, ob ein landesgesetzliches Ankündigungsverbot dem Reichsrecht widersprechen würde. Diese Frage ist zu verneinen, weil GewO. und Kais. Ver. die Art des durch sie gestatteten Gewerbebetriebes nicht regeln. Es bleibt zu untersuchen übrig, ob die Polizei nach dem Staatsrecht ihres Landes befugt ist, ein solches Verbot zu erlassen. Nach § 6 des Preuß. Polizeiverwaltungsgesetzes v. 11. März 1850 gehört zu den Gegenständen ortspolizeilicher Vorschriften unter anderem „a) der Schutz der Personen und des Eigentums“. Das Eigentum ist durch polizeiliche Vorschrift nicht nur gegen Gewalt, sondern auch gegen „List“ zu schützen. (Vgl. Abs. 5 des Kgl. Befehls v. 24. April 1812 zur Verordnung v. 27. Okt. 1810 über die veränderte Fassung allerobersten Staatsbehörden in der Preußischen Monarchie, GS. S. 43.) Es soll das Verbot des Hausierens mit

Geheimmitteln den angeblich täglich vorkommenden Betrügereien, also der listigen Eigentumsschädigung steuern. Ein Verbot der öffentlichen Ankündigung von Geheimmitteln gegen Pflanzenkrankheiten würde also wohl demselben Zwecke dienen und deshalb von § 6 litt. a des Ges. v. 11. März 1850 getragen werden. Nach der gleichmäßigen Rechtsprechung des Obertribunals, des OVG. und des KG. (KG. v. 4. Febr. 1901 — S. 1209 — bei Johow Bd. 21 Nr. 17 C. S. 58 ff.) darf indessen die Polizei von den ihr im § 6 übertragenen Befugnissen nur im Rahmen des § 10 II 17 ALR. Gebrauch machen, d. h. also, sie darf nur „die nötigen Anstalten zur Abwendung der dem Publiko oder einzelnen Mitgliedern desselben bevorstehenden Gefahr treffen". Unter einer bevorstehenden Gefahr versteht das KG. unter Berufung auf das OVG. (KG. v. 12. Dez. 1900 bei Johow Bd. 21 Nr. 31 C. S. 50) „ein außergewöhnliches, in seinem Herannahen, in seiner Eigenart deutlich erkennbares bedrohliches Ereignis". Die Gefahr, welche die Polizei durch ein Verbot der öffentlichen Ankündigung von Geheimmitteln gegen Pflanzenkrankheiten abwenden will, besteht offenbar nur in der Möglichkeit zu betrügen! Der Kauflustige vermag sich ein Urteil über Wirkung und Preiswert des Mittels nicht zu bilden, weil er ja dessen Bestandteile nicht kennt und deshalb der Täuschung leicht ausgesetzt ist. Diese Gefahr ist aber im Handel und Verkehr gemeinhin vorhanden; daß der Kauflustige Qualität und Bestandteile einer Ware nicht oder doch nur sehr beschränkt beurteilen kann, ist keine außergewöhnliche Erscheinung. Es besteht allerdings die „Möglichkeit einer Gesetzesverletzung" durch oder in Verfolg eines Inserats des besprochenen Inhalts, aber eine „abstrakte Möglichkeit" ist keine „bevorstehende Gefahr" und rechtfertigt deshalb ein polizeiliches Einschreiten nicht. (OVG. v. 5. Jan. 1900 — I 16 —, abgedruckt in Rechtsgrundsätze des Kgl. Preuß. OVG. von Kunze und Kautz, Ergänz.-Bd. 1901 S. 239 Nr. 12.) Hiernach ist eine solche Polizeiverordnung rechtsungültig.

Bei den Polizeiverordnungen, betreffend das Verbot solcher Geheimmittel, welche gegen Tierkrankheiten zur Anwendung kommen sollen, liegt es etwas anders. Die Gefahr, daß auch ohne betrügerische Absicht des Verkäufers und die besondere Leichtgläubigkeit des Käufers marktschreierische Anpreisungen von Tierheilmitteln eine dringende, eine „bevorstehende" Gefahr für das Eigentum deshalb zeitigen können, weil der Landmann in Verkennung der Krankheit durch Anwendung von Geheimmitteln sachgemäße tierärztliche Hilfe versäumt, führten früher zur Annahme der Rechtsgültigkeit der Verbote. Im Urt. v. 6./13. Okt. 1913 — 1 S. 740/13 — (Johow Jahrb. 45 S. 452 ff.) wechselte das KG. seine Stellungnahme und erklärte, daß Verbote öffentlicher Ankündigung von Tierarzneimitteln ungültig seien, daß allgemein eine Gefahr im Sinne des § 10 ALR. II 17 nicht vorliege. Diese Ungültigkeit liege auch vor, wenn die Ankündigung von harmlosen, nicht rezepturpflichtigen Heilmitteln gegen menschliche Krankheiten verboten werde, denen nicht gerade eine besondere, die Volksgesundheit bedrohende Gefahr innewohne, wie dies etwa bei Tuberkulose oder Geschlechtskrankheiten in Frage käme. So auch KG. v. 13. Nov. 1913 (MBl. S. 343 und Med.Arch. 1913 S. 529) und v. 25. Sept. 1925 (Ph. Z. S. 78 und 1730).

Erfolgt das Verbot der Ankündigung, „wenn das Publikum durch die Art ihrer Anpreisung belästigt wird", so ist es in Preußen ungültig, weil es nicht mehr durch § 10 ALR. II 17 getragen wird; die Aufrechterhaltung des seelischen Gleichgewichts gehört nicht zu den Obliegenheiten der Polizei; so RGSt. 3. Mai 1906.

c) Auch ein Vorbeugungsmittel kann nach der Entsch. des KG. v. 7. Febr. 1901 (Johow Bd. 21 Nr. 31 C. S. 1909/10) als Geheimmittel angesehen werden. Diese Entscheidung erklärt sich wohl aus dem Umstande, daß unter der Herrschaft der damals geltenden Kais. Ver. v. 27. Jan. 1890 auch Vorbeugungsmittel als Heilmittel betrachtet wurden. Da letzteres nach § 1 der Kais. Ver. v. 22. Okt. 1901 nicht mehr angängig ist, kann gegenwärtig ein Vorbeugungsmittel nicht als Geheimmittel gelten. So erklärt auch das OLG. Hamburg im Beschlußwege am 22. Okt. 1903 — Bd. St. 15/03 w/r B. — LG. IV Hamburg: „Ein als Heilmittel angekündigtes Mittel ist ein Geheimmittel, wenn usw."

Auch der Erlaß des Min. der geistl. usw. Angel. und des Min. d. Inn. v. 20. Jan. 1898 (MBl. f. d. i. Verw. S. 22) erklärt „Geheimmittel“ als „Heilmittel“. Soweit dennoch die Ankündigung von Vorbeugungsmitteln ohne Deklaration in Polizeiverordnungen verboten bleibt oder wird, kann das Verbot als rechtswirksam nicht betrachtet werden. Die Umstände, welche bei der Ankündigung von Heilmitteln eine „bevorstehende“ Gefahr für Leben und Eigentum schaffen können, liegen bei dem Angebot von Vorbeugungsmitteln nicht vor; zu Vorbeugungszwecken wird, abgesehen von den Kreisen, die sich ohnehin Geheimmitteln kaum anvertrauen, der Arzt nie zugezogen, ein Verkennen des Krankheitsbildes kann auch nicht in Frage kommen, da ja bei Benutzung eine Krankheit noch gar nicht besteht; ist das Mittel aber geeignet, auch den gesunden Körper zu schädigen, dann stehen seiner Abgabe bereits das Giftgesetz, die Kais. Ver., die Vorschriften über die Abgabe stark wirkender Arzneien aus Apotheken entgegen.

d) Wiederholt haben sich die Gerichte mit der Frage beschäftigt, wann eine öffentliche Ankündigung eines Geheimmittels vorliegt. Die bloße Anpreisung einer Arznei ohne Angabe der Leiden, gegen welche sie dienen soll, erfüllt den Tatbestand nicht (Johow Bd. 20 Nr. 38 C. S. 93).

Wird eine Kur, eine Behandlungsart empfohlen, so ist damit selbstverständlich kein Heilmittel empfohlen.

Die Öffentlichkeit der Ankündigung eines Geheimmittels liegt nicht vor, wenn über das Mittel selbst erst eine in der Annonce benannte Person Auskunft geben soll. (Urt. des KG. v. 8. April 1897 — S. 160 — bei Johow Bd. 18 S. 321 Nr. 125, bei Goltdammer Bd. 45 S. 143.) Dabei ist es gleichgültig, ob die Auskunftsperson dem Anfragenden durch handschriftlichen Brief oder durch Übersendung einer Broschüre Auskunft gibt. (Urt. des KG. v. 26. Okt. 1896 bei Goltdammer Bd. 44 S. 296.)

Diesen Standpunkt hat das KG. im Urt. v. 7. Febr. 1910 (Zeitschr. f. Med.B. und Ph. Z. 1910 Nr. 91) verlassen, indem es annahm, „daß der Inhalt einer erst zu erteilenden Auskunft oder zu übergebenden Schrift dadurch, daß das Publikum in der öffentlichen Ankündigung darauf hingewiesen wird, sachlich zu einem Bestandteil dieser Ankündigung wird". Hier ist zu Unrecht der Zweck der Annonce ihrem Inhalt gleichgestellt. Das RG. teilt diese neuere Auffassung des KG. nicht. Das Urteil seines II. Strafsen. v. 6. März 1903 w/r Z. — Rep. 5610/02 — (Bd. 36 S. 139/40) führt wörtlich aus: „Die schriftliche Ankündigung einer Sache ohne deren Erkennbarkeit aus der Schrift durch den Leser ist unmöglich." Das KG. hat auch seinen abweichenden Standpunkt v. 7. Febr. 1910 wieder aufgegeben und im Urt. v. 25. Aug. 1914 (Samml. Bd. VII S. 1105) ausgeführt, daß das öffentliche Anbieten einer Person zur Auskunftserteilung und die darauf auf Anfrage erfolgte Übersendung einer Broschüre sowie des Prospekts über das Mittel Pertusin weder eine öffentliche Ankündigung der Broschüre noch des Mittels sei. Am 22. September 1916 änderte das KG. nochmals seine Auffassung und erklärte, von seiner bisherigen Rechtsprechung (26. Okt. 1906, Goltd.Arch. Bd. 44 S. 296) abzugehen und eine öffentliche Ankündigung auch dann anzunehmen, wenn die Anzeige auf eine nicht öffentlich erschienene, aber an jedermann auf Verlangen zu verabfolgende schriftliche oder gedruckte Mitteilung verweist, welche dadurch Bestandteil der Anzeige werde. An diesem Standpunkt hat das KG. demnächst zwar festgehalten, aber immerhin die Einschränkung angefügt, es müsse das Mittel und das zu beseitigende Leiden schon in der Anzeige dem Publikum wenigstens im allgemeinen erkennbar gemacht werden. Richtig an dieser Rechtsprechung ist, daß ohne sie das Ziel der Polizeiverordnungen nicht erreicht werden kann; bedenklich aber erscheint es, daß sie eines gesetzgeberischen Zieles willen ein Strafgesetz ausdehnend auslegt, denn der Begriff der öffentlichen Ankündigung gestattet keine Einschaltung nichtöffentlicher Vorgänge. Die Rechtsprechung sollte es der Gesetzgebung überlassen, alle Tatbestände genau abzustecken, auf deren Erfüllung sie Strafe eintreten lassen will. Der in den Bundesratsbeschlüssen v. 23. Mai 1903, 27. Juni 1907, in den Reichsratsbeschlüssen v. 21. Dez. 1922 und 13. Nov. 1924 entworfene Wortlaut für Polizeiverordnungen, betreffend die in

1912), woselbst der Freispruch wegen Ankündigung von Semori-Tabletten in einer ärztlichen Wochenschrift unter anderem mit der Feststellung begründet wurde, daß sich die Ankündigung „gar nicht an etwaige Kaufliebhaber richtete, sondern nur Ärzte auf das neue Mittel aufmerksam machte".

Durch gleichzeitige Ankündigung mehrerer Geheimmittel in ein und derselben Druckschrift können mehrere strafbare Handlungen begangen sein. (Vgl. RG. II v. 2. Jan. 1900, Bd. 33 S. 50).

Enthält eine Zeitung eine Ankündigung, welche nach einer andern als der an dem Erscheinungsorte geltenden Gesetzesvorschrift mit Strafe bedroht ist, so macht sich der Redakteur als solcher durch die Verbreitung der Zeitung an dem andern Orte nicht strafbar. (KG. v. 19. Okt. 1891, Johow XII 263).

c) Der Bundesrat hat unterm 23. Mai 1903 (§ 409 der Protokolle) und 27. Juni 1907, der Reichsrat am 21. Dez. 1922 und 13. Nov. 1924 den Entwurf einer Geheimmittelverordnung zu dem Zwecke gefertigt, daß er als „Polizeiverordnung, betreffend den Verkehr mit Geheimmitteln und ähnlichen Arzneimitteln" in allen Bundesstaaten erlassen werden möge.[1]) Diesem Wunsche ist Folge geleistet worden. Durch Nachtragsverordnung des Min. für Volkswohlfahrt v. 20. Jan. 1925 (Volkswohlfahrt 1925 S. 64) wurde die Höchststrafe von 60 auf 150 Mark hinaufgesetzt. Der Wortlaut des jetzt geltenden Entwurfes lautet:

§ 1. Auf den Verkehr mit den Geheimmitteln und ähnlichen Arzneimitteln,[2]) die in den Anlagen A, B und C aufgeführt sind, finden die nachstehenden Vorschriften Anwendung; die Ergänzung der Anlagen bleibt vorbehalten.

Die Anwendung der nachstehenden Vorschriften auf diese Mittel wird dadurch nicht ausgeschlossen, daß ihre Bezeichnung bei im wesentlichen gleicher Zusammensetzung geändert wird.[3])

§ 2. Die Gefäße und die äußeren Umhüllungen, in denen diese Mittel abgegeben werden, müssen mit einer Inschrift verden beigefügten Listen aufgeführten „Geheimmittel und ähnlichen Arzneimittel“, bringt auch im § 4 die Bestimmung, daß der öffentlichen Ankündigung gleichstehen solle der Hinweis in solchen auf Druckschriften oder sonstige Mitteilungen. Hierin liegt das gesetzgeberische Anerkenntnis, daß die individuelle Auskunft einer auf Grund eines Inserates angefragten Person keine öffentliche Ankündigung ist. Dieser neueren und bedenklichen Rechtsprechung des KG. stehen andere Gerichtsentscheidungen entgegen, so OLG. Dresden v. 5. Febr. 1913 (Gew.Arch. 1914 S. 377) mit folgender in der Ph. Z. v. 19. Febr. 1913 S. 144 gebrachten Ausführung: „Nach Ansicht des Senats liegt eine öffentliche Ankündigung nicht vor, auch nicht eine mittelbare, weil der Inhalt des Inserats keinen Schluß auf den Inhalt des Prospekts zulasse. Der Prospekt werde nur auf Verlangen an Privatpersonen versandt, deshalb könne in dem Inserat eine öffentliche Ankündigung nicht gefunden werden. Der Senat hat keinen Anlaß, von dem in früheren Entscheidungen eingenommenen Standpunkt abzuweichen.“ Von diesen früheren Entscheidungen sei besonders auf das Urt. des OLG. Dresden v. 14. Sept. 1910 (Annalen Bd. 32 S. 292; Med.Arch. 1912 S. 79) und folgende Darlegung verwiesen: „Es mag nun nicht verkannt werden, daß vielleicht auf ein derartiges Verfahren, in dem zunächst die Presse zur Anlockung von Patienten benutzt und sodann erst die Behandlungsweise nichtöffentlich auseinandergesetzt wird, strafrechtliche Ahndung verdiente . . . es ist unzulässig, zur Erreichung der letzteren der Bekanntmachung eine ausdehnende Auslegung zu geben.“ Das OLG. Naumburg hat noch am 8. April 1925 (Ph. Z. 1925 S. 39 und 1082) ein Inserat, in welchem die kostenlose Abgabe einer Aufklärungsschrift über Wesen, Entstehung, Verhütung und Beseitigung einer bestimmten Krankheit angeboten wird, nicht als Ankündigung der in der Aufklärungsschrift empfohlenen Heilmittel angesprochen. Ob in der Beifügung einer Druckschrift zu einer verlangten Ware das Moment der Öffentlichkeit erfüllt ist, ob durch diese Druckschrift eine öffentliche Ankündigung getätigt wird, ist rechtsgrundsätzlich zu verneinen. Zwar kann es sich um einen ungeheuer großen Personenkreis handeln, aber die Größe des Kreises ist keinesfalls das für den Begriff der Öffentlichkeit Maßgebende. Öffentlichkeit kann erfüllt sein, wenn der Kreis der Kenntnis nehmenden Personen kein halbes Dutzend überschreitet; sie ist nicht erfüllt bei einem Vorgang in „geschlossener Gesellschaft", bei einer Kundgebung eines Vereinsvorstandes an seine nach Tausenden zählenden Mitglieder. Auch hier muß es dem Gesetzgeber überlassen bleiben, seinen Einfluß auf die von ihm gemeinten Tatbestände durch deren sachgemäße Aufstellung zu sichern. Die Rechtsprechung schwankt aber; verneint ist die öffentliche Ankündigung vom KG. am 25. Juli 1916 (Samml. Bd. VII S. 1108) mit vorzüglicher Begründung in einem Falle, in welchem der Händler jedem Käufer einer Ware eine diese empfehlende Druckschrift aushändigte. Das LG. I Berlin 8. Strafk. v. 8. Okt. 1914 — 29 N. 38/13 — verneint ebenfalls Öffentlichkeit, „weil die Aufschrift auf dem Glasröhrchen nur für den einzelnen Käufer, nicht für die Allgemeinheit bestimmt war".

Am 16. Dez. 1901 erklärte das KG. i. S. w/r K. — 15 S. 1041/01 — (Johow 23 C. 57) die Beifügung von Katalogen an Kunden sei nicht ohne weiteres eine öffentliche Ankündigung. Auch die Annoncierung in Fachblättern, welche nur für Fachgenossen bestimmt sind, kann diesseits im Gegensatz zu mannigfachen Gerichtsentscheidungen als öffentliche Anpreisung nicht angesehen werden, weil sie sich nicht an das Publikum, sondern an einen in seiner Art bestimmten begrenzten Personenkreis wendet. Hieran ändert nichts der Umstand, daß solches Fachblatt auch gelegentlich von andern gelesen wird. Denn solche Zufälligkeiten sind nicht von den Inserenten zu vertreten. Es kommt hinzu, daß doch die Absicht, jenen Zufallslesern die Ware zu verkaufen, gar nicht besteht; eine „Anpreisung" liegt aber im Sinne des Verbotes nicht vor, „sofern ihr ein Verkaufszweck nicht zugrunde liegt". RGStr. II v. 6. März 1903 ·/. Z. — Rep. 5610/02 — (Bd. 36 S. 140). Auch LG. III Berlin v. 12. März 1912 (Deutsche Med. Wochenschrift 1912; Ph. Z. v. 11. Sept.

sehen sein, die den Namen des Mittels und den Namen oder die Firma des Verfertigers deutlich ersehen läßt. Außerdem muß die Inschrift auf den Gefäßen oder den äußeren Umhüllungen den Namen oder die Firma des Geschäfts, in dem das Mittel verabfolgt wird, und die Höhe des Abgabepreises enthalten; diese Bestimmung findet auf den Großhandel keine Anwendung.

Es ist verboten, auf den Gefäßen oder äußeren Umhüllungen, in denen ein solches Mittel abgegeben wird, Anpreisungen, insbesondere Empfehlungen, Bestätigungen von Heilerfolgen, gutachtliche Äußerungen oder Danksagungen, in denen dem Mittel eine Heilwirkung oder Schutzwirkung zugeschrieben wird, anzubringen oder solche Anpreisungen, sei es bei der Abgabe des Mittels, sei es auf sonstige Weise, zu verabfolgen.[4])

§ 3. Der Apotheker ist verpflichtet, sich Gewißheit darüber zu verschaffen, inwieweit auf diese Mittel die Vorschriften über die Abgabe stark wirkender Arzneimittel Anwendung finden.

Die in der Anlage B aufgeführten Mittel sowie die in den Anlagen A und C aufgeführten Mittel, über deren Zusammensetzung der Apotheker sich nicht so weit vergewissern kann, daß er die Zulässigkeit der Abgabe im Handverkaufe zu beurteilen vermag,[5]) dürfen nur auf schriftliche, mit Datum und Unterschrift versehene Anweisung eines Arztes, Zahnarztes oder Tierarztes, im letzteren Falle jedoch nur beim Gebrauche für Tiere, verabfolgt werden. Die wiederholte Abgabe ist nur auf jedesmal erneute derartige Anweisung hin gestattet.

Bei Mitteln, die nur auf ärztliche Anweisung hin verabfolgt werden dürfen, muß auf den Abgabegefäßen oder den äußeren Umhüllungen die Inschrift „Nur auf ärztliche Anweisung abzugeben“ angebracht sein.

§ 4. Die öffentliche Ankündigung oder Anpreisung der in den Anlagen A, B und C aufgeführten Mittel ist verboten.

Der öffentlichen Ankündigung oder Anpreisung der Mittel steht es gleich, wenn in öffentlichen Ankündigungen auf Druckschriften oder auf sonstige Mitteilungen verwiesen wird, die eine Anpreisung der Mittel enthalten.

§ 5. Zuwiderhandlungen gegen die vorstehenden Bestimmungen werden, falls nicht nach den allgemeinen Strafgesetzen eine härtere Strafe eintritt, mit einer Geldstrafe bis 150 RM. im Unvermögensfalle mit entsprechender Haft bestraft.

§ 6. Diese Polizeiverordnung tritt mit dem .... in Kraft.

Anlage A.

1. Adlerfluid.
2. Amarol (auch als Ingestol).
3. American coughing cure Lutzes.
4. Anticelta-Tabletten (auch als Anticelta-Tablets oder Fettreduzierungstabletten der Anticelta-Association).
5. Antidiabeticum Bauers.
6. Antiépileptique Uten.
7. Antigichtwein Duflots (auch als Antigichtwein Oswald Niers oder Vin Duflot).
8. Antihydropsin Bödikers (auch als Wassersuchtelixier oder Hydrops-Essenz Bödikers).
9. Antimellin (auch als Essentia Antimellini composita).
10. Antineurasthin (auch als Nervennahrung Hartmanns).
11. Antipositin Wagners (auch als Mittel des Dr. Wagner und Marlier gegen Korpulenz).
12. Asthmamittel Hairs (auch als Asthma cure Hairs).
13. Asthmapulver R. Schiffmanns (auch als Asthmador).
14. Asthmapulver Zematone, auch in Form der Asthmazigaretten Zematone (auch als antiasthmatische Pulver und Zigaretten des Apothekers Escouflaire).

15. Augenwasser Whites (auch als Dr. Whites Augenwasser von Ehrhardt).
16. Ausschlagsalbe Schützes (auch als Universalheilsalbe oder Universalheil- und Ausschlagsalbe Schützes).
17. Balsam Bilfingers.
18. Balsam Pagliano (auch als Tripperbalsam Pagliano).
19. Balsam Thierrys (auch als allein echter Balsam Thierrys, englischer Wunderbalsam oder englischer Balsam Thierrys).
20. Bede-Cur.
21. Beinschäden Indian Bohnerts.
22. Blutreinigungspulver Hohls.
23. Blutreinigungspulver Schützes.
24. Blutreinigungstee Wilhelms (auch als antiarthritischer und antirheumatischer Blutreinigungstee Wilhelms).
25. Bräune-Einreibung Lamperts (auch als Universal-Bräune-Einreibung und Diphtheritis-Tinktur).
26. Bruchbalsam Tanzers.
27. Bruchsalbe des Pharmazeutischen Bureaus Valkenberg (Valkenburg) in Holland (auch als Pastor Schmits Bruchsalbe).
28. Chromonal-Erzeugnisse (auch als Neo-Chromonal).
29. Corliber.
30. Djoeat Bauers.
31. Elixir Godineau.
32. Embrocation Ellimans (auch als Universal embrocation oder Ellimans Universal-Einreibemittel für Menschen), ausgenommen Embrocation etc. for horses.
33. Entfettungstee Grundmanns.
34. Epilepsieheilmittel Quantes (auch als Spezificum oder Gesundheitsmittel Quantes).
35. Epilepsiepulver Cassarinis (auch als Polveri antiepilepttiche Cassarinis).

36. Eubalsol (auch als Radikalmittel Dr. Dammanns gegen Gonorrhöe).
37. Euergon.
38. Eukalyptusmittel Heß' (Eukalyptol und Eukalyptusöl Heß').
39. Eusanol (auch als Epilepsiemittel Dr. H. Seemanns oder Ueckers).
40. Excedol.
41. Ferrolin Lochers.
42. Frauenwohl Dr. Heys.
43. Fulgural (auch als Blutreinigungsmittel Steiners und Schulzes).
44. Gehöröl Schmidts (auch als verbessertes Gehöröl Schmidts).
45. Gloria tonic Smiths.
46. Glycosolvol Lindners (auch als Antidiabeticum Lindners).
47. Haematon Haitzemas.
48. Heiltränke Jakobis (auch als Heiltrankessenz, insbesondere Königstrank Jakobis).
49. Homeriana (auch als Brusttee Homeriana oder russischer Knöterich Polygonum aviculare Homeriana).
50. Hustentropfen Lausers.
51. Injection Brou (auch als Brousche Einspritzung).
52. Injection au matico (auch als Einspritzung mit Matiko).
53. Johannistee Brockhaus' (auch als Galeopsis ochroleuca vulcania der Firma Brockhaus).
54. Kalosin Lochers.
55. Kava Lahrs (auch als Kavakapseln Lahrs, Sanatol Lahrs mit Kavaharz oder Kavaharz Lahrs mit Sanatol).
56. Knöterichtee, russischer, Weidemanns (auch als russischer Knöterich- oder Brusttee Weidemanns).
57. Kräutergeist Schneiders (auch als wohlriechender Kräutergeist oder Luisafluid Schneiders).

58. Kräuterpillen Burkharts.
59. Krebsmittel Dr. Heys (auch als Krebskur Dr. Heys).
60. Kronessenz, Altonaer (auch als Kronessenz oder Menadiesche oder Altonaische Wunder-Kronessenz).
61. Kropfkur Haigs (auch als Goitre-cure oder Kropfmedizin Haigs).
62. Kurmittel Mayers gegen Zuckerkrankheit.
63. Lungenelixier Dr. Heys.
64. Magenpillen Tachts.
65. Magentropfen Bradys (auch als Mariazeller Magentropfen Bradys).
66. Magolan (auch als Antidiabeticum Braemers).
67. Margonal-Erzeugnisse (auch als Erzeugnisse der Margonal-Compagnie), und zwar: Boldo-Tee, Frauen- und Mutterkraut-Tee, Menstruations-, Badekraut-Tee, 63 Tees gegen 63 Krankheiten, Breboral-, Blut- und Nervennahrung (Breboral-Tabletten und -Tropfen), Injektion Trio, Kapseln gegen Harn- und Blasenleiden, Margoglykose, Mittel gegen chronischen Magenkatarrh und Schutzstäbchen.
68. Mother Seigels pills (auch als Mother Seigels Abführungspillen oder operating pills).
69. Mother Seigels syrup (auch als Mother Seigels curative syrup for dyspepsia, Extract of American roots oder Mutter Seigels heilender Sirup).
70. Naturmittel Pfarrer Jos. Schmidts, und zwar Anticonvulso, Anticorposan, Antigrassol, Cancrostoma, Diabeticum, Diabetol, Oedemal, Oedemasan, Pulmone, Pulmospira, Regular, Renicura, Renicurol, Salvador, Salvadoria, Stomafortin, Stomasana, Urinator, Urinoxal.
71. Nervenfluid Dressels.
72. Nervenkraftelixier Liebers.

73. Nervenstärker Pastor Königs (auch als Pastor Königs Nerve Tonic).
74. Nervinum Dr. Weil.
75. Nervicin.
76. Nervol Rays.
77. Orffin (Baumann Orffsches Kräuternährpulver).
78. Oxallo (auch als Oxalka).
79. Pektoral Bocks (auch als Hustenstiller Bocks).
80. Pillen Beechams (auch als Patent pills Beechams).
81. Pillen, indische (auch als Antidysentericum).
82. Pillen Rays (auch als Darm- und Leberpillen Rays).
83. Pilules du Docteur Laville (auch als Pillen Lavilles).
84. Polypec (auch als Naturkräutertee Weidemanns).
85. Rad-Jo (auch als Radjovis-Gonie).*)
86. Reduktionspillen, Marienbader, Schindler-Barnaysche (auch als Marienbader Reduktionspillen für Fettleibige).
87. Regenerator Dr. Heys.
88. Regenerator Liebauts (auch als Regenerator nach Liebaut).
89. Renascin (auch als verbessertes Renascin).
90. Retterspitzwasser Scheds (auch als Heilwickelbäder von M. Retterspitz).
91. Rongoasalbe.
92. Saccharosalvol.
93. Safe remedies Warners (Safe cure, Safe diabetic, Safe nervine, Safe pills).
94. Sanjana-Präparate (auch als Sanjana-Spezifika).
95. Sarsaparillian Ayers (auch als Ayers zusammengesetzter und gemischter Sarsaparilleextrakt).
96. Sauerstoffpräparate der Sauerstoffheilanstalt Vitafer.
97. Sauerstoffpräparate des Instituts für Sauerstoffheilverfahren in Berlin (auch als Hämozonpräparate).

98. Schlagwasser Weißmanns.
99. Sirup Pagliano (auch als Sirup Pagliano Blutreinigungsmittel, Blutreinigungs- und Bluterfrischungssirup Pagliano des Prof. Girolamo Pagliano oder Sirup Pagliano von Prof. Ernesto Pagliano).
100. Spermatol (auch als Stärkungselixier Gordons).
101. Spezialtees Lücks (auch als Spezialkräutertees Lücks).
102. Sterntee Weidhaas' (auch als Sterntee des Kurinstituts „Spiro Spero").
103. Stroopal (auch als Heilmittel Stroops gegen Krebs-, Magen- und Leberleiden oder Stroops Pulver).
104. Tee Puhlmanns.
105. Tuberkeltod (auch als Eiweiß-Kräuterkognak-Emulsion Stickes).
106. Vater-Philipp-Salbe.
107. Venecin (auch als Venecin-Brunnen).
108. Vin Mariani (auch als Marianiwein).
109. Visnervin (auch in abgeänderter Form als Nervisan).
110. Vulneralcreme (auch als Wundcreme Vulneral).
111. Wunderbalsam jeder Art.
112. Zambakapseln Lahrs.

Anlage B.

1. Antineon Lochers.
2. Asthmamittel Tuckers (auch als Asthma-Heilmethode [Spezitic] Tuckers).
3. Asthmapulver M. Schiffmanns.
4. Augenheilbalsam, vegetabilischer, Reichels (auch als Ophthalmin Reichels).
5. Bandwurmmittel Friedrich Horns.
6. Bandwurmmittel Theodor Horns.

7. Bandwurmmittel Konetzkys (auch als Konetzkys Helminthenextrakt).
8. Bandwurmmittel Schneiders (auch als Granatkapseln Schneiders).
9. Bandwurmmittel Violanis.
10. Bromidia Battle und Komp.
11. Cathartic pills Ayers (auch als Reinigungspillen oder abführende Pillen Ayers).
12. Diphtherietropfen der Marie Osterberg (auch als Universaltropfen der Marie Osterberg oder des Laboratoriums Osterberg).
13. Diphtheritismittel Noortwycks (auch als Noortwycks antiseptisches Mittel gegen Diphtherie).
14. Gesundheitshersteller, natürlicher, Winters (auch als Nature health restorer Winters).[1])
15. Gicht- und Rheumatismuslikör, amerikanischer, Latons (auch als Remedy Latons).
16. Gout and rheumatic pills Blairs.
17. Heilmittel des Grafen Mattei (auch als Graf Cesare Matteische elektro-homöopathische Heilmittel).
18. Heilmittel Kidds (auch als Heilmittel der Davis Medical Co.).
19. Kollodin Heuschkels (auch als Mittel Heuschkels gegen Pferdekolik).
20. Komplexmittel, homöopathische, der Engelapotheke (Iso-Werks) in Regensburg (auch als zusammengesetzt homöopathische oder elektro-homöopathische Mittel System Mattei).
21. Kräutersaft, wunderbar wirkender, Sprengels.
22. Krebspulver Frischmuths (auch als Mittel Frischmuths gegen Krebsleiden).
23. Liqueur du Docteur Laville (auch als Likör des Dr. Laville).
24. Lymphol Rices (auch als Bruchheilmittel Rices).

25. Magalia-Erzeugnisse Krahes (auch als Heilpräparate oder Medizinen Krahes), einschließlich Antitoxinal und Pulmersal.
26. Nalther-Tabletten.
27. Noordyl (auch als Noordyltropfen Noortwycks).
28. Oculin Carl Reichels (auch als Augensalbe Oculin).
29. Panchymagogum Dr. Heys.
30. Pillen Morisons.
31. Pillen Redlingers (auch als Redlingersche Pillen).
32. Pink-Pillen Williams' (auch als Pilules Pink pour personnes pâles du Dr. Williams).
33. Reinigungskuren Konetzkys (auch als Reinigungskuren der Kuranstalt Neuallschwil, Schweiz).
34. Remedy Alberts (auch als Rheumatismus- und Gichtheilmittel Alberts).
35. Sternmittel, Genfer, Sauters (auch als elektro-homöopathische Sternmittel von Sauter in Genf oder Neue elektro-homöopathische Sternmittel usw.).
36. Vixol (auch als Asthmamittel des Vixol-Syndicate).

Anlage C.

1. Mittel gegen Blutstockung, und zwar auch dann, wenn sie als Mittel gegen Regel-, Perioden- oder Menstruationsstörungen angekündigt werden (z. B. die Margonal-Erzeugnisse, Frauen- und Mutterkraut-Tee, Menstruations-, Badekraut-Tee).

2. Mittel gegen Trunksucht (z. B. Mittel des Alkolin-Instituts, Mittel Burghardts — auch als Diskohol —, Mittel August Ernsts, Franks, Theodor Heintz', Konetzkys — auch als Kephalginpulver oder Mittel der Privatanstalt Villa Christina —, Mittel der Gesellschaft Sanitas, Josef Schneiders, Wessels, Cozapulver, Trinkerhilfe Richard Oldenburgs Kasankha).[7])

1. Die auf Grund vorstehenden Entwurfes erlassenen Polizeiverordnungen sind bisher als rechtsgültig erklärt worden; so vom OLG. Jena am 8. Aug. 1905 und 8. Nov. 1906 im Thür. Bl. 54, 209 und 60. In diesen Urteilen wird das Prüfungsrecht des Richters auf die Frage beschränkt, ob das Mittel als Arznei anzusehen ist; ob es ein „Geheimmittel" oder „ähnliche Arznei" sei, unterstehe nicht der richterlichen Prüfung.

Das kann diesseits in mehrfacher Richtung nicht anerkannt werden. Das Verbot jeglicher Ankündigung einer Ware bedeutet nicht mehr eine Regelung, sondern eine sehr wesentliche Beschränkung des Handels. Gegenüber den Geheimmitteln, welche nicht auf der Liste stehen, hat das Ankündigungsverbot keine so einschneidende Bedeutung, weil es ja dem Fabrikanten unbenommen ist, die Bestandteile anzugeben und sein Mittel hiermit von der Beschränkung zu befreien. Soweit der Verkehr mit Heilmitteln nicht durch die Kais. Ver. v. 22. Okt. 1901 freigegeben ist, findet die RGO. auf den Verkauf von Arzneimitteln nach § 6 GewO. keine Anwendung. Deshalb steht das Ankündigungsverbot der im Verkehr beschränkten Arzneimittel in keinem Widerspruch zur Reichsgewerbeordnung und deren grundsätzlicher Gewerbefreiheit. Das Ankündigungsverbot bezüglich der auf der Geheimmittelliste stehenden, nach der Kais. Ver. dem freien Verkehr überlassenen Arzneien wird hiernach als gesetzwidrig erachtet, weil es eben den freien Verkehr nicht regelt, sondern eine dem Handel wesentliche Betätigungsform, die ordnungsmäßige Reklame, schlechthin verhindert. Im übrigen ist die Geheimmittelverordnung in Preußen auch nur soweit gültig, als sie sich im Rahmen des § 10 ALR. II 17 bewegt. Das KG. hat Ankündigungsverbote von harmlosen Mitteln als für Preußen gesetzwidrig bezeichnet, sofern nicht betrügerische Vorspiegelungen oder besonders gefährliche Krankheiten in Frage stehen. Vgl. Anm. 6 b zu § 56 RGO., insbesondere die Urt. des KG. v. 6./13. Okt. 1913 — I S. 740/13 — (Johow Bd. 45 S. 452 ff.) und v. 13. Nov. 1913 (MBl. S. 343 und Med.Arch. 1913 S. 529). Es erscheint sehr fraglich, ob der Richter in eine Prüfung über die Eigenschaften einer auf die Geheimmittelliste gesetzten Ware eintreten darf, denn über die Gefährlichkeit einer solchen muß das Ermessen der Polizei (§ 10 ALR. II 17) entscheiden, sofern es sich um ein in der Verordnung bezeichnetes Einzelmittel handelt.

2. Ob ein Geheimmittel oder wenigstens „ähnliches Arzneimittel" vorliegt, untersteht richterlicher Prüfung. Vgl. KG. v. 25. April 1910 (Med.Arch. 1911 S. 236 und Samml. Bd. IV S. 542).

3. Vgl. Anm. 2 zu § 2 a der Kais. Ver. S. 114. Hier ist ausdrücklich vorgeschrieben, daß Namensänderung ohne Einfluß auf Unterstellung der Mittel unter die Geheimmittelverordnung bleiben soll. Dieses Gebot ist zu beachten, aber eng auszulegen. Es entspricht dem Geist der Verordnung, nur unlauterer Reklame entgegenzutreten; nur die willkürliche Benennung durch Hersteller und Händler, nicht die wissenschaftliche Bezeichnung soll getroffen werden. So ist z. B. Knöterichtee trotz A 63, Sarsaparille-Extrakt trotz A 97 von den Beschränkungen der Geheimmittelverordnung frei.

4. Nach KG. v. 5. Juni 1913 (Ph. Z. Nr. 65) ist die Bemerkung auf den Umhüllungen der Gefäße von Norbyl: „Indiziert bei Halsleiden usw." keine durch § 2 verbotene Anpreisung. Der Ansicht, nach welcher auch eine bloße Angabe der durch das Heilmittel zu beseitigenden Krankheiten und der Anwendungsweise des Mittels eine Anpreisung enthält, ist nicht beizutreten. Anpreisungen anderer Mittel dürfen dem Geheimmittel beigepackt werden (KG. v. 7. Jan. 1907, nach Rapmund S. 1304 Anm. 4).

5. Nach Rapmund S. 1304 Anm. 5 erfolgte durch KG. am 7. Mai 1903 — also vor Erlaß dieser Verordnung — Freispruch eines Apothekers, der den Versicherungen des Fabrikanten und der Literatur glaubte, daß sich in einem Geheimmittel keine verbotenen Stoffe befänden.

6. Das rechtskräftige, sorgfältige Urteil des AG. Hamburg v. 4. Aug. 1925 (Ph. Z. 1926 S. 35/36) erklärt die Hamburgischen

Senatsverordnungen v. 19. Juli 1907 und 29. Dez. 1924 insoweit für rechtsungültig, als Rad-Jo mit aufgenommen ist, weil dieses weder Gift noch Geheimmittel, noch Heilmittel sei, letzteres deshalb nicht, weil auch die mit Schwangerschaft und Entbindung verbundenen Beschwerden und unangenehmen Begleiterscheinungen keine Krankheiten seien.

7. Unterm 1. Nov. 1911 (MBl. S. 319) macht der Preuß. Min. des Innern darauf aufmerksam, daß „Nalther-Tabletten" der neue Name für 14 ist.

§ 56a.

Ausgeschlossen [1]) vom Gewerbebetrieb im Umherziehen sind ferner:

1. die Ausübung der Heilkunde,[2]) insoweit der Ausübende für dieselbe nicht approbiert ist.

1. Strafbestimmung siehe § 148 Ziff. 7a, aber zu beachten § 148 Abs. 2 GewO. und § 20 des Gesetzes, betreffend den Gewerbebetrieb im Umherziehen, v. 3. Juli 1876 in der Fassung, die dem § 20 das Preuß. Gesetz zur Anpassung der Steuergesetze an die Geldentwertung v. 31. Juli 1923 (GS. S. 361) im § 4 Ziff. 2 gibt. Gewerbesteuerlich gilt nach Art. II der Ergänzungsverordnung des Staatsministeriums zur Verordnung v. 23. Nov. 1923 über die vorläufige Regelung der Gewerbesteuer (GS. S. 519) v. 16. Febr. 1924 (GS. S. 109) als Gewerbebetrieb auch die entsprechende Tätigkeit von Vereinen und dergl., „selbst wenn sie satzungsgemäß und tatsächlich auf einen festumgrenzten Personenkreis beschränkt und nicht auf Gewinnerzielung gerichtet ist". Nach KG. I. Strafsen. v. 15. Mai 1925 — 1 S. 292/25 — (Goltd. Arch. 1926 S. 204/05) ist Ausübung eines Wandesgewerbes ohne Wandergewerbeschein straflos, wenn unverschuldeter Notstand vorlag, z. B. Verspätung in der Erteilung eines rechtzeitig beantragten Wandergewerbescheins. Auch Putativnotstand macht nach dieser Entscheidung straflos.

Wer im Umherziehen Heilbehandlung seitens eines Dritten anbietet (Fernbehandlung), übt nicht selbst Heilkunde aus, fällt aber auch nicht unter § 55 Ziff. 3: „Anbieten gewerblicher Leistungen", denn, wie mit Recht das Bayr. Verw.Ger. Hof am 15. Juli 1910 — N 50 II/10 — (Fuchsbergers Kartothek Bd. 18 zu § 55 RGO.) betont, gehört hierzu „Bereitschaft zur eigenen sofortigen Leistung an Ort und Stelle".

3. In der Reklame für ein Mittel liegt nicht Ausübung der Heilkunde. So KG. v. 7. Dez. 1903; 28. Mai 1906; 4. Juli 1911 (Ph. Z. 1903 Nr. 99; 1906 Nr. 44; 1911 Nr. 32 und 73; 1921 Nr. 59), und zwar auch dann nicht, wenn ein bestimmtes Geschäft als Bezugsquelle bezeichnet ist. So KG. v. 21. Mai 1906 (Ph. Z. 1906 Nr. 42). Nach RG. v. 18. Jan. 1906 — 3 D 1112/05 — setzt die Ausübung der Heilkunde die individualisierende Behandlung bestimmter Krankheiten voraus. Vgl. Ph. Z. 1911 Nr. 32 und 1921 Nr. 59. Nach KG. v. 6. Jan. 1925 — 1 S. 1123/24 — fällt unter den Begriff der Ausübung der Heilkunde im Sinne des § 56 a Ziff. 1 RGO. jede eine besondere ärztliche Fachkenntnis voraussetzende Tätigkeit, welche auf Feststellung oder Heilung oder Linderung von Krankheiten gerichtet ist. Jede berufsmäßige Tätigkeit nach einer dieser Richtungen ist als Ausübung der Heilkunde zu erachten (vgl. RG. v. 20. Sept. 1915, Deutsche Strafrechtszeitung Bd. 3 S. 415). Auch das „Gesundbeten", sog. „Christliche Wissenschaft", wie RG. II. Strafsen. v. 5. Okt. 1925 — II 318/25 — (Bd. 59 S. 355) darlegt. Das KG. zählt zu diesen Handlungen auch die, welche Heilung oder Linderung vorbereiten sollen, insbesondere die Feststellung, ob und welche Krankheit vorliegt, und die Raterteilung (Goltd.Arch. Bd. 52 S. 432 ff. und Strafrechtszeitung Bd. 3 S. 261). Das OLG. München führt im Urt. v. 24. März 1911 — Rev.Reg. Nr. 104/1911 — aus: „Die Entgegennahme von Urin zum Zwecke späterer Untersuchung und darauf zu gründender Behandlung wird für sich allein nicht als Ausübung der Heilkunde angesprochen werden können, sofern nicht gleichzeitige Untersuchung und Beratung erfolgt ist." Andererseits führt das KG. am 7. Febr.

1922 — 1 S. 27/22 — aus: „Gewerbebetrieb im Umherziehen ist im Falle der Ausübung der Heilkunde schon dann anzunehmen, wenn der Heilkundige an einem Ort außerhalb seines Wohnortes erscheint und der Allgemeinheit dort seine Anwesenheit sowie seine Heilbefähigung unter Angabe seiner Sprechzeit zur Kenntnis bringt." Wer aber ein möbliertes Zimmer zwar nicht zur ununterbrochenen, aber zur stets wiederkehrenden Ausübung der Heilkunde gemietet hat, hausiert nicht, sondern hat eine Zweigniederlassung; so KG. v. 14. Okt. 1924 — I S. 911/24 —. Ähnlich OLG. Strafs. Darmstadt v. 13. Okt. 1899 — Rev. 25/99 — (Fuchsbergers Kartothek zu § 56 a RGO.): Mietung eines Zimmers zum ausschließlichen, wenn auch nur in regelmäßiger Wiederkehr bestimmten Gebrauch ist nicht Gewerbebetrieb im Umherziehen. Der Bayrische Verwaltungsgerichtshof billigt im Urt. v. 24. Juli 1914 (Samml. der Entsch. desselben Bd. 35 S. 139; Samml. gerichtl. Entsch. Bd. VII S. 836 ff.) die Entsch. des KG. v. 28. Mai 1906 (Johow Bd. 33 C. S. 69 Nr. 22) dahin, daß zur Annahme eines Heilgewerbebetriebes erforderlich sei, daß der Heilkundige zunächst die Feststellung im einzelnen durch mündliche oder schriftliche Befragung des Leidenden oder anderer Personen, durch Untersuchung oder auf andere Weise wirklich oder angeblich vornimmt und auf Grund dieser Feststellung die entsprechende Behandlung einleitet. In demselben Urteil gelangt das Gericht zu dem Ergebnis, daß in der Abnahme von Gipsabgüssen und Maßen vom Körper oder Rückgratsverkümmerungen eine gewerbsmäßige Ausübung der Heilkunde liege. Das setzt selbstverständlich voraus, daß diese Tätigkeit zum Zwecke eines sich anschließenden Heilverfahrens ausgeübt wird, aber auch, daß letzteres durch eben denselben erfolgt. Wenn ein othopädisches Institut einen Gehilfen nach Ortschaften sendet, um dort Messungen von verkrümmten Teilen entgegenzunehmen, um auf Grund dieser vom Sitz des Unternehmens aus durch Fachkundige ein wirkliches oder angebliches Heilverfahren einzuleiten, so wird sich jene Gehilfenleistung nicht als Ausübung der Heilkunde, sondern nur als Vorbereitungshandlung ansprechen können. Der

Fall ist ähnlich gelagert wie der oben mitgeteilte, vom OLG. München am 24. März 1911 — Rev.Reg. Nr. 104/11 — behandelte. Dort erklärte das Revisionsgericht, daß die Entgegennahme von Urin zum Zwecke später Untersuchung und darauf zu gründender Behandlung als Ausübung der Heilkunde nicht zu gelten habe. Hier genügt dem Gericht schon die zeitliche Trennung, während in der diesseitigen Darlegung noch der Personenwechsel hinzukommt. OLG. Darmstadt v. 31. Okt. 1902 — S. 43/12 — in Fuchsbergers Kartothek: Untersuchung und Anmessung eines Bruchbandes ist nicht Ausübung der Heilkunde. Noch weniger ein Vortrag über Heilkunde. Auch die Besorgnis, daß sich Experimente anschließen, rechtfertigt nicht ein Verbot des Vortrags. So OVG. Dresden — 35 I 1925 — v. 22. Mai 1925, weil Art. 118 RVerf. entgegenstehe. — Dr. med. et phil. Lustig in Zeitschr. f. Med.-Beamte erblickt in der Feststellung einer Krankheit bereits die Ausübung der Heilkunde unter Berufung auf RG. v. 20. Sept. 1915. Das bestreitet die Ph. Z. 1926 S. 178; Harnuntersuchung mit wahrscheinlicher Angabe der Krankheit sei nicht Ausübung der Heilkunde, es müsse Tätigkeit zur Heilung oder Linderung hinzutreten. Die Dr. Lustigsche strengere Auffassung verdient den Vorzug, denn die sog. Diagnose ist ein selbständiger Teil der ärztlichen Kunst. Auf dasselbe RG.-Urt. v. 20. Sept. 1915 nimmt auch zustimmend das Bayr. OLG. im Urt. v. 24. Mai 1917 (Apothekerzeitung 1919 Nr. 61 S. 437 und „Die Apothekerges. des Deutschen Reichs und Preußens" von K. v. Gneist, Geh. Regierungsrat und Oberregierungsrat im Oberpräsidium in Charlottenburg a. D., Berlin 1925, Verlag des Deutschen Apothekervereins, S. 368) Bezug und erklärt Ausübung der Heilkunde als „die berufsmäßige Tätigkeit zur Feststellung, Heilung oder Linderung von Krankheiten bei Menschen oder Tieren, die nach allgemeiner Auffassung besondere ärztliche Fachkenntnisse voraussetzt, gleichviel, ob sie von einem Arzt oder Laien vorgenommen wird".

Darüber, daß die Ankündigung von Heilmitteln keine Ausübung der Heilkunde bedeutet, besteht im Schrifttum und den Entscheidungen unserer Obergerichte Einhelligkeit (so auch)

Räuber S. 94). Das KG. war noch am 11. Juli 1910 (Med.-Arch. 1911 S. 238 und Samml. ger. Entsch. Bd. VI S. 542) veranlaßt, zu erklären, daß Ankündigung und Verkauf von Arzneimitteln nicht „Kurpfuscherei“ sei (KG. v. 28. Mai 1906 — I S. 375/06 — Johow, 33 C. 69). Am 4. Juli 1911 (Ph. Z. 1911 Nr. 32 und 1921 Nr. 59) weist das KG. darauf hin, daß auch die gewerbepolizeiliche Gesetzgebung den Betrieb der Heilkunde von der Ankündigung und Verabfolgung von Arzneien getrennt behandle. Das hier angezogene Urteil des OLG. München v. 24. Mai 1917 führt aus, daß weder schriftliche noch mündliche Anweisungen über den Gebrauch eines Tees Ausübung der Heilkunde bedeuten. Nach Dr. Fr. Hoffmann, „Die Reichsgewerbeordnung“, Carl Heymanns Verlag 1925, Anm. 2 zu § 56 a RGO., gilt die Behandlung von Hühneraugen nicht als Ausübung der Heilkunde, bei der Massage aber sei der Einzelfall zu prüfen. KG. v. 16. Okt. 1913 (Gew.Arch. 13/269). Zahlreiche Polizeiverordnungen verknüpfen aber Ankündung von Heilmitteln mit Ausübung der Heilkunde, so daß sich die Rechtsprechung mannigfach genötigt sah, deren Ge- und Verbote nur dann für anwendbar zu erklären, wenn es sich um Maßnahmen im Rahmen gewerbsmäßiger Ausübung der Heilkunde ohne Approbation handelte. So z. B. KG. v. 11. Juli 1910 (Med.Arch. 1911 S. 238) gegenüber der Polizeiverordnung des Regierungspräsidenten zu Königsberg v. 3. Febr. 1903 und dem M.Erl. v. 28. Juni 1902 / 7. April 1903. Andererseits meinte das OLG. Dresden am 26. Febr. 1908 (Med.Arch. 1911 S. 382; Samml. Bd. VI S. 563), daß nach der Sächs. Min.Bekanntm. eine Ausübung der Heilkunde nicht Voraussetzung sei; so wäre für Sachsen die Lücke ausgefüllt, die das KG. (Bd. 32 C. S. 47 und Bd. 33 C. S. 69) rücksichtlich der Polizeiverordnungen für Oppeln und Breslau aufgedeckt habe.

Ist jemand nach einem anderen Ort bestellt, so kann Hausierbetrieb um deswillen, weil die von ihm erbetenen Leistungen nicht hinreichend „bestimmt und bezeichnet“ gewesen, nicht angenommen werden, vielmehr kann die Bestellung „bei der Ausübung des Heilgewerbes im Hinblick auf dessen Eigenart lediglich auf die

Person des Ausübenden" bezogen werden. So OLG. Dresden 2. Strafsen. v. 6. März 1925 — III a 312/241 —, Feisenberger 1925 S. 349/50.

§ 143 Abs. 1.

Die Berechtigung zum Gewerbebetrieb kann, abgesehen von den in den Reichsgesetzen vorgesehenen Fällen ihrer Entziehung,[1]) weder durch richterliche noch administrative[2]) Entscheidung entzogen werden.

1. Vgl. § 35 Abs. 4, §§ 40, 53 GewO.
2. Vgl. Anm. 2 zu § 147 GewO.

§ 145.

Für das Mindestmaß der Strafen, das Verhältnis von Geldstrafe zur Freiheitsstrafe sowie für die Verjährung der in den §§ 145 a, 146 und 153 verzeichneten Vergehen sind die Bestimmungen des Strafgesetzbuchs für das Deutsche Reich maßgebend.

Die übrigen in diesem Titel mit Strafe bedrohten Handlungen verjähren binnen drei Monaten, von dem Tage an gerechnet, an welchem sie begangen sind.

1. Vgl. §§ 16, 18, 19, 27, 29 StGB. und Ges. v. 6. Febr. 1924 (RGBl. I S. 44).

§ 146 Abs. 1.

Mit Geldstrafe bis zu 2000 M.[1]) und im Unvermögensfalle mit Gefängnis bis zu sechs Monaten werden bestraft:

4. wer dem § 56 Ziff. 6 zuwiderhandelt.

1. Nach § 27 StGB. in der Fassung v. 6. Febr. 1924 (RGBl. S. 44) „von 3 bis 10 000 RM." (§ 2 der Ver. v. 12. Dez. 1924, RGBl. 1924 I S. 775). Hier findet trotz § 145 StGB. § 28 Abs. 2 keine Anwendung. So Hoffmann Anm. 2 zu § 145 RGO.

§ 147 Abs. 1.

Ver. v. 6. Febr. 1924, RGBl. I S. 44, und v. 12. Dez. 1924, RGBl. I S. 775.)

Mit Geldstrafe von 3 bis 10 000 Reichsmark und im Unvermögensfalle mit Haft wird bestraft:

1. wer den selbständigen [1]) Betrieb eines stehenden Gewerbes, zu dessen Beginn eine besondere polizeiliche Genehmigung (Konzession, Approbation, Bestallung) erforderlich ist, ohne die vorschriftsmäßige Genehmigung unternimmt oder fortsetzt oder von den in der Genehmigung festgesetzten Bedingungen abweicht; [2])

3. wer ohne hierzu approbiert zu sein, sich als Arzt (Wundarzt, Augenarzt, Geburtshelfer, Zahnarzt, Tierarzt) bezeichnet oder sich einen ähnlichen Titel beilegt, durch den der Glauben erweckt wird, der Inhaber desselben sei eine geprüfte Medizinalperson.[3])

1. Diese Strafbestimmung findet nur gegen den selbständigen Gewerbetreibenden Anwendung. Indessen können Angestellte gemäß § 49 StGB. als „Gehilfen" mit bestraft werden, weil die durch § 147 bedrohte Verfehlung ein „Vergehen" und nicht eine bloße „Übertretung" darstellt. Sobald die strafbare Handlung gleichzeitig den § 367 Ziff. 3 StGB. verletzt, kommt gemäß § 73 StGB. nur § 367 zur Anwendung. Liegt nicht ideale, sondern Gesetzeskonkurrenz vor, so wird § 147 GewO. anzuwenden sein. So OLG. Hamburg v. 27. Febr. 1911 — V R. II 154/10 — (Samml. Bd. VII S. 1172).

Ein Apothekenbetrieb liegt nicht schon dann vor, wenn jemand einzelne den Apotheken vorbehaltene Waren feilhält, sondern nur dann, wenn sich der Betrieb — insbesondere durch die Bezeichnung „Apotheker" und die Anfertigung durch ärztliche Rezepte verordneter Arzneien — in seiner Gesamtheit als Apotheke darstellt; so KG. v. 23. Okt. 1905, DJZ.

S. 1174. Daß sich der Betrieb ausdrücklich als Apotheke bezeichnet, ist nicht erforderlich. So die vorangezogene Entsch. des OLG. Hamburg v. 27. Febr. 1911. Das KG. führt mit Recht im Urt. v. 6. April 1914 — I S. 162/14 — (Med.Arch. 1914 S. 215 ff. und Samml. Bd. VII S. 907) aus, es müsse „das Geschäft sich in seiner Gesamtheit seinem Betriebe nach und äußerlich als eine Apotheke" darstellen; „das bloße unbefugte Feilhalten und Verkaufen fertiger den Apotheken vorbehaltener Mittel macht dagegen, auch wenn es gewerbsmäßig und in großem Umfang erfolgt, die Arzneimittelhandlung nicht zu einer Apotheke". Dasselbe Urteil macht darauf aufmerksam, daß, wenn nicht nur die Approbation, sondern auch die Konzession fehle, nicht § 147 RGO., sondern § 177 Pr. GewO. als das schwerere Gesetz zur Anwendung komme.

Vgl. wegen des Begriffes des „Beginnens" eines Gewerbes Anm. 1 zu § 35 Abs. 4 RGO. und das Urt. des KG. v. 27. Juli 1921 — S. 483/21 —. Über polizeiliche Schließung vgl. Ausf.Anw. zur RGO. v. 1. Mai 1904 — fortgesetzt ergänzt, zuletzt am 22. Febr., 11. Nov. 1919; 10. Sept. 1920; 15. Febr., 5. Juli 1922 (HMBl. S. 35, 156); v. 28. Juni 1924 (HMBl. S. 228).

2. Ohne Rücksicht darauf, ob der Strafrichter Anlaß findet, den zu bestrafen, welcher konzessionspflichtigen Gifthandel ohne polizeiliche Erlaubnis beginnt, ja sogar im Falle des richterlichen Freispruchs, ist die Verwaltungsbehörde befugt, die Fortsetzung des konzessionsbedürftigen Betriebes zu verhindern. Es kann dies allerdings zu bedenklichen Rechtszuständen führen, ist aber nach der bestehenden Gesetzgebung unzweifelhaft möglich. So OVG. v. 19. Mai 1897 — III C. 147/96 — (Bd. 32 S. 290) und bei Kunze und Kautz, Ergänz.-Bd. 1899 S. 235 und 236. Indessen ist ein präventives Einschreiten der Polizei gegen Ankündigungen in der Presse unzulässig, weil Art. 27 der Preuß. Verf.-Urk. und § 1 des RG. über die Presse v. 7. Mai 1874 die Freiheit der Presse gewährleistet und andere als durch das Preßgesetz selbst zugelassene Beschränkungen ausschließt; so OVG. v. 10. Juni 1895 — III B. 12/95 — (Bd. 28 S. 326; Kunze

und Kautz Bd. 2 S. 343/44 und 337). Zu den „Bedingungen" gehören nur die, deren Erfüllung in der Macht des Gewerbetreibenden steht. KG. v. 14. Mai 1915, Johow Bd. 48 S. 322.

3. In knapper Begründung vertritt das OLG. München im Urt. v. 4. April 1911 (Samml. Bd. XI S. 172; Med.Arch. 1912 S. 89) unter Berufung auf seine Entsch. v. 30. April 1910 (Entsch. des OLG. Bd. X S. 109) die Auffassung, daß für die Anwendung der zweiten Alternative des § 147 Abs. 1 Ziff. 3 RGO. nicht notwendig die Beilegung eines persönlichen Prädikats erforderlich sei, daß vielmehr auch eine die Tätigkeit einer Person kennzeichnende objektive Bezeichnung unter Umständen zur Annahme der Beilegung eines arztähnlichen Titels genügen könne". Das OLG. erblickt in der Bezeichnung „Biol.-med. Ambulatorium" die Beilegung eines arztähnlichen Titels. Das KG. führt im Gegensatz hierzu im Urt. v. 6. Juni 1912 — I S. 445/12 — (Med.Arch. 1912 S. 354) aus, daß es sich der vom OLG. München im vorbezeichneten Urteil und vom OLG. Celle am 29. Juni 1903 (Goltd.Arch. Bd. 52 S. 258) vertretenen Auffassung nicht anschließe, sondern die Frage, ob sich jemand durch eine unpersönliche Bezeichnung seines Gewerbebetriebes einen Titel beilegen könne, in Übereinstimmung mit dem RG. verneine. Diesen Standpunkt hält das KG. im Urt. v. 19. Mai 1922 — I S. 253/22 — mit der Begründung aufrecht: „Ob durch die Ankündigung des Heilangebots und den gleichzeitigen Hinweis auf die Leistungen des Angeklagten in der Allgemeinheit die Meinung hervorgerufen ist, er sei eine geprüfte Medizinalperson, ist bei dieser Rechtslage ohne Bedeutung." Mit Recht erblickt das OVG. im Urt. v. 6. Juli 1911 — III A. 43/10 — (Med.Arch. 1912 S. 77) die Beilegung einer ärztlichen Bezeichnung seitens des Beklagten, „wenn er sich ohne jeden weiteren Zusatz den Nachfolger eines Zahnarztes nennt". Wenn aber der Zusatz „Dentist" dem OVG. eine Irreführung nicht auszuschließen scheint, so kann dies schlechthin nicht als zutreffend anerkannt werden, in jenem zur Entscheidung stehenden Falle aber doch, weil der Zusatz in kleiner Schrift angefügt war. Der Min.Erl. v. 7. Dez. 1912 (MBl. S. 410)

erblickt eine Verfehlung in der Bezeichnung eines Medizinalpraktikanten als „Assistent", „Arzt am Krankenhaus" und dergl. Als arztähnlicher Titel wird angesehen vom OVG. am 17. Mai 1915 (Samml. Bd. VII S. 806 ff.) und vom KG. am 26. Jan. 1914 (Samml. Bd. VII S. 816) der Professortitel in Verbindung mit Heilwesen. Ähnlichkeit wird verneint bezüglich „Magnetopath" vom OLG. Darmstadt am 30. Sept. 1913 — S. 40/13 — (Deutsche Strafrechtszeitung 1. Jahrg. Sp. 147; Med.Arch. 1914 S. 244). Das LG. Plauen erklärt am 24. Jan. 1913 (Samml. Bd. VII S. 864/65) trotz folgender Schreibweise:

„Arno H., homöopathische Behandlung
innerer und äußerer Krankheiten",

daß hierin keine Verfehlung zu finden sei. Sehr belehrend sind Ausführungen des OLG. Dresden 2. Strafsen. v. 20. März 1925 — III a 315/24 — (Feisenberger 1925 S. 351/52). Dort wird die Bezeichnung als „in Amerika approbierter Zahnarzt" mit folgender Begründung für zulässig erklärt: „Die Meinung des KG." (Reger 33, 424; Gew.Arch. 13, 507), „daß § 147 Ziff. 3 das ungebildete Publikum habe schützen wollen, das sich nur an den Titel Arzt halte und die auf eine ausländische Approbation hindeutenden Zusätze zumeist nicht lese oder nicht verstehe, findet im Gesetz keine Stütze. Man wird eine so geringe Einschätzung des Publikums nicht ohne weiteres voraussetzen dürfen bei dem Gesetzgeber, der die Heilkunde im allgemeinen freigegeben hat (vgl. RGStr. 44, 5)." Irrtum über Eignung zur Irreführung kann Strafbarkeit ausschließen. RGSt. v. 20. Dez. 1910, Bd. 44 S. 309.

§ 148 Abs. 1 Ziff. 1, 4, 7a, Abs. 2.

Mit Geldstrafe bis zu 150 Reichsmark und im Unvermögensfalle mit Haft bis zu vier Wochen wird bestraft:

1. wer außer den im § 147 vorgesehenen Fällen ein stehendes Gewerbe beginnt, ohne dasselbe vorschriftsmäßig anzuzeigen; [1])

4. wer der nach § 35 gegen ihn ergangenen Untersagung eines Gewerbebetriebes zuwiderhandelt, oder die im § 35 vorgeschriebene Anzeige unterläßt; [2])

7 a. wer dem § 56 . . . Abs. 2 Ziff. . . . 9 . . . zuwiderhandelt.

In allen diesen Fällen bleibt die Strafe ausgeschlossen, wenn die strafbare Handlung zugleich eine Zuwiderhandlung gegen die Steuergesetze enthält.[3])

1. Während sich § 147 mit den genehmigungspflichtigen Gewerben beschäftigt, betrifft § 148 alle anderen Gewerbe. Für diese schreibt § 14 RGO. vor: „Wer den selbständigen Betrieb eines stehenden Gewerbes anfängt, muß der für den Ort, wo solches geschieht, nach den Landesgesetzen zuständigen Behörde gleichzeitig Anzeige davon machen." Da § 14 bereits hervorhebt, daß es sich um den selbständigen Betrieb eines Gewerbes handeln muß, bedurfte dieses Moment nicht mehr der Hervorhebung im § 148. Die Unterlassung der Anzeige macht den Betrieb nicht zum „unbefugten". KG. v. 9. Nov. 1905 (Gew.Arch. V S. 452).

2. Wegen der Frage, wann ein Gewerbebetrieb begonnen ist, vgl. Anm. 1 zu § 35 Abs. 4 RGO. Es kann zweifelhaft werden, ob der, welcher Heilkunde ausübt und hierbei Heilmittel abgibt oder verwendet, einen Handel betreibt. Letzteres ist zu verneinen, wenn der Heilkundige selbst die Arzneien verwendet, z. B. wenn er die Salbe selbst verreibt, das Ätzmittel selbst aufpinselt und dergl., wenn er also die Mittel nicht in die Verfügungsgewalt des anderen bringt. Dagegen liegt Handelsbetrieb vor, wenn der Heilkundige seine Arzneien den Patienten zu deren Verfügung übergibt. Das OLG. Darmstadt führt im Urt. v. 2. Juni 1908 — 56/08 — (Fuchsbergers Entsch., Kartothek-Ausgabe Bd. 18, zu §§ 35, 148 Ziff. 4 RGO.) aus, daß Handel vorliege, wenn Hingabe und Annahme in der Absicht erfolgt, daß Bezahlung geleistet werde, „unerheblich ist, ob die Vergütung für die Ratserteilung und Mühewaltung bei der Krankenbehandlung den Wert der Medikamente und um wieviel übersteige". Irreführen

kann die Auffassung des RG. im Urt. v. 7. Febr. 1922 — I S. 27/22 —, welche in folgenden Sätzen Ausdruck findet: „Es geht nicht an, etwa ein Feilbieten der vom Angeklagten verkauften Arzneien (§ 56 Abs. 2 Ziff. 9 GewO.) anzunehmen. . . . Die Abgabe der Arzneien stellt sich hier offensichtlich als Teil der Ausübung der Heilkunde dar, da sie auf Grund von körperlichen Untersuchungen und Ratserteilungen erfolgt ist (Landmann Anm. 3 zu § 56 a)." In Wirklichkeit lagen hier zwei Betriebe vor, der Heilbetrieb und der Arzneimittelhandel. Das gilt auch von den privaten Krankenanstalten, in denen den Kranken die Arzneimittel ausgehändigt und — meist mit Aufschlag — berechnet werden, und zwar zu verschiedenen Preisen, je nach der „Klasse", die vom Kranken gewählt ist. Deshalb sind solche Krankenhäuser nicht Arzneikonsumenten, sondern Wiederverkäufer, was für § 3 der Kaiſ. Ver. von Bedeutung ist.

3. Dies gilt auch dort, wo die angedrohte Steuerstrafe die niedrigere ist, auch wo sie nur als Ordnungsstrafe in den Steuergesetzen bezeichnet wird. Der Grundsatz des § 73 StGB. tritt hier also außer Kraft. Verstößt eine Handlung gleichzeitig gegen § 148 GewO. und gegen § 367 StGB. in ideeller Konkurrenz, so ist letztere Strafbestimmung nach § 73 StGB. anzuwenden, bei Gesetzeskonkurrenz aber § 148 GewO. Ist außerdem gleichzeitig ein Steuergesetz verletzt, so muß § 73 StGB. beachtet werden, weil die Vorschrift von der Bevorzugung der Steuergesetze nur deren Verhältnis zum § 148 GewO. ordnet, nicht auch das zum Strafgesetzbuch. RG. v. 24. Juli 1925 — 1 S. 622/25 — hebt Verurteilung aus § 56 a auf, weil § 20 des Gesetzes, betreffend den Gewerbebetrieb im Umherziehen, v. 3. Juli 1876 nebst dazu ergangenen Abänderungen Anwendung finden müsse (Ph. Z. v. 8. Aug. 1925 S. 1044).

§ 151.

Sind bei der Ausübung des Gewerbes polizeiliche Vorschriften von Personen übertreten worden, welche der Gewerbetreibende zur Leitung des Betriebs oder eines Teiles desselben oder zur Beaufsichtigung bestellt hatte, so trifft die Strafe diese letzteren. Der Gewerbetreibende ist neben denselben strafbar, wenn die Übertretung mit seinem Vorwissen begangen ist oder wenn er bei der nach den Verhältnissen möglichen [1]) eigenen Beaufsichtigung des Betriebs oder bei der Auswahl oder der Beaufsichtigung der Betriebsleiter oder Aufsichtspersonen [2]) es an der erforderlichen Sorgfalt hat fehlen lassen.

Ist an eine solche Übertretung der Verlust der Konzession, Approbation oder Bestallung geknüpft, so findet derselbe auch als Folge der von dem Stellvertreter begangenen Übertretung statt, wenn diese mit Vorwissen des verfügungsfähigen Vertretenen begangen worden.[3]) Ist dies nicht der Fall, so ist der Vertretene bei Verlust der Konzession, Approbation usw. verpflichtet, den Stellvertreter [4]) zu entlassen.[5])

1. Ob die eigene Beaufsichtigung „möglich" war, ist nach billigem Ermessen unter Berücksichtigung der Verkehrssitte zu entscheiden. Eine absolute Unmöglichkeit ist nicht zu fordern. Auch die vertragliche Teilung der geschäftlichen Tätigkeit zweier oder mehrerer Gesellschafter kann die eigene Beaufsichtigung entschuldbar verhindern. Vgl. Anm. 1 zu § 367 StGB. Auch die Unterlassung einer möglichen Verhinderung des rechtswidrigen Erfolges der unerlaubten Handlung eines Vertreters macht strafbar. RGSt. v. 28. März 1924, Bd. 58 S. 130.

2. Ungenügend vorgebildete Personen oder solche, welche wiederholt die einschlägigen Gesetze und Verordnungen verletzt haben, sind als „Stellvertreter" nicht in Dienst zu nehmen bezw. wieder zu entlassen.

3. Die Entziehung der Konzession ist nicht Zwangsfolge, sondern dem Ermessen der Polizeibehörde überlassen, im Falle des Verwaltungsstreitverfahrens dem Verwaltungsgericht. Vgl. OVG. v. 27. Juni 1910 Bd. 58 S. 391.

4. Vgl. §§ 45, 46, 47 GewO. Hier gilt als Stellvertreter nicht nur der Leiter des Betriebes oder eines Teiles desselben, sondern auch der Aufsichtsbeamte. Vgl. Abs. 1.

5. Die Entlassung hat der Gewerbetreibende auch ohne jede Aufforderung seitens der Behörde zu bewirken. Entlassung ist aber nicht gleichbedeutend mit Entfernung aus dem Betriebe; nur aus der leitenden, beaufsichtigenden Stellung muß der Übeltäter entlassen werden; als Gehilfe darf er weitere Beschäftigung im gleichen Betriebe finden, doch wird auf die Überwachung seiner Handlungen erhöhte Sorgfalt zu verwenden sein.

§ 155 Abs. 1.

Wo in diesem Gesetze auf die Landesgesetze verwiesen ist, sind unter den letzteren auch die verfassungs- oder gesetzmäßig erlassenen Verordnungen verstanden.

Alphabetisches Sachregister.

Die Zahlen verweisen auf die Seiten, auf denen die Behandlung des Schlagwortes **beginnt**; es sind deshalb stets auch die anschließenden Seiten zu prüfen.

A.

Abführmittel 46, 57, 63.
Abgabe 232, 248, 286.
Abgabegefäße 246.
Abgebender 295.
Abholen 248, 296.
Abkochungen 141, 158.
Abkömmlinge 109.
Abmagerung 65.
Abnormitäten 49.
Absicht 32.
Acetanilidura 209.
Adalin 212.
Adebiskuit 198.
Agent 76.
Akzessorische Nährstoffe 322.
Albuminium tannicum 212.
Alkohol 23, 57, 64 (übermäßiger Genuß).
Aloe 175.
Ameisenspiritus 142, 183.
Andere 122, 251, 315, 331 (Fürsorgekreis), 333 (Miteigentümer).
Änderung des Namens 115, der Bestandteile 116.
Angestellte, Gehilfe 364.
Anis 141.
Ankündigung, öffentliche 388.
—, belästigende 387.
—, indirekte 389.
—, irreführende 347.
Ankündigungsverbot 24, 112, 339, 346, 402.
Anlagen (Disposition) 45.
Anmeldepflicht 361, 368.
Anpreisungen, belästigende 387.
— ohne Verkaufszweck 391.
—, Unterschied zu Ankündigung 394, 403.
Anregende Mittel 42 (Appetit); siehe Erfrischungsmittel.
Anstalten 123, 134.
Anstiftung 318.
Antimonschwarz 260.
Antiparasitikum 208.
Antipyreticum compositum 234.
Antipyrin 209.

Antitoxine 77.
Anweisung 25.
Anzeige der Betriebseröffnung 361, 368.
—, Strafbestimmung 368.
Apfelkraut 189.
Apotheken 51, 93, 123, 132, 348, 410.
Apothekenschutz 51.
Apothekertitel 341, 348.
Apothekerwaren 19, 53, 66, 345, 352 (Schildaufschrift).
Apotherie 352.
Apparate 21, 66, 381, 383.
Appetit 41, 64.
Approbation 347, 369 (auf Zeitwiderruf), 376 (Rücknahme).
Argentum nitricum 234.
Arnikatinktur 141, 171.
Aromatischer Essig 142.
Arsa-Lecin 272.
Arsen 301 (Belehrung), 305, 308 (Hannover), 309 (Baden).
Arsenfarben 249, 298.
Arsenhaltige Ungeziefermittel 250, 292, 305.
Arzneibuch, Deutsches 160, 171.
Arzneiliche Spirituosen 165.
Arzneimittel 19, 21 (Verhältnis zu Heilmittel), 66, 68, 274, 315, 345, 379 (Umherziehen), 381.
Arzneistäbchen 209.
Arzt 341.
Arztähnlicher Titel 343, 412.
Ärztliches Erfordern 231.
Aseptisch 93.
Aspirin 112, 136.
Ätherische Öle 108, 142 (mit Lebertran).
Ätherweingeist 142.
Äthylenpräparat 209.
Ätzstifte 141, 158, 209.
Assistent 413.
Aufbewahrung 22, 315.
Aufgüsse 141, 158.
Aufschrift 244, 249.
Aufsuchen von Bestellungen 74, 379.
Augenbäder 103.
Augenwasser 45.
Ausdehnende Auslegung 25, 390.
Ausdispensieren 232.
Aushändigen 121, 286.
Ausnahmegesetz 25.
Äußerlich 26, 106, 208.
Auszüge 141.
Automors 313.

B.

Bacilli 209.
Backen 27, 198.
Bäder 26, 102.
Baldriantinktur 141.
Balsam 142, 182.
Bardelebens Brandbinden 101.
Barytweizen 313.
Bariumnitrat 313.
Bazillol 313.
Beauftragter 247, 281.

Bedingungen 412.
Bedürfnisfrage 359 (Giftkonzession).
Beförderung 315, 336.
Befragung 37.
Befugnis zum Gifthandel 315, 336, 338, 412 (Bedingungen).
Behandlung, ärztliche 405.
Belebung 23.
Belehrung 39, 250, 300.
Belehrungen (Gift) 301.
Benediktineressenz 141.
Benzaldehyd 312.
Benzoesaures Natron 211 (Gedrowan-Tabletten).
Benzoetinktur 141.
Bestellung, Aufsuchen 74, 379.
Betäubungsmittel 209.
Betriebsleiter 416.
Bevorstehende Gefahr 386.
Bewegungsmöglichkeit 24.
Bezeichnungsfreiheit 171.
Bezugsschein 210.
Bienenstich 63.
Bierflaschen 297.
Binden 26.
Biochemische Vereine 335.
Bioferin 43.
Biol.-med. Ambulatorium 412.
Bischofsessenz 141.
Biskuit 198.
Bittermandelöl 312.
Bleichsucht 57.
Bleiessig 74, 182, 184.
Bleipflaster 201.
Bleisalbe 144, 202.
Bleiwasser 142, 313.
Bleiweiß 298.
Blutarmut 57.
Blutbeschaffenheit 42, 63.
Blutbildung 41.
Blutegel 299.
Blutlaugensalz 311.
Blutreinigung 42.
Blutstiller 160.
Blutstockung 117, 157.
Boli 195.
Bolus, weißer 184.
Bonbons 162, 195.
Borax mit Rosenhonig 143.
Boroglyzerinlanolin 86.
Borsalbe 86, 144, 203.
Borsyl 87.
Borvaseline 86.
Borvaselinebinden 101 (Schleich).
Brandbinden 101 (Bardeleben).
Branntwein 23.
Braunschweiger Schiffsmumme 173.
Brausepulver 141, 143, 178.
Brechweinstein 312.
Brillen 20.
Brockhaus-Tee, Johannistee 152, 396.
Bromsalz, brausendes 179.
Bruchbänder 20, 379.
Brustkaramellen 196.
Brusttee, Homeriana 114, 152, 396.
Buchenteer 206.

Buchführung 369.
Buntstifte 298.
Büste 65.

C.

Canthariden 311.
Cereoli 209.
Ceresin 202.
Chemische Verbindung (Präparate) 26.
Chemo-therapeutische Mittel 92.
Chinalin 91.
Chinosolpräparate 92.
Chlorphenol-Quecksilber 273, 311.
Chlorsaures Kali 85, 199, 249, 256, 291, 313.
Choleratropfen 171.
Chromsalbe 298.
Cocculus 312.
Cold-Cream 144, 204.
Collodium 92.
Confectio cinae 210.
Cooper, Schafwaschpulver 306.
Copaivbalsam 143.
Coza-Pulver 157.
Creme Karbol 86.
Creolin 313.
Cyanwasserstoffsaure Salze 352.

D.

Dauerhaftigkeit 277.
Deckel 244.
Deklarierung 185.
Delegation 136, 338.
Dentist 294.
Denunziationszweck 36, 70.
Derivata siehe Abkömmlinge.
Desinfektion, innerlich 91; siehe chemo-therapeut. Mittel.
Desinfektionsmittel 25, 77, 89 93.
Destillate 27, 161.
Detailhandel 124.
Diagnostische Zwecke 21.
Diätetische Nährmittel 66.
Diätfehler 57.
Dicodid 146.
Dienstanweisung für die Kreisärzte 357.
Dienstboten 328 (Überlassen an andere).
Digalen 210.
Digitalin 210.
Digitoxin 210.
Diphtherieheilserum 231.
Dispensieren 176.
Dispensieranstalt 134.
Dispensierrecht 134.
Disposition 45.
Dolus 30.
Dosieren 176.
Dragees 198.
Drogen 161.
Drogist in Apotheken 326.
Drogistenakademie in Braunschweig (Giftprüfung) 357.
Drops 198.
Dusche siehe Bäder.

E.

Eichelkaffee-Extrakt 141.
Eichelkakao 141.
Eigenschaften, Mehrheit 42.
Einatmungen 217.
Einmachetabletten 211.
Einreibung 76.
Einspritzungen 217.
Eisen 69, 210.
Eisenalbuminatlösung 182.
Eisenchloridflüssigkeit 182.
Eisenschokolade 210.
Eisenjodür 173, 273, 312 (zuckerhaltiges).
Eisenmanganessenz 43.
Eisensomatose 38, 210.
Eisentropon 38.
Ekzeme 35.
Elektrizität 21, 381.
Elektuaria 122.
Emanation 381.
Emulsion 180.
Endprodukt 161, 175.
Englisches Pflaster 144, 206.
Entbindung 48.
Entziehung der Berechtigung 409.
Erben, minderjährige 374.
Erfrischungsmittel 44.
Erhaltung der Gesundheit 40.
Erlaubnisschein 248, 288, 292, 304.
Ermüdungszustände 44.
Ernährung 42, 67.
Error iuris nocet 316.
Essig, aromatischer 313.
Essigessenz 313.
Essigsäure 313.
Essigsaure-Tonerde-Lösung (liq. alum. ac.) 111, 164, 182.
Ester 178.
Etikett 37.
Eukalyptus-Menthol-Bonbons 196.
Eukalyptusmittel 139.
Eukalyptuswasser 142, 163.
Eukodal 228.
Eventualdolus 30, 39.
Explodierende Stoffe 315, 380.
Extrakte 160.

F.

Fachblätter, Annoncieren in 391.
Fahrlässigkeit 36, 316.
Familie 328 (Überlassung an andere).
Farben 249.
Farbenlöffel 283.
Farbengesetz 88.
Farbmittel 89.
Färbung 25, 170.
Fässer 275.
Feilbieten 75.
Feilhalten 71, 132, 280 (in Giftkammern), 315, 323.
Feldmäuse 251.
Fenchelhonig 142, 184.
Fernbehandlung durch Reisende, Anbieten 405.

Fernhaltung Unzuverlässiger 337.
Ferrum reductum 210.
Fettleibigkeit 65.
Feuerwerkskörper 378.
Fichtenharz 206.
Fichtennadelextrakt 141, 171.
Fichtennadelspiritus 142, 184.
Fieber 49, 62.
Filialleiter 319.
Filzläuse 84.
Fingerhut 210.
Fingerhutessig 313.
Fingerhuttinktur 313.
Firmenname 296.
Fischfangmittel 312.
Flasche 249, 297.
Flechte 62, 85.
Fleischextrakt 67, 141.
Fliegenpapier 250, 292, 303 (arsenhaltiges), 312.
Fliegenteller 305.
Flüchtiges Liniment 143, 192.
Flukolbonbons 198.
Fluorwasserstoffsäure 252, 311, 312.
Flüssiges Gemisch 142, 180.
Flußspat 311, 312.
Folgen 46.
Form 27.
Formaminttabletten 91, 198.
Fragepflicht 37.
Franzbranntwein 142, 184.
Freßlust 41.
Freßpulver 43, 65.
Frostbeulen 84.
Frostfort 92.
Fruchtsaft 186.
Fruchtsäure 143, 189.
Fuchs 300.
Furunkel 85.

G.

Galenische Präparate 362.
Gattungsbegriff 29.
Gaze 26.
Gebrauch für Tiere 186.
Gebrauchsfertige Farben 292.
Geburt 49.
Gedrowan-Einmachtabletten 211.
Gefahr, bevorstehende 386.
Gefährdung 360, 365.
Gefälligkeitsvertretung 319.
Gefäße für Gifte 244, 249.
Geheimmittel 112, 379, 381, 383.
Geheimmittelliste 403.
Geheimmittelverordnung 385, 392.
Gehilfe 75, 282, 286, 318, 326 (in Apotheken), 330 (Besorgung aus Gefälligkeit), 364, 374.
Gelatinekapseln 190.
Gemenge, trockene 141, 173.
Gemische, flüssige 142, 180.
Genehmigungen 370 (Versagung), 372 (Rechtsmittel), 376 (Rücknahme).
Genossenschaften 119, 362.
Genußmittel 68, 274, 345 (Verhältnis zum Arzneimittel).

Geräte 246, 283.
Geschäftspapiere 232.
Geschäftsverkauf 337, 361.
Geschmackszusätze 170 (Parfümierung), 194.
Geschwüre 35.
Gesellschaften m. b. H. 363.
Gesetzesumgehung 168, 198.
Gesetzlicher Vertreter 319, 363.
Gesundheitsbier 22.
Gesundheitsstörungen 57 (kleinere).
Gewerbe 344, 361 (Beginn), 367 (Wiederaufnahme), 410.
Gewerbetreibende, technische 247.
Gichtwatte 101.
Giftabgabe 247.
Giftaufbewahrung 244, 275 (Ausstellung), 336.
Giftbelehrungen 300.
Giftboden 244.
Giftbrocken 289.
Giftbuch 247, 286 (Aufbewahrung), 296 (Großhandel).
Gifte 235, 275 (im Schaufenster), 315, 322, 360, 379.
— zu Heilzwecken 249, 290, 294.
Giftfabrikant 324.
Gifthaltige Waren 272, 379.
Gifthandel, gewerbsmäßiger 270, 310, 374.
—, unbefugter 271, 310.
Giftige Kräuter 311 (Sammeln).
Giftkammer 245.
Giftkonzession 271, 280, 354, 359 (Beschränkung), 370 (periodisch),
—, Rücknahme 378.
Giftpräparate 272.
Giftprüfung 357.
Giftsalze 272.
Giftschein 248.
Giftschrank 245, 278.
Giftwagen 284.
Giftwaren 315, 337, 380.
Giftverbindungen, -zubereitungen 272.
Glyzerin 208.
Goldcream 144, 204.
Grahambrot 22.
Granualkörner 194.
Gratisproben an Ärzte 128.
Graue Salbe 87.
Großhandel 76, 123.
Großhändler 247 (Gift), 286 (Gift), 324 (Gift).

H.

Haar (lebendes, totes) 78.
Haarausfall 56, 62.
Haarboden 47.
Haarentfernung 88.
Haarfärbemittel 78.
Haarpilztöter 86.
Haarwasser 185.
Haarwuchsmittel 47.
Hafermehlkakao 67, 142, 175.
Haftung für Gehilfen 319.
Hazeline-Cream 86.

Hämatogen 38, 41.
Handel 243 (mit Giften), 336 (gewerbsmäßig), 360.
Handelsgeschäft 337 (Gelegenheitsgeschäft).
Handelserlaubnis, Bekanntm. v. 22. März 1917 337.
Handelsminister 127.
Handlungsgehilfe 318, 325, 326 (in der Apotheke).
Handverkauf 93.
Hausapotheke 135.
Hausenblase 206.
Haushaltungsvorstand 328 (Überlassen an andere).
Hausierverbot 373, 378.
Hausmittel 54.
Hautpflege 25.
Hautunreinigkeit 83.
Hautwunden 84.
Hebamme 289, 314.
Heftpflaster 144, 201, 206, 380 (Hausierhandel).
Heilapparat 21.
Heilkraft 25.
Heilkunde 56 (im Umherziehen), öffentliche Ankündigung von Heilmitteln ist nicht Ausübung der Heilkunde 405, 407.
Heilkundiger 407.
Heilmittel 20, 25, 40, 274.
Heilmittelhandel 360 (Untersagung), 367 (Wiederaufnahme).
Heilvorträge 407.
Heilzweck 30, 38 (Nebenwirkung), 292 (Unterschied von anderen Zwecken), 360.
Heroin 209.
Herstellung 26.
Himbeeressig 141, 170, 313.
Hoffmannstropfen 142, 183, 346.
Höllenstein 159, 314.
Höllensteinstangen 28, 158.
Hölzerner Verschlag 278.
Homeriana 139.
Homöopath 354.
Homöopathische Zubereitung 234.
Honigpräparate 142, 183.
Hufkitt 144, 206.
Hühneraugen 25, 77, 93.
Humagsolan 48.
Hydrargyrum 147, 231.
— **cinnabaris** 211.
— **sulphuratum** 210, 234.

J.

Jagdschein 289.
Immunisierende Mittel 45.
Impfstoff 231.
Imprägnierung 99.
Industrieerzeugnis 22.
Infektionskrankheit 77.
Inhaltsangabe 249.
Inkorporierung von Arzneien 331.
Innerer Gebrauch 106, 208.
Insektenstich 63.
Insektenstift 159.

Interpretationsregel 25, 160, 390.
Jod 102, 273.
Jodeisen 44.
Jodschwefel 273.
Jodtinktur 170.
Johannisbeersaft 189.
Johannistee 139.
Irrtum 289, 316, 364.
Irrtum über Verkehrsanschauung 321.
Isolierungsverfahren 163.
Jugend (Taille) 65.

K.

Kaffee-Extrakt 141.
Kahlköpfigkeit 47, 62.
Kakaoöl 208.
Kalichlorikumtabletten 85, 199, 249, 256, 291, 313.
Kalium 246, 284.
Kaliumeisenzyanid 311.
Kalium jodatum 102.
Kalk 141, (mit Malzextrakt) 172.
Kalkwasser 142 (mit Leinöl).
Kalziumfluorid 312.
Kamille 118.
Kammerjäger 250, 324.
Kampferliniment 192.
Kampferöl 192.
Kampferspiritus 142.
Kampfervaseline 88.
Kammerjäger 298, 307 (Konzessionspflicht).
Kaninchen 300.
Kanthoridensammler 311.
Kantharidinwatte 101.
Kapseln 143, 190.
Karbolcreme 86.
Karbolsäure 180.
Karamellen 196.
Karmelitergeist 142, 163.
Kartoffelmehl 175.
Kartoffelstärke 175.
Kataloge 391.
Kauf 76.
Käufer 30 (Absichten).
Keller (kein Feilhalten) 74.
Kenntnis, sichere 288.
Keuchhustenbonbons 197.
Kiefernadelextrakt 171.
Kiefernadelspiritus 184.
Kinder 248, 289, 294.
Kleinhandel 123, 324 (Gift).
Klepperbein 202 (Magenpflaster).
Klystiere 217.
Knochenbildung 41.
Knöterichtee 114, 117, 139, 403.
Kochgefäße 249, 297.
Kognak 23, 57, 166.
Kokain 209.
Kokainwatte 101.
Kola-Dultz-Tabletten 43, 111.
Kollektivbegriff 29, 170.
Kollodium 92, 102.
Kolophonium 206.
Koniferenteer 206.
Konsumvereine 361.
Kontrollpflicht 282, 320.

Kontrollvorschriften 369.
Kontrollzweck in Polizeiverordnungen 25, 369.
Konzentrierte Nährmittel 39.
Konzession 298, 322, 372 (Bedingungen).
—, befristet 371.
—, Entziehung 360, 363, 367, 375, 376.
Kopfschmerzen 57.
Körner 143.
Körperschaden 47.
Korpulenz 65.
Kosmetika 25, 77, 78, 88 (Farbengesetz), 93, 203.
Kothes Zahnwasser 84.
Kräftigungsmittel 38, 40.
Kraftpulver 65.
Krähen 300.
Krankenkassen 119, 333.
Krankhafte Störung 50.
Krankheit 41, 45, 52, 58 (Rechtsbegriff).
Krankheitsfolgen 47.
Krätze 208.
Kräuterbonbons 196.
Kreisarzt 357.
Kreolin 313.
Kreosot 256.
Kresolin 313.
Kresolpräparat 313.
Kresolseife 314.
Kresolseifenlösung 104.
Kresylol 313.
Kreuzdornbeerensaft 186.
Krüge 249, 297.
Kugeln 144.
Künstlich 26.
Kuratel 375.
Kurbitin 191.
Kur- und Schönheitsmittel 382.
Kurpfuscherei 408.

L.

Lagerverwalter 328.
Lakritzen 141, 143.
Laminaria 149.
Lana Pini 184.
Landesgesetze 24, 307 (Strychninverbot), 320 (Dispensierrecht).
Landesrechtlich. Verkaufsverbot von Geheimmitteln 384.
Landesrechtlich. Rezepturzwang 234.
Lanolin 87, 202.
Lattenverschlag 246, 278.
Latwerge 143, 192.
Läuse 84.
Lebensbalsam 182.
Leberflecke 84.
Lebertran 42, 142, 143, 192, 210.
Lehranstalten 247.
Lehrling 75, 319.
Leim 143 (Gelatine).
Leinöl 142.
Lenicetsalbe 88.
Letzte Zubereitung 161.
Leukoplast 171, 201, 206.
Linderung 25.

Linimente 143, 192, 202.
Lippenpomade 50, 144.
Liquor aluminii acetici 111, 164, 182.
— ammonii caustici 182.
— cresoli saponatus 104.
— ferri albumin 182.
— ferri sesquichlor 182.
— plumbi acetici 182.
Löffel 246, 284.
Lösungen 142, 181.
—, weingeistige 170.
—, einfache 233.
Luxussteuer 384.
Lysitol 313.
Lysol 314.

M.

Magenverstimmung 23, 57.
Magerkeit 43, 65.
Magnesium perhydrol 92.
Magnetopath 354.
Malz 141 (mit Eichelkakao).
Malzextrakt 141, 172, 210.
Mandelöl 205, 312.
Margonal-Erzeugnisse 157.
Mast 41, 43, 64.
Matteische elektrohomöopathische Heilmittel 115.
Mattigkeit 23.
Mäuse 299.
Medizinaldrogerie 353.
Medizinflasche 297.
Meerzwiebel 314.
Meerzwiebellatwerge 314.
Meerzwiebeltinktur 314.
Mehrheit von Stoffen 28.
Meißel 149.
Menstruation 117, 157.
Menthol-Dragees 92.
Mentholin 45.
Mentholtabletten 45.
Merseburger Verzeichnis 276.
Migränestift 159.
Milchpulver 44.
Milchsäure 74.
Milchzucker 178, 312.
Mineralquellsalze 142, 178, 200.
Mineralquellsalz-Pastillen 143, 199.
Mineralwässer 26, 95, 199.
Mischung von Ätherweingeist usw. 142.
Miteigentümer 333.
Mixturen 142, 181.
Molkenpastillen 143.
Moosbeere 186.
Moos 98 (präpariertes).
Morphin 209, 233.
Mückenstich 63.
Mumme 173.
Mundhöhle 25.
Mundwasser 54.
Mustersendungen 127.
Myrrentinktur 141.

N.

Nagelpflege 88.
Nährmittel 38, 41, 66, 69, 210, 322.
Nährpatrone 42.
Nährsalze 43.
Nährstoffe, akzessorische 322.
Nalther-Tabletten 401.
Namensänderung 117, 119, 403.
Namensfreiheit 171.
Natrium 246, 284.
Natrium benzoicum 211.
Natriumbikarbonat 143.
Naturheilkundiger siehe Heilkundiger.
Natürliche Mineralwässer 26.
Nebenwirkung 38.
Nelkentinktur 141.
Nervenstärkung 43.
Neuralgische Schmerzen 83.
Nichtapotheker als Apothekengehilfe 326.
Nieswurz 179.
Nordseetangen 208.
Nordyl 401.
Normalfall 55, 61.
Nutramine 322.
Nutzpulver 44.

O.

Oblaten 190.
Obstkraut 189.
Obstsaft 143, 186.
Öffentliche Ankündigung 388.
Öffentliche Ankündigung, indirekte 389.
Öffentliche Anstalten 134.
Öle, ätherische 108, 142.
—, entzündliche, mineralische 379
Ohrenbäder 102.
Operationsnummer 212.
Opium 209, 273.
Opiumpflaster 273.
Opodeldok 190, 193.
Ordnung 336.
Organotherapie 322.

P.

Pain-Expeller 171, 186.
Pappelpomade 144, 206.
Parfümierung 170.
Pasten (Farben) 249.
Pastillen 27, 143, 193.
Pathologische Folgen 49.
Pech 206.
Pechpflaster 29, 144, 205.
Pechsalbe 29.
Pepsin 173.
Pepsinwein 143.
Periodenstörung 157.
Periodischer Betrieb 370.
Personengesamtheiten 119.
Perubalsam 180.
Pfandverkauf 337, 361.
Pfefferminzplätzchen 143.
Pflanzenheilmittel 40, 364, 382 (giftige).
Pflanzenschutzmittel 40.

Pflaster 144, 200.
Pflege 25.
Pharmakologisch 42.
Pharmazeut 354.
Pharmazeutische Präparate 26.
Phenolin 313.
Phenylsalizylat 26.
Phosphor 245, 284.
Phosphorpillen 283, 284, 301 (Belehrung).
Phosphorschrank 283.
Physikalisch 26.
Physiologische Zustände 45, 48.
Physiologisches Salz 39, 43.
Pickel 83.
Pikrinsäure 369.
Pillen 143, 194.
Pinksalz 314.
Pinseln 76.
Pix alba 206.
Pix flava 206.
Pix liquida 206.
Pix novales 206.
Plattfuß 52.
Plätzchen 27, 143.
Polizeiagentin 38.
Polizeiverordnung, Rechtsgültigkeit 24, 346 (Vorrätighalten), 351 (Apothekertitel), 369 (Kontrollzweck).
Polygone 211.
Pralinekugeln 210.
Präparate 108.
Präventives Polizeieinschreiten 411.
Präzipitatsalbe 86, 89.
Pressung 193 (Tabletten).
Probesendungen 128.
Professor 343.
Protargol 211.
Prüfung für Gifthandel 173 (Braunschweiger Akademie), 357 (Kreisarzt).
Pulver 176.
Pyramidon 209.

Q.

Quecksilber, metallisches 311.
Quecksilberpräparate 210, 253, 311.
Quecksilbersalbe 87 (graue Salbe), 210, 253, 311.
Quellfähige Stoffe 149.
Quitten 186.

R.

Radium 20, 381.
Radix Rhei 211.
Rad-Jo 49, 404.
Rasierschnitt 56.
Ratten 299.
Raubzeug 299, 308.
Rechtsirrtum 316.
Regelstörung 157.
Reinigung 25.
Reisender 76.
Reizstoffe 68.
Rekurs 370.
Resorzin 26.

Rezept 38, 43, 231.
Rezepturpflichtig 24, 93, 213, 231, 309.
Rhabarber 118, 211.
Rhabarberwein 111.
Rhapontikawurzel 211.
Rheum rhaponticum 211.
Rhodanammonium 311.
Rhodankalium 311.
Rizinusöl 143.
Riechsalz 142, 178.
Rohstoff 23.
Rosenhonig 143, 184.
Rosmershausensches Augenwasser 45.
Rotulae 143.
Rücknahme der Approbation 369, 376.

S.

Saatbeizmittel 273.
Sabadillessig 313.
Sacharintabletten 143, 200.
Salben 144, 202.
Salbenstifte 202, 209.
Salia 177.
Salizylsäurepräparat 207.
Salizylstreupulver 87, 142, 178.
Salizyltalg 144, 207.
Salizylvaseline 87, 207.
Salmiakgeist, Mischung 142, 182.
Salmiakpastillen 143.
Salophen 209.
Salpetersäure 79.
Salvarsan 92.
Salze 141, 142, 177.
Salzsäure 312, 314.
Saprokarbol 313.
Saprol 313.
Sarsaparille-Extrakt 403.
Schädliche Tiere 250, 299.
Schädlingsbekämpfung 299.
Schafwaschpulver 306.
Schaufenster (Gift) 275.
Schiebladen 244, 275.
Schiffsmumme 173.
Schmalz 22.
Schmarotzer 299.
Schmerzen 56.
Schnupfmittel 45.
Schnupftabak 142, 179.
Schokoladenpastille 210.
Schokoladepralinés 191.
Schönheitsmittel 43.
Schrankdrogist 363.
Schrankverwalter 334.
Schüler 289.
Schuppen 84.
Schüttelmixtur 181.
Schutz der Apotheke 51.
Schwächlichkeit 48.
Schwangerschaft 48.
Schwefelantimon 260.
Schwefelsäure 180, 312.
Schweinfurter Grün 301 (Belehrung).
Schweiß 49, 62, 85.
Scotts Emulsion 43.
Seifen 26, 103.

Seifenspiritus 90, 143, 190.
Semori-Tabletten 392.
Senfleinen 144, 207.
Senfpapier 207.
Seuchen 372.
Siccoformtabletten 199.
Sichere Kenntnis 288.
Signatur 234.
Sirup 142, 143, 183, 190.
Solutol 313.
Solveol 313.
Somatose 111.
Sommersprossen 83, 89.
Sonden 149.
Spanisch-Pfeffer-Tinktur, Mischung 142.
Spermaceti 204.
Spezialitäten 117.
Spezies 174, 177.
Spießglanz 260.
Spirituosa medicata 165.
Spiritus 23, 57, 166.
Spiritus formicarum (Ameisenspiritus) 142, 183.
— **saponatus** 90, 143, 190.
Sprengstoff 315, 325, 337, 369, 380.
Spuren 180, 298.
Stäbchen 144.
Stärkemehl 143, 190.
Stärkung 23.
Stark wirkende Arzneien 213, 297.
Stellvertreter 281, 372, 374, 376, 416.
Stellvertretungskonzession 281, 372, 374.
Stennochlorid 314.
Steuergesetze 414.
Stifte 149 (Suppositorien), 249 (Farben).
Stoffe 108, 111.
Stöpsel 244.
Strafbestimmungen der RGO. 409.
Strafgesetzbuch 315.
Stroopal 139.
Stroops 399.
Strychnin 302 (Belehrung), 306, 308 (Hannover).
Strychninbrocken 308 (polizeiliche Erlaubnis).
Strychninhaltige Ungeziefermittel 250.
Strychninweizen 313.
Stuhlzäpfchen 208.
Styli caustici 209.
— **unguentes** 202.
Sublimatpastillen 199, 289, 311.
Suppositorien 106, 144, 208.
Süßholzsaft 141.
Süßstoff 200.

T.

Tabletten 143, 193.
Tafelgetränk 97.
Tageslicht 281.
Taille (Jugend) 65.
Talg 207.

Tamarinden 187.
Tannalbinum 149, 212.
Technische Gewerbetreibende 129, 287.
Technische Zwecke 22, 30, 364.
Tee 39 (mild statt reizend), 42, 63 (blutreinigend).
Teegemisch 177.
Tee-Extrakt 141.
Teer 206.
Terpentin 144.
Terpentinpflaster 208.
Terpentinsalbe 144, 208.
Tetanusheilserum 231.
Tiere 25, 186, 250 (schädliche).
Tierarzt 25.
Tierheilmittel 342 (Ankündigungsverbot), 364 (Handelsuntersagung).
Tierkrankheiten, Geheimmittel gegen — 347.
Tinctura Scyllae 314.
Tinkturen 141, 170.
Titel 339, 347.
Tonerdelösung 111, 164, 182.
Trennungsprozeß 163.
Trikosol 313.
Trinkgefäße 249, 297.
Triturationes 178.
Trockene Gemenge 141, 173.
Trunkenheit 62.
Trunksucht 119, 157.
Tuben (Farben) 250.
Tuberkulin 231.
Tupeloholz 149, 208.

U.

Übergang der Verfügungsgewalt 76, 122.
Überlassen an andere 122, 251, 315, 326, 330 (ohne Veräußerung).
Ugabohnen 200.
Umgehung des Gesetzes 168, 198.
Umherziehen 373, 378.
Ungeziefer 62, 84, 250, 251, 292, 298, 305 (arsenhaltig).
Unkenntnis des Gesetzes 289, 316, 364.
Unmittelbar 273.
Untersagung des Heilmittelhandels 360, 363 (Gesellschaften), 367, 375 (Erben).
—, örtliche Begrenzung 368.
Untersuchungsanstalt 134, 247, 287.
Unwohlsein keine Krankheit 50; siehe Krankheit.
Unzuverlässige Personen 337.
Unzuverlässigkeit 365.
Urinuntersuchung 405.
Uspulun (Saatbeizmittel) 273, 311.

V.

Vaginalkugeln 208.
Valda-Pastillen 92, 196.
Vanillentinktur 141.
Vaselin 202, 207.
Vasenolpulver 87.
Verabfolgen 121, 247, 248.

Veränderung der Bestandteile 392.
— des Namens 115.
Verausgabung 315.
Verbandstoff 20, 26, 97.
Verbindungen 360.
Verbraucher 76.
Verdünnung 180.
Vereine 119, 334.
Verflüssigung 180.
Verfügungsgewalt 122, 329.
Verhütung 40.
Verjährung 318, 409.
Verilschokolade 197.
Verkauf auf Vorrat 127.
— an Apotheke 133.
Verkaufen 76, 315, 325.
Verkehrsanschauung (Irrtum, Tatsachenirrtum) 321.
Verkehrsfreiheit, Grenze ihrer Beschränkung 24.
Veronal 112, 137.
Verordnungen 315, 338.
Verreibungen 141, 178, 233.
Verschiedenartigkeit der Zwecke 39, 74.
Verschlag 278.
Verschlossen 283.
Verstopfung 46, 57, 63.
Versuch 318.
Vertreter, gesetzlicher 319.
Vertretung aus Gefälligkeit 319.
Verunreinigung 180, 298.
Verwechselungsgefahr 249.
Verwendung 315.
Verzeichnis A 141, B 144 (Abt. A 150, Abt. B 155, Abt. C 157).
Vitamine 322.
Vorbereitungshandlungen 75.
Vorbeugungsmittel 34, 40, 93.
— als Geheimmittel 387.
Vorrätighalten 323.
Vorratsgefäße 244, 275.
Vorsatz, Vortragsverbot 32.

W.

Wacholderextrakt 141.
Wachs 144.
Wagen für Gifte 284.
Waldwolle 184.
Walrat 204.
Wände, feste 278.
Warmblüter 299.
Warzen 55, 66.
Warzenstift 159, 160.
Wasser 22.
Watte 26.
Wegen Krankheit (nicht gegen) 39.
Weidemanns Brusttee 152.
Weinsäure 143.
Werg 98.
Wespenstich 63.
Widerruf (der Approbation) 40.
Wiederaufnahme des Heilmittelhandels 367.
Wiederholte Abgabe 233.
Wiederverkäufer 126.
Wirkung (verschiedene) 42.

Witwe und Waisen 374.
Wundstäbchen 144, 209.
Wurmmittel 197.

Z.

Zahnarzt 25, 341.
Zahnbildung 42.
Zahnschmerzen 84.
Zahntechniker 231, 288.
Zahnwasser 84.
Zäpfchen 144.
Zeltchen 143.
Zeresin 202.
Zerkleinerte Substanzen 141, 174.
Zigaretten 119.
Zinkcreme 86.
Zinkoxyd 314.
Zinkpaste 86.
Zinksalbe 84, 144, 208.
Zinkum sulphur 212.
Zinkweiß 314.
Zinnchlorürlösung 312, 314.
Zinnober 211.
Zinnsalze 314.
Zitwersamen 210.
Zubereiten 315, 325.
Zubereitung 25, 111, 161, 243.
Zubereitung aus Stoffen des Verz. B 110.
— aus Stoffen des Verz. C 119.
—, letzte 26, 161, 175.
Zuckungen 56.
Zuverlässig 248, 288, 356.
Zwangsversicherte 355.
Zweck erlaubter (Gift) 248.
—, Mehrheit 39.
Zweckvereitelung 169.
Zweigapotheke 133.
Zwiebelbonbons 197.
Zyanwasserstoffsaure Salze 352.

Druck von Otto Walter in Berlin S 14

IV. 26. — 15 000.

Nr. 13. Konkurs-O. u. Anfechtungs-G. Von R. Sydow. Fortgef. von L. Busch und O. Krieg. 14. Auflage. — 1926. Im Druck.

Nr. 14. Gerichtsverfassungsgesetz. Von R. Sydow. Fortgeführt von L. Busch. 10. Auflage. 1925. Rm 6,—

Nr. 15. Das deutsche Gerichtskostengesetz. Von R. Sydow. Fortgeführt von L. Busch und F. Koehler. 11. Auflage. In Bearbeitung.

Nr. 16. Rechtsanwaltordnung. Von R. Sydow. 5. Auflage v. M. Jacobsohn. Mit Nachtrag von 1910. — 1907. Vergriffen.

Nr. 17. Gebührenordn. f. Rechtsanw. u. d. Preuß. Gebührengesetz. Von R. Sydow. Fortgeführt v. L. Busch u. O. Krieg. 13. Auflage. In Bearbeitung.

Nr. 18. Reichsstempelgesetz. Von P. Loeck. Vergriffen. Wird durch Kapitalverkehrssteuergesetz ersetzt. Erläuterte Ausgabe in Bearbeitung.

Nr. 19. Die Seegesetzgebung. Von W. E. Knitschky. 5. Auflage von O. Rudorff. — 1913. Rm 8,—

Nr. 20. Krankenversicherungsgesetz siehe **Nr. 107, 161.**

Nr. 21. Die Konsulargesetzgebung. Von Ph. Zorn. 8. Auflage von K. Zorn. — 1911. Rm 4,50

Nr. 22. Patentgesetz. Von R. Lutter. 8. Auflage. — 1920. Mit Nachtrag. — 1924. Rm 4,—. Nachtrag apart Rm 0,40

Nr. 23. Gewerbe-Unfallversicherungsgesetz s. **Nr. 108, 161 a.**

Nr. 24. Aktiengesellschaft u. Kommanditgesellschaften auf Aktien. Von H. Keyßner und H. Veit Simon. 7. Aufl. In Bearbeitung.

Nr. 25. Brausteuergesetz. Von A. Düffe. 2. Aufl. — 1910. Rm 2,— (Siehe auch Reichsgesetz Nr. 54 Bd. II.)

Nr. 26. Münz- und Notenbankwesen. Von R. Koch. 7. Aufl. von Reichsbankpräsident Schacht. 1925. Rm 14,—

Nr. 27. Gesundheitswesen im Deutschen Reich. Von E. Goesch und J. Karsten. — 1888. Vergriffen.

Nr. 28. Bau-Unfallversicherungsgesetz siehe **Nr. 108.**

Nr. 29. Erwerbs- und Wirtschaftsgenossenschaften. Von L. Parisius und H. Crüger. 18. Auflage. — 1925. Rm 4,—

Nr. 30. Invalidenversicherungsgesetz s. **Nr. 109, 161** u. **161 a.**

Nr. 31. Gewerbegerichtsgesetz. Von W. Cuno. Vergriffen, Siehe auch **Nr. 112, 112 a.**

Nr. 32. Gesellschaften mit beschränkter Haftung. Von L. Parisius u. H. Crüger. 17. Aufl. — 1926. Zirka Rm 3,—

Nr. 33. Vereins- und Versammlungsrecht. Von E. Ball. 2. Auflage von F. Friedenthal. — 1907. Rm 2,—

Reichs-Vereinsgesetz vom 19. April 1908 siehe **Nr. 88.**

Nr. 34. Die Abzahlungsgeschäfte. 3. Auflage von E. Wilke. — 1910. Rm 1,20

Nr. 55. Beschlagnahme von Lohn- und Gehaltsforderungen. Von G. Meyer. 5. Auflage. — 1914. Durch Nachträge ergänzt 1925. (Nachträge allein Rm 0,70) Rm 2,30

Nr. 56. Bekämpfung gemeingefährlicher Krankheiten. Von B. Burkhardt. — 1900. Rm 1,20

Nr. 57. See-Unfallversicherungsgesetz siehe Nr. 108 u. 161 a.

Nr. 58. Recht der unehelichen Kinder. Von H. Jastrow. — 1901. Mit Nachtrag 1925. Rm 1,60

Nr. 59. Beurkundung des Personenstandes und die Eheschließung. Von F. Fidler. 2. Auflage. — 1912. Rm 2,30

Nr. 60. Das Urheberrecht an Werken der Literatur und der Tonkunst. Von O. Lindemann. 4. Auflage. — 1921. Rm 1,80

Nr. 61. Verlagsrecht. Von B. Marwitz. 3. Auflage. — 1922. Rm 1,60

Nr. 62. Private Versicherungsunternehmungen. Von H. Könige. 3. Auflage. In Bearbeitung.

Nr. 63. Gesetzestafel des deutschen Reichsrechts. Von H. Bruhns. 2. Auflage. — 1913. Rm 3,—

Nr. 64. Gesetzsammlung, betr. den **Handel mit Drogen und Giften.** Von H. Sonnenfeld. 3. Auflage. — 1926.

Nr. 65. Weingesetz. Von G. Lebbin. 2. Aufl. — 1909. Rm 2,— (Siehe auch Reichsgesetz Nr. 54 Bd. II.)

Nr. 66. Die Eisenbahn-Gesetzgebung. Von W. Pietsch. 2. Auflage. — 1913. (Siehe auch Nr. 91.) Vergriffen.

Nr. 67. Militär-Strafgesetzbuch. Von A. Romen und C. Rissom. 3. Auflage. — 1918. Rm 5,—

Nr. 68. Fleischbeschaugesetz. Von G. Lebbin und G. Baum. — 1903. Vergriffen.

Nr. 69. Reichsgesetz über die **Naturalleistungen der bewaffneten Macht im Frieden.** Von W. v. Hippel. — 1903. Rm 1,—

Nr. 70. Das Reichs-Haftpflichtgesetz. Von G. Eger. — 1903. Vergriffen. — (Als Ersatz **Kommentar** von Seligsohn. — 1920. Rm 8,—, geb. Rm 9,50)

Nr. 71. Kinderarbeit in gewerblichen Betrieben. Von H. Spangenberg. 2. Auflage. — 1904. Rm 1,20

Nr. 72. Unfallversicherungsgesetz siehe Nr. 108 und 161 a.

Nr. 73. Entschädigung für unschuldig erlittene Verhaftung und Bestrafung. Von A. Romen. — 1904. Rm 1,70

Nr. 74. Die Kaufmannsgerichte. Von M. Apt. 3. Auflage. — 1904. (Siehe auch Nr. 112 und 112 a.) Vergriffen.

Nr. 75. Konsulargerichtsbarkeit. Von A. F. Vorwerk. 2. Ausgabe, mit den Schutzgebietsgesetzen. — 1908. Rm 1,60

Nr. 76. Die Rechtshilfe im Verkehr mit den ordentlichen Gerichten. Von A. Friedländer. — 1906. Rm 1,50

Nr. 77. Das Erbschafts-StG. Von B. Henckel. 1920. Rm 5,— Neue Fassung v. H. Schachian. 3. Auflage. — 1925. Rm 2,50

Nr. 78. Zigarettensteuergesetz. Von Cuno. Vergriffen.

Nr. 79. Die Militärpensionsgesetze. Von A. Romen.
a) I. Teil: **Offizierpensionsgesetz. — 1907.** Rm 2,—
b) II. Teil: **Mannschaftsversorgungsgesetz.** Mit **Kapitalabfindungsgesetz.** — 1908. Rm 2,—

Militärversorgungsgesetze siehe auch **Nr. 152** und **152a.**

Nr. 80. Gerichtliche Registerführung. Von O. Lindemann. — 1906. Rm 2,40

Nr. 81. Urheberrecht an Werken der bildenden Künste und der Photographie. Von L. Fuld. 2. Auflage. — 1926. Rm 6,—

Nr. 82. Reichsbeamtengesetz. Von A. Arndt. 3. Auflage. — 1923. Mit Nachtrag, enth. die Änderungen bis 1924. Rm 3,50

Nr. 83. Versicherungsvertrag. Von P. Hager und E. Bruck. 5. Auflage. — 1926. Rm 14,—

Nr. 84. Sammlung kleinerer privatrechtlicher Reichsgesetze. Von G. Müller. — 1908. Rm 5,50

Nr. 85. Scheckgesetz. Neue Auflage im Druck. (Siehe auch Reichsgesetze Nr. 5 und **162.**)

Nr. 86. Die Auslieferungsverträge des Deutschen Reiches. Von A. Cohn. — 1908. Rm 4,—

Nr. 87a. Das deutsche Warenzeichenrecht. Von Freund und Magnus. 6., neubearb. Aufl. von Jüngel und Magnus. Teil I: **Die internationalen Verträge.** — 1924. Rm 9,—

Nr. 88. Vereinsgesetz. Von A. Romen. 5. Aufl. — In Bearb.

Nr. 89. Vogelschutzgesetz. Von L. v. Boxberger. — 1909. Rm 1,—

Nr. 90. Die Haager Abkommen über das **Internationale Privatrecht.** Von G. Bogeng. — 1908. Rm 2,—

Nr. 91. Eisenbahn-Verkehrsordnung. Von E. Blume. 3. Auflage von Weirauch. Neue Auflage in Bearbeitung.

Nr. 92. Verkehr mit Kraftfahrzeugen. Von R. Kirchner. 3. Auflage. — 1915. Mit Nachtrag, enth. alle Neuerungen bis Ende 1925. Rm 5,—. (Nachtrag einzeln Rm 1,50)

Nr. 93. Sicherung der Bauforderungen. Von E. Harnier. 3. Auflage. — 1912. Rm 1,50

Nr. 94. Die Beamtenhaftpflichtgesetze des Reiches und der Länder. Von H. Delius. 3. Auflage. — 1921. Rm 3,20

Nr. 95. Die Berner Übereinkunft über **Internationales Urheberrecht.** Von H. Dungs. — 1910. Rm 1,—

Nr. 96. Branntweinsteuergesetz. — Branntweinmonopolgesetz siehe Nr. 54 Bd. II.

Nr. 97. **Schutzgebietsgesetz.** Von J. Gerstmeyer. — 1910. Rm 2,50

Nr. 98. **Sechs Haager Abkommen über Internationales Privatrecht.** Von H. Dungs. — 1910. Rm 1,50

Nr. 99. **Die Abkommen d. Haager Friedenskonferenz.** Vergr. Jetzt: Wehberg, **Völkerbundakte.** Rm 4,— (Außerh. d. Samml.)

Nr. 100. **Kaligesetz.** Von B. Voelkel. — 1910. Rm 2,40

Nr. 101. **Zuwachssteuergesetz.** Von W. Cuno. — Vergriffen.

Nr. 102. **Urheberrecht an Mustern und Modellen** und Schutz **von Gebrauchsmustern.** Von J. Neuberg. — 1911. Rm 2,40

Nr. 103. **Reichs-Viehseuchengesetz.** Von W. v. Hippel. 2. Auflage. — 1912. Rm 4,—

Nr. 104. **Versicherungsgesetz für Angestellte** siehe Seite 12.

Nr. 105. **Das Geldwesen in den deutschen Schutzgebieten.** Von W. Hintze. — 1912. Rm 1,80

Nr. 106—109. **Reichs-Versicherungsordnung.** Von F. Caspar und A. Spielhagen. 1913—1921. 4 Bände. Komplett. Rm 18,—

Reichsversicherungsordnung in neuester Fassung von K. Lippmann s. Nr. **161** und **161a**.

Nr. 110. **Wehrbeitragsgesetz.** Von A. Fernow. 2. Auflage. — 1913. Rm 1,60

Nr. 111. **Reichs- und Staatsangehörigkeitsgesetz.** Von A. Romen. 2. Auflage. In Bearbeitung.

Nr. 112. **Kaufmannsgerichtsgesetz.** Von H. Depène. — 1914. Rm 2,60

Nr. 112a. **Kaufmanns- u. Gewerbegerichtsgesetz nebst Schlichtungsordnung.** (Ergbd. z. Nr. 112.) V. H. Depène. 1924. Rm 3,50

Die Nr. 112 u. 112a enthalten zusammen den vollständigen Text des Gewerbegerichtsgesetzes.

Nr. 113. **Postscheckgesetz.** Von J. Weiland. — 1914. Mit Nachtrag 1918. Rm 1,50

Nr. 113a. **Postscheckordnung.** Von J. Weiland. — 1914. Mit Nachtrag 1918. Rm 1,50

Nr. 114. **Waffengebrauch und Festnahmerecht des Militärs.** Von A. Romen und C. Rissom. — 1914. Rm 1,80

Nr. 115. **Das vertragliche Wettbewerbsverbot [Konkurrenzklausel].** Von G. Baum. — 1914. Rm 3,—

Nr. 116. **Kriegs-Zivil- u. Finanzgesetze.** 3. Aufl. — 1915. Rm 1,50

Nr. 116a. Zweite Folge: Jahr 1915. — 1916. Rm 1,20

Nr. 117. **Darlehnskassengesetz.** — 1915. Rm 1,80

Nr. 118. **Militärhinterbliebenengesetz.** Von Reh. **Mit Kapitalabfindungsgesetz.** — 1915. (Siehe auch Nr. 152, 152a und 160.) Rm 2,20

Nr. 119. **Kriegsleistungsgesetz.** Vergriffen.
Nr. 120. **Telegraphenwegegesetz.** Von Wolf. — 1916. Rm 1,—
Nr. 121. **Direkte Kriegssteuer.** Von A. Mrozek. 1916. Rm 3,50
Nr. 122. **Belagerungszustand.** Von H. Pürschel. 1916. Rm 3,50
Nr. 123. **Warenumsatzstempel.** Von Lindemann. — 1916. (**Umsatzsteuergesetze** siehe Nr. **132.**)
Nr. 124. **Todeserklärung Kriegsverschollener.** Von J. Partsch. — 1917. Rm 2,—
Nr. 125. **Vaterländischer Hilfsdienst.** 3. Auflage. — 1917. Rm 1,—
Nr. 126. **Besitzsteuergesetz.** Von A. Mrozek. Vergriffen.
Nr. 127. **Geschäftsaufsicht zur Abwendung des Konkurses.** Von G. Klien u. Ernst Jaeger. — 1917. Durch Nachträge ergänzt. Rm 3,—
Nr. 128. **Verhaftung und Aufenthaltsbeschränkung.** Von A. Romen. — 1917. Rm 1,20
Nr. 129. **Zivilrechtkriegsgesetze.** Von Fischer. — 1918. Rm 1,50
Nr. 130. **Ersatzlebensmittelverordnung.** — 1918. Rm 1,50
Nr. 131 a. **Reichsfinanzgesetzgebung 1918.** Bd. I. **Getränkesteuern.** Von G. Mayer. — 1918. Rm 2,50
Nr. 131 b. **Reichsfinanzgesetzgebung 1918.** Bd. II. **Einkommen, Umsatz** usw. Von G. Mayer. — 1919. Rm 1,50
Nr. 132. **Umsatzsteuergesetz.** Von Otto Lindemann. 4. Auflage. — 1926. Rm 10,—
Nr. 133. **Reichswuchergesetzg.** Von Ad. Lobe. — 1918. Rm 2,80
Nr. 134. **Der Ostfrieden.** Von Karl Strupp. — 1918. Rm 3,—
Nr. 135. **Erbbaurecht.** Von H. Günther. — 1919. Rm 2,—
Nr. 136. **Militärvers.-Ges.** Von H. Günther. — 1919. Rm 2,30
Nr. 137. **Reichsverfassung.** Von Arndt. 2. Aufl. — 1921. Rm 2,50
Nr. 138 a. **Arbeiterschutz und Arbeitsrecht.** Von A. Günther. 1920. Rm 5,—
Nr. 138 b. **Betriebsrätegesetz.** Von A. Günther. — 1920. Vergr.
Nr. 139. **Grunderwerbsteuergesetz.** Von Otto Lindemann. 2. Auflage. — 1926. Im Druck.
Nr. 140. **Die Siedelungsgesetzgebung im Reich und in Preußen.** Von W. Holzapfel. — 1920. Rm 3,—
Nr. 141. **Sozialisierungsgesetze.** Von Reier. — 1920. Rm 2,20
Nr. 142. **Wirtschaftliche Demobilmachung.** Von Gg. Fischbach. — 1920. Rm 1,—
Nr. 143. **Reichsabgabenordnung.** Von Nieberl. — 1922. Mit Nachtrag, enth. die Änderungen von 1924. Rm 4,—
Nr. 144. **Versicherungsgesetz für Angestellte.** Von Lippmann. — 1920. Neue Fassung siehe S. 12.

Nr. 145. **Steuer- und Kapitalflucht.** Von E. H. Meyer. 2. Auflage. — 1921. Rm 1,60

Nr. 146. **Tabaksteuergesetz.** Von Wündisch. — 1920. Mit Nachtrag 1925. Rm 4,—

Nr. 147. **Filmzensur.** Von Szczesny. — 1920. Rm 1,50

Nr. 148. **Reichsausgleichsgesetz.** Von Decke. — 1920. Rm 1,50

Nr. 149. **Reichsnotopfergesetz.** Von Friedmann und Wrzeszinsky. — 1921. Rm 4,—

Nr. 150. **Reichsschädengesetze.** Von Adolf Hohenstein und Wenzel Goldbaum. — 1922. Rm 4,—

Nr. 151. **Einkommensteuer und Körperschaftsteuer.** Von Hollaender. — 1926. Im Druck.

Nr. 152. **Wohlfahrtsgesetze.** Von Behrend und Stranz-Hurwitz. Teil I. 1923. Rm 5,—

Nr. 152 a. Desgl. Teil II. 1925. Rm 9,—

Nr. 152 und 152 a zusammen bezogen Rm 12,—

Nr. 153. **Zwangsanleihegesetz.** Von Simon und Beutner. 1923. Rm 8,—

Nr. 154. **Jugendwohlfahrtsgesetz und Jugendgerichtsgesetz.** Von Drewes und Sandré. — 1923. Mit Nachtrag, enth. die Ergänzungen bis April 1924. Rm 6,—

Nr. 155. **Reichsknappschaftsgesetz.** Von Max Reuß und Fritz Hense. 2. Auflage. — 1926. In Bearbeitung.

Nr. 156. **Mietrecht und Wohnungsmangelgesetz.** Von Krieg. 3. Auflage. — 1925. Rm 7,—

Nr. 157. **Dritte Steuernotverordnung v. 14. 2. 1924** mit den Vorschriften über **Aufwertung.** 2. Auflage unter dem Titel: **Aufwertungsgesetze.** Von Michaelis. Rm 16,—

Nr. 158. **Strafprozeßordnung.** Alte und neue Fassung synoptisch gegenübergestellt. Von Reichsanwalt Feisenberger. — 1924. Rm 4,50

Nr. 159. **Industriebelastungsgesetz.** Von Höpker. Rm 4,—

Nr. 160. **Fürsorgepflicht.** Von Sandré. Rm 6,—

Nr. 161. **Reichsversicherungsordnung.** Von Lippmann. Rm 11,—

Nr. 161 a. Desgl. **Ergänzungsband,** enthaltend die neue Fassung des **Unfallversicherungsgesetzes** sowie die Änderungen der übrigen Bücher der RVO. Von Lippmann. Rm 4,—

Nr. 162. **Handelsrechtliche Nebengesetze.** Von Schreiber. — 1926. Rm 14,—

Nr. 163. **Notariatsrecht.** Von Szkolny. — 1925. Rm 8,50

Nr. 164. **Aufwertung von Versicherungsansprüchen.** Von Berliner und Pfaffenberger. Rm 6,50

B. Preußische Gesetze.

Nr. 1. Die Verfassung des Freistaats Preußen. Von A. Arndt. — 1921. Rm 2,—
Ausführlicher Kommentar von Stier-Somlo. — 1921. Rm 5,—

Nr. 2. Preußische Beamten-Gesetzgebung. Von K. Pfafferoth. 5. Auflage. — 1916. Rm 2,40

Nr. 3. Nottestamente. Von E. Kurtz. — 1904. Rm 1,50

Nr. 4. Gebührenordnung für Notare. Vom 28. Oktober 1922. Von Rausnitz. 6. Auflage. — 1925. Rm 7,—

Nr. 5—9 vergriffen.

Nr. 10. Einkommensteuergesetz siehe Reichsgesetze Nr. 151.

Nr. 11. Gewerbesteuergesetz. Von A. Fernow. Vergriffen.

Nr. 12. Allgemeines Berggesetz. Von Schlüter und Hense. 4. Auflage. — In Vorbereitung.

Nr. 13. Ergänzungssteuergesetz. Von A. Fernow. 5. Aufl. Rm 3,—

Nr. 14. Kommunalabgabengesetz. Von F. Adickes. 6. Auflage von Falk. — 1922. Rm 3,50

Nr. 15. Die Kreisordnungen. Von O. Kolisch. — 1894. Vergriffen.

Nr. 16. Konzessionierung gewerblicher Anlagen. Von W. v. Rüdiger. 2. Auflage. — 1901. Vergriffen.

Nr. 17. Preußisches Gerichtskostengesetz. Von P. Siméon. 8. Auflage. In Vorbereitung.

Nr. 18. Preußisches Stempelsteuergesetz. Von P. Loeck und W. Seyffarth. 10. Auflage von Eiffler. — In Bearbeitung.

Nr. 19. Jagdscheingesetz. Von F. Kunze. 2. Aufl. — 1899. Rm 2,—

Nr. 20. Die preußischen Erbschaftssteuergesetze. Von U. Hoffmann. — 1905. Rm 3,—
(Reichs-Erbschaftssteuergesetz siehe Seite 12.)

Nr. 21. Handelskammern. Von F. Lusensky. 2. Auflage. — 1909. Rm 3,—

Nr. 22. Anstellung und Versorgung der Kommunalbeamten. Von W. Ledermann. 2. Auflage von L. Brühl. — 1914. Rm 2,—

Nr. 23. Ausführungsgesetze zum Bürgerlichen Gesetzbuche. Von P. Siméon. 3. Auflage. — 1914. Rm 2,20

Nr. 24. **Die Hinterlegungsordnung** (1879). Von G. Bartels. 2. Auflage. — 1908. Rm 2,—
Abänderungsgesetz vom 21. April 1913 siehe Nr. 53.

Nr. 25. **Preußische Kommunalbeamtengesetzgebung.** Von F. Kremski. — 1901. Rm 3,—

Nr. 26. **Diensteinkommen der Lehrer und Lehrerinnen.** Von C. Cremer. — 1900. Rm 2,20

Nr. 27. **Warenhaussteuer.** Von G. Strutz. — 1900. Rm 1,20

Nr. 28. **Die Fürsorgeerziehung Minderjähriger.** Von P. F. Aschrott. 3. Auflage. — 1917. Rm 2,80

Nr. 29. **Ärztliche Ehrengerichte, das Umlagerecht und die Kassen der Ärztekammern.** Von F. Fidler. — 1901. Rm 1,50

Nr. 30. **Preußisches Staatsschuldbuch und Reichsschuldbuch.** Von J. Mücke. — 1902. Rm 2,—

Nr. 31. **Die preußischen Gesindeordnungen.** Zwei Bände. Von St. Gerhard.

31 a. Altpreußische Provinzen und Rheinland. 2. Auflage. — 1914. Rm 3,—

31 b. Hannover, Schleswig-Holstein, Hessen-Nassau und Hohenzollern. — 1902. Rm 2,50

Nr. 32. **Städteordnung.** Von W. Ledermann und L. Brühl. 2. Auflage. — 1913. Rm 6,—

Nr. 33. **Rentenguts- und Anerbenrechts-Gesetzgebung.** Von M. Peltasohn und B. Peltasohn. — 1903. Vergriffen.

Nr. 34. Sammlung der wichtigsten **preußischen Strafgesetze.** Von Lindemann. 2. Auflage. — 1912. Rm 3,50

Nr. 35. **Geschäftsordnung für Gerichtsvollzieher** Von G. Exner. — 1904. Rm 3,—

Nr. 36. **Polizeiverordnungen in Preußen.** Von O. Lindemann. — 2. Auflage. 1912. Rm 2,50

Nr. 37. **Enteignung von Grundeigentum.** Von O. Meyer. 2. Auflage. — 1911. Vergriffen.

Nr. 38. **Kreis- und Provinzial-Abgabengesetz.** Von F. Schmidt. — 1906. Rm 1,20

Nr. 39. **Unterhaltung der öffentlichen Volksschulen.** Von A. Marcks. — 1906. Rm 1,80

Nr. 40. **Verwaltungsstrafverfahren.** Von R. Katzenstein. — 1907. Rm 3,50

Nr. 41. **Die preußischen Jagdpolizeigesetze.** Von F. Kunze und R. Kühnemann. 2. Auflage. — 1907. Vergriffen.

Nr. 42. **Allgemeine Landesverwaltung und Zuständigkeit der Verwaltungs- und Verwaltungsgerichtsbehörden.** Von K. Friedrichs. 2. Auflage. — 1921. Rm 3,—

Nr. 43. **Verschuldungsgrenze** für land- und forstwirtschaftlich benutzte Grundstücke. Von R. Leweck. — 1908. Rm 2,40

Nr. 44. **Quellenschutzgesetz.** Von E. Voelkel. — 1909. Rm 1,—

Nr. 45. **Rechtsverhältnisse der Juden in Preußen.** Von M. Kollenscher. — 1910. Rm 2,40

Nr. 46. **Austritt aus der Landeskirche.** Von H. Caro. — 1911. Rm 2,40

Nr. 47. **Feuerbestattung.** Von W. Lohmann. — 1912. Rm 1,50

Nr. 48. **Zweckverbandsgesetz für Groß-Berlin.** Von L. Brühl, K. Gordan und W. Lebermann. — 1912. Rm 4,—

Nr. 49. **Gesetze gegen die Verunstaltung landschaftlich hervorragender Gegenden.** Von O. Goldschmidt. — 1912. Rm 2,40

Nr. 50. **Gesetz, betr. die Anlegung und Veränderung von Straßen und Plätzen in Städten und ländlichen Ortschaften.** Von O. Meyer. — 1913. Rm 3,—

Nr. 51. **Das preußische Disziplinargesetz für die nichtrichterlichen Beamten.** Von E. v. Dultzig. — 1914. Rm 4,20

Nr. 52. **Preußisches Wassergesetz.** Von G. Wulff und F. Herold. — 1913. Rm 4,50

Nr. 53. **Hinterlegungsordnung** von 1913. Von Hagemann. — 1914. Rm 2,20

Nr. 54. **Anlegung von Sparkassenbeständen in Inhaberpapieren.** Von H. Döhring. — 1914. Rm 2,80

Nr. 55. **Preußisches Wohnungsgesetz.** Von B. Schmittmann. — 1918. Rm 2,60

Nr. 56. **Das preußische Tumultschadengesetz.** Von Bruno Friedländer. — 1919. Rm 0,80

Nr. 57. Gesetz über **Landeskulturbehörden.** Von W. Holzapfel. — 1919. Rm 2,—

Nr. 58. **Arbeitsnachweis.** Von P. Wölbling. — 1920. Rm 1,—

Nr. 59. **Bildung der neuen Stadtgemeinde Berlin.** Von P. Wölbling. 2. Auflage. — 1920. Rm 1,40

Nr. 60. **Umlegungsordnung.** Von W. Holzapfel. — 1921. Rm 1,80

Nr. 61. **Preußische Verwaltungsgebührenordnung.** Von K. Eiffler. Mit Nachtrag. — 1925. Rm 6,—

C. Textausgaben

ohne Anmerkungen mit Sachregister.

Aufwertungsgesetze mit Einleitung. Von Michaelis. Rm 1,50
Betriebsrätegesetz. Vergriffen.
Bürgerliches Gesetzbuch. 14. Auflage. Rm 5,—
Erbschaftssteuergesetz. Neue Fassung von H. Schachian. 3. Auflage. Rm 2,50
Freiwillige Gerichtsbarkeit. — 1920. Rm 1,—
Handelsgesetzbuch mit **Seerecht.** 11. Auflage. — 1924. Rm 2,60
Konkursordnung. 2. Auflage. — 1915. Mit Nachtr. 1925. Rm 1,—
Militärstrafgerichtsordnung m. **Einführungsges.** — 1901. Rm 1,30
Militär-Strafgesetzbuch. 2. Auflage. — 1916. Rm 0,50
Reichsfinanzgesetze von 1909. — 1909. Rm 2,60
Reichsmietengesetz. — 1922. Rm 0,50
Reichsnotopfergesetz. Vergriffen.
Reichssteuergesetze 1925 (Steuerüberleitungsgesetz mit Durchführungsbestimmungen — Einkommensteuer, Körperschaftsteuer, Reichsbewertungsgesetz, Vermögensteuer, Erbschaftssteuer). Rm 4,—
Reichsversicherungsordnung. Vergriffen.
Strafgesetzbuch. — 1925. Rm 3,—
Strafprozeßordnung. 5. Auflage. — 1924. Rm 2,50
Umsatzsteuergesetz. — 1920. Vergriffen.
Verkehrs- u. Kohlensteuer u. Kriegssteuerzuschlag. 1917. Rm 0,60
Verfassung des Deutschen Reiches. Vergriffen.
Verfassung des Freistaates Preußen. Rm 0,60
Versicherungsgesetz für Angestellte. — 1924/25. Rm 2,—
Wechselordnung. — 1908. Rm 0,50
Wehrbeitrag und **Besitzsteuer.** — 1913. Rm 0,50
Zivilprozeßordnung mit **Gerichtsverfassungsgesetz** und **Einführungsgesetzen.** — 1924. Rm 3,50
Zuwachssteuergesetz. — 1911. Rm 0,50
— **Ausführungsbestimmungen.** — 1911. Rm 0,40
Preuß. Ausf.-Anweis. zur **Gewerbeordnung.** — 1904. Rm 1,—

Schlagwort-Register

R. = Nummer der Sammlung Deutscher Reichsgesetze.
P. = Nummer der Sammlung Preußischer Gesetze.
S. = Seite.

Abgabenordnung R. 143.
Abzahlungsgeschäfte R. 34.
Aerztekammern P. 29.
Aktienrecht R. 24, 26.
Altersversicherungsgesetz R. 109, 161.
Anerbenrechtsgesetz P. 33.
Anfechtungsgesetz R. 13.
Angestelltenversicherungsgesetz S. 12.
Anlegung von Straßen P. 50.
Arbeiterschutzgesetz R. 6, 116 a, 138 a.
Arbeiterversicherungsgesetze R. 20, 23, 28, 57, 106—109, 161, 161 a.
Arbeitsnachweis P. 58.
Arbeitsverfassung R. 138 a.
Arzneimittel R. 6, 64.
Aufenthaltsbeschränkung R. 123.
Aufwertung R. 157, S. 12.
Ausführungsgesetze zum BGB. P. 23, S. 12.
Ausführungsgesetz zum Einkommensteuergesetz S. 12.
Ausgleichsgesetz R. 143.
Ausgleichsverordnung R. 127.
Auslieferungsverträge R. 86.
Austritt aus der Landeskirche [illegible] 46.
Auswanderungsgesetz R. 9, 44.
Automobilgesetz R. 92, 116 a.

Bankgesetz R. 26.
Baufluchtengesetz P. 50.
Bauforderungsschutz R. 93.
Beamtengesetze R. 10, 82, 94, P. 2.
Bekämpfung gemeingefährlicher Krankheiten R. 56.
Belagerungszustand R. 114, 122, P. 34.
Berggesetz P. 12.
Beschlagnahme von Lohn R. 55.
Besitzsteuergesetz R. 126, S. 12.
Betriebsrätegesetz R. 138 b, S. 12.
Beurkundung d. Personenstandes R. 59.
Bier, Abgabe vom R. 54 II.
Binnenschiffahrtsgesetz R. 36.
Börsengesetz R. 41.
Börsensteuergesetz R. 18.
Branntweinmonopolgesetz R. 54 II.
Branntweinsteuer R. 54 II.
Brausteuererhebung R. 54 II.
Bürgerl. Gesetzbuch R. 88/89, S. 12.

Civilprozeßordnung R. 11, S. 12.

Dampfkesselbetrieb R. 6, P. 34.
Darlehnskassengesetz R. 117.
Demobilmachung, wirtschaftliche R. 143.
Depotgesetz R. 40.
Diensteinkommen der Lehrer P. 26.
Disziplinargesetze P. 51.
Drogenhandel R. 48, 64.

Eheschließungsgesetz R. 59.
Einkommensteuergesetz P. 10.
Reichseinkommensteuer S. 12, R. 151.
Eisenbahngesetzgebung R. 66, 85.
Eisenbahnverkehrsordnung R. 91.
Enteignung vom Grundeigentum P. 37.
Entmündigungsgesetz R. 45.
Entschädigung unschuldig Verhafteter und Verurteilter R. 12, 78.
Erbbaurecht R. 185, 88/89.
Erbschaftssteuergesetz R. 77, S. 12, P. 26.
Ergänzungssteuergesetz P. 13.
Ersatzlebensmittel R. 180.
Erwerbs- und Wirtschaftsgenossenschaften R. 29.

Farbenhandel R. 48.
Feld- und Forstpolizeigesetz P. 34.
Festnahmerecht des Militärs R. 114.
Feuerbestattungsgesetz P. 47.
Filmzensur R. 147.
Fischereigesetz P. 34.
Fleischbeschaugesetz R. 9, 54, 63.
Flößereigesetz R. 36.
Fluchtliniengesetz P. 50.
Forstdiebstahl P. 34.
Freiwillige Gerichtsbarkeit R. 46.
Friedensverträge R. 184.
Fürsorgeerziehung R. 47, P. 38.
Fürsorgepflicht R. 160.

Gast- und Schankwirtschaftgehilfen R. 6.
Gebrauchsmusterschutzgesetz R. 9, 34, 102, 116, 116 a.

Schlagwort-Register. (R. — Reichsgesetz, P. — preuß. Gesetz.)

Gebührenordnung für Gerichtsvollzieher R. 15, für Notare P. 4, für Rechtsanwälte R. 17, für Zeugen und Sachverständige R. 15.
Geldstrafengesetz R. 2.
Geldwesen der Kolonien R. 105.
Genossenschaftsgesetz R. 29.
Genußmittel, Verkehr mit R. 9, 54.
Gerichtsbarkeit, freiwillige R. 46, S. 12.
Gerichtskostengesetz, deutsches R. 15.
Gerichtskostengesetz, preußisches P. 17.
Gerichtsverfassungsgesetz R. 14, 11, 12, S. 12.
Gerichtsvollzieher-Gebührenordn R. 15.
Geschäftsaufsicht R. 116, 127.
Geschäftsordnung für Gerichtsvollzieher P. 35.
Gesellschaften mit beschr. Haftung R. 32.
Gesetzbuch, Bürgerliches R. 38/39, S. 12.
Gesetzestafel des Reichsrechts R. 63.
Gesindeordnungen P. 31 a, 31 b.
Gesundheitswesen R. 27.
Getränkegesetze R. 54 II.
Getränkesteuer R. 54 II.
Gewerbebetrieb im Umherziehen R. 6, P. 34.
Gewerbegerichte R. 31, 112, 112 a.
Gewerbeordnung R. 6.
Gewerbesteuergesetz, preußisches P. 11.
Gifthandel R. 48, 64.
Groß Berlin, Gesetz über P. 59.
Grundbuchordnung R. 42.
Grundeigentum, Enteignung von P. 37.
Grunderwerbsteuer R. 139.

Haager Friedenskonferenz R. 99.
Haftpflichtgesetz R. 70, 94.
Handelsgesetzbuch R. 4, S. 12.
Handelskammergesetz P. 21.
Handelsrechtliche Nebengesetze R. 162.
Handwerkergesetz R. 6.
Hilfsdienst, Vaterländischer R. 125.
Hinterlegungsordnung P. 24, 53.
Hinterbliebenenversicherung R. 109, RVO. R. 161, 161 a.
Hypothekenbankgesetz R. 51.

Jagdpolizeigesetz P. 34, 41.
Jagdscheingesetz P. 19, 34.
Jugendwohlfahrts- u. Jugendgerichtsgesetz R. 2, 154.
Industriebelastungsgesetz R. 159.

Internationale Verträge über Warenzeichen R. 87 a.
Internationales Privatrecht R. 90, 98.
Invalidenversicherung R. 30, 109, 161, S. 12.

Kaligesetz R. 100.
Kapitalabfindungsgesetz R. 79 b, 128.
Kapitalertragssteuer S. 12.
Kapitalflucht R. 145.
Kaufmannsgerichte R. 112, 112 a.
Kinder, Recht der unehelichen R. 68.
—, Unterbringung R. 47, P. 28.
Kinderarbeit, gewerbliche R. 2, 71.
Kinderschutzgesetz R. 71.
Kohlensteuer S. 12.
Kolonialgesetzgebung R. 49, 105.
Kommunalabgabengesetz P. 14.
Kommunalbeamtengesetz P. 22, 25.
Konkurrenzklausel R. 115.
Konkursordnung R. 13, 127, S. 12.
Konsulargerichtsbarkeit R. 75.
Konsulargesetzgebung R. 21, 75.
Konzess. gewerbl. Anlagen P. 16.
Körperschaftssteuer S. 12.
Kraftfahrzeuge R. 18, 92, 116 a.
Krankenversicherungsgesetz R. 20, 127, 161, S. 12.
Kreisabgabengesetz P. 88.
Kreisordnungen P. 15.
Kriegsgewinn R. 121, 131 b, S. 12.
Kriegssteuergesetze S. 12.
Kriegsteilnehmer R. 116, 116 a.
Kriegsgesetze R. 116, 116 a, 129.
Kunstschutzgesetz R. 81.

Ladenschluß R. 6.
Landeskirche P. 46.
Landeskulturbehörden P. 57.
Landestrauer P. 84.
Landesverwaltungsgesetz P. 42.
Lehrergehaltsgesetze P. 26.
Lichtspielgesetz R. 147.
Limonaden R. 131 a.
Literaturschutz R. 60, 95.
Lohnforderungen, Beschlagnahme von R. 55.
Lotteriespiel P. 84.

Mannschaftsversorgungsgesetz R. 79 b.
Medizinalgesetzgebung R. 27.
Mietengesetz S. 12.
Mietrecht und Wohnungsmangelgesetz R. 156.

Schlagwort-Register. (R. — Reichsgesetz, P. — preuß. Gesetz.)

Militärhinterbliebenengesetz R. 119.
Militärpensionsgesetze R. 79.
Militärstrafgerichtsordnung R. 8, S. 12.
Militärstrafgesetzbuch R. 67, S. 12.
Militärversorgungsgesetze R. 136.
Minderjährige, Fürsorgeerziehung für R. 47, P. 28.
Mineralwässer R. 131 a.
Modellschutzgesetzgebung R. 9, 102.
Münzwesen R. 26, 116, 116 a.
Musterschutzgesetz R. 9, 102.

Nahrungsmittel R. 9, 54, 65, 130.
Naturalleistung für Militär R. 69.
Notare, Gebührenordnung P. 4.
Notariatsrecht R. 168.
Notenbankwesen R. 26.
Notopfer R. 149, S. 12.
Nottestament P. 3.

Offizierpensionsgesetz R. 79 a

Patentgesetz R. 9, 22, 116, 116 a.
Personenstandsgesetz R. 2, 9, 59.
Pensionsgesetze R. 10, 79, P. 2, 26.
Photographieschutz R. 9, 81.
Polizeiverordnungen in Preußen P. 36.
Postgesetze R. 7.
Postscheckgesetz R. 118, 118 a.
Preistreiberei R. 130.
Preßgesetz R. 9, 53.
Preußische Verfassung P. 1, S. 12.
Privatbeamtenversicherungsgesetz R. 104, S. 12.
Privatrechtliche Reichsgesetze R. 64, 90.
Provinzialabgabengesetz P. 38.

Quellenschutzgesetz P. 44.

Rayongesetz R. 84.
Reblausgesetz R. 84, P. 84.
Rechtsanwalts-Gebührenordnung R. 17.
Rechtsanwaltsordnung R. 16.
Rechtshilfe R. 76.
Rechtsverhältnisse der Juden P. 45.
Registerführung, gerichtliche R. 60.
Reichsabgabenordnung R. 143.
Reichsausgleichsgesetz R. 143.
Reichsbeamtengesetz R. 10, 82.
Reichsbewertungsgesetz S. 12.
Reichseinkommensteuer S. 12, 151.
Reichseisenbahngesetzgebung R. 35, 66.
Reichserbschaftssteuer R. 77, S. 12.
Reichsfinanzgesetze R. 131, S. 12.
Reichsfinanz- und Steuergesetze S. 12.
Reichsgewerbeordnung R. 6.
Reichsgrundbuchordnung R. 42.
Reichsjustizgesetze R. 11, 12, 18.
Reichsknappschaftsgesetz R. 155.
Reichsmietengesetz S. 12.
Reichsnotopfer R. 149, S. 12.
Reichsschädengesetze R. 150.
Reichsschuldbuch P. 80.
Reichsseuchengesetz R. 9, 56.
Reichssiedelungsgesetz R. 140.
Reichsstempelgesetz R. 18, 131 b.
Reichssteuergesetze 1925.
Reichsverfassung R. 1, 137, S. 12.
Reichsversicherungsordnung R. 106 bis 109, 161, 161 a, S. 12.
Reichswuchergesetzgebung R. 133.
Rentengutsgesetze P. 33.
Rinderpest R. 9.

Saccharingesetz R. 9, 54.
Schaumwein R. 131 a.
Scheckgesetz R. 85, 118.
Schlachthäuser P. 34.
Schlachtviehgesetz R. 9, 54, 68.
Schleichhandel R. 130.
Schlichtungsordnung R. 112 a.
Schonzeit des Wildes P. 34.
Schuldverschreibungsgesetz R. 52.
Schulunterhaltungsgesetz P. 39.
Schutzgebietsgesetz R. 75, 97, 105.
Schutzhaftgesetz R. 128.
Schwängerung, außerehel. R. 58, P. 5.
Seegesetzgebung R. 19.
Seerecht siehe HGB. S. 12.
See-Unfallversicherungsgesetz R. 57, 108, 161 a.
Seuchengesetz R. 56.
Siedelungsgesetzgebung R. 140.
Sozialisierungsgesetze R. 141.
Sozialpolitische Gesetze R. 20, 28, 29, 30, 57, 72, 104, 106 bis 109, 116, 116 a, 161, 161 a, S. 12.
Sparkassengesetz P. 54.
Spionagegesetz R. 67.
Sprengstoffgesetz R. 2, 9.
Staatsangehörigkeit R. 111.
Staatsschuldbuch P. 30.
Städteordnung P. 32.
Stempelsteuergesetz für Preußen P. 18.
Stempelsteuergesetz für das Reich R. 18, 131 b.

Schlagwort-Register. (R. — Reichsgesetz, P. — preuß. Gesetz.)

Steuerflucht R. 181 b, 145.
Steuergesetze R. 18, 25, 54 II, 151 a/b, 182, 189, 145, 146, 151, 157, P. 14, 18, 20, 27.
Steuernotverordnung, dritte R. 157.
Steuerüberleitungsgesetz S. 12.
Strafgesetzbuch R. 2, S. 12.
Strafgesetze, preußische P. 34.
Strafprozeßordnung R. 12, 158, S. 12.
Strafrechtliche Reichsgesetze R. 9.
Straßen- und Baufluchtengesetz P. 50.
Subhastationsgesetz R. 43.
Süßstoffe, künstliche R. 9, 54, 64.

Tabaksteuergesetz R. 146.
Telegraphengesetze R. 7.
Telegraphenwegegesetz R. 120.
Testamentsrecht P. 5.
Todeserklärung Kriegsverschollener R. 124.
Tumultschadengesetz P. 56.

Umlegungsordnung P. 60.
Umsatzsteuer R. 181 b, 182, S. 12.
Uneheliche Kinder R. 58.
Unfallversicherungsgesetze R. 22, 28, 57, 72, 108, 161, 161 a.
Unlauterer Wettbewerb R. 87.
Unterhaltung der Volksschulen P. 32.
Unterstützungswohnsitz R. 8.
Urheberrechtsgesetze R. 9, 60, 22, 81, 95, 102.

Vereinsgesetz R. 88.
Vereins- und Versammlungsrecht R. 33, 88, P. 34.
Verfassung, Reich R. 1, 137, S. 12.
Verfassung, preußische P. 1.
Verhaftung und Aufenthaltsbeschränkung R. 128.
Verkehrs- und Kohlensteuer S. 12.
Verlagsrecht R. 61.
Vermögensteuergesetz P. 18, S. 12.

Verrat militärischer Geheimnisse R. 2, 9, 67.
Verschuldungsgrenze P. 43.
Versicherung für Angestellte R. 144.
Versicherungsansprüche R. 164.
Versicherungsvertrag R. 85.
Versicherungsunternehmungen, private R. 62.
Verunstaltung landschaftlich hervorragender Gegenden P. 49.
Verwaltungsstrafverfahren P. 46.
Verwendung gesundheitsschädlicher Farben R. 54, 65, 180.
Viehkauf, Viehhandel R. 50.
Viehseuchengesetz R. 84, 108.
Vogelschutzgesetz R. 89.
Vormundschaftsrecht, Deutsches R. 47.

Waffengebrauch R. 114
Warenzeichenrecht R. 9, 87a.
Warenhaussteuergesetz P. 27.
Warenumsatzstempel R. 18, 128.
Wassergesetz P. 52.
Wechselordnung R. 5, S. 12.
Wechselstempelsteuergesetz R. 5.
Wehrbeitragsgesetz R. 110, S. 12.
Weingesetze R. 9, 54, 64, 65, 181 a.
Wertpapiere, Depotgesetz R. 40.
Wettbewerb, unlauterer R. 87.
Wettbewerbsverbot R. 115.
Wohlfahrtsgesetze R. 152, 152 a.
Wohnungsgesetz P 55.
Wuchergesetz R. 2, 133.

Zeugengebühr R. 15.
Zigarettensteuergesetz R. 78.
Zivilprozeßordnung R. 11, S. 12.
Zuständigkeitsgesetz P. 42.
Zuwachssteuergesetz R. 101, S. 12.
Zwangsanleihe R. 153.
Zwangserziehung R. 47.
Zwangsversteigerung an Immobilien R. 43.
Zwangsvollstreckungsgesetz R 43.
Zweckverbandsgesetz P. 48.

Kolibri 360 GmbH
Ferdinand-Jühlke-Straße 7
99095 Erfurt, Deutschland
produktsicherheit@kolibri360.de